德国智能制造译丛

质量管理的数字化转型
发掘潜力、制定策略、优化质量

Die digitale Transformation des Qualitätsmanagements：
Potenziale nutzen，Strategien entwickeln，Qualität optimieren

[德] 格诺·弗赖辛格（Gernot Freisinger）
　　奥利弗·约布斯特尔（Oliver Jöbstl）
　　贝恩德·科格勒（Bernd Kögler）　　编著
　　于尔根·利普（Jürgen Lipp）
　　曼弗雷德·施特罗曼（Manfred Strohrmann）

何　晖　译

机械工业出版社

本书向初学者和决策者展示了如何实施质量管理的数字化转型。它描述了如何通过新的战略、方法、步骤和协作形式来加深对产品和过程的理解，并展示了这对企业意味着哪些潜力。因此，本书为企业实施质量管理数字化转型提供了必要的前提条件，使其能够在更复杂的产品和动态需求下长期立足于市场。

本书采用具体、面向实践的方式，使读者能够根据公司规模、行业和数字化成熟度制定和实施数字化战略。以解决方案为导向，帮助读者更有效地评估质量数据和信息，更好地认识和避免错误，评估公司质量管理的数字化程度并挖掘潜力，认识数字化为产品质量和过程质量带来的机遇。

本书适合从事质量管理相关工作的人员阅读。

Die digitale Transformation des Qualitätsmanagements: Potenziale nutzen, Strategien entwickeln, Qualität optimieren / by Gernot Freisinger, Oliver Jöbstl, Bernd Kögler, Jürgen Lipp, Manfred Strohrmann /978-3-446-46884-9

© 2022 Carl Hanser Verlag GmbH & Co. KG, Munich
All rights reserved

本书中文简体字版由 Carl Hanser Verlag 授权机械工业出版社在世界范围内独家出版发行。未经出版者书面许可，不得以任何方式抄袭、复制或节录本书中的任何部分。

北京市版权局著作权合同登记　图字：01-2023-5627 号。

图书在版编目（CIP）数据

质量管理的数字化转型：发掘潜力、制定策略、优化质量 /（德）格诺·弗赖辛格等编著；何晖译.
北京：机械工业出版社，2025.5. --（德国智能制造译丛）. -- ISBN 978-7-111-78138-7

Ⅰ. F273.2

中国国家版本馆 CIP 数据核字第 2025JQ9521 号

机械工业出版社（北京市百万庄大街 22 号　邮政编码 100037）
策划编辑：贺　怡　　　　　　　责任编辑：贺　怡
责任校对：曹若菲　李小宝　　　封面设计：马若濛
责任印制：张　博
北京铭成印刷有限公司印刷
2025 年 7 月第 1 版第 1 次印刷
169mm×239mm · 19.5 印张 · 2 插页 · 400 千字
标准书号：ISBN 978-7-111-78138-7
定价：119.00 元

电话服务　　　　　　　　　　网络服务
客服电话：010-88361066　　　机　工　官　网：www.cmpbook.com
　　　　　010-88379833　　　机　工　官　博：weibo.com/cmp1952
　　　　　010-68326294　　　金　　书　　网：www.golden-book.com
封底无防伪标均为盗版　　　　机工教育服务网：www.cmpedu.com

译者序

计算能力的迅速提高和计算机的高度可用性是数字革命的主要先决条件。在它们的帮助下，收集、联网和处理大量数据成为可能。然而，过程的加速和复杂性的增加给企业带来了巨大的挑战。在本书中，作者重点探讨了在这一发展过程中日益重要的工作领域。

大数据、人工智能（AI）、预测分析、数据科学、过程挖掘、通信和网络技术为显著提高产品和过程质量，更快地做出反应，最大限度地降低风险提供了巨大的机遇。收集和分析质量反馈在其中发挥着核心作用。

本书将引导读者穿越数字可能性的迷宫，展示数字化转型带来的机遇和隐藏的风险。以具体实践为导向，使读者可以根据公司规模、行业和数字化成熟度制定并实施数字化战略。本书能够帮助读者以解决方案为导向，更有效地评估高质量数据和信息，更有效地识别和避免错误，评估企业质量管理的数字化程度并挖掘潜力，抓住数字化为产品质量和过程质量带来的机遇。

由于讲解通俗易懂，本书的原版书于 2022 年 6 出版以来，在众多专业书籍中脱颖而出。作者对质量管理的数字化转型进行了全面的阐述，从理论原则、实际案例到"领导力指南针"，涵盖了与成功实施质量 4.0 相关的所有领域。

本书重点解释了准确理解和无差错交流所必需的专业词汇。内容编排清晰明了，通过案例帮助读者理解和运用相关知识点。例如，第 4 章"有质量保证的创新"首先探讨了以客户为中心与创新之间的联系，然后介绍了"六西格玛设计"等方法，最后通过电动自行车的案例研究，对本章内容进行了总结。作者还使用了大量的模型图片进行说明，这既便于读者理解，又有助于读者记忆。另外，个别章节中作者插入虚拟主人公之间的虚构对话显示了关键词和术语在日常生活的使用，使得读者在阅读时更有代入感。

本书适用于希望扩展质量管理知识的初学者和管理人员，可帮助读者更好地了解质量管理的数字化转型。

目 录

译者序
第1章 这本书传达了什么内容 ··· 1
第2章 质量管理的挑战 ··· 10
2.1 质量的定义 ·· 10
2.2 什么是质量管理 ·· 11
2.3 流程的有效性和效率 ·· 11
2.4 当前质量管理面临的挑战 ·· 12
2.5 数字化变革是质量管理的机遇 ·· 14
2.6 质量管理的发展阶段 ·· 15
2.7 质量管理的目标 ·· 17
　　2.7.1 提高产品质量和客户满意度 ······································ 18
　　2.7.2 提高过程质量 ·· 19
2.8 数字化应用案例 ·· 19
2.9 数字质量管理的九个行动领域 ·· 22
第3章 数字化质量管理体系 ··· 25
3.1 设计平衡的质量管理体系的艺术 ··· 25
3.2 现代质量管理体系以过程为导向 ··· 26
　　3.2.1 由粗到细的设计原则 ··· 28
　　3.2.2 以流程图为基础 ··· 30
　　3.2.3 确保战略联系 ·· 30
　　3.2.4 以过程负责人作为成功的关键 ··································· 31
3.3 现代质量管理体系是数字化的 ·· 31
　　3.3.1 过程管理系统的交互式数字结构 ································ 32
　　3.3.2 质量管理软件 ·· 34
3.4 BPMN 2.0 作为自动化的基础 ··· 36
3.5 数字质量管理体系使"增强型工人"成为可能 ······················· 40
　　3.5.1 为什么是现在 ·· 40
　　3.5.2 为什么增强功能有用 ··· 40
　　3.5.3 增强技术 ·· 41
　　3.5.4 现场实践：变速器装配中的增强型工人 ····················· 43
3.6 利用数字质量管理体系进行过程挖掘 ··································· 45

3.7	利用移动协作平台的数字质量管理体系	47
3.8	现代质量管理体系整合数据质量	50
3.9	小结	52

第 4 章　有质量保证的创新　53

4.1	以客户为导向是成功创新的基础	54
4.2	用户体验和设计思维方法	58
4.3	开发创新商业模式	61
4.4	六西格玛设计	64
4.5	敏捷方法在开发中的应用	66
	4.5.1　敏捷宣言	67
	4.5.2　软件开发方法	68
4.6	软件密集型系统的质量	73
	4.6.1　软件老化	74
	4.6.2　质量模型	76
4.7	工业 4.0 解决方案的系统开发	79
	4.7.1　层次结构级别	79
	4.7.2　互操作层	80
	4.7.3　生命周期和价值链	81
4.8	案例研究：电动自行车	82
	4.8.1　业务层	82
	4.8.2　功能层	86
	4.8.3　信息层	87
	4.8.4　通信层	87
	4.8.5　集成层	88
	4.8.6　资产层	89
	4.8.7　小结	89

第 5 章　使用正确数据的艺术　90

5.1	统计学在数字质量管理中的作用	91
5.2	统计基础：特征类型	92
5.3	收集正确的数据	93
	5.3.1　确认性和探索性数据分析	93
	5.3.2　总体和样本	94
5.4	理解数据	95
	5.4.1　一维数据集的图形描述	95
	5.4.2　离散特征的绝对频率和相对频率	95
	5.4.3　连续特征的描述	96

- 5.4.4 定性特征的描述 · 97
- 5.4.5 定量特征的参数 · 98
- 5.4.6 箱线图 · 99
- 5.4.7 具有定性特征的多维数据集的图形描述 · 100
- 5.4.8 具有定量特征的多维数据集的图形描述 · 102
- 5.4.9 二维数据集的相关性 · 103
- 5.4.10 多维数据集的相关性 · 104
- 5.5 数据清理 · 105
  - 5.5.1 条目的一致性 · 105
  - 5.5.2 缺失条目 · 106
- 5.6 特征编码 · 107
  - 5.6.1 定量特征编码 · 107
  - 5.6.2 定性特征编码 · 109
- 5.7 构建数据（特征工程）· 110
  - 5.7.1 删除不相关的特征 · 110
  - 5.7.2 生成附加特征 · 111
  - 5.7.3 合并稀疏数据 · 112
- 5.8 降低维度 · 113
  - 5.8.1 主成分分析 · 114
  - 5.8.2 示例：异常值检测 · 115

第 6 章 利用数据做出基于风险的决策 · 117
- 6.1 引例和理论基础 · 117
- 6.2 进行假设检验 · 120
- 6.3 假设检验的安全和风险 · 121
  - 6.3.1 第一类误差和第二类误差 · 122
  - 6.3.2 质量函数和必要的样本量 · 123
- 6.4 方差分析 · 124
- 6.5 示例：气流均匀性测试 · 125

第 7 章 从数据中学习的艺术 · 129
- 7.1 质量管理中的回归程序 · 132
  - 7.1.1 构建回归函数 · 132
  - 7.1.2 回归模型评估 · 135
  - 7.1.3 正则化 · 137
  - 7.1.4 示例：使用机器学习算法进行过程控制 · 138
- 7.2 分类方法 · 145
  - 7.2.1 K-最近邻分类方法 · 146

7.2.2	分类模型的评估	147
7.2.3	示例：产量预测的分类方法	150
7.3	聚类方法	153
7.3.1	DBSCAN 算法	154
7.3.2	优化（调整）超参数	155
7.3.3	评估聚类结果	157
7.3.4	使用 DBSCAN 算法检测异常值	158
7.4	通过卷积网络进行自动视觉检测	161
7.4.1	神经网络的基本原理	162
7.4.2	自动视觉检测——数据准备	164
7.4.3	自动视觉检测——卷积神经网络	166
7.5	时间序列分析	170
7.5.1	图形表示和数学描述	170
7.5.2	时间序列的基本运算	172
7.5.3	重建缺失样本值的估算程序	174
7.5.4	重采样：下采样和上采样	175
7.5.5	过滤时间序列	176
7.5.6	将时间序列分解为趋势、周期性成分和残差	178
7.5.7	通过时间序列分析优化工具利用率	179
7.6	强化学习	181
7.6.1	强化学习的基本思想	182
7.6.2	马尔可夫决策过程	183
7.6.3	Q-学习作为强化学习算法的简单示例	184
7.6.4	示例	185
第 8 章	**通过数字化改进过程**	**187**
8.1	数字用例的类型	187
8.2	寻找有前景的机器学习和自动化用例	188
8.2.1	识别和界定过程	188
8.2.2	利益相关者分析——收集和构建需求	189
8.2.3	深入的过程分析	190
8.2.4	寻找用例——创意阶段	191
8.2.5	描述用例——零问题	191
8.2.6	预选想法	192
8.2.7	业务案例的描述和计算	193
8.2.8	评估和选择用例	193
8.3	系统地实施人工智能和机器学习用例	194

8.3.1　业务理解 195
　　8.3.2　数据理解和数据准备 198
　　8.3.3　模型训练 199
　　8.3.4　模型实施（部署） 205
　　8.3.5　维护/管理 207
　8.4　过程自动化 210
　　8.4.1　机器人过程自动化的类型 210
　　8.4.2　实施自动化解决方案的过程模型 212
　8.5　通过六西格玛+系统化改进过程 214
　　8.5.1　六西格玛简介 215
　　8.5.2　六西格玛的过程模型——DMAIC循环 216
　　8.5.3　六西格玛+：将机器学习方法纳入DMAIC循环 218
　　8.5.4　示例 219
　8.6　通过数字化处理错误的新选项 221
第9章　系统架构开发和信息技术基础设施 224
　9.1　云计算 224
　　9.1.1　服务模式 226
　　9.1.2　分发模型和"私有云" 228
　9.2　有条不紊的架构开发 228
　　9.2.1　架构驱动因素 231
　　9.2.2　使用Jupyter项目进行初始数据分析 232
　　9.2.3　粗略计算 234
　　9.2.4　系统设计 236
　9.3　解决方案的产业化 240
　　9.3.1　机器学习库 240
　　9.3.2　用于机器学习的无代码工具 241
　　9.3.3　接口的技术实现 244
　　9.3.4　大数据和NoSQL 250
　　9.3.5　扩展的其他方面 253
　9.4　迭代式开发与运营 255
第10章　学习数字化技能 257
　10.1　能力建设的相关性 257
　10.2　培训计划与评估 259
　　10.2.1　培训计划 259
　　10.2.2　培训评估 260
　10.3　数字化时代的过程负责人 261

10.4 培训管理人员成为数字化大使……263
10.5 组织中的可持续学习……264
 10.5.1 心理安全……264
 10.5.2 学习型领导者……265
 10.5.3 个人学习和小组学习……265
 10.5.4 数字技术……266
10.6 大声工作法……267
10.7 反向辅导……268

第11章 掌控数字化变革……270
11.1 使用数字化扫描……270
11.2 数字质量管理的出发点……274
11.3 不确定时代的领导——领导力指南针……277
11.4 利用管道模型支持变革管理……280
11.5 数字化转型的实施路线图……282

第12章 词汇表……285
12.1 质量经理的语言……285
12.2 数据分析师（数据科学家）的语言……286
12.3 数据工程师的语言……288

参考文献……292
作者简介……299

第1章 这本书传达了什么内容

20 世纪 60 年代初，我们第一次接触到数字系统。当时的第一台计算机大约有超大型冰箱那么大，但其存储容量却相对较小，而且主要出现在军事机构、大学和大型企业中。当时，只有专业从事这些领域的人能接触到这些计算机，大多数人只是从故事中了解它们。然而，自那时起，"摩尔定律"就开始生效，它假设速度和计算能力每两年就会翻一番。突破性进展大约出现在 20 世纪 80 年代初/中期，当时个人计算机进入市场成熟期，从而使整个人类都能够接触到计算机技术。20 世纪 90 年代中期，互联网也进入了企业和家庭，这使我们的通信开始数字化。1995 年，虽然仍有更多的实体邮件被寄出，但这一趋势很快发生了逆转，通过电子邮件进行沟通突然迅速变得重要起来。随后，互联网迅速发展，用户也变得越来越困惑。第一个为混乱的网络世界带来秩序的是雅虎的数字目录。从 2000 年开始，它一直在互联网上提供一种个人化的互联网新闻。随后，YouTube（油管）和 iTunes（苹果个性音乐频道）实现了电视和个人唱片收藏的数字化（Seemann, 2020）。

接着是搜索引擎的兴起和第一个社会化书签服务的出现，这为全新的数字对象处理方式打开了大门。这就催生了分享、点赞和评论的社交媒体世界。突然之间，人们开始将各种可能的数据上传到互联网，并向公众开放，即使这些数据涉及极为私密的细节。2007 年左右，当智能手机凭借其传感器技术和持续在线连接的可能性，最终将我们与全球数据网络联系在一起时，物联网（IoT）诞生了。大数据时代，即处理和评估海量数据的时代开始了。人们很快就意识到，几乎没有人可以逃脱日益增长的数字化进程（Seemann, 2020）。

但为什么数字化的历史对我们和本书如此重要？今天许多尖端的数字技术都有着悠久的历史。例如，人工智能起源于 20 世纪 60 年代，尽管当时由于计算机性能不够强大，它在某种程度上被科学界和工业界忽视。

现在，既然性能问题已经解决，数字技术就可以发挥其真正的潜力。云处理大数据、物联网（IoT）、智能生产、智能机器人和人工智能（AI）正在融入我们的日常生活和工作。尽管数字化系统在日常生活中的使用日趋普遍，但数字化的发展和壮大却加剧了人们的某些担忧，这些担忧预示着即将发生或已经发生变革。这种发展有时是渐进的，有时却像雪崩一样向我们袭来。无论如何，可以肯定的是，数字化将继续发展，并越来越多地出现在我们的日常生活中。因此，在未来很长一段时间内，数字化程度的不断提高将继续影响我们的思维和行为方式。

这对质量管理意味着什么？质量管理始终专注于系统地确保和提高产品质量和工艺过程质量。许多公司在过去已经使用过一些方法，大大提高了产品质量和过程效率。过去使用的方法一般都是纯手工实施，或只需相对较少的计算机支持。在某些情况下，当前的生产数字化程度已经相当成熟，但这些数据在许多公司的数据服务器上却基本处于闲置状态，这是因为开发和生产工程师通常缺乏处理大量数据的相关知识。要突破产品质量和生产效率的极限，就必须将对产品的理解、生产经验与机器学习和人工智能等数字技术方面的专业知识全面结合起来。

本书向初学者和决策者展示了通过数字化转型如何改变质量管理（QM）。它描述了如何通过新的战略、方法、步骤和协作形式来加深对产品和过程的理解，以及由此为企业带来的潜力。因此，它为企业提供了必要的前提条件，使其能够在更复杂的产品和动态需求的市场下长期立足。

本书全面介绍以下主题：

1）描述当前数字化对质量管理领域所带来的挑战和机遇。经验丰富的质量管理人员突然面临全新要求，并且需要面对新的专业词汇，这些术语是什么意思？如何尽可能简单地解释它们？

2）提供建立数字化支持的质量管理体系的实用指南和技巧。

3）提供实用的解决方案，使我们能够实施有质量保证的创新，并为客户创造可衡量的附加值。我们阐明了用户体验（UX）、设计思维和敏捷方法在此方面的作用，以及如何在软件密集型系统和工业 4.0 解决方案中实现质量保障。

4）统计学、机器学习和人工智能方法在多大程度上可用于从数据中学习、做出基于风险的决策以及随之而来的自动化决策？这始终都是以提高质量为目的的。

5）系统学可以有针对性地进一步开发我们的过程，使其趋于数字化成熟，从而提高其有效性和效率。我们将为您解答如何充分利用六西格玛、人工智能、机器人过程自动化（RPA）、过程挖掘等带来的机遇，实施过程改进并从错误中吸取教训。

6）设计数据科学基础架构，如何使我们的信息技术能够应对质量管理领域的新挑战，特别是通过纵向和横向网络来支持数字化和数据驱动的用例实现？

7）分析质量管理中数字化转型所需的技能。如何以最佳方式系统地规划和实现这些技能？

8）企业在引进和实施过程中可以采取哪些战略？质量管理数字化转型的成功因素是什么？如何最终成功实现质量管理领域的数字化变革？

作者们经过深思熟虑，确定了如何以一种让读者在学习本书时感到轻松自如的方式，传达有关数字化主题的专业技术知识，并且让读者能够愉快而专注地参与这个引人入胜但并非总是琐碎的话题。因此，本书宣布的主要既定目标之一是，在数字化方法方面，读者能够与所涉及的内部相关部门和外部合作伙伴使用共同语言。因此，书中采用了结构清晰的章节顺序，并配以相应的案例。此外，我们还不时穿插一些发生在父女之间的虚构故事，这些故事也总是与专业内容直接相关。

因此，我们想以两位虚构的主人公约翰内斯和安德烈娅·拉什之间的第一次对话来结束这一介绍性导论章节。在这次对话中，我们首先讨论了一个我们或我们的同事可能已经遇到过的问题，即对数字世界的专业术语缺乏理解。

"非常感谢你们的邀请和一顿美妙的晚餐！妈妈，爸爸，这顿饭一如既往地美味可口，尤其是最后的甜点萨尔茨堡蛋奶酥，我给予它最高评价。你们也知道，我已经尝试过几次，但做出来的总不如你们做得好吃。爸爸，我知道您在制作过程中会注意一些特别的细微之处，您已经向我解释过了。但是，即使我试着一对一地模仿您的制作过程，它们仍然不会完美。""亲爱的安德烈娅，这可能很大程度上归功于我多年作为业余厨师的经验，也可能是因为我只为我生命中最爱的人精心准备这道甜点。"约翰内斯看着女儿的眼睛，对她露出慈爱的微笑。"是的，这可能才是真正的秘诀，"他的女儿回答道，然后轻轻地吻了一下他的右脸颊以示感谢。

"爸爸，在我们忘记之前，您之前说还想和我讨论一些专业问题。我能帮上什么忙呢？""哦，对了，我差点忘了，我在这儿都热得有点汗流浃背了，也许我们可以一起去书房，在那里我们可以安安静静地谈谈。""玛丽亚，"说完他叫住妻子，"我们先去书房一下，不过马上就回来。"

约翰内斯·拉什现年五十多岁，已在同一家公司工作了 30 多年。他是质量保证部的主管，负责整个测量室和该部门的三名员工。到目前为止，他是所在部门最年长的员工，如果仔细想想，他甚至可能是整个公司最年长的员工。20 世纪 80 年代初，他完成了测试和测量技术员的学徒生涯，当时公司使用的几乎都是模拟测量设备。当时，他的公司里只有一套蔡司数字 3D 测量系统，几乎被当作神龛一样供奉着。他的师父当时对这项特殊的新投资感到无比自豪，因此他有幸成为唯一一个被允许对这台机器进行编程和操作的人。在随后的几年里，数字世界在制造业中变得越来越普及，为了跟上技术进步的步伐，约翰内斯接受了许多次培训和进修。他学习了统计过程控制的基础知识和方法，还学习了如何专业地处理有时高度复杂的现代数字测量系统。此外，他还学习了如何确定和处理所用测量设备的能力。他还支持引进现代测量设备管理。公司自 1988 年起通过了 ISO 9001 认证，这几乎伴随了他的整个工作生涯。从那时起，规划、控制、保证和提高质量的概念就与他的日常工作紧密相连。

"你知道吗，安德烈娅，"他关上书房的门后对女儿说，"有时我觉得自己的工作有点多余，因为在技术方面，我跟不上年轻一代同事的步伐，"他非常平静地说，似乎他应该为自己的年龄感到羞愧，"他们处理现代数字系统的能力比我强得多，甚至还能独立开发新方法、发现用例等。而我这个坐在他们旁边的老家伙却什么都不懂。最近，信息技术部门的一位年轻同事来找我，想和我讨论一下未来我负责的领域是否会出现人工智能和机器学习的用例，以及会出现哪些用例。我从他的言论中记下了几个拗口的关键词，但不得不以一个低级的借口打发这个可怜的家伙离开，因为我完全不知道这些词的含义。现在整个情况对我来说非常尴尬，所以我想问问你，是否可以用你在工业科学方面的专业知识来帮助我。但请用非常简单、易于老人家理解的简单语言。"

"好的，爸爸，我想想看我能做些什么。您能否告诉我一些您希望用通俗易懂的语言解释的术语，我会考虑用最简单的描述，甚至可能是图形表示，以便我可以尽可能向您解释所有内容。下次我再来看您的时候，我们会花足够的时间一起进行我们的学习小单元。"约翰内斯给了她纸和笔，她在上面记下了以下专业术语：

1）数字化。
2）工业 4.0 和质量 4.0。
3）智能产品。
4）智能生产。
5）人工智能。
6）机器学习。

"好吧，那我下周六再来看您。如果您不嫌麻烦的话，我下周想吃：意大利蔬菜汤、意式煎小牛肉火腿卷配松露烩饭，最后再来个甜品柠檬冰沙。"女儿和父亲在离开书房回到客厅时，仍然笑得前仰后合。客厅里，玛丽亚妈妈刚刚小睡了一会儿，她被一阵大笑声吵醒，看着他们俩调皮地笑着说道："我还以为你们之间有严肃的话题要讨论呢。"随后，三人互相拥抱，依依惜别。然后，安德烈娅离开父母的公寓，开车回到自己的学生公寓。

接下来的一周，安德烈娅都在忙着回答父亲的问题。大部分术语她已经在学习中烂熟于心，但对于一些术语，她还需要借助讲义、一些专业书籍和在线维基百科。不过，她面临的最大挑战是如何找到最简单的解释，以切实帮助她父亲解决当前的问题。因此，她决定采用一个鲜明的例子来描述每个专业术语。为了给自己和教材内容提供指导，她在准备之初用几句话概括了术语的含义：

1）数字化是将模拟值转换为数字格式，并在数字技术系统中处理或存储的过程。这些信息最初可以以任何模拟形式存在，然后经过几个阶段转换为仅由离散值组成的数字信号（Wikipedia，Digitalisierung，2021）。

2）工业 4.0 是第四次工业革命的简称，其中 4.0 相当于软件的版本，指的是数字时代的工业进步。整个价值链内可以实现的改进都基于机器、人员和服务的联网，而这又离不开现代信息技术和通信技术的支持。

3）如果一种产品能够收集、记录并在必要时主动传达有关其自身制造过程的数据，以及在制造和使用阶段生成的信息，那么这种产品被称为智能产品。

4）智能生产是指在工业 4.0 中将整个价值链联网，从而产生创新的解决方案，使生产更加高效和灵活。其结果是形成一个由生产设施和物流系统组成的智能工厂，这些设施和系统可以尽可能地实现自我组织。

5）人工智能是计算机科学的一个分支，研究智能行为的自动化。为此，它在计算机系统的帮助下模拟人类智能。这包括学习，即收集信息并创建使用这些数据的规则，利用这些规则得出适当的结论，以及进行自我纠正。

6）机器学习描述了从数据中"人工"生成知识的过程。在算法（可用于解决特定问题的指令序列）的帮助下，模式和规律会在训练阶段被自动识别和建模，然后将这些模型应用到新数据，以创建预测。

现在，安德烈娅必须将文字转化为通俗易懂的图片，并配以相应的现实生活插图，她希望在即将到来的周末学习单元中与父亲讨论这些图片。她的目标是让父亲能够很好地理解相关的例子，并能够利用幻灯片掌握进入真实工作场景的各个环节。安德烈娅需要几个下午的时间来完成这项工作，她终于在约定日期前完成了演示文稿的最后一页。怀着对即将开始的学习单元的兴奋和期待，她驱车前往父母家。短暂寒暄之后，女儿和父亲决定直接开始学习，然后再一起享用晚餐，作为对他们辛勤工作的奖励，并遵循"先工作，后享乐"的座右铭。

"爸爸，您最近怎么样？您是暂时把您的同事搪塞过去了，还是他已经又来找您讨论数字化问题了？我在这段时间里考虑了一些关于我们今天讨论的事情，想给您看我为您准备的几张幻灯片。如果您愿意，我可以马上开始，我只需要打开笔记本式计算机，我们就进入正题了。""亲爱的安德烈娅，你没有意识到你的知识对我的帮助有多大。我已经同意下周在一个更大的小组里举行一次协调会议，我们将一起讨论数字化主题，我希望能给同事们留下技术上很专业的印象，而不会让他们感到不安。所以，让我们马上开始吧，我非常期待你的解释。"

"您的第一个术语是数字化。我觉得您对这个概念已经相当了解，所以我不打算重新解释。不过，我想提及数字化系统的一个应用例子：就拿动态图像的长期记录来说吧。您曾经向我们展示过您童年时代的模拟电影，那是我祖父用他的 Super8 摄像机录制的。根据您的说法，他首先必须将录制的胶片冲洗出来，然后使用特殊机器将它们手动剪辑在一起。当时不可能对已经录制的场景进行后期制作，而且出于成本考虑，人们必须仔细考虑拍摄的内容和一个镜头可以持续多长时间。需要注意的是，当时只有一条图像轨道，并且没有触发录音的可能性。后来，当我还是个孩子的时候，也就是大约 25 年前，您已经使用了一台数码摄像机，它可能不仅比模拟系统便宜得多，而且在操作和后期制作方面也提供了更多的自由。而今天，人们根本不再需要特殊的录像设备，因为每部智能手机都配有内置数码摄像机。这样一来，模拟事件的数字化不再有任何限制。爸爸，您觉得我的解释怎么样？还是您需要更多信息？""不，我想你已经解释得很清楚了，我也足够了解了。现在，我还记得以前使用我心爱的便携式摄像机 Handycam DCR-VX1000E 的日子（1995 年的数码产品）。"

"很好，那么让我们继续讲工业 4.0 或质量 4.0。简单来说，第四次工业革命是过去进步的连续发展，因此工业 4.0 是智能工厂和计算机集成生产系统的一个总称。我们的工作场所通常配备有笔记本式计算机，这些笔记本式计算机通过网络相互连接，并与计算机控制系统一起工作，这对我们来说不再是什么新鲜事。同样，如果没有有效的信息技术部门，作为技术用户，我们通常会感到非常无助。然而，在工业4.0时代，核心技术不再是计算机，而是互联网。在现代信息和通信技术的支持下，现在可以在全球范围内以智能方式将人、机器和产品直接联网，这为我们带来了全新的可能性和机遇。在这种背景下，专家们喜欢谈论"物联网"。爸爸，您看，我为了让您更好地理解，特地制作了一幅图（见图1.1）。"

"这一切都非常好，多亏了你的解释，我才能理解，但我要问自己，客户如何从这项技术中受益？还是说，发明这项技术只是为了提高公司的盈利能力，让有钱人变得更有钱？""公司当然会受益，这是毫无疑问的，否则他们就不会投入大量资金和资源来开发这种系统。但是，如果不能为客户带来附加值，再好的技术也一文不值。例如，以客户为导向的方法，可以是针对特定问题的解决

图1.1　物联网

方案：您每年都穿着跑鞋参加维也纳马拉松比赛，您的跑鞋里有鞋垫吧？""是的，每次都穿。如何找到与鞋子的几何形状完全契合的理想鞋垫，对我来说始终是一个巨大的挑战。另外，我还希望鞋子在视觉上对我有吸引力，所以你可以想象这并不容易。""请原谅我，我继续说回我们的话题，但在物联网世界中，可能的解决方案是这样的：

您可以提前将与您跑步相关的资料和您目前所穿鞋型的信息发送给矫形医生。这样，他们就能在检查前了解您的身体数据和个人跑步数据。他们可以处理这些信息，并将其与鞋子制造商提供的数据进行比较，从而更好地为预约做准备。

在诊所里，矫形医生会对您的裸脚轮廓进行3D扫描，然后记录您在跑步机上进行简短测试时的身体运动情况。他将这些信息汇集在一起，并通过软件进行处理，计算出适合您的最优鞋垫形状。

然后，他使用3D打印机将传输的数据转化为实物，几天后，您就可以带着这些独特的鞋垫原型在您最喜欢的跑步路线上进行初步测试。

如果您对结果感到满意，您可以选择今后不再使用鞋垫，而是按照您的脚型要求生产"一号"跑鞋（即只有这一双鞋是按照这种配置生产的）。为此，我们会制作一个独一无二的模型，如果您愿意，您还可以主动参与设计，然后您的完美个性化跑鞋就会在现代化的制鞋厂中诞生。如果您愿意，还可以在鞋底集成一个微型芯片，它将记录您未来的运动情况，从而进一步优化您的下一代跑鞋，并几乎自动地改进您的产品。"

"哇，这真的已经存在了吗？对我来说，这听起来更像是一部优秀的科幻小

说，但无论如何，这都非常令人兴奋。但是，即使这个系统已经存在，一双独一无二的跑鞋也可能非常昂贵，只有非常富有的人才能负担得起这项服务，对吧？"
"不，因为这不是这项研究的目的。这种鞋已经可以买到了，生产商是知名的三条纹品牌。虽说价格是比批量生产的产品要高，但也不是绝对买不起。"

"很好，爸爸，现在我们已经全面展开，并且已经对这个主题进行了相当深入的研究。除了令人兴奋的工业 4.0，我还想谈谈质量 4.0。这实际上是工业 4.0 直接产生的逻辑结果。因此，质量 4.0 代表着借助工业 4.0 的可能性来实现质量的未来。例如，未来机器可以学习并控制如何独立生产所需的质量。如果您对这一术语也比较清楚，我想继续讨论下一个关键词。""是的，我对这个术语比较清楚，请继续。"

"爸爸，我可以向您保证，有了您已经掌握的知识，接下来的两个现代表达将会容易得多。现在我们来讲讲"智能产品"和"智能生产"。其实在讲解工业 4.0 的时候，您就已经了解了这种智能产品，如您的现代跑鞋。但是，它也可以是一台智能洗衣机，在集成存储容器中的衣物柔顺剂用完之前，它会通过短信通知您。在这种情况下，可以根据您的要求，邮购公司将触发对缺失产品的自动在线重新订购，从而节省您去超市的时间。而智能生产则是制造公司在网络系统的帮助下更高效、更有效地制造产品。"

"是的，在我看来这很合乎逻辑。智能产品还应该以尽可能最智能的方式生产，以便为双方创造有利条件。一方可以从质量提高的创新产品或现代服务中获益，另一方则可以比过去更高效地生产这些产品。"

"太好了，爸爸，到目前为止，您已经完全理解了我想要向您解释的一切。那么我们现在就直接来谈谈人工智能吧。人工智能一词代表着模仿人类决策结构的努力。当人类做出决策时，基本假设是该决策过程首先涉及确定备选方案并收集信息，然后评估可用的选择。我们的预期收益在评估中起着决定性的作用。然而，根据社会科学家赫伯特·西蒙的观点，人类无法实现效用最大化，因为他们在做出决策时永远无法知道所有的备选方案和后果（Simon，1959）。因此，我们的决策在很大程度上也是由经验、直觉和内在感觉决定的。

由于人工智能没有情感，它必须通过一种类似于我们人类感官的信号（感知，sense）来触发，获得的信息必须经过进一步处理（思考，think）。计算机通过软件和智能算法为我们执行这一任务。之后，由计算机触发相应的行动（行动，act）。我们称之为"感知-思考-行动"或"接受-理解-行动"链。

当感知-思考-行动链被用来实现通常由人类承担的功能时，就会使用人工智能这一术语。就人工智能而言，这种感知—思考—行动链通常具有高度自主性和持续学习（反馈与学习）的特点（见图 1.2）。

在我说得太理论化之前，我想用一个日常生活中的简单例子来向您解释这个过程。""是的，那太好了，因为我现在头都大了。""就拿您的车来说吧。当您在高速公路上行驶时，通常会启动内置的巡航控制系统，并依靠几乎看不见的距离传感器。只需按下一个按钮，巡航控制系统就会启动，之后只要您不主动干预，车辆就会保持自动驾驶模式。从那时起，内置传感器会持续记录数据，并将其处理为相应的活动。如果尚未达到目标车速，那么电子油门踏板就会启动，汽车就会加速。一旦达到目标值，油门位置就会降低。如果与前车的距离过近，则自动制动，依此类推。感知-思考-行动链会持续执行，您甚至可以在短时间内将手从方向盘上移开，因为距离传感器也安装在汽车侧面，以防止不必要的变道。""既然你给我解释得这么清楚简单，我已经非常了解人工智能的含义了。它已经以多种形式伴随着我们的日常生活，只是我们从来没有叫过这些技术性的名字"。

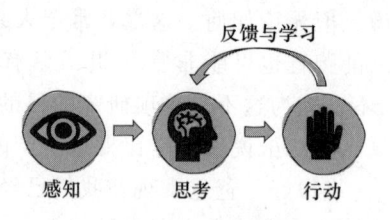

图 1.2　人工智能

"我真的很高兴我们的课题进展得如此顺利，并且您对内容和解释表现出了如此浓厚的兴趣。我想如果我们继续这样下去，您将会成为这个领域真正的专业人士。现在让我们来谈谈您那天跟我提到的最后一个术语，即机器学习。计算机基于纯粹的统计技术进行学习，无须明确编程。这门伟大的艺术不仅仅是记忆数据，还在于识别潜在的模式。"

"好的，我大概能够理解，但这样的系统在质量控制的实践中如何应用？你能给我一个好的例子吗？""我想是的。您上周提到过，你们也会对制造的零部件进行视觉检查。想象一下，如果这种评估可以由智能机器来完成，那该多好啊！""是的，我的老板曾经在一次讨论中提到过，因为一个人很难根据照片模板进行光学特征的'好'和'坏'的筛选——我们这里称之为'边界样品目录'。但我们后来商定，暂时不把这个主题列入今年的目标，而是再等一段时间。你认为这真的可以完全自动工作吗？"

"我很难判断它是否适用于你们，但我可以非常简单地向您解释一下这个过程：

您需要准备一定数量的零部件，并知道每个零部件要么是'好'的，要么是'坏'的。

首先，将一个零件输入特殊的摄像系统，摄像头拍摄一张或多张照片，然后您告诉系统，这个零件是'好'还是'坏'。

重复此过程，直到所有零部件都轮到为止。

理想情况下，自学习系统将能够相应地处理这些数据，并自行识别出'好'或'坏'的关键特征，而不需要您明确告诉系统。之后，您可以使用尚未被检查过的零部件来进行验证。'虚拟-视觉'质量控制应该能够独立识别出'坏'的零部件，而无须我们的干预。"

"那太棒了，这样我就可以更好地让我的员工从事测量任务，而让计算机来完成他们不太喜欢的视觉评估。太好了！"

安德烈娅说，"是的，这就是今天的所有内容了。"这是她在学习开始后第一次看表。"太疯狂了，我们已经聊了两个小时，时间过得飞快。我都没注意到我们聊了这么长时间。您知道吗？现在我真的好饿，期待着我们一起的晚餐！您觉得呢，爸爸？""亲爱的安德烈娅，这顿饭真的是我们应得的！我一直专注于学习，根本没有注意到那股香味已经从厨房传到了书房。快点，我们去帮妈妈布置餐桌吧，享受这美味佳肴。"

这个简短的故事为这个非常有趣的话题画上了句号。我们就此结束本章节，并直接进入下一章，讨论当前质量管理中面临的挑战。

第 2 章 质量管理的挑战

本章旨在阐述当前质量管理面临的挑战以及数字化带来的机遇。因此，本章从质量和质量管理的概念入手，进而阐述过程的重要性及其绩效的可衡量性，解释了数字化转型的概念及其为质量管理带来的机遇。我们还将解释我们对质量管理发展阶段和质量 4.0 术语的理解。本章最后介绍了可能的数字化用例和数字化质量管理的九大行动领域，本书后续章节将对其进行更深入的探讨。

2.1 质量的定义

定义术语"质量"的方法有很多种。定义这个术语极其困难，这主要是因为质量在日常用语中的使用和理解通常与质量管理专业领域中的不同。质量源自拉丁语 qualitas——即品质、特征、属性、状况。因此，这个通常具有积极含义的术语，最初意思其实是价值中立的。

在 ISO 9000：2015《质量管理体系 基础和术语》中，质量的定义如下：质量是一组内在特征满足要求的程度。更通俗的说法可以是，质量是满足要求和合理期望的程度。因此，质量总是来自于目标与实际的比较，即要求的满足程度与单位的期望值之间的关系。从中可以推导出定义质量时的三个自由度（见图 2.1）。

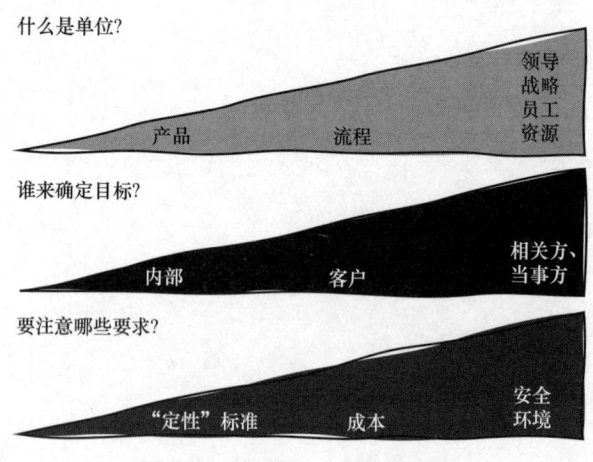

图 2.1 "质量"一词的自由度

1. 什么是单位？

单位最狭义的解释是产品或服务，最广义的解释是涉及组织的整体。这种解释已被全面质量管理（total quality management，TQM）理念所采纳，该理念被称为全球质量概念。就其全面性来看，这种方法意味着质量管理涉及领导质量、战略质量、员工质量、资源质量等。欧洲最著名的 TQM 概念是欧洲质量管理基金会提出的 EFQM 卓越模型。

2. 谁来确定目标？

如果以产品为单位，那么这个问题相对容易回答。让客户决定目标是有意义的，在这种背景下，我们就可以谈论以客户为导向的质量理念。如果试图定义过程质量，那么这个问题就比较难处理：当过程客户的要求得到满足时，过程是否具有所需的质量？或者过程是否也必须满足所有利益相关方（股东）的要求？

3. 要注意哪些要求？

第三个自由度是需要考虑哪些要求才能充分描述定性标准的问题。广义上，这可能还包括价格标准和成本标准。这将导致经济性考量在质量管理中占据一席之地。更深入地看，安全要求和环境要求也可能需要考虑在内。

无论选择何种质量定义，都不能将质量的有无归因于一个单位。相反，质量在"非常好"和"非常差"之间具有各种表现特征。因此，并不存在绝对的质量，质量代表的是一项活动的结果与既定要求相适应的程度和范围。

在前面的段落中已经使用了质量管理这一术语，因此这里对此术语进行介绍性解释，以确保读者和作者可以使用相同的定义。

2.2　什么是质量管理

在 ISO 9001：2015《质量管理体系　要求》中，质量管理被定义为以满足客户要求为中心，对产品或过程采取的整体改进措施。因此，质量管理始终以客户满意度为目标，以产品和过程为重点。

在这种情况下，质量管理中需要回答的两个核心问题是：

1) 如何确保以客户为导向开发和生产产品？

2) 如何根据内部/外部客户的结果质量（过程有效性）和效率来设计过程质量？

2.3　过程的有效性和效率

在上一节中，除了术语"产品"，还使用了术语"过程"。虽然我们对"产品"的术语非常熟悉，但在此还是有必要简要地考虑一下"过程"这个术语。

1. 什么是过程？

过程指的是按照内容、（事实）逻辑和时间顺序进行的一系列活动和行为，通过提供服务或创造产品来增加价值的过程。简单地说，一个过程总是从一个输入产生一个输出，即产生一个希望客户对其足够满意的结果。LIPOK 方法（供应商—

输入—过程—输出—客户）是一种简单而结构化的工具，用于定义、理解和界定过程（见图 2.2）。

显然，过程总是由子步骤组成，而子步骤又可以被视为单个的过程。因此，过程存在于不同的抽象层级（参见第 3.2 节）。

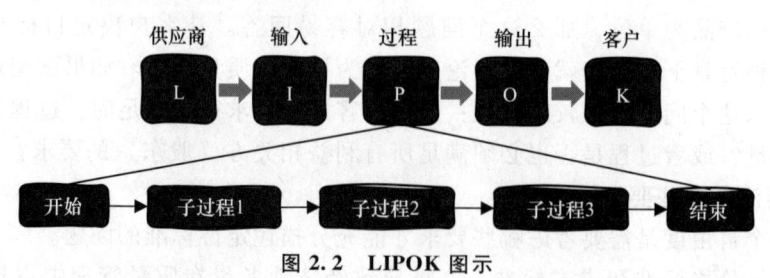

图 2.2　LIPOK 图示

2. 什么是过程有效性？

简而言之，有效性意味着做正确的事情。过程中实现的结果与其要求相关。因此，有效性是衡量与结果相关的目标实现的标准，它与质量的概念有很强的相似性。有效性描述的是过程结果的质量。

3. 什么是过程效率？

效率强调"如何做"，也就是要把事情做对。但"把事情做对"意味着什么？在评估这个问题时，结果通常与所做的努力相关：经济效率方面，即经济性是最重要的，或者说希望减少浪费。就过程而言，这意味着以最小的投入实现所期望的过程结果。

理想情况下，我们能够一开始就做正确的事情，即同时有效且高效地做正确的事情，但这很少实际发生。因此，在此要简要提醒"有效性第一"的原则：首先确保方向正确，然后才能考虑尽快达到目标。因此，当我们迷失方向时，加倍提高速度在逻辑上并不是正确的策略。

在本书中，我们将详细讨论以上两方面的内容，但重点放在过程有效性上，因为这是质量管理的首要任务，但过程效率方面的考虑也同样重要。

2.4　当前质量管理面临的挑战

当今，企业所处的环境正在发生比我们过去所习惯的更加频繁和全方位的变化。数字化的可能性正在降低交易成本和市场准入门槛，这创造了全新的销售机会。因此，新的竞争者正在以越来越快的速度涌现，而他们反过来又遇到了越来越青睐个性化利基产品的消费者。克里斯·安德森在关键词"长尾效应"下对这种效应进行了描述（Anderson C., 2008）。由此产生的供需波动通常用关键词"易变性"来概括，它可理解为短时间内波动的程度（Dudenredaktion, 2020）。

易变性加剧的直接后果是，未来的市场发展更加难以预测，因果关系变得不那么透明，问题有时似乎凭空出现（不确定性）。这导致领导质量变得更加重要，但也变得更具挑战性。

易变性的第二个直接后果是企业的复杂性增加，这反过来又导致情况的模糊性增加：对信息和要求可以有不同的解释，因此不再能够被清楚地解释，这反过来又导致了更多的业务不确定性（见图 2.3）。

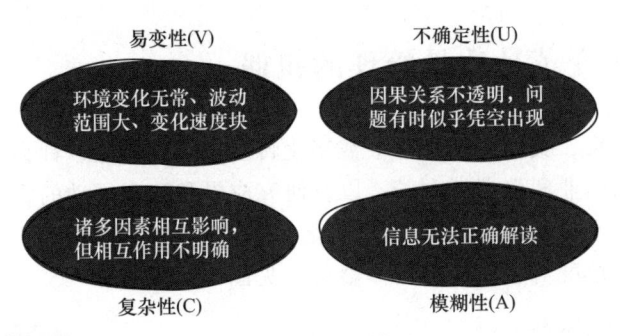

图 2.3　VUCA 模型

图 2.4 所示为 VUCA 的内在关系，是图 2.3 中经典 VUCA 概念的延伸。易变性影响不确定性和复杂性。复杂性反过来又增加了模糊性，而模糊性又进一步增加了不确定性。因此，管理者需要具备应对不确定性的能力（参见 11.3 节），并且需要新的战略来应对复杂性。这一点将贯穿全书，但此时此刻，我们希望首次更深入地探讨如何应对复杂性。

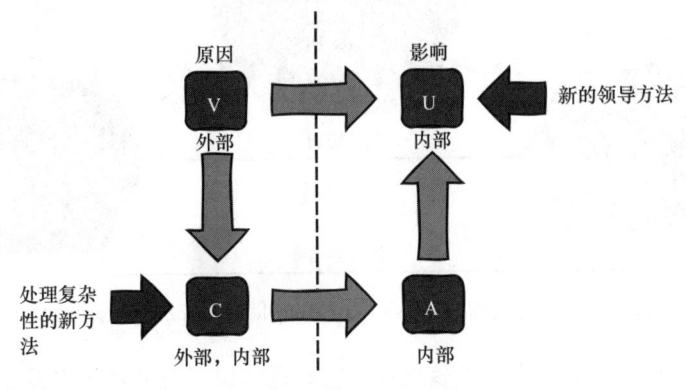

图 2.4　VUCA 的内在关系

有不同的方法可用来描述复杂性（另请参见第 4.6.1 节中的定义）。在此，应从斯诺登教授（Snowden &Boone，2007）的角度来理解复杂性。根据这一观点，复杂系统中的因果关系无法事先分析，只能事后确定。

斯诺登教授就如何在复杂系统中开展工作给出了明确的指示（Snowden &Boone，2007）。概括地说：系统越复杂，快速反馈周期和快速学习的迭代方法就越重要。这意味着，在质量管理中，仍然需要久经考验的分析工具来分析复杂情况，使用"五个为什么"等方法。然而，在未来，也将越来越需要敏捷的、数据驱动的、探索性的方法，如机器学习和人工智能等方法，以应对复杂的情况。

未来的质量管理将需要比以前更短的反应时间和更高的敏捷性。为此，必须实时提供数据，以便及时做出正确的决策。为了实现这一目标，信息技术和质量管理必须更加紧密地合作。

2.5 数字化变革是质量管理的机遇

在本节的开头，我们想解释一下数字化转型这一整体性、社会性和全球性的时代现象，它受到商业和消费者利益，以及研究成果和政府行动的重大影响，并由它们共同决定。数字化转型（又称"数字化变革"）是指基于数字技术的持续变革过程，它从经济角度对企业产生具体影响（见图2.5）。

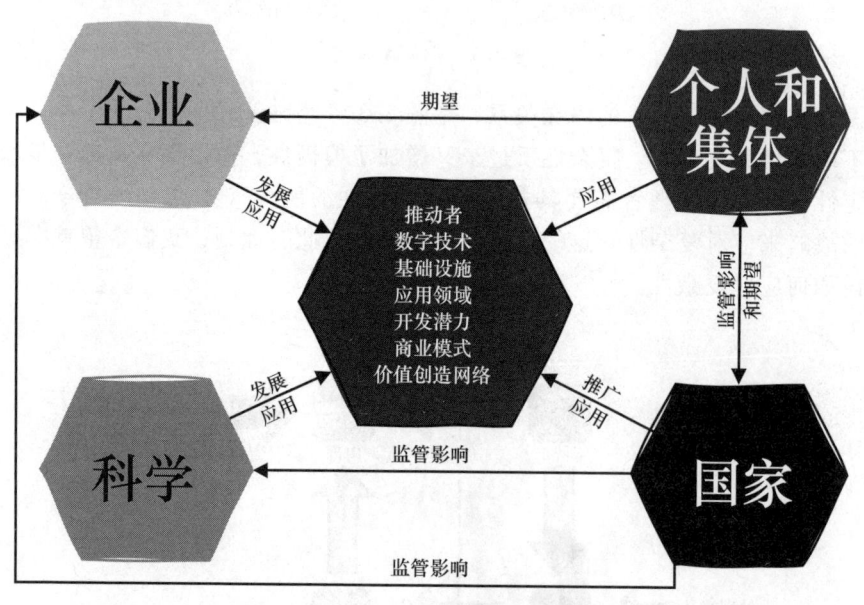

图 2.5 数字化转型（Wikipedia, Digitale Transformation, 2021）

科学是变革的主要推动者和参与者，它通过知识本身的进步以及创建和发布直接可用的产品（如软件库）做出贡献。就其本身而言，科研工作也直接受益于数字技术的发展。例如，复杂的科学模拟只有通过强大的数字技术和系统才能实现。

国家虽然在变革过程中没有直接发挥作用，但变革却受到其机制和影响力的影响（如公民对数字化官方过程的期望）。然而，国家可以通过有针对性的资金和法律监管，来创造一个环境，使企业能够挖掘数字化转型的价值潜力。

数字技术是数字化转型的推动因素之一。这指的是我们非常熟悉的数字应用，如智能手机、应用程序、互联网，以及具有巨大计算能力的数字基础设施，如网络计算机。这为企业带来了价值潜力，如全新的数字化商业模式、产品和服务形式等。

对于企业而言，数字化转型是多方面的。如果加以正确利用，数字化的价值潜力可以带来快速增长。但是，如果对这些数字化价值潜力不够了解，也会使大企业陷入困境（如柯达和数码相机）。这种现象被称为"创新者的困境"（Christensen, 2016）。

最后但同样重要的是，个人和集体作为消费者和新数字技术的受益者，希望从中获益。客户和员工，特别是年轻一代，对产品、社会和雇主不断变化的期望是数字化转型的强大驱动力。例如，客户对个性化服务、透明度和速度的要求不断提高（Kofler, 2021）。

因此，实施数字化转型对于企业确保长期经济成功至关重要。数字化带来的两个关键领域与质量管理尤为相关：

1）智能产品。
2）智能生产/过程。

为了在日益数字化的市场中继续取得成功，有必要提供新的商业模式、新的数字化解决方案和服务（智能产品）。智能产品是具有智能功能的产品和组件，能够在生产和使用过程中收集数据并进行联网，从而为客户创造附加价值。企业必须通过产品和/或服务的数字化，为客户提供公认的附加价值。这是必要的，因为以往的商业模式已经到达了增长的极限。

同时，数字化也为优化生产过程、避免浪费和提高过程有效性提供了全新的机遇。这就是所谓的智能生产：通过数字化实现生产链的网络化，从而提高过程有效性和效率。

无论是为客户创造附加价值，还是改善流程有效性和效率，这两个方面都是质量管理的重要目标，而数字化则为这两个目标提供了全新的机会。

2.6 质量管理的发展阶段

质量管理的历史演变可以分为四个发展阶段（Wikipedia, Qualitätsmanagement, 2021），如图 2.6 所示。这些阶段与质量的基本定义和当时可用的技术手段密切相关。

在质量控制（质量 1.0）的早期阶段，通常的做法是由专家处理质量问题。重点是在过程的最后阶段进行质量测试和检查。很多时候，公司都有自己的部门专门负责产品质量，并且必须通过广泛的检查监督来确保产品质量。当时，质量被理解为纯粹的产品质量，目标是由内部确定的（规格符合性）。生产的重点主要是以更低成本生产更多数量，但不考虑生产的质量。后期检查的目的是剔除有缺陷的零件，而不是为了消除浪费或低效。

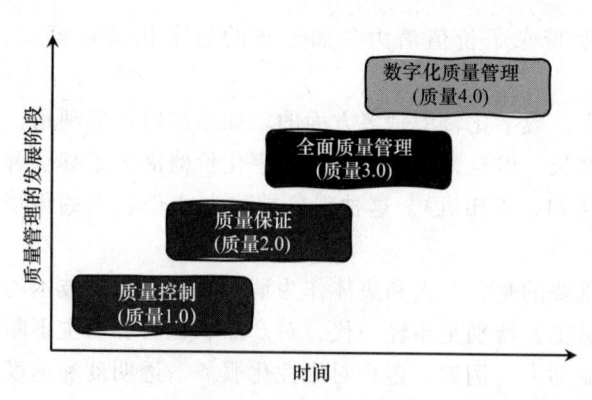

图 2.6 质量管理的发展阶段

在质量保证（质量 2.0）阶段，首要目标仍然是最大限度地提高生产率，但也开始从经济方面更多关注废品和返工。首次出现了必须遵守的过程标准，以确保可接受的质量。于是，过程的可控性和可调性就变得更加重要。开始评估过程数据，许多公司引入过程控制图作为标准工具。术语"质量"已扩展到包括过程质量。

后来，质量日益成为一种重要的竞争优势，并且更加重视满足客户的要求。在全面质量管理（质量 3.0）阶段，客户满意度成为质量管理的主要目标。确保过程的持续改进和标准化等举措变得更加重要。此外，还开发和提供了许多认证。进一步的目标是本着全面质量管理（TQM）的精神，将公司的所有员工纳入未来的质量过程。在质量 3.0 阶段末期（第三个千年之初，即 2001 年始），竞争和成本压力进一步加大，质量管理甚至直接决定公司的成败。因此，六西格玛继续受到欢迎，因为它承诺能获取可衡量的成功。质量的概念日益扩展到经济效益方面。

我们目前所处的阶段被称为数字化质量管理或质量 4.0 阶段。应采用 ASQ（美国质量学会）的方法来定义质量 4.0（American Society for Quality，2021）：

1) 质量 4.0 将工业 4.0 的先进数字技术与卓越质量结合起来，推动绩效和效率的大幅提升。

2) 质量 4.0 是一个术语，指的是在工业 4.0 背景下质量和组织卓越性的未来。

简而言之，在工业 4.0 的背景下，与质量管理直接相关的一切都被称为质量 4.0。工业 4.0 则代表着信息技术与生产技术的融合，这意味着要了解产品、设备、生产过程和组织程序，并以数字方式将其联网。网络化应从传感器到云端纵向进行，同时通过改善客户与供应商关系横向进行网络化，目的是通过数字化提高过程的有效性和效率。

在质量 4.0 时代，数字化可用于及时学习和自适应学习。自发的产品优化和过程优化成为目标。与质量 4.0 相关的以下要素尤其值得注意（American Society for

Quality, 2021):

1) 自适应学习和自诱导系统控制。
2) 机器学习如何自行控制质量和生产率。
3) 重点正在从设备操作员转向过程设计师（工业4.0解决方案的开发、过程工业化、软件密集型系统的开发）。

以下各章节将详细介绍和解释这些要素。

2.7 质量管理的目标

综上所述，我们基本上可以确定两个驱动因素，它们极大地改变了质量管理的初始形势和挑战，同时也给我们带来了机遇。一方面，易变性和复杂性急剧增加；另一方面，数字化为管理、保障和提高质量提供了全新的机会。

然而，在任何情况下，最重要的原则绝不能丢失：即质量管理必须通过提高和确保客户满意度以及降低错误率，为公司短期和长期的经济成功做出贡献。在数字化时代，这一点尤为重要，我们必须特别注意，不要仅仅因为某些数字系统或程序"时髦"或"流行"，而失去对业务经济性和有效性的关注。

图2.7描述了作者认为质量管理的主要目标及其对公司经济成功的潜在贡献。一方面，提高产品质量的目的是满足客户的合理要求，从而提高客户满意度；另一方面，注重过程质量的目的是减少过程中的错误和浪费。

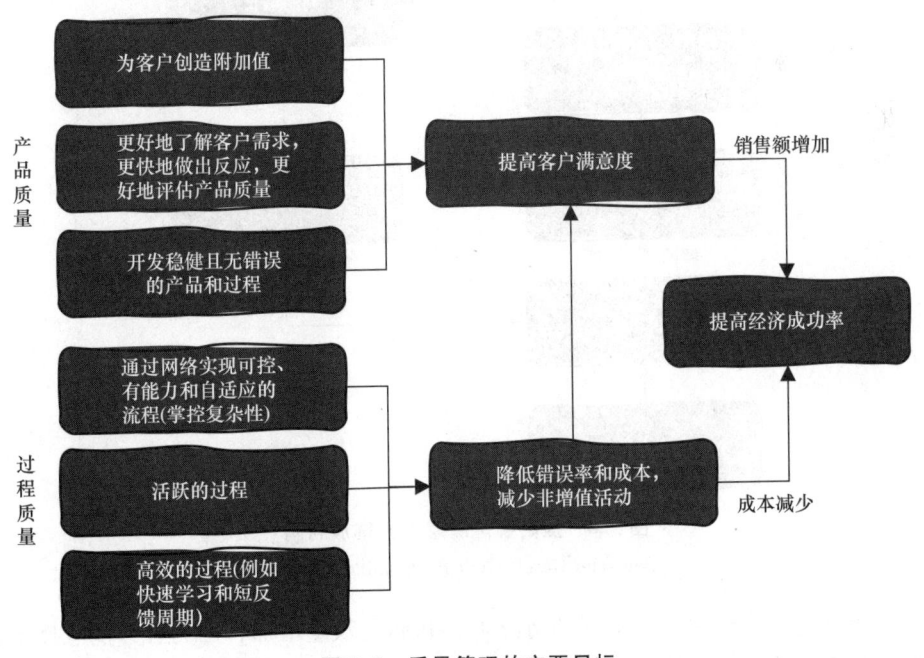

图 2.7 质量管理的主要目标

2.7.1 提高产品质量和客户满意度

客户满意度可以定义三个子目标：首先，目标必须是为客户创造附加值；这意味着，您甚至可以通过提供超出预期的服务来成功地取悦客户。

质量管理的另一个目标是：一方面，尽可能地了解顾客的需求，以便在过程（质量前向链）的框架内实现这些需求；另一方面，建立良好的反馈机制（质量后向链），以便尽可能多地从客户体验中学习。

提高产品质量的第三个目标是掌握开发过程的能力，从而以客户为导向、无差错地开发出创新产品和相关过程。

客户满意度的提高在多大程度上能影响企业的经济成就，可以从以下特点中看出：

1）满意的客户会提升企业在市场上的形象。这一方面会带来后续订单，另一方面也会通过推荐，在不增加成本的情况下提高销售额。经验表明，争取新客户的成本要比留住老客户的成本高出许多倍。

2）市场份额的增加对企业还有另一个积极影响，即产量的增加意味着生产成本效益的提高。

3）此外，企业还可以利用形象的提升，为自己的产品在市场上提高售价提供合理的理由，从而增加自己的利润（见图 2.8）。

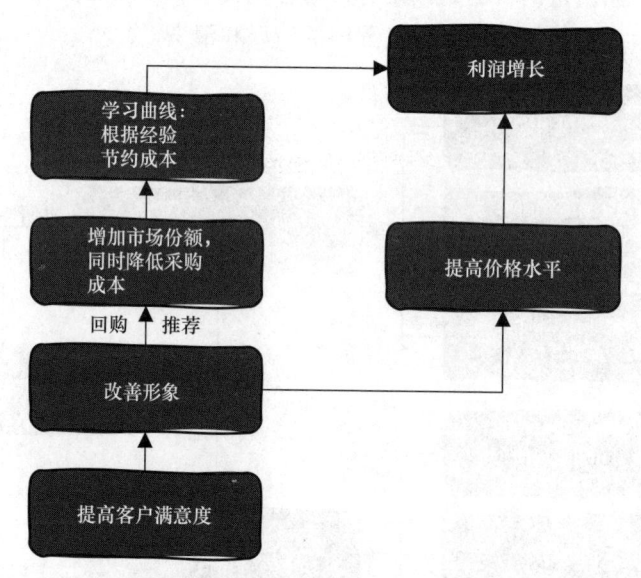

图 2.8 提高客户满意度会增加利润

(Deutsche Gesellschaft für Qualität, 1995)

正如我们所看到的，在最好的情况下，利润会双重增加，因为客户满意度的提高和由此带来的产量的增加，使得生产率更高、成本更低。此外，形象的改善也为在市场上以更高的销售价格出售产品创造了可能,而不会对客户满意度产生负面影响。

2.7.2 提高过程质量

质量管理的一个主要目标是持续提高过程质量。这不仅包括降低或预防性排除错误,还包括对过程的技术保障和持续减少浪费。

这对公司的成功产生了多方面的影响:一方面,降低出错率可减少外部错误成本,如可节省处理投诉的成本和精力,或减少昂贵的保修费用;另一方面,内部错误成本,如返工或废品产生的成本,也会减少或完全避免。通过消除误差,生产出的合格零件数量也会自动增加,从而立即提高生产率(生产率=投入产出比,如单位时间内的生产数量)。因此,在同样的时间内,付出同样的努力,可以生产出更多的材料,实现更高的营业额。换言之,可以避免以贡献利润损失为形式的机会成本。

服务成本和制造成本的降低会导致利润增加,而价格保持不变或有降价空间,这反过来又会带来决定性的竞争优势(见图 2.9)。

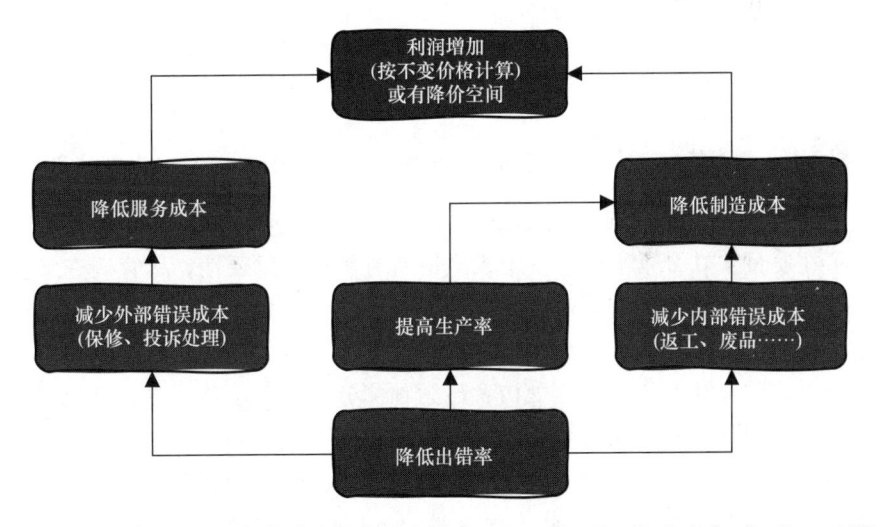

图 2.9 降低错误成本对经济成功具有重大影响(Deutsche Gesellschaft für Qualität, 1995)

因此,如果能降低出错率,就能带来双重经济效益。一方面,可以提高效率(减少损失);另一方面,将面临更少的市场投诉。除了降低成本,这还能提高客户满意度,从而改善企业的形象。

2.8 数字化应用案例

在一个成熟的企业中,各个部门的活动和工作过程都有明确的规定、组织、流程描述，并纳入质量管理。从全局的角度来看，我们可以从设计"未来工厂"的意义上，为价值链的每个环节，以及人工智能和机器学习的数字化和应用的支持过程确定用例。在这里，数字技术的可能应用领域是多种多样的（见图2.10）。

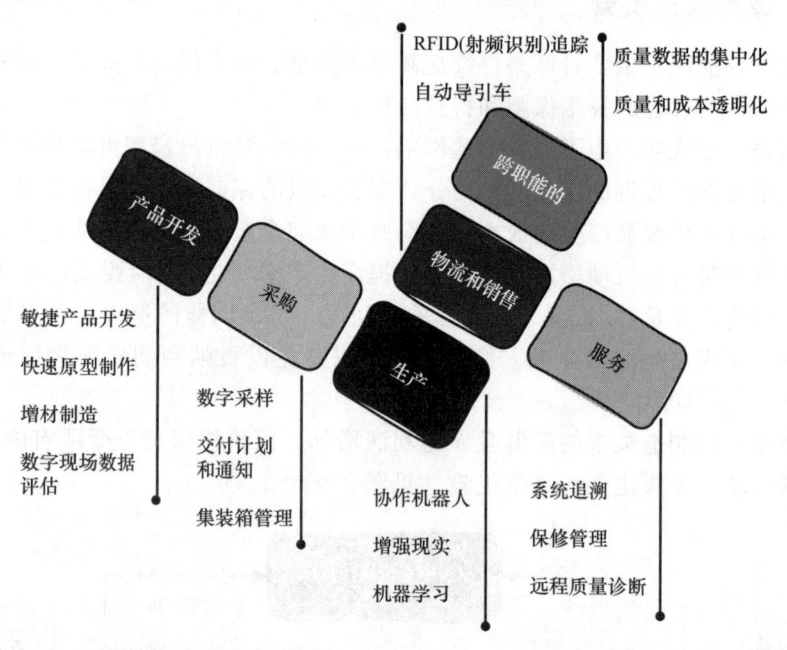

图 2.10 数字技术的可能应用领域（Küpper, Knizek, Ryeson, &Noecker, 2020）

波士顿咨询公司的一项研究（Küpper, Knizek, Ryeson, &Noecker, 2020）明确强调了在质量4.0背景下考虑整个供应链所有领域的重要性。尽管调查参与者认为产品开发和生产领域的潜力最大，但他们也意识到在供应链中存在着实现质量改进的机会，而这些机会在传统数字化方法中并不是直接关注的重点。例如，这些领域包括公司的物流和销售过程。受访者认为预测分析、传感器技术、可追溯性和封闭式电子控制回路等主题尤为重要。

如果我们考虑一家拥有自己开发部门的制造公司，它可以分为产品开发、采购、生产、物流和销售，以及服务等领域（Küpper, Knizek, Ryeson, &Noecker, 2020）。

关于数字化的可能性，在产品开发领域使用现代模拟和制造方法，是为开发时间和成本带来积极影响的好方法。现代快速原型制造方法（如增材制造）可以快速生产出可用的开发样品，并在早期阶段与客户共同学习。它们支持从具有明确开始和结束日期的经典瀑布模式向敏捷和迭代开发模式的转变。另一个关键用例是通过分析系统记录和现场数据（如通过人工智能）来大大缩短创新周期。

产品开发完成后，下一个挑战就是实现生产过程的工业化。重要的是要考虑在生产和装配过程中可以为员工提供哪些支持系统，以预防性地避免错误和发现错误，从一开始就利用数字化工具确保生产质量，还必须利用预测性维护和保养的可能性。在这方面有多种个性化选择，如机器人系统（协作机器人）的支持、摄像头辅助装配和质量控制、所有生产设备机器状态的透明可视化、创建数字化和交互式工作指南，以及在维护和故障排除中应用增强现实技术（AR）的数字数据眼镜等。使用基于云的终端设备和相应的软件应用程序（Apps）也会对维修过程产生积极影响，从而缩短平均维修时间（MTTR）。在这些工具的帮助下，企业还可以对大量数据进行分析，并从中得出相关性，这有助于在问题导致生产质量问题之前预防性地被定位和消除。

如果来自生产设备的数据在规划部门在线流动，那么营运资金（working capitals，WC）的优化（包括生产中的最佳生产批量）就会变得更加容易。它能够做出基于数据的决策，而不会造成任何质量或时间损失。这种方法最大限度地减少了设置过程所需的工作量，同时提高了对成品零件数量和截止日期的预测质量。生产领域的物流过程也可以通过数字化方法来支持。与生产和装配一样，这一领域的活动也有多种选择，不一定非要用机器完全取代人。例如，在运输容器上使用微型传感器（RFID），就可以在生产过程中轻松定位组件。自动导引车（AGV）可用于实现生产和装配过程中几乎整个物流过程的自动化。利用快速响应（quick response，QR）技术对所有单个部件进行编码，可以识别出疑似故障部件或对每个单个部件进行系统阻断处理。这项技术还能为客户实现零部件级别的无缝跟踪。例如，利用亮灯拣选（pick to light）系统和条形码扫描仪，可以创建一个系统环境，避免仓库管理中的人为错误。

如果客户的需求数据以电子形式提供，并与生产和装配的计划数据一起进行系统处理，那么采购部门就能获得所有相关信息，可以按时、按量、按相应的批量计划生产所需的材料，从而优化占用资金（营运资本）。集装箱管理也可以利用这些数据，从而将供应商的物流过程与公司的物流过程结合起来。如果供应商披露其生产的关键绩效指标，那么就有可能共同找出潜在的风险源和生产瓶颈。

服务和售后领域活动的主要目的是留住客户，通过良好的表现鼓励他们再次从公司购买产品。如果我们的产品能够从现场在线传输有关其当前状态的数据，我们就有机会对其进行分析，并针对潜在的与质量有关的现场故障开发出一套预警系统。这样一来，就能在客户要求我们支付保修成本之前进行预防性维护，再加上能够追踪每个部件的所有生产和采购信息，就能在出现现场故障时将财务的影响降至最低。

所有这些应用领域的共同之处在于：需要跨部门的信息和数据连接。这需要跨职能部门的合作，而数据的纵向和横向联网、相应的数据质量和以过程为导向的质量管理体系则为这种合作提供了支持。

下面将介绍一种系统化方法，使我们将能够全面地审视数字化计划，以确保我们的行动取得可持续的成功。

2.9 数字质量管理的九个行动领域

尽管我们已经清楚了质量管理的基本概念，也意识到了数字化带来的日益严峻的挑战，但读者可能还有许多问题尚未得到解答。因此，我们首先想了解一下，如何正确评估我们的质量管理体系目前所处的"位置"，以及如何有针对性地为数字化做好准备。

圣加仑大学（经济信息学研究所）与 Crosswalk 战略咨询公司及其他专家共同开发了一种工具，供企业用来评估其数字化成熟度。这种"数字化成熟度模型"又是以"圣加仑商业工程框架"为基础的。

"数字化成熟度模型"（见图 2.11）基于九个不同的维度，并在标准目录中做了进一步说明。这些成熟度标准的现状和满足情况通过调查问卷来确定。评估后的调查问卷还可以很好地用于加强内部讨论和启动数字化变革（Berghaus & Back, 2016）。

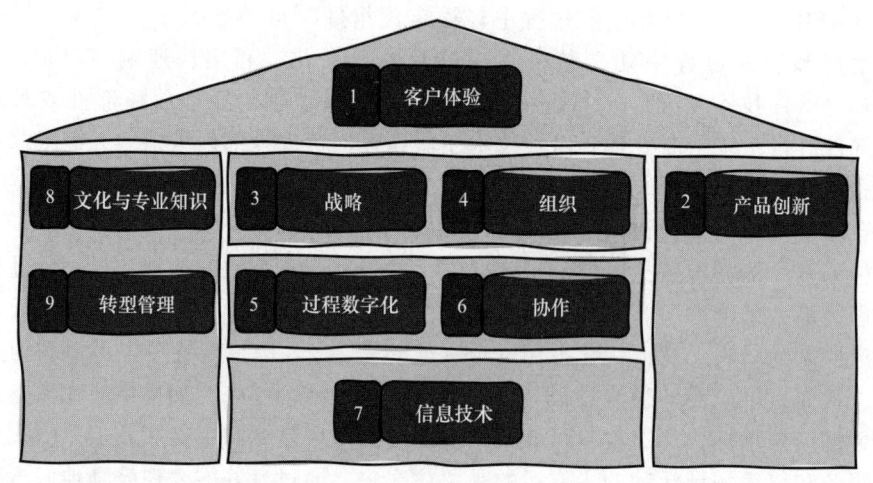

图 2.11 数字化成熟度模型（Berghaus & Back, 2016）and（Crosswalk Management Consultants Institut für Wirtschaftsin formation St. Gallen, 2017）

这九个维度简述如下（Berghaus & Back, 2016）：

1) **客户体验**：企业能够在多大程度上了解客户的需求和期望，并根据不断变化的客户行为调整其产品和服务。

2) **产品创新**：数字化成熟企业利用各种机会，以新的数字化解决方案补充现有的产品和服务。这可以创造竞争优势。

3) **战略**：通过数字技术进行的创新已牢固地扎根于企业战略之中，并得到积极推动。

4) **组织**：组织的设立是为了使数字化项目能够灵活、敏捷地实施，使数字化专业知识和资源得到有效利用。

5）过程数字化：利用数字化带来的机遇，实现过程自动化，提高有效性和效率。

6）协作：利用数字技术改善员工之间的沟通与协作。

7）信息技术：信息技术基础设施和信息系统为开发新的数字产品、服务和通信解决方案提供支持。采用敏捷方法处理数字化项目。

8）文化与专业知识：在数字化成熟的企业中，员工具有高度的数字亲和力，对数字化变革持开放和理解的态度。

9）转型管理：数字化变革由最高管理层规划，并借助路线图进行管理。

数字质量管理的九个行动领域如图 2.12 所示。

图 2.12 数字质量管理的九个行动领域

1）质量战略和目标：数字化质量管理的基础是一种战略，这种战略应始终以充分利用数字技术带来的新机遇为目标。质量方针和目标应以此为基础。

2）贴近客户：成功的企业能够始终如一地将价值主张和产品与客户不断变化的数字行为保持一致，以确保客户满意度。利用数字化机会获得客户反馈，从而不断学习。

3）有质量保证的创新：利用数字可能性（例如来自现场的信息）和敏捷方法，以可靠和稳健的方式开发软件密集型创新。

4）通过数字化改进过程：以有益的方式进一步发展过程，使其达到数字化成熟度。使用机器学习和人工智能方法，来提高过程的能力和可控性。工作过程和过程自动化不仅能提高过程的效率，而且还能确保过程的可持续安全。

5）数字化质量管理体系：以过程为导向建立质量管理体系，并利用数字技术和方法进行有效实施、维护和持续改进。质量管理体系始终保持更新，并且在相关组织中"存活"。

6）数字化协作：质量管理体系还包括（跨学科）协作，并通过新的数字化交流和培训手段不断加以改进。

7）IT 架构：信息技术（IT）基础设施要适应质量管理方面的新挑战，以便通过纵向和横向联网，实施数字/数据驱动的使用。

8）质量管理中的数字化能力：系统地规划和实施数字化转型所需的质量管理技能。

9）数字化转型：质量管理的数字化转型是一个由最高管理层规划和控制的过程，并以明确的路线图为指导。

通过对数字化质量管理的九个行动领域进行结构化分析，我们可以有针对性地实现质量管理的总体目标，即满足客户的要求并系统地减少生产过程中的浪费。

在本书下面的章节中，我们将从数字化质量管理体系这一主题入手，更详细地介绍各个行动领域、相关方法和久经考验的程序。

第3章 数字化质量管理体系

第2章介绍了当前质量管理所面临的挑战以及数字化带来的可能性和机遇。有了这些信息，我们现在就可以更深入地了解数字化质量管理。在本章中，我们将回答如何建立和设计现代数字化质量管理体系的问题。

在深入探讨这个话题之前，我们先来回顾一下质量管理体系（QMS）这个术语。ISO 9000：2015对其给出了定义：质量管理体系包括组织体系确定其目标以及为获得期望的结果确定其过程和所需资源的活动。质量管理体系管理相互作用的过程和所需的资源，以向相关方提供价值并实现结果。

ISO 9001是世界上关于质量管理体系要求的最重要标准，其4.4.1规定，必须建立、实施、保持和持续改进质量管理体系，包括所需过程及其相互作用。

因此，质量管理体系由一系列过程组成，这些过程的管理方式主要是为了满足外部客户的需求。这正是下文要讨论的内容：如何在质量4.0时代实现这一目标，以及软件解决方案和现代方法如何为此提供支持。

3.1 设计平衡的质量管理体系的艺术

质量管理体系本质上描述了希望员工了解并接受和运用的公司的全部知识。如果我们简单地思考一下上一段所提出的目标，就会很快发现质量管理既有静态的特点，也有动态的特点。静态部分确保在公司内描述、实施（培训）和维护（例如通过审核）最佳实践。动态部分则包括测量、分析和改进过程。

设计的艺术在于尽可能保持这两个方面的平衡。例如，如果煞费苦心地对过程进行了非常详细的描述，可能会导致过程及其内容不再受到质疑，静态部分变得过于强大。另外，如果不能在组织内部进行适当的验证，那么引入过多的关键数据和过多的改进措施也是没有意义的。在这种情况下，动态部分就会占据主导地位。

因此，一个运作良好的质量管理体系应兼顾确保质量、衡量质量和提高质量这三个方面的平衡（见图3.1）。只有这样，才能实现顾客满意的可持续质量改进。

图3.2所示的经验模型解释了之前提到的关于过程描述过于精确的问题，其依据是随着详细程度的提高，效益和成本也会增加。成本（工作量）增加这一点是合理的，因为详细记录和绘制过程内的程序需要专家进行烦琐细致的工作。随着变更频率的增加，所需的维护工作也会不成比例地增加。在该模型中，百分之百的结构透明度仍然是无法实现的，因为这意味着组织中的每一个细微动作都会被描述出来。

图 3.1 质量管理体系中的平衡

创建过程结构透明度所带来的额外收益也很难估算，主要取决于以下三个变量：

1）相关员工的资质。
2）过程的复杂性。
3）过程出错的可能性。

随着详细程度的提高，最初的效益会迅速增加。员工认为过程描述很有帮助，因为过程描述为他们提供了安全感，帮助他们避免可能出现的错误。然而，当详细程度达到一定程度时，效益就会出现减少，因为过程描述会被认为是有限制性的，而且高维护工作量意味着过程描述不再能保证是最新的。对系统的接受度降低，效益也随之降低，而文件编制工作量却会增加。

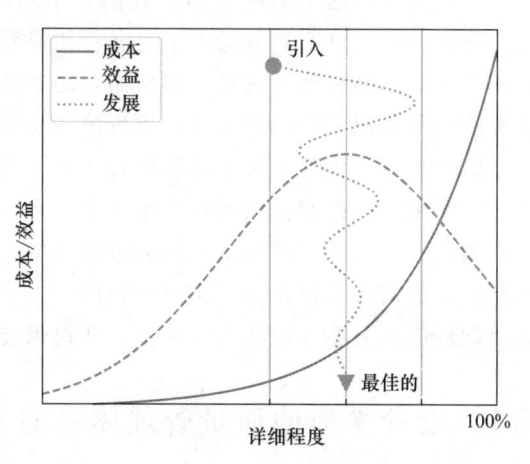

图 3.2 经验模型

因此，对于公司来说，确定具有最有利的成本效益比的最佳详细程度非常重要。然而，这将因相关过程而异，并且在实践中很难量化收益。因此，公司必须学会随着时间的推移逐渐接近最佳状态。在引入过程管理系统之初，公司往往会尽量避免过多的细节。这样做的好处几乎与低细节水平相同，但付出的工作量会少得多。

3.2 现代质量管理体系以过程为导向

根据 ISO 9000 对质量管理体系的定义，现代质量管理体系以过程为导向。过程被理解为一连串逻辑相关的活动，用于创建服务或更改对象，并有明确的开始和结束时间。从企业的角度来看，过程导向意味着从以职能为导向的部门思维转向以过程为导向的跨部门协作。过程导向型结构的优势（见图 3.3）一方面在于过程中的职责明确，另一方面在于通过结构化过程节省了时间。这在提高客户和员工满意度的同时也促进了同事之间的合作。

过程导向应防止每个部门独立优化自身（可能会牺牲其他部门的利益）。目的必须是确保将过程作为一个整体来看待和改进。

如果认真对待过程导向，质量管理体系也必须按照过程而不是根据标准章节来构建。尽管符合标准的结构在认证审核中具有一定优势，但本质上只有两方需要纯粹的标准视角来开展工作：一方是公司的质量管理员，另一方是外审员。公司的所有其他员工都应尽可能地从过程而不是标准的角度来考虑问题。标准履行矩阵作为过程和标准章节之间的转换表（见图3.4）可以为此提供支持。

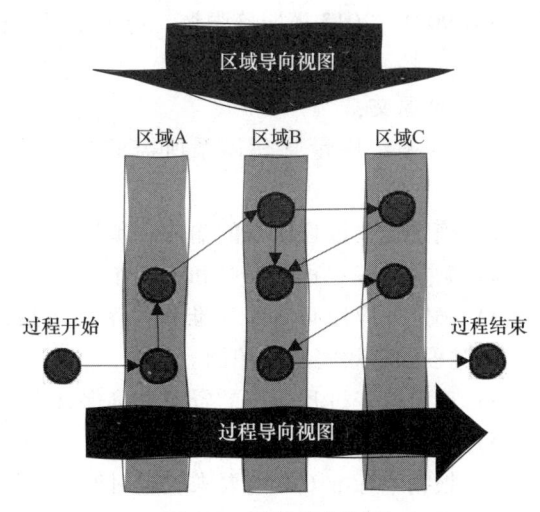

图 3.3 过程导向视图

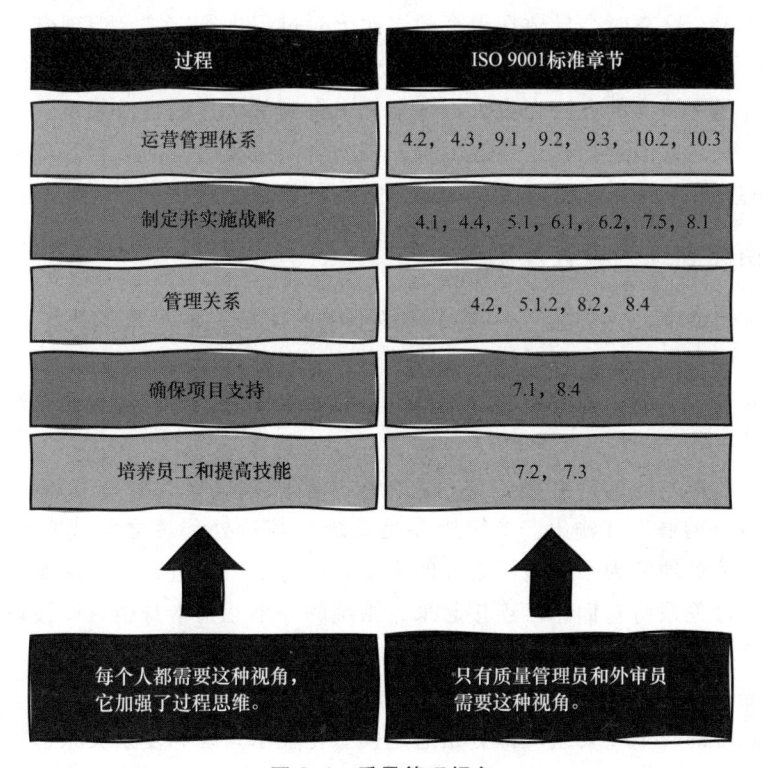

过程	ISO 9001标准章节
运营管理体系	4.2，4.3，9.1，9.2，9.3，10.2，10.3
制定并实施战略	4.1，4.4，5.1，6.1，6.2，7.5，8.1
管理关系	4.2，5.1.2，8.2，8.4
确保项目支持	7.1，8.4
培养员工和提高技能	7.2，7.3

每个人都需要这种视角，它加强了过程思维。

只有质量管理员和外审员需要这种视角。

图 3.4 质量管理视角

ISO 9001：2015 还明确强调，应采用以过程为导向的方法来开发、实施和提高系统的有效性。该标准包含对实施以过程为导向的方法至关重要的具体要求，下面引用了标准原文：

组织应确定质量管理体系所需的过程及其在组织内的应用，并应完成以下事项：

1）确定这些过程所需的输入和预期结果。
2）确定这些过程的顺序和相互作用。
3）确定并应用必要的标准和程序（包括监测、衡量和相关绩效指标），以确保这些过程的有效实施和控制。
4）确定这些过程所需的资源并确保其可用性。
5）为这些过程分配职责和权限。
6）根据本标准 6.1 的要求，应对所识别的风险和机遇。
7）评估这些过程并实施任何必要的变更，以确保这些过程实现其预期结果。
8）改进过程和质量管理体系。

原则上，所有这些要求都是有意义的，因为这些基本方面也在过程管理中进行了描述：过程的描述、测量和改进，以及风险管理的附加预防。然而，关于在哪个抽象层面定义过程，以及如何全面构建符合标准的过程管理系统，仍然不太清楚。

在实践中，这有时会导致在很高的层次上对过程进行定义，但现有的质量管理体系在较低的抽象层次上，比如在工作指南的层次上，却继续遵循不同的结构，这意味着以过程为导向的方法在很大程度上仍未得到落实，而且效果不佳。

因此，我们提倡遵循基于系统工程原则的全面过程导向的运营管理系统。我们希望稍后能更详细地解释这一方法，因为它也是成功实施质量管理数字化的基础。

3.2.1 由粗到细的设计原则

在日常用语中，"系统"一词有许多不同的用法：信息技术系统、数据库系统、经济系统以及过程管理系统。一般来说，可以说系统是由通过关系联系在一起的部分或元素组成的，而关系的类型可以是多种多样的：物料流、信息流、位置关系、因果关系等。

当尚未考虑系统的内部结构时，就会采用黑盒视图，只关注系统的功能（目的）以及现有的输入和输出。系统边界是系统与其所处环境之间或多或少的任意分界线。环境被理解为系统边界之外的系统。反过来，通过在更深层次上形成更多元素，并通过关系将它们相互连接起来，系统的一个元素本身也可以被理解为一个系统。在这种情况下，我们称之为子系统或分系统（subsystem）。图 3.5 举例说明了这些术语。

系统思维的一个重要组成部分是通过模型化展示系统和复杂关系，将复杂的联系简化为简单易懂的形式。模型是对现实的抽象和简化，因此通常只显示部分

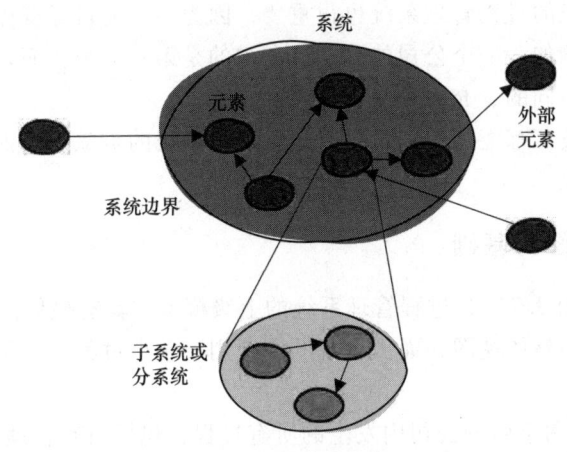

图 3.5　系统和元素

方面。

　　系统层次思维与黑盒视图原理相结合,可以降低系统的复杂性。为此,首先要对系统进行粗略的勾勒,形成易于管理且数量有限的子系统,并在初期只显示主要关系。这样,子系统就被视为一个简化的黑盒子,以避免一开始就进行过于详细的分析。通过这种方式,可以根据当前的问题改变或简化系统级别,从而改变或简化系统的复杂性。这种方法也是极为实用的从粗到细原则的基础(Haberfellner R., Vössner, Fricke, & de Weck, 2020)。

　　了解系统构建的这些知识后,我们现在可以将注意力转向过程管理系统的设计方面。

　　组织的过程管理系统包含作为系统元素的组织相应过程。各个元素之间的联系是内部或外部的客户-供应商关系,而这种关系又可能是多种多样的。

　　在设计过程管理系统时,前面所述的降低复杂性的效果意味着必须高度重视并坚持从粗到细的原则,因为过程的结构会因系统层次结构的不同而发生显著变化。换句话说,过程存在于不同的层级,这些层级被称为细节层级或抽象层级,也被称为飞行层级(见图 3.6)。

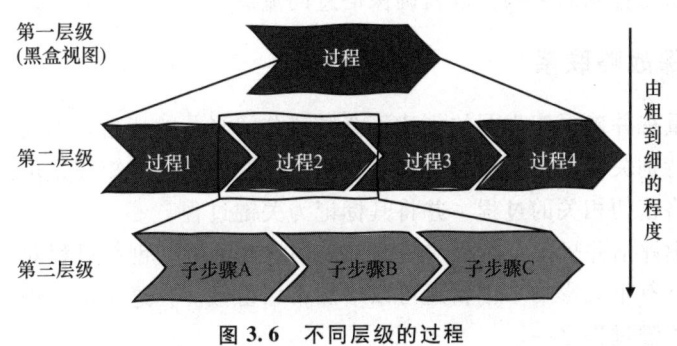

图 3.6　不同层级的过程

设计不同层级的过程管理系统也很重要，因为不同的目标群体需要不同抽象程度的系统模型。例如，一个公司的总经理考虑的是第一层级，而现场的员工则需要对同一系统进行不同的、充分且易于理解的表述。

只有当每个员工都能认识到自己对过程管理系统的贡献时，他们才会接受该系统并使其充满生机。

3.2.2 以流程图为基础

过程图（见图3.7）是过程管理系统的上级模型，具有最低的细节级别，反映了公司所有过程的整体视图，而黑盒视图则适用于单个过程。通常，过程分为三个类别：

1）管理过程用于协调公司内发生的所有过程，包括所有管理职能。
2）核心过程是以客户为起点和终点的增值过程。
3）支持过程用于为公司所有其他过程提供资源或服务。

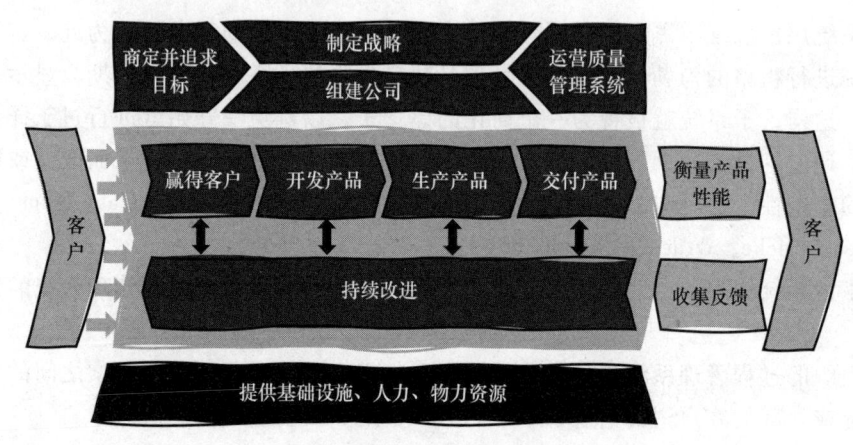

图 3.7　流程图示例

在管理过程方面，我们可以找到战略制定、目标跟踪、持续改进和质量管理体系运行等要素；核心过程或绩效过程包括开发、生产产品或提供服务等；支持过程包括人力和物力资源的采购，以及确保信息的流通。

3.2.3 确保战略联系

应高度重视并确保流程图的创建不会脱离公司当前的战略。因此，与战略相关的过程值得特别关注。借助显示过程与战略方向之间联系的矩阵，可以识别出那些与政策和战略密切相关的过程，并将其标记为关键过程。

图3.8中评估并标记了过程对战略导向的潜在影响。创新过程对企业实现技术领先的目标具有重大影响。创新还可以增加市场份额。在这个例子中，创新过程显然是企业的关键过程之一。

道。"是的，是我！"他回答妻子。"你今天怎么这么早就回来了？早上出门前你告诉我，你几乎一整天都计划为一个客户进行初始零件采样。在我的印象中，你今天的工作时间可能会比平时更长，因为这是一项非常耗时且涉及面很广的任务。"

"是的，亲爱的，你说得完全正确。采样工作相当复杂。首先，必须对技术图纸上的所有测量特征进行编号，我们称之为在图纸上盖章。这让我总觉得自己像20世纪盖邮戳的邮政工人。然后，我从测量室收到相应的测量报告，再将各个测量值手动输入表格。我必须在这个表格中进行合格评估，如果一切符合要求，那么我就打印出图样、报告和表格。此外，我们还需要对从供应商处购买的零部件进行采样检查，检查合格后打印出来。这些文件有时总计超过50页。我的倒数第二项任务是制作一份采样表格，在表格上签字确认符合客户要求的所有产品相关规范。之后，我扫描所有文件，并通过电子邮件发送给我的老板和其他几位同事。在他们逐一审查之后，所有文件都会被提交给销售部门，最后他们会将批准的采样文件发送给客户进行交叉检查。"

"谢谢你的描述，但这并不能解释为什么你今天还能提前完成工作"，玛丽亚接着说。

"我们的系统发生了变化，这是成功的关键。信息技术部门最近实现了整个过程的数字化和部分自动化。现在，我从设计部门收到了盖好章的样图。他们那里引进了一种工具，可以自动进行盖章，也就是说，设计师不需要做任何手动工作。现在，测量室的同事也可以将测量报告以数字方式从测量机直接传输到数字测试报告中。图样规范的符合性评估也是自动进行的，无须人工干预。我只负责最后审查和确认所有文件。然而，我不再按照程序进行：打印→签名→扫描→发送，而是直接使用我的数字签名，我现在使用平板计算机来完成，看，我拍了一张照片（见图3.9）。

然后，我就快速创建了一个所谓的工作过程，这是一个数字文件循环。通过这种方式，我确定谁必须完成哪些任务以及按什么顺序完成，直到销售部门

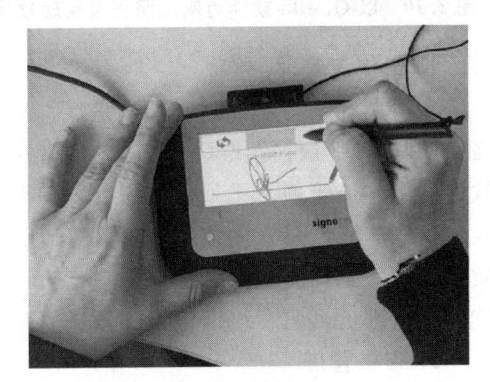

图 3.9　数字签名

收到所有负责人都已完成最终检查并获得批准的消息。所有过程均以电子方式记录，因此可以实现过程的完全可追溯性。"

"太神奇了"，玛丽亚说，"如果我没有理解错的话，你们不仅节省了大量时间，而且还为环保做出了贡献，因为你们现在使用的纸张比过去少多了。""你说得太对了，亲爱的玛丽亚。既然我们今天可以有更多的空闲时间在一起，我建议我们现在就去城里，在那里度过一个美好的夜晚。我带你出去吃晚饭。"

3.3.2 质量管理软件

除了过程管理的交互式数字结构外，公司内部还需要建立一系列质量管理体系运行所必需的附加程序，这些程序可以通过质量管理软件以数字方式实施。

图 3.10 所示为以 Q.wiki 软件为例说明质量管理软件的功能，该软件是一种非常灵活实用的解决方案，尤其适用于中小型企业（Q.wiki modell aachen Gmbh, 2021）。

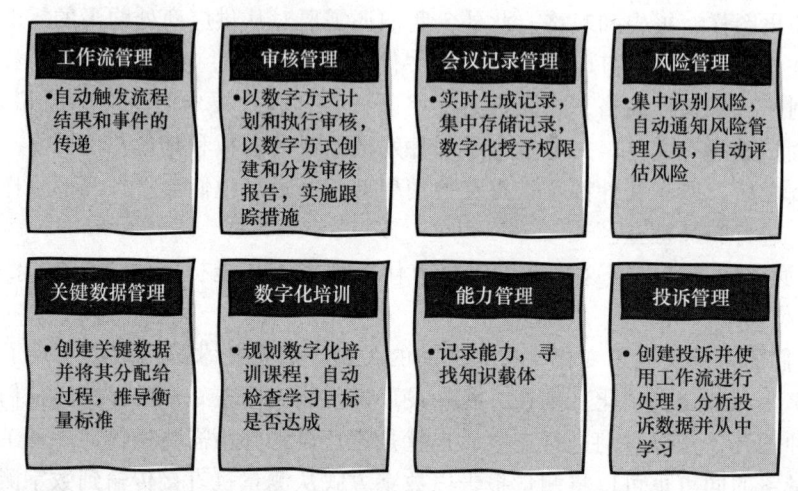

工作流管理	审核管理	会议记录管理	风险管理
•自动触发流程结果和事件的传递	•以数字方式计划和执行审核，以数字方式创建和分发审核报告，实施跟踪措施	•实时生成记录，集中存储记录，数字化授予权限	•集中识别风险，自动通知风险管理人员，自动评估风险

关键数据管理	数字化培训	能力管理	投诉管理
•创建关键数据并将其分配给过程，推导衡量标准	•规划数字化培训课程，自动检查学习目标是否达成	•记录能力，寻找知识载体	•创建投诉并使用工作流进行处理，分析投诉数据并从中学习

图 3.10 以 Q.wiki 软件为例说明质量管理软件的功能（Q.wiki modell aachen Gmbh, 2021）。

1. 工作流管理

众所周知，内部过程通常不是特别高效，员工之间有时需要手动传递文件或表格。质量管理软件提供了非常简单的解决方案来自动执行这种传递。通过质量管理软件的工作流管理，无须任何编程知识即可创建电子文档过程，并在批准后自动生效。这意味着质量管理体系负责人可以为过程的自动化和数字化做出积极贡献。与质量管理特别相关的数字工作流包括投诉管理、投资、假期或差旅费用的申请、关键人物管理、入职、培训记录和改进管理。

2. 审核管理

质量管理体系的重要任务之一是确保当前的过程规范能够与实际性能和过程中的实际情况进行快速比较。应能随时轻松地检查某些要求是否得到满足或过去是否得到遵守。其追求的愿景是公司将持续接受审核，因此在外部审核之前根本不需要额外的准备工作。由于纠正措施会被不断识别和系统处理，公司可以说是一直具备认证资格。

在数字质量管理体系中，所有计划的内部和外部审核都记录在一个中央系统中。只需点几下鼠标，即可创建新的审核报告；并相应地定义、管理和追踪从审核中派生的措施，直到完成有效性检查。这是长期和短期审核的先决条件，由所有相关层级的管理人员自行执行。在实践中，这会导致定期的工作场所审核，也称为"分层过程审核"（LPA）。

3. 会议记录管理

因为先前获得的结果往往无法找到，或者对许多未完成的任务失去了概览，会议的有效性和效率通常有改进的空间。质量管理软件提供简单的数字化解决方案，可以创建会议记录、记录议程事项、跟踪措施并检索决议。由于会议记录是在会议期间在线记录的，因此省去了通常耗时的会议后处理工作。可以说，会议记录是实时生成的。这些记录集中存储在一个地方，便于查找。根据需要，可以授予权限，以控制哪些人可以阅读或编辑会议记录。

4. 风险管理

在质量管理中有意识地处理风险作为一种预防方法，是 ISO 9001：2015 的核心要素。质量管理软件支持以简单的方式集中输入潜在错误。输入后，软件会自动向风险管理人员发送通知。例如，风险管理人员会根据 FMEA（故障模式和影响分析）逻辑补充错误序列、发生概率和检测概率，然后可以定义和跟踪适当的预防措施。

5. 关键数据管理

根据 ISO 9001：2015 标准，必须使用适当的关键数据来衡量过程绩效。在数字化质量管理体系中，关键绩效指标的创建、与相关过程的链接，以及衡量标准的推导都是以数字化方式进行的。可以轻松创建相应的关键数据管理档案。它们主要回答了以下方面的问题：

1）谁收集关键数据以及收集时间间隔如何？
2）关键数据（链接）适用于哪个过程？
3）确切的计算公式是什么？
4）是否与其他关键数据相关？
5）由谁负责关键数据？
6）目标值有多高？
7）干预极限在哪里？

6. 数字化培训

培训功能有助于确保所有员工以及质量管理审核员都得到最佳培训，并为其工作做好准备。数字化培训课程可以异步进行，可以轻松规划和实施。在培训结束时，可通过标准化测试进行最终的知识检查。谁已经完成了哪些培训课程，都会被自动记录并存档。新员工无须询问，就会被分配到需要完成的培训课程。

7. 能力管理

在质量管理体系中，必须证明从事质量相关活动的员工已经接受过适当的培训，或能够证明他们具备必要的技能。通过整合所有员工的数字化培训数据，可以为整个公司创建一个集中维护的数字化能力矩阵，并自动保持更新。质量管理软件支持从用户目录中简单创建员工档案，添加培训课程等用户特定数据，还可使用全文检索功能搜索知识载体。理想情况下，员工甚至可以独立更新自己的个人资料。

过程负责人也会自动列入数字化能力矩阵。在数字化质量管理体系中，通过自动链接，只需点一下鼠标，就能在质量管理体系中找到过程负责人，并查看他们的资质。

8. 投诉管理

质量管理体系中另一个需要数字化支持的重要过程是投诉处理过程，投诉也可能与内部公认的错误有关。许多公司在使用计算机辅助质量（CAQ）实现这一过程的自动化时，会因成本问题望而却步。质量管理软件通常可以提供更具成本效益的选择，通过数字化方式支持这一过程，使创建投诉、定义和监控错误分析所产生的措施变得简单易行。错误根本原因分析也可以通过数字方式提供支持。在工作过程的支持下，用户可根据需要通过适当的方法（如8D报告）获得指导。可以对投诉进行大量标准化评估，以实现完全透明。

3.4 BPMN 2.0 作为自动化的基础

在本章开头，我们已经探讨了质量管理中动态部分和静态部分的平衡问题，并了解到现代系统的设计是以过程为导向的，数字化为公司开辟了新的机遇。下面我们将更深入地研究过程的建模。

BPMN（业务过程建模标注）被认为是过程建模最重要的标准（Signavio，2021）。BPMN是一种年轻的表示法，最初由"BPMI.org"联盟于2002年开发。因此，BPMN2.0建立在其前身的优势之上：例如奥古斯特-威廉·谢尔（August-Wilhelm Scheer）的事件驱动过程链（EPC），该过程链因ARIS软件而广为人知（Schiltz，2021）。

BPMN本质上是一种流程图，它受特殊规则约束并描述过程。图3.11所示为BPMN2.0的符号概述了现有的最重要的标准化建模规则，下文将对其进行更详细的解释（Signavio，2021）。

1. 泳道和池

泳道功能用于将过程可视化。泳道和池是有区别的。过程池是一个有明确组织边界的单位，例如公司或组织。而泳道则代表过程中的不同部门、角色或人员，即过程参与者。处于同一过程池中的过程泳道可以不受任何限制地交互。

2. 活动

活动是过程参与者为实现过程目标而按顺序执行的操作。因此，活动总是分配给特定的通道。值得注意的是，活动名称中始终包含一个动词和一个对象，例如"创建报价"。顺序流定义了有组织地执行顺序，因此顺序流中的每个活动都通过箭头连接，从而演示了整个过程。

图3.12举例说明了这一点：在装载集装箱之前，必须先在中央仓库收集各个

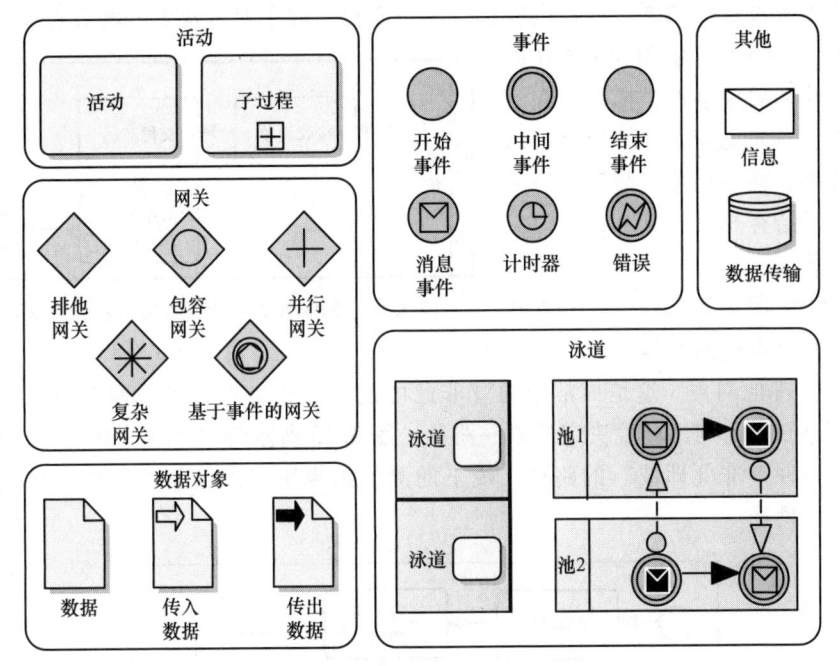

图 3.11 BPMN 2.0 的符号

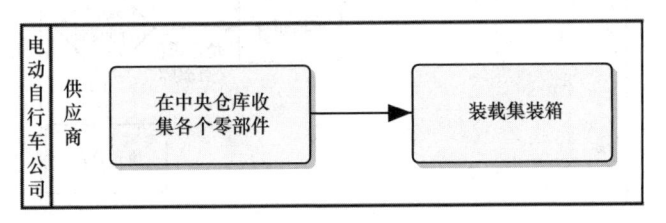

图 3.12 BPMN 2.0 的活动

零部件。

如前所述,在设计过程时,按照不同的过程层级(也称为飞行层级或抽象层级)进行思考是非常重要的。BPMN 支持这种思维方式,因为它可以轻松地将一个过程划分为多个子过程,而这些子过程只需点击鼠标即可展开。BPMN 2.0 的子过程如图 3.13 所示,过程步骤底部的附加加号可将一项活动可视化为一个折叠的子过程。

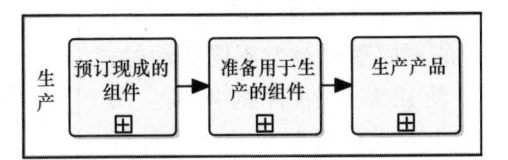

图 3.13 BPMN 2.0 的子过程

3. 过程的开始和结束

开始事件标志着过程的开始。它由第一个活动触发,并连接到序列流(箭头)。除了开始事件之外,过程还应始终具有一个确定的结束事件。这表征了输出，即相应过程的结果。一旦过程参与者完成相应的序列，就会出现结束事件。

图 3.14 所示为 BPMN 2.0 的开始事件和结束事件，描述了在订单发货之前的过程。过程开始后，接收订单，准备包装产品，然后将产品发送给客户。

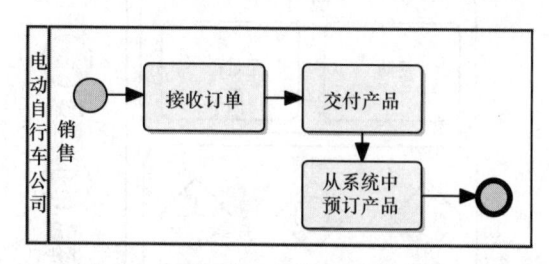

图 3.14　BPMN 2.0 的开始事件和结束事件

4. 网关

网关可用于为过程中的分支建模。网关有不同的变体。

（1）排他网关　这是最常用的"非此即彼"决策类型：排他网关将决策的可能结果限制为由周围环境决定的单一路径。图 3.15 所示为 BPMN 2.0 的排他网关，显示了一种"非此即彼"的路径。线下的测试结果决定产品是否需要再次返工或已经可以挑选。

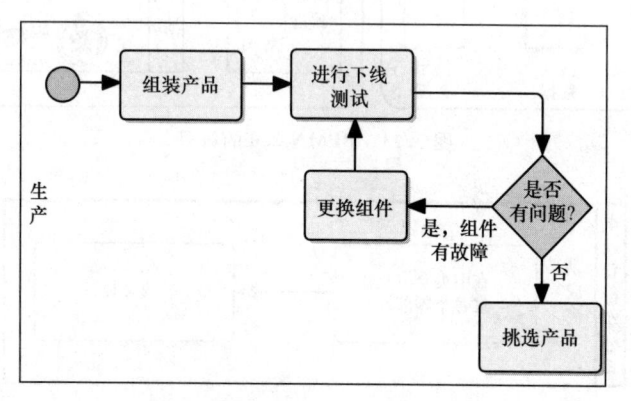

图 3.15　BPMN 2.0 的排他网关

（2）并行网关　并行网关允许过程中的活动同时运行。这就产生了也是并行完成的序列流。

（3）基于事件的网关　当过程中的不同事件触发不同活动时，就会使用基于事件的网关。图 3.16 中的示例说明了基于事件的网关：销售部门正在等待客户通过电子邮件或互联网下订单。订单下达后，配置过程就开始了。如果订单是通过电子邮件下达的，则会收到一封配置确认电子邮件。如果是通过互联网下单，则不会有这种情

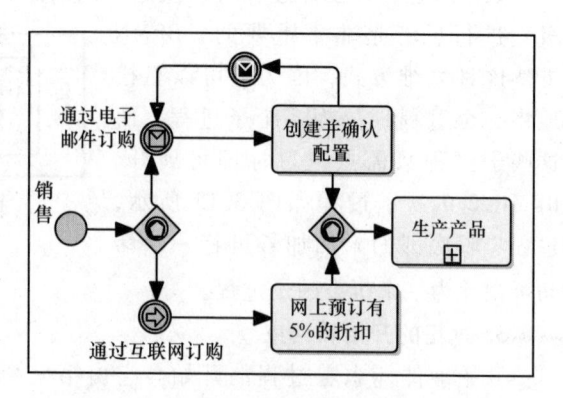

图 3.16　BPMN 2.0 的基于事件的网关

况，但由于成本更低，会有 5% 的折扣。

5. 中间事件的表示

两个任务（功能）之间的关系也可以用事件来表示。与 ARIS 软件中的 EPC 不同，BPMN 2.0 中没有在每个工作步骤之后插入一个事件。不过，在过程建模中加入中间事件是有针对性地集成事件的一种方法。

事件通常用于对过程与其环境之间的接口进行建模。一方面，事件可以向过程环境传达当前状态；另一方面，事件也可以包含过程外的事件。图 3.17 中的示例解释了中间结果的使用：发件人在其进程中写入一封电子邮件，然后将这封电子邮件发送给收件人。这封电子邮件作为输入的中间结果流入收件人的过程。

在 BPMN 2.0 中，事件被描述为一个圆圈，根据其特征，圆圈有单边框、双边框、虚线或粗线边框。该库还提供额外的 12 个符号，用于更详细地描述事件类型。图 3.11 所示的 BPMN 2.0 结构中已经包含了其中一些事件类型的示例。

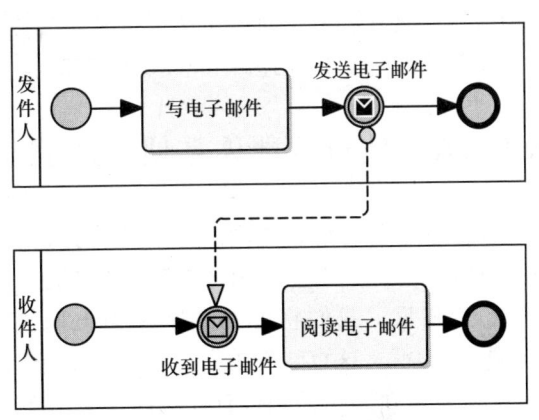

图 3.17 BPMN 2.0 的中间事件

6. 业务专家与信息技术专家之间的合作以及自动化的基础

BPMN 的一大优势是其描述既适合业务专家，也适合信息技术专家。作者从经验中知道，业务部门与信息技术部门之间的差距会给许多数字化项目带来相当大的困难。我们将在下文中看到，统一化也有助于增进相互理解。

从质量管理体系负责人的角度来看，过程说明应易于阅读，并包含与质量相关的基本内容，这些内容是相应的有效性执行过程所必需的。过程描述应直观，如有可能，应显示在一页纸上。学习过程描述应该是一种乐趣，这样员工才会喜欢在质量管理体系中阅读过程描述。要做到这一点，就要让员工易于理解和接受这些内容。对于通常由信息技术驱动的过程自动化，目标过程必须以适当的详细程度准确、完整、无逻辑错误地呈现出来。

简洁性与精确性之间的矛盾依然存在，而且不可能始终得到彻底解决，但 BPMN 2.0 的符号可以为此做出积极贡献。BPMN 2.0 的明确规则清楚地定义了什么是正确的建模，什么是不正确的建模。因此，过程的技术表述变得更加统一，它所包含的建模者的隐含知识更少，而且只略微依赖于或根本不依赖于相关建模者的个人偏好。这就提高了包括信息技术人员在内的所有人的可读性。

此外，BPMN 2.0 不仅用于定义过程，还为直接使用软件执行过程创造了先决条件。这是因为 BPMN 2.0 中的图表以 XML（可扩展标记语言）格式存储，因此是机器可读的。现在有多种过程引擎可以执行 BPMN 2.0 指定的过程。不过，应该明确指出的是，从质量管理角度建模的业务过程通常不能直接执行，而必须辅以信息技术细节。

尽管如此，BPMN 2.0 为专业人员和信息技术人员提供了在相同的建模基础上使用通用符号开展工作的可能性。这显著改善了业务部门和信息技术部门之间的沟通，尤其是增进了相互理解（Schiltz，2021）。

3.5 数字质量管理体系使"增强型工人"成为可能

前面的章节已经表明，我们可以用数字化方式描述过程，甚至自动执行过程。在这种背景之下，人在未来将扮演什么角色？我们是否已经在谈论计算机控制的组织？恰恰相反，我们将证明数字化为人们提供了更大的活动空间。他们将成为"增强型工人"，这意味着扩大、增加或丰富（Tulip，2021）。

"工人增强"一词是指有针对性地使用支持技术来提高现场员工的工作绩效质量。通过额外的辅助和资源来增强员工的绩效。他们通过数字协助获得支持。

这里使用的技术具有辅助功能，是员工工作环境的自然组成部分。辅助功能可减少必然会导致员工工作绩效下降的干扰因素。

这项技术的最大优势在于它承认并更多地利用了人的自然智能。人的多种特性通过辅助工具得到了扩展（"增强"）。

3.5.1 为什么是现在

大多数"增强"解决方案的工作原理是让人类与机器进行智能协作。例如，这些解决方案能够实时收集机器数据，并以特定方式将其传递给操作员，以便他们做出更好的决策。与适当基础设施的物联网连接（无线局域网、云等）使这种类型的通信成为可能。

现代"增强"解决方案的另一个特点是与生产环境无缝集成。之所以能做到这一点，是因为近年来传感器的性能（就其大小而言）有了显著提高。这些灵活、反应灵敏的传感器现在可以安装在衣服上、身体上或整个生产站的多个位置，以解读环境并记录事件。传感器收集的数据通过物联网进行通信，从而形成一个人与物体不断"对话"的数字化工厂。通过人工智能和机器学习，还可以为人们提供自学习系统，能够不断自我完善（Tulip，2021）。

3.5.2 为什么增强功能有用

我们从经验中得知，许多人为错误并不是系统性的，而是纯粹偶然发生的。系统性错误的特点是，它总是由员工造成的，因为他或她相信自己实际上在做正确的事情。为了避免此类错误，适当的培训会有所帮助。

在发生偶然人为错误的情况下，员工非常清楚如何正确地执行任务，但如果执行了大量类似的操作，仍有可能出现错误。例如，这可能是由于疲劳或注意力不集中造成的，而造成疲劳或注意力不集中的原因有很多（工作单调、家庭问题、前一天晚上打保龄球太累了等）。在这方面，培训只能提供有限的帮助；相反，必须改变工作条件，使此类错误不再次发生或几乎不发生。

但是，增强型技术如何才能为人类的最佳表现创造框架条件呢？让我们来看看导致意外失误的两个最常见的原因，即疲劳和注意力不集中，从而了解增强技术可以如何提供帮助。

1. 消除疲劳

显而易见，疲劳的工人往往容易犯更多的错误。在这种状态下，他们也更容易发生工伤事故。为了预防性地消除疲劳，例如，增强型技术可以识别员工何时开始表现出第一个明显的疲劳迹象。然后，它们可以自动建议员工休息一下。此外，集成在员工个人防护设备中的传感器可以检测到员工在搬运重物时是否采取了不正确的姿势，这也可能是疲劳的迹象。

2. 提高注意力

尽管有这些有利条件，工人仍然容易出现注意力不集中的情况。即使是训练有素、经验丰富的工人，有时也会出现注意力不集中的情况。由此导致的质量错误往往也是生产性质造成的：工作时间长，休息时间短，工作内容重复。

增强技术可以让员工专注于工作，从而帮助他们提高耐力和注意力。可能的解决方案包括将工作"游戏化"——将重复性工作的某些方面变成一种游戏，让员工在游戏中不断与自己竞争。也可以使用交互式设备来取代静态指令。当出现错误时，由物联网支持的在线质量检查可以帮助人们识别检测不合格的情况（Tulip，2021）。

3.5.3 增强技术

增强技术既能辅助体力劳动，也能辅助脑力劳动。近年来，智能、直观的用户界面设置已经取得了长足进步，其特点是与生产环境无缝集成。如图 3.18 所示，增强技术可以是多种多样的，例如：

1）增强现实头戴式视觉显示器，它利用机器学习、人工智能和其他形式将新信息传输到用户视野中。

2）环境和生物信息传感器，可

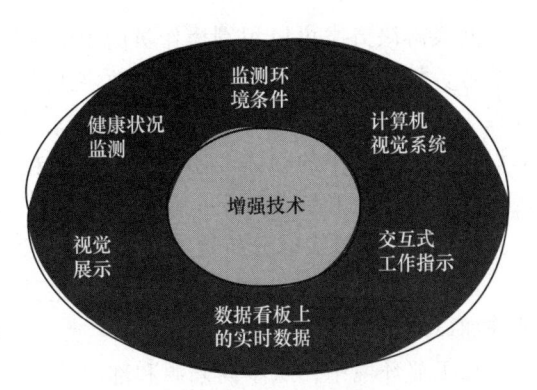

图 3.18　增强技术（Tulip，2021）

实时监测环境条件和员工健康状况，并在出现潜在危险时向员工发出警报。

3）计算机视觉系统，在操作员工作时与其进行交互。

4）以数据看板和交互式工作指示的形式对实时数据进行分析，使其可视化，以减轻员工的认知负担。

在本书中，我们希望将增强系统理解为所有外部辅助系统，它们能使员工更好、更高效、更安全地完成工作。下面举几个例子来说明这一点。

示例1：通过交互式数字工作指南提高质量。

员工执行的重复性手动工作任务（尤其是装配活动）往往过于复杂或多变，无法实施有效的自动化。但如何才能确保活动的质量呢？

一种可行的解决方案是在工作场所直接向员工提供交互式数字工作指南。这些指南以非常清晰的方式引导员工逐步完成复杂的过程。视频和照片等嵌入式媒体可以让员工轻松了解如何正确执行各个步骤。物联网解决方案（如亮灯拣选）可引导员工有针对性地找到正确的零部件，从而防止装配过程中出现错误。

因此，数字化工作指南可以让员工将全部注意力集中在手头的任务上，从而提高他们独特的机械技能。

示例2：通过在线质量检查防止不当行为。

我们的首要目标必须是避免出现质量缺陷。然而，如果确实发生质量缺陷，可靠地识别它们也同样重要。许多质量缺陷对于人来说是极难识别的，尤其是在疲劳或分心的情况下。

现代质量管理体系认识到，人类永远无法发现所有可能出现的质量问题。因此，我们正在扩大现有的质量检测范围，将物联网设备（如秤或摄像头）纳入其中。这样做的目的不是要取代人，而是为他们提供支持性的数字工具。

示例3：利用计算机视觉系统避免质量缺陷。

在数字化时代，计算机视觉是一项非凡的技术。通过将传统图像处理技术与先进的机器学习和人工智能相结合，计算机视觉系统可以控制和分析操作员在工作过程中的行为。

此类解决方案可以识别操作员的手势和动作并做出反应。例如，如果识别到某种手势，计算机视觉就能自动触发数字工作指南应用程序，显示下一个工作步骤的过程。在这方面，我们的想象力几乎没有限制：这些系统能够读取文本和条形码，或识别员工视野中的物体。还能自动识别和标记与规格的偏差。通过数字化支持，这将预防出错提升到了一个全新的高度。

示例4：通过实时分析提高决策质量。

正如前面已经提到的，过程测量（尤其是实时测量）是识别过程中的薄弱环节并加以改进的重要先决条件。

在工业环境中，从不同来源和部门检索数据，随后分析这些信息，最后找到问题的根本原因并制订改进措施，需要花费大量时间。在数字化时代，连续的生产数据流可以自动获取，并以数据看板的形式提供（见图 3.19）。这使过程工程师能够更快、更准确地做出决策，从而"增强"他们的决策能力。

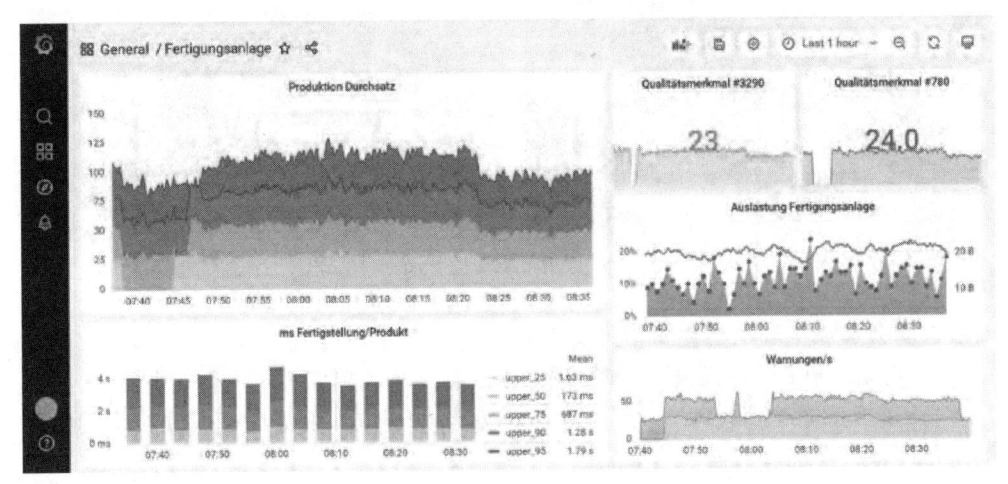

图 3.19　信息显示——格拉法纳看板

示例 5：借助增强技术进行有效培训。

新的增强技术也有助于我们对员工进行培训和帮助员工进修。例如，在新同事的入职培训中，生产应用程序可以引导他们逐步完成一个过程。通过丰富的媒体和互动培训模块，这些应用程序可以设计成各种学习方式，帮助操作员从第一天起就开始学习。此外，通过物联网连接和嵌入式传感器，这些应用程序还能识别员工是否在事后正确执行了新学的技能。这样就能及早进行预防性干预，确保操作人员不会进一步强化错误的学习技巧（Tulip，2021）。

总之，我们可以说，为员工提供数字化和虚拟支持为我们带来了巨大的机遇，所有这些都能为客户带来利益。最后，我们想用一个例子来说明如何在实践中实现数字质量管理体系。

3.5.4　现场实践：变速器装配中的增强型工人

让我们观察一个典型的装配过程。在该具体案例中，人们正在装配一个零部件数量适量且产品差异较大的摩托车变速器（见图 3.20）。

在未来，由于需要许多不同的精细机动操作，组装工作仍只能由人工完成，而这些操作必须由一名员工在很短的周期内完成。因此，使用机器人系统实现完全自动化在经济上是不可行的。然而，该工作场所的员工面临着雇主对其工作提出的高要求：

1）遵守指定的周期时间（成本）。

2）工作准确性（质量）。

另外，他们还必须面对工作心理因素和可能的工作人体工程学影响因素，这些

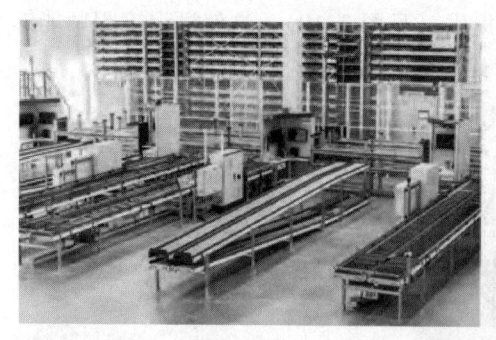

图 3.20 变速器装配

因素长期会对成本和质量产生重大影响：

1）随着工作时间的延长，重复性工作内容越来越单调。

2）压力可能受到各种（独立的）个人因素的影响，例如由于工人技术问题而无法遵守指定的周期时间。

这些条件促使我们研究上述"增强型工人"的可能性中，哪些技术手段可以用来支持装配人员的工作，从而使他们的工作从长远来看更加轻松。

为装配提供单个组件是第一个重大挑战。在纯粹的模拟世界里，员工总是需要利用自己的专业知识从适当的仓库中挑选出正确的零部件，而现代的、完全集成的仓储系统则可以完全接管挑选和运送材料等工作。在我们的示例中，这需要一个系统化管理的单个零部件仓库和一个智能运输系统，以便在装配现场按时按量提供相应订单所需的货物。

现在，只有按照规定的装配顺序、在特定时间，所需的材料才能直接在工作站获得。然而，后续步骤所需的材料已经在装配站前"停留"，一旦前一道工序完成，材料就会自动移动到装配站，以便不间断地继续装配。这种系统在"亮灯拣选"等可视化显示的支持下，可以给员工行动上的安全感，提高生产质量，同时间接地为活动设定节奏。

为了通过交互式数字作业指令提高质量，有必要在工作场所在线提供与相应产品和装配步骤相关的作业信息，以便在不确定操作是否正确的情况下随时进行适当的目标/实际比较。在我们的简单案例中，在一个单独的显示器上显示装配好的齿轮轴的三维图像就足以达到这个目的；对于更复杂的应用，也可以使用数据护目镜来实现这些指令。

现在的问题是确保所执行的工作步骤也符合质量规范。过去，通常会制订一些解决方案来防止本身发生错误的可能性。例如，所谓的"防错法"（"Poka Yoke"）辅助工具或装置的构建方式是这样设计的，必须确保零部件无法错误安装，或者视觉上相似的组件无法组装。如果我们现在改用计算机视觉系统等数字辅助设备，智能摄像头就会持续评估当前生产的质量（见图 3.21），将实际状态与规格进行在线比较，因此不仅可以显示已发生的错误，还可以通过不授权自动供应系统以防止进一步的物料流动。只有当错误被纠正并且通过摄像头重新检查确认无误后，才会重新启动物流过程。该系统的另一个作用是可以省略对生产质量的最终检查，因为每个工作步骤的质量检查都已在线完成。

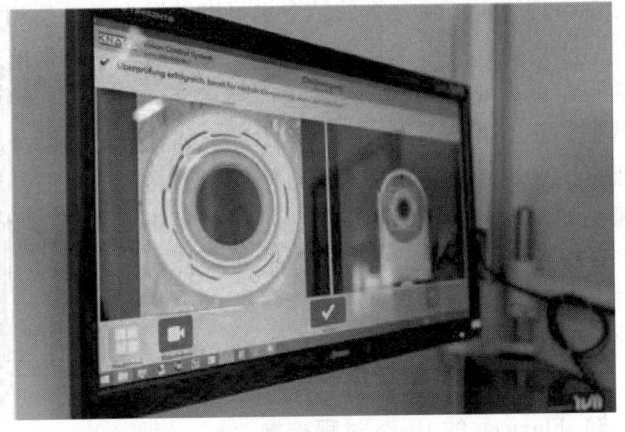

图 3.21 变速器装配中的计算机视觉系统

通过使用上述系统和方法，不仅可以提高员工在工作场所的幸福感，为他们的工作提供安全保障，而且还可以实现诸如库存的在线可用性等功能，因为每个工作步骤还可以触发企业资源规划系统中相应的物料预订。

总而言之，这种新型的增强技术为质量管理和员工带来了巨大的好处。质量管理和生产受益于错误的减少，从而提高质量，提高产量，加快生产过程。

员工可以享受更舒适的工作条件，有更多时间进行创新思考（见图 3.22）。

生产的优势	对人的好处
↑ 避免错误	↑ 减轻压力
↑ 更高的产品质量	↑ 更舒适的环境
↑ 提高产量	↑ 更多时间用于创新
↑ 更快的安装速度	↑ 增加幸福感
↑ 提高工厂生产率	

图 3.22 增强工人技术带来的优势（Tulip，2021）

3.6 利用数字质量管理体系进行过程挖掘

过程挖掘是一种可以根据信息技术系统中的数字痕迹重建过程的方法（Wikipedia Digitalisierung，2021）。系统中反馈的信息（例如过程执行期间的完成报告）被汇总在一起，并且过程整体实现可视化。这意味着可以轻松评估、分析和系统地消除过程中的循环、等待时间、库存和瓶颈。收集这些方面的信息以推导出改进活动，这绝不是什么新鲜事，在工业界被称为价值流分析。然而，在过去，即通常是在模拟的世界里，生产时间往往需要估算，而作为确定等待时间和瓶颈的基础的库存水平，只能通过直接到生产现场进行随机采样来确定。对于非技术过程，信息通常根本无法获得，这就是过程挖掘技术对此尤为重要的原因。从这个角度来看，过程挖掘与传统价值流分析的结合也可以被视为"价值流分析 4.0"意义上的数字化进步，不再仅仅局限于技术过程。现实情况是，过程挖掘使耗时耗力的过程制图研讨会得以更高效地开展。其最大优势在于，实际过程的可视化现在是基于实时的真实数据，而不再是基于假设。这为理解和分析过程以及制订改进措施提供了坚实的基础。实践中主要使用付费的过程挖掘工具，这些工具现在有很多。下面列出了一些常见的产品和供应商，它们还标榜自己拥有与几乎所有相关信息技术系统［如SAP（思爱普）、IBM（国际商业机器公司）、Google（谷歌）、Salesforce 等］的接口。

1）ARIS 过程性能管理器，SoftwareAG 公司过程挖掘工具。

2）Celonis 的过程挖掘工具。

3）Fluxicon 的 Disco 过程挖掘。

4）LanaLabs 的 LANA 过程挖掘一致性检查功能。

5）Minit 过程挖掘。

6）MPM 过程挖掘，基于 Qlik 的 MehrwerkAG 公司过程挖掘工具。

7）QPR 过程分析器，用于自动化的业务过程识别（ABPD）的过程挖掘工具。

8）PAFnow 过程挖掘，来自过程分析工厂的过程挖掘工具。

9）ProcessGold，来自 ProcessGold 的过程挖掘工具。

10）SNP AG 公司的 SNP 业务过程分析（BPA）。

  这些软件的功能包括相应的过程性能概述以及关键数据和趋势分析。此外，还提供各种进一步的分析，例如生产时间分析、工艺顺序分析、工艺变量比较、准时交货评估或现有自动化水平分析。从质量管理的角度来看，所谓的循环分析尤其重要。循环是指由于不合格而导致的一项或多项活动的重复，这会导致内部返工并因此产生额外成本。

  图 3.23 所示是 Celonis 的屏幕截图，图中显示了向供应商付款的过程。出于流动性原因，过程的一个关键目标是尽可能地延迟付款。因此，使用 DPO 对过程进行了分析。DPO 是"应付账款周转天数"的缩写，即从收到账单到付款之间的时间段。我们发现，在图 3.23 中，平均应付账款周转天数为 12 天，有 48 亿美元的账单被过早支付。在 Celonis 的帮助下，可以根据原因或不同的供应商等进行各种分析，以启动适当的改进措施。

  从示例中我们还可以看到，在收到的 265297 张账单中，有 50300 张需要更改价格，93804 张需要更改数量。这相当于约 55% 的内部返工率，显然需要改进。

  在这种情况下，需要明确指出的是，软件在任何情况下都无法按一下按钮即可

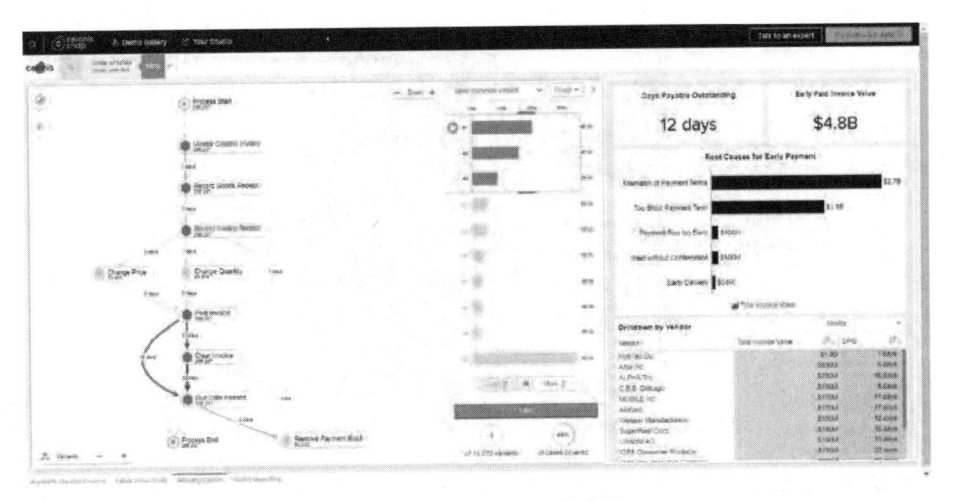

图 3.23　Celonis 的屏幕截图

提供正确的结果。必须对过程挖掘生成的数据进行相应的分析、理解和清理（详见第 5 章）。这是一项艰苦的工作，需要时间，而且只有与领域专家或过程所有者共同完成才能取得成功。

此外，必须指出的是，过程挖掘并不会自动改进过程。过程挖掘为过程所有者提供了他们以前没有的实时信息。但只有当过程挖掘与系统的过程改进活动（参见第 8.5 节）联系起来时，它才能充分发挥其潜力。这也是 Celonis 等软件供应商提供附加功能的原因，这些功能被概括为"执行管理系统"。例如，可以配置所谓的"动作流"或可以使用相应的优化算法。这方面的发展正在高速发生，并且可以假设，由于数字化，过程挖掘在未来将变得更加重要和必要。

3.7　利用移动协作平台的数字质量管理体系

在 3.6 节中，我们了解了如何利用数字系统对工作绩效和生产质量产生积极影响。本节将专门讨论如何利用数字系统优化公司内部沟通。

现在有很多这方面的软件解决方案，比如"Staffbase"平台，它提供公司应用程序和社交内联网。它们可以取代现有的公司内联网，还能为质量管理体系提供数字支持。例如，这些应用程序可以为员工创建一个虚拟场所，他们可以在其中交流信息、查找重要信息、获取表格和其他服务。该应用程序是为各公司量身定制的，因此使用了代表公司的颜色、符号和名称。这样创建的平台就体现了数字化的企业形象。此外，日历、文件、任务和团队聊天等熟悉的工具在很大程度上仍可继续使用。接受这种现代信息技术解决方案的一个重要前提是，它们是为移动使用而设计的（见图 3.24）。员工可以通过他们最常用的设备，即自己的智能手机进行联系（Staffbase，2021）。

图 3.24 智能手机作为协作平台（Staffbase，2021）

机会 1：认可质量绩效

例如，此类软件可用于直接、及时地传递收到的客户反馈。可以说，这样就与客户建立了直接联系，高质量的工作可以及时得到认可，缺陷也可以更快地在组织内部公开。

机会 2：独白变成对话——现代、互动的内部沟通

适当的推送和电子邮件通知可确保与质量相关的信息和消息在同一时间送达所有员工，这通常也能确保更大的覆盖范围。当重要的高质量新闻或更新（如质量政策）需要被传递出去时，质量管理体系经理可以确定哪些员工忽略了这些更新，并再次指出这些内容的重要性。

由于内部沟通应尽可能易于理解和简单，因此这些软件通常可以自动翻译为用户选择的语言。

员工可以通过有针对性的渠道及时了解公司的所有举措以及最新动态，并接收部门、地点和岗位的特定新闻。这样做的目的是让员工快速、轻松、准确地找到他们正在寻找的答案。

机会 3：社交墙增强了团结意识，促进了品质文化

良好的交流平台可以使日常工作生活更加轻松。同事们在社交墙上发表的帖子能增强公司的凝聚力（见图 3.25）。员工可以通过自动翻译的评论来分享经验、点赞帖子并在全球范围内相互交流。学习效果和经验得以传递，相互学习加强并促进了总体品质文化。

机会 4：平台支持过程标准的生命周期

移动通信平台（见图 3.26）还可以支持

图 3.25 社交墙（Staffbase，2021）

过程标准的生命周期。例如，假期申请等规定可以在平台上提供。服务申请等表格的提交可以通过数字方式实现。即时消息传递也适用于所有员工。

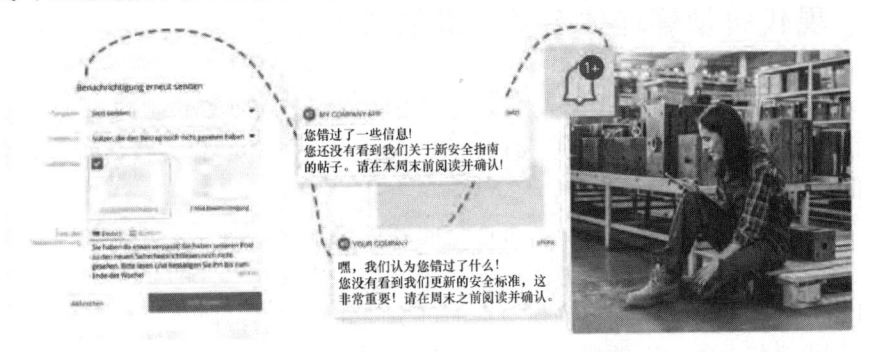

图 3.26　移动通信平台（Staffbase，2021）

机会 5：衡量内部交流的好处

另一个显著的优势是，内部沟通的价值变得透明并可以衡量。关键数据可以确定，员工的参与度也可以在看板上直观显示。此外，还可以追踪有多少员工阅读了相关更新，分析哪些目标群体尚未接触更新，以及检查哪些人确认已阅读帖子或与帖子进行了互动。这意味着，可以得出所传达的主题的影响范围有多广，以及员工参与程度有多高的结论。这样就有可能对质量管理体系的接受度得出结论，并将内部交流提升到更高的质量水平（Staffbase，2021）。

然而，除了机遇之外，还必须考虑到这种数字通信系统的风险，因为将应用程序推广到私人设备意味着我们将比以往更深入地了解员工的私人生活。

风险 1：不接受和否定

公司中很大一部分员工可能已经使用其他数字媒体与同事建立了社交网络。对他们来说，问题在于他们是否愿意解散现有的群组，以便使用公司的内部平台。目前，与公司相关的信息已经通过内联网、电子邮件和社交媒体渠道传播，为什么还需要另一个系统呢？

风险 2：传播可疑信息

近年来，合规性已成为组织中一个日益重要的话题，ISO 9001：2015 也在其标准章节中对此进行了规定。因此，需要制定强有力的指导方针，进一步建立一个基本开放的沟通系统，以避免因不合规而使组织声誉受损。

风险 3：过度要求和监督

员工可能会面临这样的问题：他们是否需要花更多的时间来处理来自公司的信息，以便跟上时代的步伐。此外，员工还可能会觉得自己在使用应用程序时受到了监控，因为来自群体的压力意味着他们会不断透露自己的数据，而这些数据是他们不愿与公司其他人分享的。

归根结底，权衡有关公司的机遇和风险是整个组织的任务。一旦对各种因素进行了评估，就会决定是否要投资这种通信系统。

3.8 现代质量管理体系整合数据质量

数字化领域的新过程，如人工智能、预测分析、数据看板或机器人过程自动化，旨在帮助做出更好、更高质量的决策。在这种情况下，输入数据的质量至关重要。但什么是数据质量呢？

德国数据质量协会（DGIQ）对这一问题进行了深入研究，并定义了数据质量和信息质量的 15 个方面，分为四组（见图 3.27）（DGIQ，2007）：

1）系统相关方面：如何确保数据的可访问性和可编辑性？

2）内容相关方面：数据内容在多大程度上符合要求，例如在准确性、客观性或可信度等方面。这方面描述的是狭义的数据质量。

3）呈现相关方面：数据是否以清晰、易懂、一致且明确的方式呈现给用户？

4）使用相关方面：数据是否真正用于创造价值，以及数据的完整性、范围和相关性在多大程度上得到了保证？

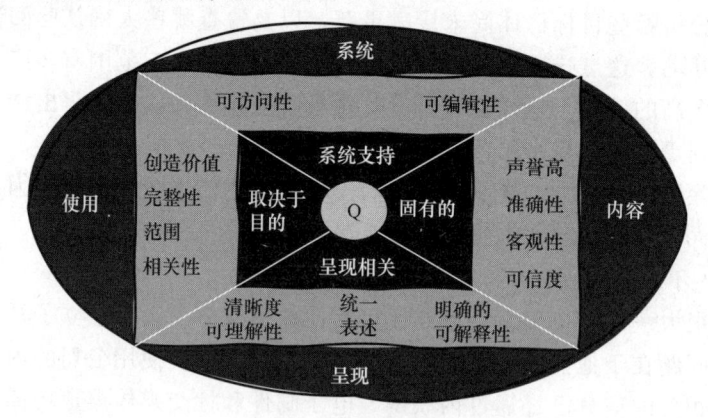

图 3.27 数据质量

该模型让我们深入了解了这一主题的复杂性。显然，过程所有者无法单独确保其过程的数据质量，而必须始终获得数据质量管理体系的支持。

数据质量管理指的是确保公司以价值为导向使用数据或定义和改进数据质量的所有组织措施。为此，必须定义、实施、维护和持续改进必要的过程。ISO 8000-61：2016《数据质量 第 61 部分：数据质量管理 过程参考模型》提供了数据质量管理过程参考模型的提案，从而定义了实施数据质量管理体系的关键活动（见图 3.28）。除实施过程外，还必须定义相应的支持过程和资源过程，下文将仅对实施过程进行详细说明（ISO 8000-61：2016 Data quality-Part 61，2016）。

实施过程区分为规划、控制、安全和改进，用箭头表示控制循环，并遵循众所周知的 PDCA（计划-实施-检查-处理）逻辑（King Schwarzenbach，2020）。

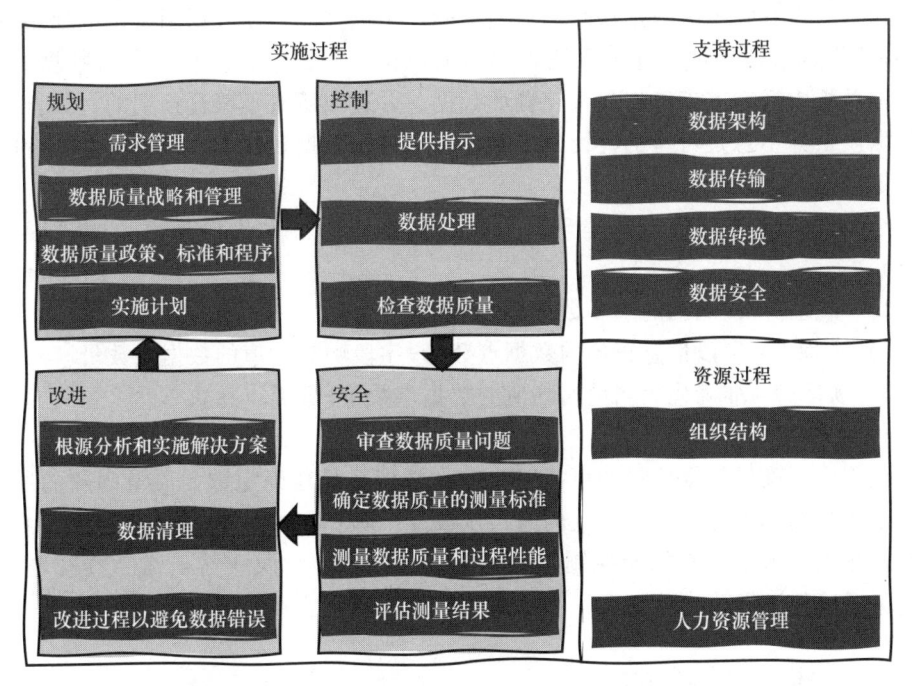

图 3.28 符合 ISO 8000-61：2016 标准的过程参考模型
(ISO 8000-61：2016 Data quality-Part 61, 2016), (Schwarzenbach, 2020)

1. 计划（Plan）

数据质量规划包括对数据的要求、实现数据质量的相应战略，特别是实施计划的定义。在实施计划中，必须确定与所需数据质量有关的适当准则、角色和责任。这方面也被称为"数据治理"。

这种系统通常由一名"数据所有者"在全公司范围内推行。为此，应优先选择具有适当实施技能和声誉的经验丰富的经理来负责这一主题。此外，"数据管理员"和"数据保管员"的角色也很常见。数据管理员从"业务角度"负责数据质量，而数据保管员则从信息技术角度负责数据质量。因此，两者必须密切合作。数据管理员的角色也可由过程所有者担任，但数据管理员通常按数据类型（例如，所有 SAP 客户数据的数据管理员）而不是过程进行分类或分配。

2. 实施（Do）

这包括定期审查数据质量或提供数据规格和工作指南等活动。控制和指导的目的是发现数据处理不符合要求的情况，以便采取适当行动。

3. 检查（Check）

该过程评估数据质量水平以及与数据质量相关的过程性能。这里的一个关键方面是定义适当的关键数据，以透明的方式准备数据质量测量。必须对测量结果进行分析，并使不良数据质量的影响透明可见。

为了获得有关现有数据质量的适当指标，可以进行自动数据测试，例如用 SQL（结构化查询语言）或其他编程语言编写的测试。测试结果会自动导入数据看板，在数据看板中运行查询以查找不正确的数据，并返回所有不符合预期的行。自动确定数据质量并不总是可行的，因此必须由专家进行数据审核，由他们从监管者的角度决定数据质量。

结果以关键数据的形式呈现，下面以数据质量方面为例加以说明（SMTD，2021）：

1）重复率＝检测到的重复数据÷数据点总数
2）正确性＝字段信息正确的数据点数量÷字段中有数值的数据点数量
3）实际值＝准确代表当前实际值的数据点数量÷数据点总数

4. 处理（Act）

该程序可确保数据质量的可持续改进。必须系统地确定数据质量问题的原因，并确定适当的解决方案，以防止问题再次发生。典型的成果包括手动和机器修正、在过程链中引入手动和机器控制，或调整过程以防止错误或不正确的数据进入系统。为了确保长期改进，建议引入永久性测量，从而监测数据质量的变化。

3.9　小结

总之，应记住质量管理体系以过程为导向的结构这一重要方面：如果现有的质量管理体系已经按照过程构建，那么就可以通过相应地扩展流程图，很容易地将 ISO 8000-61：2016 的要求及其附加过程整合到现有系统中。同样显而易见的是，数据质量正变得越来越重要，因此在质量 4.0 的背景下，扩展现有的质量管理体系以包含数据质量方面的内容，必然是一个合乎逻辑的进一步发展步骤。

通过本章的介绍，我们已经基本了解了在数字时代应如何设计现代质量管理体系。但归根结底，我们的思想和行动必须始终以客户利益为中心，以确保公司长期的经济成功。因此，下一章将讨论有质量保证的创新，其目的是及时发现客户的需求，正确理解客户的需求，并以正确的形式将其纳入我们的开发计划中。

第 4 章　有质量保证的创新

客户的满意现在是并且未来仍然是质量管理最重要的目标。如果说在日益复杂的环境中实施创新变得越来越重要，那么以客户为导向、高质量地开发这些创新也同样至关重要。

因此，本章从数字质量管理的角度探讨了产品和服务的开发过程，并介绍了相应的方法。

由德国机械设备制造业联合会（VDMA）工业 4.0 论坛和 PTW 生产管理研究所制定的《工业 4.0 与精益》中，提出了三种数字化的基本创新方法（见图 4.1）（VDMA Forum Industrie 4.0 and PTW Institut für Produktionsmanagement，2019）。

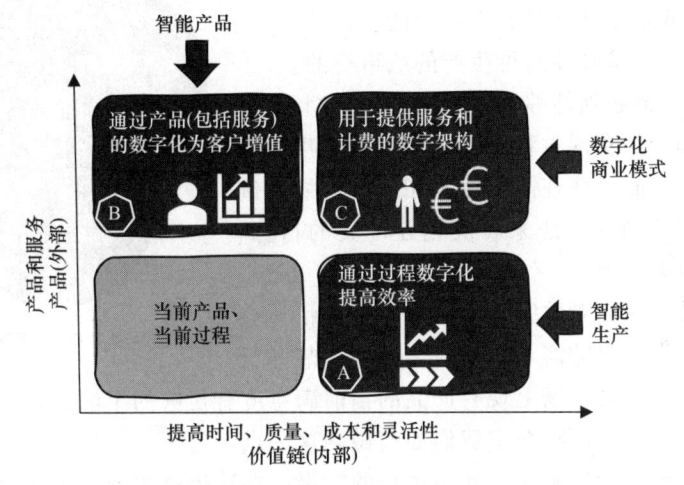

图 4.1　智能产品、智能生产和数字化商业模式（VDMA Forum Industrie 4.0 and PTW Institut für Produktionsmanagement，2019）

在图 4.1 中的 A 领域（见图 4.1），目标是利用智能生产来改善内部过程的时间、质量和成本。此外，灵活性和个性化也变得越来越重要。第二个方向（B 领域），如图 4.1 左上方所示，智能产品的生产可以通过产品或服务的数字化，为客户创造更多利益。

这就是"工业 4.0"解决方案，该解决方案需要重新设计生产中的系统，将软件技术和机械组件相互连接，即利用网络的数字化可能性来优化生产过程的物质流，并在数字化可能性的基础上开发全新的产品和服务。

智能产品能够相互联网，在生产和使用阶段收集数据，从而为客户创造可观的附加值。在这一领域，传统的、保守的企业正面临着全新的挑战，因为智能产品正在成为软件密集型系统，这意味着必须掌握软件和系统开发方法。

在提高客户满意度方面，智能产品的连通性为企业提供了最大的优势，即能够利用产品与客户在销售点之外，也能保持持续互动。这可以成为根据需求开发新的基于数据的服务和商业模式的基础。因此，这种数字商业模式将数字过程和数字支持的附加服务与数字支付模式相结合，如图4.1右上角C领域所示。

那些将整个商业模式与新机遇和挑战结合起来，以便能够全面有效地利用数字化可能性的公司必将拥有最大的机遇。"商业模式画布"就是一个非常合适的方法，这将在本章后半部分介绍。

4.1 以客户为导向是成功创新的基础

一般来说，当同时满足以下三个标准时，我们就可以说创新是成功的（见图4.2）：

1）产品或服务必须是有人需要的。
2）所需的技术必须是可生产的或可行的。
3）解决方案必须能够为制造商带来利润。

在开发和产品实现过程中，必须对这三项标准进行多次评估，而且往往需要做出相应的妥协。例如，需要更多的创新想法来解决相互冲突的目标，并真正应对所有挑战。

重要的是，我们对数字技术的迷恋或热情不会导致忽视客户。客户的需求必须成为我们思想和行动的中心。这需要对市场上现有产品的当前满意度有足够的了解，并了解客户的问题、愿望和需求。下面将介绍我们如何做到这一点。

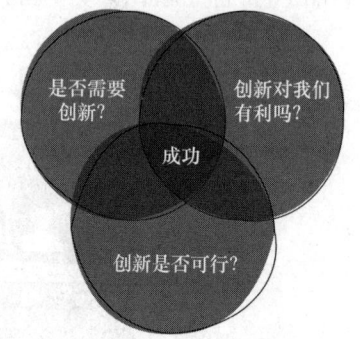

图 4.2 成功创新的标准

客户满意度的衡量是一个评估过程的结果，在这个过程中，主观感受到的绩效与公司自身的期望进行比较。在评估客户期望的实现情况时，除了供应商的承诺外，还要考虑供应商的形象。对替代方案的了解和买方的个人期望水平也包含在期望值的定义中，而买方的个人期望水平又主要取决于以往的经验。这些因素使得客户满意度成为一个非常个性化的问题：让一个人满意的东西可能会让另一个人不满意。图 4.3 展示了这些因素及其相互关系。

由于数字化和相关的信息透明度，前面提到的客户对替代品的了解大大增加，这也往往会提高我们客户的期望和转向替代供应商的意愿。在数字时代，我们要长期、可持续地满足客户的要求也变得更加困难。

严格来说，客户忠诚度和客户维系是高客户满意度所带来的既定目标（见图4.4）。客户满意度带来的经济效益也是通过客户的忠诚度实现的。

随着对信息透明度和客户转换意愿的了解，仅凭客户的满意度显然不足以长期

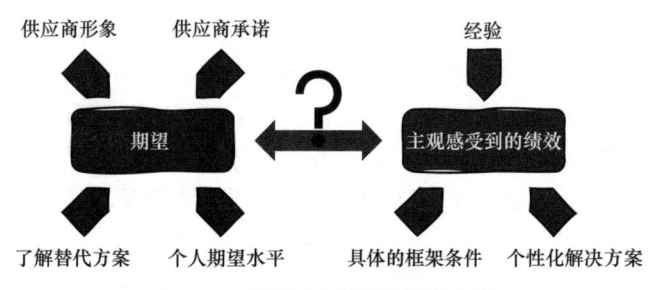

图 4.3　期望和主观感受到的绩效

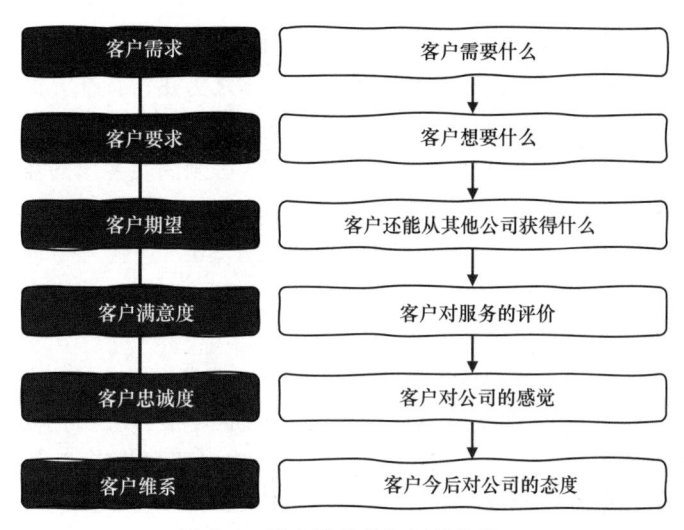

图 4.4　客户维系是如何产生的？

留住客户。因此，我们急需足够的知识，用来成功地激发客户的热情、留住客户并提高客户的忠诚度。但客户的热情是如何产生的呢？图 4.5 所示的卡诺模型提供了

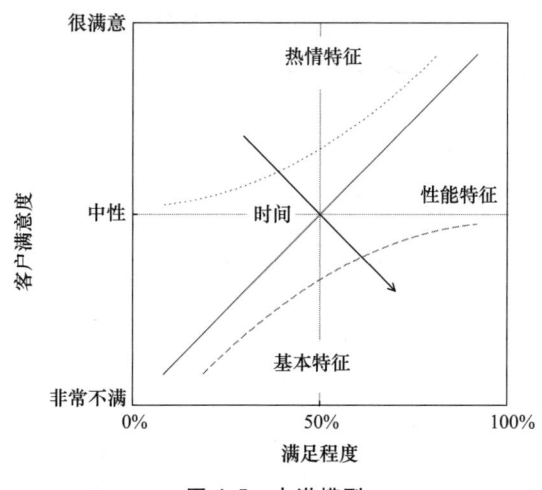

图 4.5　卡诺模型

答案（Wikipedia，Kano-Modell，2021）。

卡诺模型描述了实现产品或服务的某些特征与客户预期满意度之间的关系。东京大学教授狩野纪明（Noriaki Kano）认为，必须区分不同类型的客户需求。

基本特征是顾客的强制性要求，这些要求是不言而喻的，顾客只有在这些要求（隐性期望）没有得到满足时才会意识到。如果基本要求没有得到满足，顾客就会产生不满情绪；但即使基本要求得到满足，顾客仍然不会满意。

性能特征是客户明确提出的要求，根据满足程度的不同，它既能消除不满，也能确保满意。

只有当客户得到了他们意想不到的服务或体验到了他们意想不到的客户利益时，他们才会热情高涨——在这种情况下，我们称之为热情特征。这些益处通常会使产品在竞争中脱颖而出。热情特征很难通过客户调查来确定，因为此时客户还不知道会发生什么意外情况。然而，意想不到的东西必须满足客户的需求，需要能够换位思考地倾听客户的意见，从自己的想法中抽身出来，并区分需求（客户提出的解决方案）和需要（客户为什么需要这种解决方案）。这就需要掌握创新管理的方法和技巧。

1. 衡量客户忠诚度

衡量客户忠诚度和保留率的最常用方法是净推荐值（NPS），可以使用数字调查问卷来确定。NPS 可以通过简单地询问客户向朋友推荐公司的可能性来计算。为此，要从可能流失的客户百分比中减去非常可能向朋友推荐公司的客户百分比（见图 4.6）。这意味着得分越高，客户的忠诚度越高（DigitalWiki，2021）。

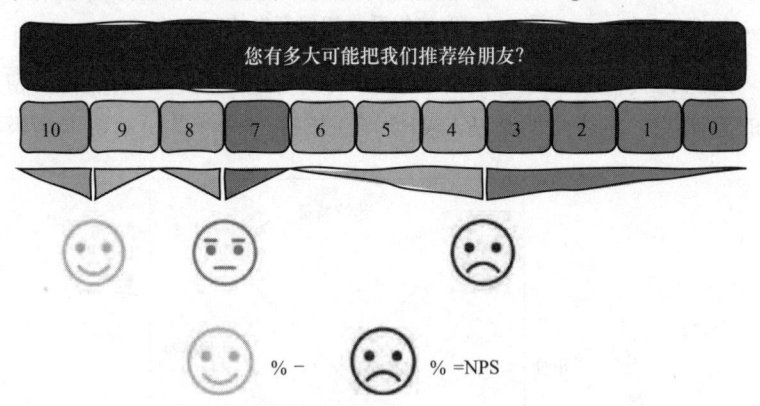

图 4.6　衡量客户忠诚度（DigitalWiki，2021）

2. 质量 4.0 时代衡量客户忠诚度的更多可能性

在衡量客户满意度和忠诚度时，需要考虑数字化带来的新可能性。与客户的每一个接触点（尤其是数字化接触点）都是收集反馈意见的机会。通过电子邮件、互联网和电话进行调查等传统方法仍然是衡量客户满意度的途径。鉴于手机在客户和服务支持领域的重要性与日俱增，这一渠道也变得越来越重要，在任何情况下都不应该被忽视。例如，通过智能手机扫描二维码，客户就可以轻松访问调查问卷。在这里，想象力几乎没有限制：您可以在发票、入场券、百货公司货架、客户会议记录或主页上放置二维码，以获取客户反馈。重要的是，调查要尽可能简短，提出的问题要简单，并能在移动设备上轻松显示（Netigate，2021）。

3. 社交媒体

社交媒体极大地改变了公司与客户的沟通方式。过去，只有朋友或亲密的家人才会分享美好的服务体验，而如今，社交媒体提供了同时接触数百万人的机会。这使得社交媒体成为持续监控和衡量客户满意度的极具价值的渠道。例如，通过跟踪自己和相关平台上的粉丝关注或分享和点赞情况，就能很好地了解客户的总体满意度。

现在，市场上有一些工具可以用来实时更新公司在脸书、推特、知乎、大众点评或猫途鹰等社交媒体或平台上的形象或声誉。这样就可以了解客户对社交媒体上的产品或服务的满意度。如果仔细阅读和分析这些评论和建议，就能得出关于改进现有产品和服务的潜力以及潜在需求的有价值的结论。例如，谷歌浏览器的通知就可用于此目的。当公司品牌在显著位置被提及时，这项服务就会通知用户。另一个工具是社会化引擎搜索"Socialmention"，它可以分析互联网上对自己品牌的提及情况。例如，可以分析正面言论与负面言论的比例，或者评估人们反复从正面角度提及该品牌的可能性。然而，在这种情况下，也应该明确强调危险的限度。近年来，社交媒体上的虚假报道越来越多，这主要是因为利用所谓的"社交机器人"传播不实消息变得越来越容易。这些机器人在社交媒体上表现得像真正的用户，即点赞和评论帖子。然而，它们不是人，而是算法。社交机器人可能会被滥用来推动某些话题并蓄意影响人们。因此，必须对社交媒体上的帖子进行批判性评估，并对账户背景进行研究，以审查其可靠性（Info Unter，2021）。

4. 网络分析

网络分析也是了解客户需求及其满意度的重要方法。这是指收集数据并评估网站访问者的行为。分析工具，也称为跟踪工具，通常用于分析：访问者来自哪里、访问网站的哪些区域，以及浏览哪些子页面和类别的频率和时间。通过这种方式，可以对自己的网站进行系统评估，以便了解客户行为并预测未来的转换。当网站访客达到预期目标（例如填写表格或进行购买）时就会发生转换。

5. 应用程序内调查

另一种获取客户反馈的有效方法是在客户使用公司的数字应用程序时进行调查。在客户购买或使用服务后立即启动调查，可以提高回复率，而且由于调查的及时性，反馈可能会更加真实，当然也会更加准确。但是，这些调查不应妨碍客户在使用服务时的体验。因此，调查必须简短、准确，并顺利丝滑地整合到应用程序中（Userlike，2021）。

一旦我们获得了有关客户需求的充分信息，了解了客户的忠诚度和满意度，我们就需要将这些知识纳入到我们的开发中。我们将在下一节中了解其工作原理，其中涉及用户体验和设计思维。

4.2　用户体验和设计思维方法

用户体验（UX）是一种注重以客户为导向设计产品和服务的方法，目的是尽可能为用户提供最积极的用户体验。除了质量经理可能会立即想到的产品在实用性方面的功能外，用户体验还关注非功能性方面，如触觉、可用性、趣味因素或高质量的设计。

就用户体验理念而言，深入了解用户的需求及其使用环境是开发新颖的、令人兴奋的产品的基础。从这个角度看，这是一个回归质量管理基本任务的问题，即确保客户满意。这一目标对我们来说并不陌生。

然而，新的情况是，日益复杂的市场环境已被数字网络等因素考虑在内。随着客户之间的联系越来越紧密，他们对竞争产品的了解也大大增加，而新产品成功的可能性变得越来越不可预测。就迭代试验方法而言，其目的不是从一开始就开发出完美的产品。相反，我们的目标是尽快回答客户是否对新产品有好感，以及如何改进现有产品的特性或用户体验等问题。

用户体验还经常与"设计思维"一词联系在一起。设计思维是一种创造性的方法论，用于解决复杂的问题和开发尽可能满足用户需求的新创意。设计思维的理念是指来自不同学科、具有不同技能的人们在一个促进创造力的环境中，以结构化的方式一起工作（Wikipedia, Design Thinking, 2021）。因此设计思维是用户体验的一部分，这是方法论，提供了成功实现用户体验的方法。

该方法通常由五个阶段组成，根据迭代方法运行多次（见图 4.7）。斯坦福设计学院定义的"设计思维"过程包括以下五个阶段：同理心、定义、创意、原型和测试。图 4.7 显示了设计思维各个阶段的典型顺序，通常直接从测试阶段跳转回到创意阶段，如箭头所示。

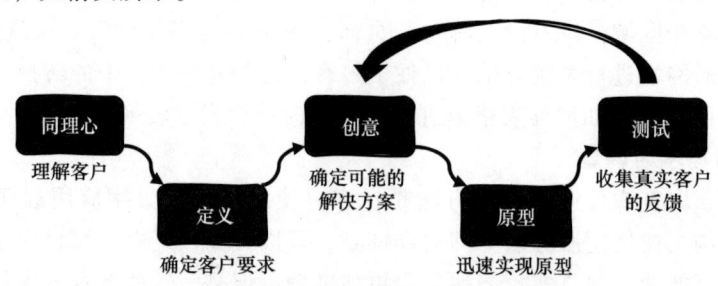

图 4.7　设计思维的五个阶段

既定目标是能够尽快为客户提供产品的第一物理印象（例如通过 3D 打印、虚拟和物理原型制作进行可视化），以便快速获得客户反馈。因此，设计思维的五个阶段最好能在非常短的时间内完成（如果可能的话，在两到三周内），以便实施快速学习过程并尽快收到问题的答案："哪种解决方案最适合满足客户需求？"

为了更好地理解这种方法在实践中是如何运作的，我们想用典型的方法来解释各个阶段（Wikipedia, Design Thinking, 2021）（msg systems ag, 2021）。下文中介绍的许多方法，如"五个为什么法""6W 法"或"头脑风暴"，并不是什么新方法，但在开发过程中往往没有得到足够的持续使用。对我们来说，下面这套汇编是宝贵的方法套件，用于以客户为导向的高质量开发。

第一阶段：同理心

这一阶段的目标是理解客户及其需求。同理心至关重要，因为它意味着抛开自己的假设，并对客户及其愿望有新的见解或认识。重要的是要建立普遍的理解并使所有参与人员达成共识。具体问题可以是：应该新开发什么？开发应与哪些人相关？需要考虑哪些关键框架条件（当前或未来）？解决方案应达到什么样的最终状态？因此，我们必须站在客户的角度观察和思考。用于理解的典型方法是：

1）五个为什么法：我们一步一步地了解事情的根本原因。
2）6W 法（6 问法）：提出重要问题，以便更好地了解客户。
3）客户旅程：客户旅程根据接触点和用户的情绪来制订。
4）访谈：提出问题并认真倾听。
5）跟踪：不经意地观察客户，从他们的行为中吸取经验教训。
6）利益相关者分析：列出所有利益相关者及其需求。

在这一阶段，我们强烈推荐客户旅程法，该方法按顺序呈现了在购买和使用产品期间与客户的各个所谓接触点（即接触和互动）。客户被要求描述他们在各个接触点的体验，并表达他们的满意度。目的是了解客户的需求、情感和偏好。

第二阶段：定义

这一阶段，重要的是对同理心阶段收集的信息进行处理和结构化。目标是充分了解客户的问题和潜在需求。以直观和书面形式定义观点的典型方法有：

1）角色：以角色的形式描述用户。
2）访谈：提出问题并认真倾听。
3）客户旅程：客户旅程根据接触点和客户的情绪来制订。
4）思维导图：将客户需求结构化。

在这一阶段，角色的概念尤其流行。角色可以理解为根据特定特征和特定使用行为尽可能精确地表示一组用户的用户模型。为此，我们通过观察、定性调查和对真实用户的访谈来创造出一些虚构的用户，这些虚构的用户将代表未来的大多数实际用户。然后，由设计师和开发人员团队根据这些虚构人物的需求设计应用程序，并相应地通过不同的操作场景运行（Wikipedia, Persona, 2021）。

这种方法特别有助于使一个庞大的、匿名的市场变得有形。它提高了开发人员设身处地为客户着想的能力，并且在整个创新过程中不失去这种视角。

第三阶段：创意

现在，可以提出新的想法了。有了前两个阶段对客户需求的基本了解，就有可能跳出固有的思维模式，寻找其他可能性，并找出创新的解决方案来解决所描述的问题。经典的创意方法，如头脑风暴法，可用于此目的。在此过程中，任何想法，无论多么疯狂或乌托邦，都会被整理在一起。其他方法包括：

1) 635 法：六个人分五轮提出三个想法。
2) 身体风暴：亲身体验客户环境，从而获得新的见解。
3) 头脑写作：以书面形式进行头脑风暴。
4) 民主：以民主方式评估和选择创意。
5) How-Now-Wow 矩阵法：根据可行性和新颖程度对创意进行评估。
6) 是的，此外……：共同开发其他想法。

对结果进行结构化和优先排序。有关各个想法的效率、可行性或成本效益的问题也很重要。此外，也经常会对竞争对手进行考察。

第四阶段：原型

在这些初步考虑之后，设计思维方法特有的试验阶段就开始了。其目的是为发现的每个问题找到最佳的解决方案。团队应该充分自由发挥他们的创造力，并制作一些低成本的产品版本（或产品中的特定功能），以用于演示目的。完美与否并不重要。根据"越简单越好"的座右铭，也可以使用纸质原型等方法。以下方法是可行的：

1) 黑马原型：刻意实现最疯狂、最具盈利潜力的创意。
2) 实物模型：使用模拟模型或功能有限的产品进行测试。
3) 纸质原型：展示总体概念或产品创意。
4) 角色扮演：通过客户的眼睛来体验和测试原型。
5) 故事板：制作有关原型的客户体验的漫画。

第五阶段：测试

最后，需要对已开发的产品进行测试。在最后阶段，客户将测试原型并提供反馈意见。在对原型进行测试的过程中，要对客户进行密切观察。根据他们的反应，提出进一步的想法和改进措施。如前所述，设计思维方法是迭代式的：团队利用结果重新定义一个或多个问题。因此，如果一个想法行不通，那么他们就会返回到之前的阶段，进一步迭代、更改和完善，并寻找或排除替代解决方案。为此，可以使用以下方法：

1) 用户测试：由选定的用户操作原型。
2) 测试捕获网格：对测试阶段的结果进行结构化整理并记录下来。
3) 测试卡：规划原型的测试场景。
4) 绿野仙踪原型：在功能实际存在之前，对其进行测试。

在人机交互中，"绿野仙踪测试"是指一个人假定自己正在与一个完全开发好的系统进行交流的测试。实际上，另一个人在秘密地生成系统的反应（Wikipedia，Wizard-of-Oz-Experiment，2021）。在用户体验领域，进行这些测试是为了收集潜在用户对尚未完全开发的系统可能产生的反应。这样就有可能在投入耗时和成本密集型开发之前，首先证明个别功能的必要性（msg systems ag，2021）。

如果进行用户测试，重要的是只向用户展示原型，而不作进一步解释。这意味着，用户只需了解他们正在做的事情。在测试过程中，用户被要求解释他们在做什么。测试过程会被仔细观察，但不会提供任何支持性干预。测试会提出有针对性的问题，例如"您对此感觉如何？"或"您会使用此功能吗？如果会，是为什么会，如果不会，又是为什么不呢？"这使得开发人员能够不带偏见地向用户学习（msg systems ag，2021）。

当用户不仅测试原型，而且还积极参与构思和寻找解决方案的过程时，这就是所谓的"共同创造"。参与式设计的这一重要设计原则，以用户为灵感源泉，让每个参与其中的人都有机会帮助塑造产品或服务的未来，并提供有价值的意见。

通过上述方法，我们能够了解客户有哪些需求，以及如何借助数字技术来满足他们的需求，从而确保并维持他们的忠诚度和满意度。有了这些知识以后，让我们来看看利用这一战略可以产生哪些创新商业模式。

4.3 开发创新商业模式

正如我们从上一节中介绍的用户体验和设计思维方法中看到的，有多种方法可以开发基于数字化转型的新的创新商业模式。数字商业模式的特点是它们基于数字技术。例如，优步和爱彼迎这两家公司就是我们所熟悉的。这两家公司的实际业务领域并不新鲜，出租车驾驶和公寓出租早在数字革命开始之前就已存在。但是，世界上最大的出租车公司不再拥有自己的汽车，全球最大的住宿提供商也不再拥有自己的度假屋。这些公司是数字平台的运营商，它们只是将供应商和客户联系在一起，让每个人都能享受到精益、简单和透明的过程。

以下是典型数字商业模式的概述：

1. 电子商务

这类商业模式以电子贸易为基础，也称为互联网贸易或在线贸易。采购和销售交易完全通过互联网或其他远程数据传输形式在网上商店进行。从狭义上讲，电子商务包括供应商（所谓的互联网贸易商，即除固定或传统邮购业务外，还专门或额外使用互联网的贸易公司）和客户（互联网消费者）之间通过数据传输直接建立的商业关系，这种关系对双方来说都很方便和简单。可以像在实体店一样，从所展示的产品系列中选择商品、并将其添加到购物车中。通过在线提交和确认订单，就完成了订购过程。电子商务在企业对客户（B2C）领域已经非常流行，而且在企业对企业（B2B）领域也变得越来越重要。

2. 数字平台

数字平台是在线市场，提供企业和客户之间的虚拟界面，用于协调供应和需求。优势来自用户之间的互动。活跃的参与者越多，所有参与者的收益就越大（网络效应）。数字平台的一个独特卖点是通过平台本身直接交换数据。B2C 领域的数字平台包括市场、搜索引擎和社交网络。最具颠覆潜力的公司是谷歌、苹果、脸书和亚马逊。但在物联网的推动下，B2B 领域的数字平台也在不断发展。信息既是数字平台的基础，也是其驱动力。制造商和零售商，如康莱德电子公司，正在利用数字平台为客户提供更多服务。近年来，数字平台已发展出多种类别。数字平台分为市场平台、社交网络和行业平台，也有各种混合形式（Herrera，2018）。

3. 免费和免费增值

免费指的是通过广告或销售与用户相关的数据来资助的免费应用程序（"如果你不为产品付费，那么你就是产品"）。免费增值这个术语由"免费"和"额外费用"两个词组成：基本功能可以免费使用，而吸引人的高级功能则需要支付费用。

4. 共享经济

共享经济是一个泛指，允许整体或部分未被利用资源的共享，涵盖了公司、商业模式、平台、在线和离线社区，以及实践。其背后的原理很简单，且早已为人们所熟知，例如农业（合作社）。近年来，人们对共享经济日益增长的兴趣，特别归功于社交网络和电子市场中信息技术的广泛应用。信息技术不仅使用户和组织之间的直接互动成为可能，还极大地促进了这一现象的可扩展性和传播。此外，数字化还伴随着价值观的变革。社会因素，如消费者行为和适应习惯，对财产的重视或放弃（使用权变得比所有权更为重要）在其中起着决定性作用。这为创新的业务模式（如"共享汽车"等）奠定了基础。

5. 点对点

这一趋势的核心是社区的振兴和相关资源的共享利用。在这种商业模式中，用户可以按照自己选择的价格提供产品。只有在出现问题时，运营商才会介入。在线拍卖门户网站易贝（eBay）是点对点模式的先驱之一，它允许 30 多个国家的人们拍卖自己放弃的私人物品。如今，全球每天在易贝上举行的拍卖达 1200 万次。另一种模式是 Zopa 公司。它是世界上第一个所谓的"社会借贷平台"，私人可以在该平台上相互借贷。为此，潜在借款人输入所需的贷款金额和一系列期望条件。然后，Zopa 会为寻求贷款的人与愿意贷款的人牵线搭桥。这一概念意味着发放贷款可以在没有任何形式银行参与的情况下进行。贷款人和借款人都可以通过提高利率的形式从中受益（Stange-Benz，2018）。

6. 隐性创收

隐性创收在德语中意味着隐藏的收入。最大的在线服务，如搜索引擎或社交媒体平台，对用户免费提供服务。通过利用用户的个人数据（或多或少是未经询问的）投放定制广告，从而产生收入和利润。因此，推动销售的不再是产品的用户。

相反，用户才是真正的产品。按照这种商业模式运作的全球知名公司之一是脸书。它的资金来源不是会员费，而是广告费。

综合上述模式和实例，企业显然需要从根本上审视其价值链和商业模式，以适应最新的技术和社会发展。同样明显的是，在数字时代，由于提供的产品和服务种类繁多，客户的期望值大幅提高。新的数字商业模式是一个为客户提供卓越用户体验的机会，从而使自己在竞争中脱颖而出，确保公司未来的生存能力。

系统地开发新商业模式的一种方法是"商业模式画布"，该模型呈现了需要澄清的关键问题之间的依赖关系（见图4.8）。该模式分为九个步骤，可以用于新商业模型的有序规划，还可用于检查现有业务模型的改进潜力（Osterwalder & Pigneur, 2010）（Diehl, 2019）。

图 4.8 商业模式画布

商业模式画布的右侧部分包含"客户细分（1）""价值主张（2）""客户关系（3）""客户渠道（4）"和"收入流（5）"，重点关注客户的需求，主要涉及市场适应性和客户导向问题。与用户体验方法一样，这构成了开发的起点。

步骤1——确定客户和目标群体。首先，确定要为其创造附加值并确保其满意度的潜在客户。这包括收集典型信息，如社会人口统计数据和静态属性（数量、年龄、地理位置等），以及他们的购买频率和购买过程。

步骤2——公司向市场提供哪些服务承诺。服务承诺是商业模式画布的核心。它包含了标志公司价值主张的要点。在确定了客户细分的基础上，定义了相应的价值承诺，尤其需要回答解决了哪些客户问题或满足了哪些需求。

步骤3——我们如何维护与客户的关系。这一步是确定与客户的关系类型：例如，匿名的、随意的，还是非常个人化的或密集型的。我们是要吸引新客户（这通常成本更高），还是要引导现有客户再次购买（这要假定我们已经成功投资于客户关系）？这也决定了需要投入多少精力来建立、维护和拓展客户关系。

步骤4——我们通过哪些渠道接触客户。客户渠道决定了如何接触客户，因此除了传统的销售渠道外，还要考虑数字化的可能性。然而，还需要回答的问题包括：如何让客户了解我们，让他们知道我们；客户如何从我们这里购买产品；客户如何对他们获得的服务提供反馈；如何将服务传递给客户；如何提供相应的售后服务（例如，询问是否依赖数字平台或点对点解决方案。）。

步骤5——我们如何赚钱。在右侧的最后一个方框中，我们输入我们想要使用哪些收入模式来赚钱。在这里，我们要考虑潜在的收入来源。这就回答了商业模式的财务和定价策略，从而从狭义上定义了商业模式，例如"免费增值"或"隐性创收"。特别是在数字时代，替代支付方式已经建立，客户不再支付购买产品的费用，而仅支付使用产品的费用（例如按使用付费）。需要回答的基本问题是：客户愿意为哪些服务付费，以及习惯如何付费。

至此，商业模式画布右侧的价值创造部分介绍完毕。我们将目光转向左侧，左侧的可行性部分包括元素"资源（6）""业务（7）""合作伙伴（8）"和"成本结构（9）"。

步骤6——我们的商业模式需要哪些资源。确定商业模式所需的资源和基础设施，这包括分析实现价值主张所需的关键物质、人力和财务资源。这些有形和无形资源通常已从商业模式的前几部分中衍生出来。

步骤7——我们需要做什么来保持业务运转。核心活动是对于商业模式的成功特别重要的所有过程，即实现价值主张所必需的过程。核心活动应包括最重要的活动，没有这些活动公司就不可能进一步发展。这里应描述对质量管理非常重要的过程，如提供服务，也包括销售、开发、生产和采购等过程。

步骤8——我们的商业模式基于哪些合作伙伴关系。另一个重要问题是，新的商业模式要取得成功，需要哪些关键合作伙伴？关键合作伙伴可以是供应商、分包商、合资企业或技术合作伙伴。首先列出这些合作伙伴，然后推导出相应的关键活动。特别是在新的数字商业模式中，研究机构和国家也需要考虑进来。

步骤9——最重要的支出是什么。与销售计划一样，我们也要确定公司的主要成本块和成本驱动因素，如采购成本、人员费用等。因此，这最后一步涉及财务规划，即商业模式的成本结构。应在早期阶段识别和优化最关键的成本因素（如信息技术、研发等）。

总而言之，通过商业模型画布，可以系统地回答创新的核心问题（是否需要创新？创新是否可行？创新是否有利可图？），从而在非常早期阶段评估创意的可行性（见图4.9）。

这让我们回过头来看4.1节的介绍，其中我们了解到创新成功的三个标准，即产品或服务是有人需要的、所需的技术可生产或可行，以及解决方案能够为制造商带来利润。

图 4.9 商业模式画布和成功创新的三个标准

这样就能及时知道这个想法是否会取得成果。从质量管理的角度来看，必须始终以客户导向和客户价值主张这一重要问题为出发点。

4.4 六西格玛设计

正如2.7节所述，数字质量管理的目标必须始终以提高经济效益为导向。为了实现这一目标，我们可以提高客户满意度或降低出错率。在上一节中，我们深入探讨了第一个领域的活动，即有针对性地与客户要求保持一致。本节将重点讨论我们的产品和服务的无差错开发。

六西格玛设计（DFSS）是一种预防性开发方法，其目的主要是通过使用适当的质量方法来开发质量合适的产品。DFSS方法起源于经典的反应式六西格玛，它使用适当的数据驱动方法来提高现有过程的准确性（另见8.5.1节）。DFSS使用六西格玛方法，该方法在开发过程的各个阶段进行预防性使用（Gamweger, Jöbstl, Strohrmann, &Suchowerskyj, 2009）。六西格玛设计的许多原则，如客户导向、职能思考、及早消除错误并聚焦及所有组织单位的及时参与等仍然是预防性质量管理的重要基础，在此不再赘述。

然而，在数字化质量管理中，"深入的产品和过程知识作为正确决策的基础"这一原则值得仔细研究。在产品开发过程中，只有对产品技术有足够深入的了解，才有可能防止产品缺陷，产生稳健性和可靠性。必要的专业知识包括设计参数与产品功能之间的相互依存关系，或产品功能对破坏性干扰因素的敏感性等。为了获得这些知识，六西格玛设计方法确定了三种可能性，这三种可能性同等重要有效，而且必须产生一致的结果（见图 4.10）。

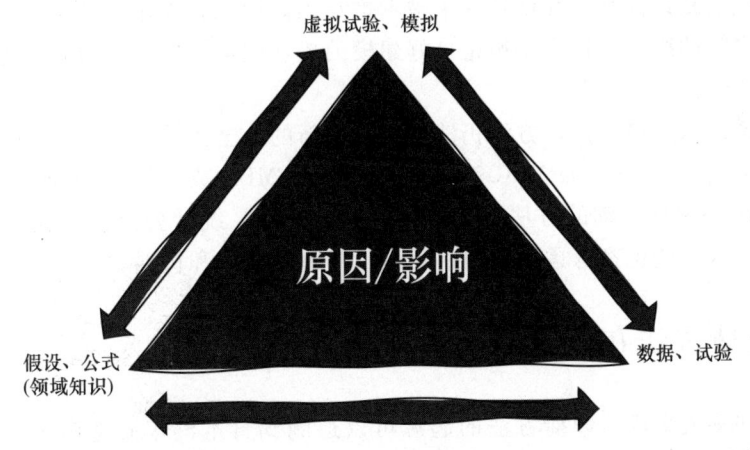

图 4.10　因果关系（Gamweger, Jöbstl, Strohrmann, & Suchowerskyj, 2009）

1）通过机械、化学、电子等相关因果关系，从理论中推导出基本定律和公式。这就是所谓的"白盒"方法。

2）通过这种方法得出的假设必须与现有数据（例如来自现场的数据）进行比较。在某些情况下，可能需要生成额外的综合学习数据，因此必须计划试验。然后必须使用适当的数学和统计方法评估所有数据。在六西格玛设计方法世界中，这些评估被称为"黑盒"模型。

3）第三种选择是利用适当的模拟选项进行虚拟试验。在环境日益复杂的情况下，也就是对当前问题几乎还没有任何理论知识的情况下，可能有必要从黑盒视图入手，以便在此基础上发展相应的理论。必须根据具体情况确定开发的起点。

图 4.11 说明了白盒模型和黑盒模型的区别。

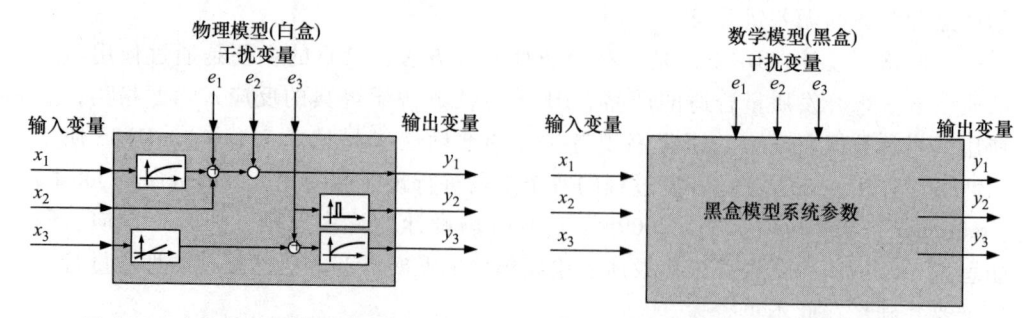

图 4.11　白盒模型和黑盒模型（Gamweger, Jöbstl, Strohrmann, & Suchowerskyj, 2009）

由于数据的可用性，黑盒模型最近在数字质量管理中变得越来越重要。此外，数据驱动的建模方法也取得了巨大进步，并因此广受欢迎。未来这一趋势还将继续增长。这对于开发来说有一个好处，即现在可以使用数据分析来解决复杂的问题，然后可以利用分析结果来检查白盒模型的准确性并对其加以改进。然而，这样做也有危险，那就是解决方案很快就会完全建立在黑盒模型的基础上，而有关公式和现有法律领域的知识往往会被低估或未被考虑在内。因此，在作者看来，白盒模型和黑盒模型之间的结合和适当平衡是良好建模的成功因素，也是成功的关键，尤其是在质量 4.0 时代。

所以说，六西格玛设计方法仍然是一个最新的、全面的方法，因为除了以团队为导向的创造性方法［如 VOC（客户的声音、FMEA 或 TRIZ（发明问题解决理论）］，数据和统计驱动的方法（如统计测试、回归、统计公差或试验设计）也受到高度重视，这些也都考虑到了数字化质量管理的挑战和机遇。

4.5　敏捷方法在开发中的应用

对于许多人来说，敏捷方法的起源可以追溯到日本汽车制造商丰田公司。20 世纪初，该公司就开始致力于避免浪费，并由此开发了丰田生产系统（TPS），该系统于 1992 年发布（Toyota Motor Corporation, 2021）。丰田生产系统的构建模块本质上基于两个原则：自动化原则（Jidōka）和准时制原则（JIT）。

Jidōka 描述了系统独立自主识别错误的能力，从而使人们有机会立即解决问题。因此，质量已经与产品的制造过程相辅相成。在软件开发中，这意味着要尽快发现软件中的错误，从而避免复杂的错误重现和消除长时间的错误修复阶段。

准时制是指只有在直接需要时才进行生产。敏捷软件开发方法的鼻祖——20 世纪 90 年代末提出的极限编程（XP）的主要原则之一也体现了准时制原则。该方法将解决编程任务作为软件开发的核心，并以小步快跑的方式满足客户需求。这种

"增量设计"原则的重点是从小处入手开发系统，并根据需要持续开发，而不会产生高昂的成本（Beck&Andres，2004）。

4.5.1 敏捷宣言

受上述丰田生产系统的理念和成功的启发，以及公司中的软件团队陷入不断增长的过程泥沼这一事实，一群行业专家总结了成功运作团队的原则。其结果是一系列关于在软件产品开发框架内进行高效和有效工作的价值观和原则的集合，这就是所谓的"敏捷软件开发宣言"（Beck，et al.，2001）。

宣言的核心是成功开展敏捷工作所必备的四项价值观。仔细分析一下就会发现，它们本质上是对已知价值观进行了新的优先排序。

1. 个人和互动比过程和工具更重要

敏捷方法将人和人之间的交流放在中心位置。一群训练有素、经验丰富的开发人员，如果不能像一个团队一样工作，即使有非常好的过程，也可能会失败。在团队中工作时，共享经验和有效沟通是最重要的方面，因为它们对团队过程和团队绩效有着积极的影响。因此，一个由普通开发人员组成的互动和沟通非常好的团队，与一个由成熟专家组成的沟通和团队结构功能较差的团队相比，可以取得更好的结果。

2. 功能完善的软件比全面的文档更重要

每个软件项目的目标都是一个功能完善的产品。在传统的开发方法中，规范往往在实际实施工作开始之前就已定稿。这需要花费大量时间。在敏捷项目中，规范也是必需的，但需要反复推敲。这就导致规范、实施和测试等各个步骤循环往复、迭代完善。

3. 与客户的协作比合同谈判更重要

定期询问客户对产品的反馈意见。敏捷宣言认为，不可能在一开始就定义产品的所有细节。因此，来自客户或用户对于产品是否满足需求的反馈比关注合同更为重要。这种新的优先次序是由日益增加的复杂性所强烈驱动的，这意味着需求变得越来越混乱。

4. 应对变化比遵循计划更重要

如今，系统的需求可能会迅速发生动态变化。这可能是由市场变化或所使用技术的变化引起的。因此，整个项目必须适应可能发生的变化，而不是拘泥于僵化的计划。

除了这些敏捷价值观之外，行业专家小组还总结了十二条原则，作为对敏捷宣言的补充：

1）我们的最高优先事项是通过早期和持续交付有价值的软件来满足客户的需求。

2）欢迎在开发的后期甚至是在进程中接受需求变更。敏捷过程利用变更为客户带来竞争优势。

3）定期在几周或几个月内交付可运行的软件，时间越短越好。

4）专业领域的专家和开发人员必须在项目期间进行日常协作。

5）围绕着积极主动的个体开展项目。为他们提供所需的环境和支持，并相信他们能够完成任务。

6）在开发团队内部和开发团队之间，传递信息的最高效和最有效的方法是进行面对面的交流。

7）可运行的软件是衡量进度的最重要的标准。

8）敏捷过程促进可持续的发展。客户、开发人员和用户应该能够无限期地保持一致的步伐。

9）对卓越技术和良好设计的持续关注促进了敏捷性。

10）简单性（最大限度地减少工作量的艺术）是至关重要的。

11）最好的架构、需求和设计是由公司的团队创造的。

12）团队定期反思如何变得更加有效并相应地调整其行为。

尽管敏捷宣言的后几点都是从20世纪末期的软件开发经验中总结出来的，但其价值观和原则比以往任何时候都更具现实意义。归根结底，它们描述了应对数字时代企业所面临的日益增加的不确定性和复杂性的成功因素（见2.4节）。敏捷、迭代的方法是实现迭代优化质量、逐步改进并完善解决方案，以及确保在早期阶段仍能为客户提供具有附加值的解决方案的最佳途径。这也符合4.2节中阐述的用户体验理念。我们深信，基于敏捷宣言的方法有助于我们以有质量保证的方式进行开发，并且不局限于在软件项目中使用。

4.5.2　软件开发方法

软件开发学科随着时间的推移不断发生变化，并将继续走向成熟。这就产生了不同的开发方法，而这些方法也是以各自时代的可能性和环境为导向的。下面介绍最重要、最常见的几种方法。

1. 瀑布法（经典）

温斯顿·罗伊斯（Winston W. Royce）最早描述了管理大型软件开发的瀑布法。他使用一个简单的分步骤模型，定义了大型项目中软件开发所需的所有必要步骤（Royce，1970）。

图4.12所示的瀑布法，其核心要素是，在开始下一步工作之前，必须完成特定步骤中的所有工作。

罗伊斯自己也发现了纯瀑布法定义中的一些弱点。如果在测试过程中发现错误，就必须予以纠正。要做到这一点，有必要返回到前面的步骤（例如返回到分析，甚至返回到需求）。基于这一认识，他随后定义了一个更复杂的过程，其中已经涵盖了一些迭代方法。

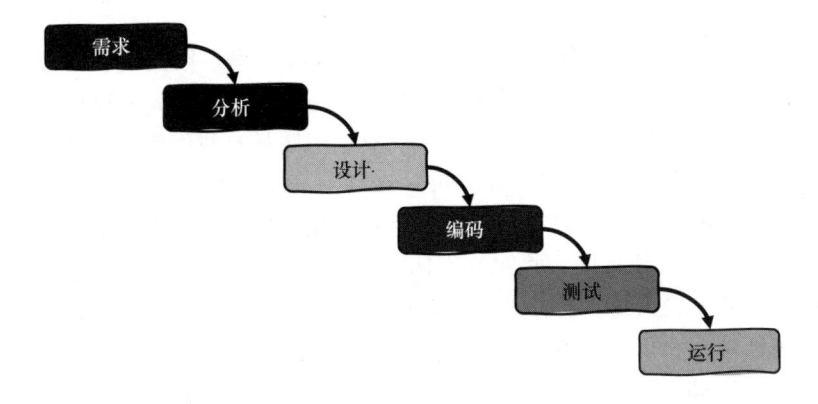

图 4.12 瀑布法（Royce，1970）

2. V 模型（经典）

V 模型是瀑布法的进一步发展。V 模型分为两个方面：①分解和定义；②集成和验证。它从左上角的需求开始，到右上角的产品发布结束（见图 4.13）。

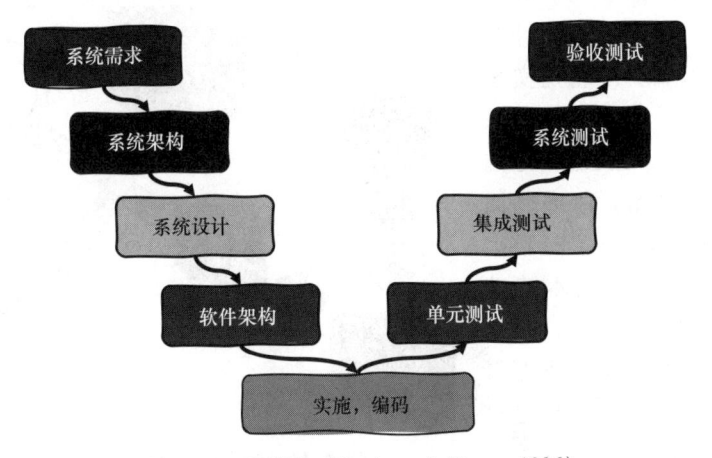

图 4.13　V 模型（Forsberg & Mooz，1996）

V 模型的一个特点是，每一个左侧定义产品的步骤，都会在右侧有一个对应的验证步骤。这就最大限度地减少了以无法测试和验证的方式指定需求的可能性（Forsberg & Mooz，1996）。与瀑布法相比，V 模型的优势在于每个单独指定功能的验证都具有可追溯性。这是一个非常重要的品质，即使在快速变化的时代也仍然有效。在每个软件项目中，都必须对规范、设计和实施进行检查，对此有多种方法，例如单元测试、集成测试或系统测试。然而，独立地看，V 模型并不适合作为涵盖现代软件开发所有方面的完整方法。为此，新项目中采用了 Scrum 和看板等敏捷方法，下文将对此进行介绍。这些方法以 V 模型的概念为核心，但以迭代、循环和敏捷的方式对其加以应用。

3. Scrum（敏捷）

Scrum 是一种敏捷项目管理框架，注重有效性和效率，以迭代和增量开发为基础（见图 4.14）。与瀑布法或 V 模型等经典开发方法相比，Scrum 以团队的知识为中心，欢迎变化并且能够对变化快速做出反应。团队是自我组织的，并对自己的工作和项目的结果负责（Gloger & Häusling, 2011）。Scrum 团队是跨职能的，这意味着对于每一项必要的活动，都有一个或多个具备相应专业知识的人参与。除了内容能力（这些能力因项目而异，并在开发团队中进行总结），Scrum 还定义了两个额外的角色。产品负责人负责产品的内容和优先级，Scrum 大师则为团队开发产品提供支持。这种对人和角色的关注鼓励团队成员独立思考并做出决定。正如弗雷德蒙德·马利克（Fredmund Malik）在其著作 *Richtig denken-wirksam managen*（《正确思考——有效管理》）（Malik, 2010）中解释的那样，Scrum 还假设团队合作和信任是任何类型有效领导的基础。

除了上述角色外，Scrum 还定义了产品积压、冲刺积压和潜在的可交付产品增量。产品积压是待开发产品应包含的所有功能（用户故事）的分类列表。产品负责人负责维护产品积压。冲刺积压由产品积压中为当前冲刺选定的元素组成。冲刺是实现产品功能增量（产品增量）的一个工作阶段（见图 4.14）。它以冲刺计划开始，以冲刺回顾和审查结束。

Scrum 中的一个基本特性就是所谓的"时间盒"。冲刺总是持续相同的时间，两周很常见，并且这个"时间盒"永远不会改变。这意味着各个冲刺可以相互比较。这样就可以在现有经验的基础上，利用这些知识来预测剩余活动的完成时间。为此，有诸如燃尽图之类的可视化图表，它显示了预测进度与总工作量之间的交叉点。

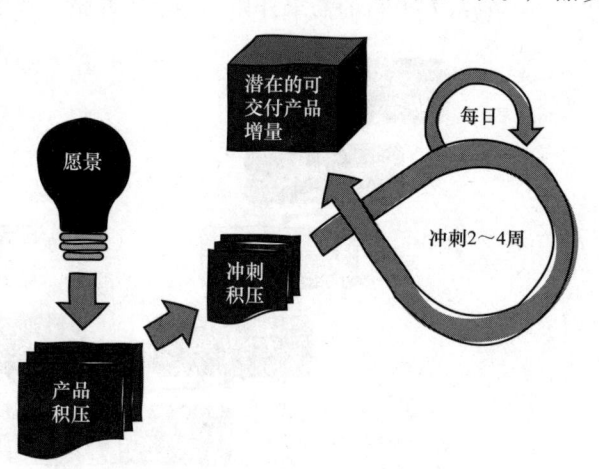

图 4.14 Scrum 框架（Lacey, 2012）

作为一种轻量级方法，Scrum 在冲刺阶段定义了一些定期会议，但这些会议也有时间限制，即在指定的时间结束。这也是有充分理由的。由于 Scrum 等敏捷方法的目的是尽可能有效率和高效地完成项目，因此计划、协调和工作之间的关系就建立在经验的基础上。在复杂的项目中，准备工作尤为重要，而我们在软件开发领域几乎总是如此。但是，准备工作本身也不能失控，不能成为目的。为了体现这一点，每个冲刺阶段都会举行下述会议。这里给出的持续时间指的是两周的冲刺，也可用于不同的冲刺持续时间。

（1）冲刺计划会议 1 和冲刺计划会议 2（各 2h）　冲刺计划在每个冲刺的开始阶段进行。在冲刺计划会议 1 中，产品负责人呈现了来自产品积压中具有较高优先级的用户故事（用来确定用户和用户需求的简短描述），这些用户故事计划在即将开始的冲刺中完成。然后，团队共同解决了一些未解决的问题。

在冲刺计划会议 2 中，团队将这些用户故事分解为各项任务，并最终由产品负责人批准。如果在详细规划后发现无法在冲刺阶段完成所有用户故事，团队将向产品负责人提出建议，并商定团队的承诺。在这个所谓的"承诺"之后，冲刺就开始了。

（2）每日 Scrum 会议（15min）　每日 Scrum 会议也称站立会议，是团队的一个简短的日常会议，最好在工作日开始时举行，以便对当天的情况进行调整。在每日 Scrum 会议上，每位与会者都要回答以下三个问题：

1）上次每日 Scrum 会议后我做了什么？

2）在下一次每日 Scrum 会议之前，我将做些什么？

3）存在哪些障碍或风险？

本着"时间盒"的精神，所有团队成员都应该在 15min 内回答完这些问题。如果需要进一步澄清或需要支持，这些讨论通常在每日 Scrum 会议之后在小组内进行讨论。这样可以确保整个团队不会陷入细节问题的泥潭。

（3）评审会（2h）　在冲刺阶段结束时，整个团队将冲刺阶段的成果移交给利益相关者，即对项目感兴趣的各方。新功能已在实际系统中演示。所有通过验收的功能都可以立即投入运行，因为它们已经完成了规范、实施和验证等所有必要步骤。由于冲刺阶段的时间很短，因此可以很快获得利益相关者的反馈，并在下一个冲刺阶段做出反应。

（4）回顾（90min）　评审会结束后，需要进行回顾，并从上一次冲刺的结果中学习。在回顾中，掌握已完成和未完成用户故事数量的可靠数据和事实至关重要。这样做的目的是进一步改善团队内部的协作，从而改进过程。它还涉及各个团队成员之间的互动以及 Scrum 大师的工作。因此，回顾是持续改进过程的重要组成部分。回顾还应该为团队内部公开反馈提供空间，以避免挫折感并帮助消除误解。

除上述会议外，产品负责人与利益相关者之间还会进行进一步磋商，以发现潜在任务并确定未来的任务。这些任务会被添加到产品积压中，产品负责人负责对其进行优先排序。这些新的用户故事将在未来的冲刺阶段与整个团队一起进行评估，以便进行相应的积压工作细化。这方面没有精确的规范，因为它们取决于项目的各个阶段。每个冲刺的计划时间为 1~6h，但在任何情况下都不应超过团队能力的 10%。

在两次冲刺之间的时间里，Scrum 团队会开展计划中指定的活动。目标是根据商定的定义完成所有活动（只完成 90% 是不够的，即使只剩下最终测试或文档尚未完成）。在 Scrum 中，只有一种二元状态：要么完成，要么尚未完成。但是，未完成的活动可以在未来的冲刺阶段继续进行。

4. 看板（敏捷）

看板是与 Scrum 并驾齐驱的另一种非常常见的敏捷软件开发方法。与 Scrum 不同，看板更加开放，几乎可以应用于任何现有过程。看板一词用于描述丰田生产系统中的一种技术，用于创建一致的生产过程，从而降低库存水平。信息技术中的看板沿用了这一名称，但并不仅限于将单项技术从生产转移到信息技术中。相反，它采用了精益生产的一些基本原则，甚至采用了精益开发的更多原则，并辅以约束理论（也称为瓶颈理论或吞吐量管理）和经典风险管理。

简单地说，看板的意思是信号卡，它代表一个单独的工作包。在看板系统中，每项工作都由自己的卡片表示，卡片在系统中逐步运行，从而描绘出过程。为了使工作和进度可视化，看板系统使用卡墙，将各个信号卡集中在一起。

大卫·J.安德森定义了以下六项核心看板实践（Anderson D. J.，2010）：

（1）可视化工作过程　价值链及其各个过程步骤（例如需求定义、编程、文档、测试、调试）对于每个参与人员都清晰可见。为此，我们使用了看板，在看板上以列的形式显示不同的阶段/站点（见图 4.15）。各个需求（任务、功能、用户故事）记录在索引卡或便签上，并随着时间的推移，在看板上从左到右移动，作为所谓的工单。

（2）限制已启动的工作量　一个站点可同时处理的工单数量是有限的。例如，如果编程当前正在处理两张工单，并且该站点的限制为两张，那么即使需求定义可以提供另一张工单，它也可能不接受第三张工单。这就形成了一个拉动系统，其中每个工作站都从前一个站点获取其工作，而不是简单地将已完成的工作移交给下一个工作站。

（3）测量和控制过程　看板过程的成员会测量队列长度、周期时间和吞吐量等典型指标，以确定工作的组织情况、可以改进的地方以及可以向合作伙伴做出哪些承诺。这将使规划变得更容易，并提高了可靠性。

（4）明确过程规则　为了确保参与该过程的每个人都知道他们在工作时所依据的假设和法则，如果可能的话，应明确所有现有的规则。例如，"完成"一词的定义、各个列的含义，以及以下问题的答案：由谁接工单、何时接工单、如何从现有工单中选择下一张要接的工单等。

（5）实施反馈周期　在规定的时间内，团队或团队之间相互反馈，例如审查协作情况、解决即将到来的任务的依赖性问题或协调过程。

（6）共同改进过程并优化协作　看板的一个重要原则是对新想法持开放态度并不断改进。可以进一步发展看板，或将看板与其他方法结合起来。

图 4.15 所示为看板卡墙示例，它可以通过记事本物理存在，也可以通过数字方式存在。从左侧开始，所有尚未完成的任务都收集在"输入队列"中。然后，这些任务在各个列中运行，直至完成并等待发布。工单的可视化和局限性是一种简

单的手段，可以快速看到工单通过各个站点的速度以及工单堆积的位置。当后续站点有空余能力时，工单堆积的地方被称为瓶颈。通过分析看板，可以随时采取措施以实现最顺畅的过程。例如，可以更改单个站点的限额，可以引入缓冲区，改变各站点的员工人数，消除技术问题等。这种持续改进过程是看板的重要组成部分。

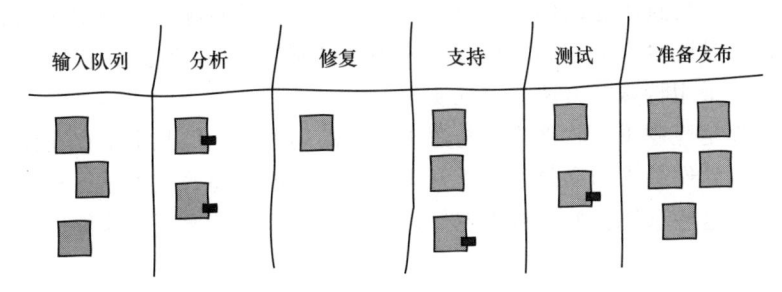

图 4.15　看板卡墙示例（Leopold Kaltenecker，2012）

作为一种方法，看板也可用于基于上述特征的任何过程。安德森（Anderson D.J.，2010）认为，看板的理念是微创的，并应尽可能少地改变价值流、工作角色和职责。除了安德森的定义，还有其他关于看板的描述，例如：看板是一种将整个工作文化考虑在内的变革举措，人永远比过程和工具更重要（Leopold Kaltenecker，2012）。这一说法也与 4.5.1 节中提到的敏捷价值观和原则相关。

在许多情况下，大型项目的敏捷组织中的团队规模将超出单独使用上述手段可以成功实施的范围。另外，维持高带宽通信和关系也非常重要。在这种情况下，敏捷软件开发的扩展方法可以帮助我们。常见的方法包括扩展敏捷框架（SAFe）、大规模敏捷框架（LeSS）或 Nexus 框架。所有这些方法的共同点是基本理念相同，对敏捷宣言的价值观有共同的理解。

4.6　软件密集型系统的质量

为了能够更仔细地研究软件密集型系统中的质量问题，有必要对数字技术，特别是软件的基本性质有一个总体的了解。根据 ISO/IEC/IEEE 24765—2017，软件的定义为：软件是用于操作计算机的一个程序或一组程序。

可以说软件是我们数字化转型的驱动力，因为计算机和计算机相关系统只有通过软件才能使用。软件使我们的现代数字化生活成为可能，并对许多创新起着决定性作用。如果我们仔细观察软件，就会发现它与计算机或存储介质不同，并不是物理上有形的。软件是无形的，也没有自然的可视化，没有触觉，软件不容易想象，而这恰恰是软件与我们周围许多其他事物的不同之处。这一事实使软件具有特殊性，这一点在数字产品的开发和这些技术的运行中显而易见。软件与机械或电子系统之间还存在其他本质区别：

1）软件可以轻松复制。
2）创建的副本与原始版本完全相同，这意味着复制软件时不会产生生产成本。
3）软件也不会发生传统意义上的物理老化。例如，软件不会被腐蚀。
4）软件是不连续的。

软件是数字化且不连续的，可以随时进行跳转。这意味着对未来功能的预测往往很困难，并且既没有完整的，也没有通用的可靠性模型。因此，软件无法得到完全验证，需要采用特殊的方法来保证质量。

（1）软件是纯逻辑　软件具有与逻辑相同的局限性，但几乎不存在任何物理局限性。因此，软件最大的局限是缺乏常识和自然智能。随着机器学习和自学算法等方法的应用，这些系统正变得越来越好，但即使在这种情况下，软件也始终保持纯粹的逻辑。

（2）软件由小型和通用的构件组成　在软件开发过程中，存在极高的设计自由度。没有自然的"邻域"概念，软件往往可以任意连接在一起。由此产生了一个具有几乎不可预测特性的系统，即一个具有高度复杂性的系统，这可能导致高昂的开发成本和质量保障方面的挑战。

尽管存在上述自由度，软件仍然受到一定的法则和限制的约束，这些需要在开发过程中考虑到。在下一部分，我们将讨论其中最重要的几点。

4.6.1 软件老化

正如我们所习惯的物质产品一样，软件会经历一定的老化过程。不过，造成老化的原因不是材料的腐蚀（生锈）等损坏机制，而是软件的运行环境（例如，最新版本的操作系统无法再安装到相当老旧的手机上，老旧手机必须继续使用过时的软件进行操作）。这种环境变化意味着软件不再符合要求或运行时的环境（术语解释见12.3节）。在这种情况下，软件通常被称为"过时"或"陈旧"的软件。这种老化过程的后果是，随着环境参数发生变化，错误的发生率会增加，错误数量也会增加，这是由软件本身的必要更改引起的。另外，由于在测试过程中必须考虑到许多不同的运行环境，因此更改软件的成本也会增加。

总之，由于这些运行环境的变化，软件的质量变得越来越差。

1. 出错频率和复杂性

基本上没有任何产品是完美的，并且总是有出错的可能。特别是对于软件来说，由于其复杂性，不可能完全保证其没有错误，只能通过测试方法来验证其完成程度。复杂性可以理解为结构（由于元素的数量和种类而缺乏可理解性）和行为（由于动态性而缺乏可预测性）的混合体（见图4.16）。在一个简单的系统中，结构是可理解的，行为也是可预测的。一方面，随着动态性（即随时间变化的可变性）的增加，系统会变得更加复杂（见图4.16中的区域B）；另一方面，随着系统元素数量和种类的增加，复杂性也会增加（见图4.16中的区域C）。

当这两个特性结合出现时，我们称之为一个复杂系统（见图 4.16 中的区域 D）。这些系统总体上拥有许多系统组件和接口，而且组件之间的连接是动态的，可能是通过预先规划的配置选项，也可能是通过改变框架条件。

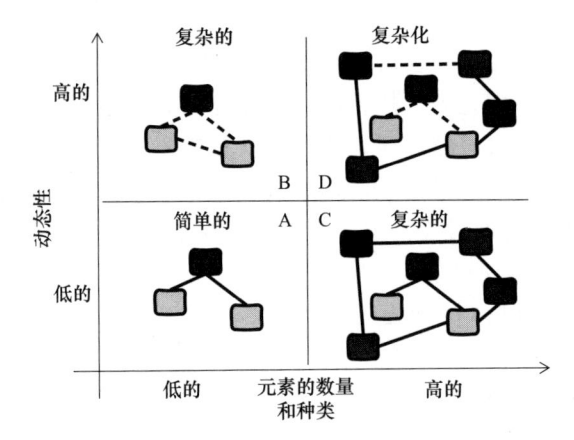

图 4.16　复杂性与复杂化（Haberfellner R., Vossner, Fricke, de Weck, 2020）

2. 错误率作为时间的函数

在考虑物理产品的错误率随时间变化的函数时，可以观察到一条形状类似浴缸的曲线（见图 4.17）。这表明硬件在生命周期的初期具有较高的错误率，这通常是由于设计或制造缺陷造成的。随着时间的推移，错误会得到纠正，错误率会下降至令人满意的水平。随着使用寿命的延长，由于硬件组件受到灰尘、振动、滥用、极端温度和许多其他环境因素的累积影响，错误率再次上升。人们称之为产品开始磨损。

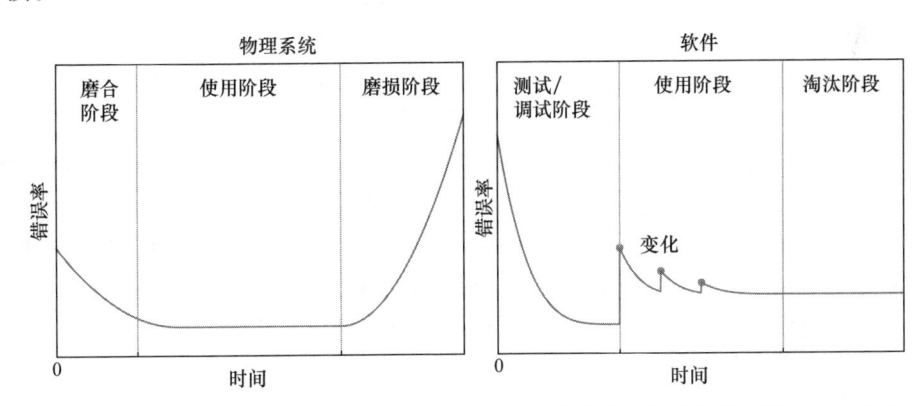

图 4.17　物理产品生命周期中的错误率（左）与软件生命周期中的错误率（右）对比

相比之下，软件的错误率随时间的变化表现完全不同。由于软件不会磨损，错误率的变化是由其他因素造成的。在生命周期的开始阶段，软件的表现与硬件组件类似，通过迭代和敏捷方法可以显著降低初始错误率。然而，软件的错误率会随着每次更改（即使是已经测试过的软件）而短暂增加，因为更改会产生相应的副作用。正如已经提到的，软件不存在磨损，但存在过时，即在生命周期的某个阶段，技术或运行环境发生了变化，以至于使用现有软件不再有意义。

3. 技术债务

在产品开发过程中，经常会出现开发进度与项目开始时的计划速度不一致的情况。造成这种情况的原因是需求的变化，或者出现了预想不到的技术问题。这意味着当前的项目进度不再符合原计划，从而导致完工日期推迟。项目过程中的技术债务如图 4.18 所示。

如果在项目实施过程中发现这种情况，就会出现多种可能性。可以选择不对项目的时间计划进行更改，从而推迟完成日期，有时这是可行的。但是在许多情况下，项目需要在规定的时间窗口内完成，没有商量的余地。因此，通常会利用这个机会减少尚未完成的工作量。如果无法通过功能进行这种调整，就必须有意识地报告与质量相关的方面，例如采用文档或测试的形式。因此，在这种情况下，通常会有变通办法或技术上不成熟的解决方案。正是这些与时间相关的捷径导致了相应的技术债务（见图 4.18 中的灰色区域），这些债务必须在项目发布后或新项目开始之前加以解决。原则上，技术债务并非坏事。它只是项目中影响我们行动自由的一部分，也是对项目内部变化的反应。当涉及技术债务时，适当的管理和适当的透明度非常重要。隐藏的技术债务是有问题的。

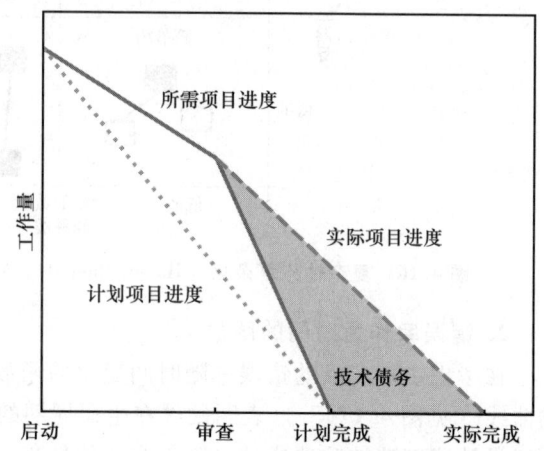

图 4.18 项目过程中的技术债务

解决上述困境的另一个办法是增加开发人员，加快项目进度。然而，这种策略是危险的。早在 1975 年，弗雷德·布鲁克斯（Fred Brooks）就在他的著作 *The Mythical Man-Month*（《人月神话》）中指出，在后期阶段增加人手只会进一步拖延项目进度（Brooks, 1975）。这一定律也被称为布鲁克斯定律。这就是为什么积累技术债务通常会更好的原因，但是技术债务必须在出现下一次机会时再次减少。

4.6.2 质量模型

在 2.1 节中我们已经讨论过，质量是满足需求的程度，这当然也适用于软件。为了明确质量并使其可测量，质量模型很有帮助，它根据标准描述了所要满足的要求。这种质量模型在软件领域尤其流行。最重要的质量模型在 ISO 25010 中被描述为系统和软件质量要求和评价（SQuaRE）。该标准解决了考虑质量的边界条件，

ISO 25010 不仅描述了系统或软件本身，还考虑了其背后的过程或项目质量。图 4.19 提供了这些依赖关系的概览。

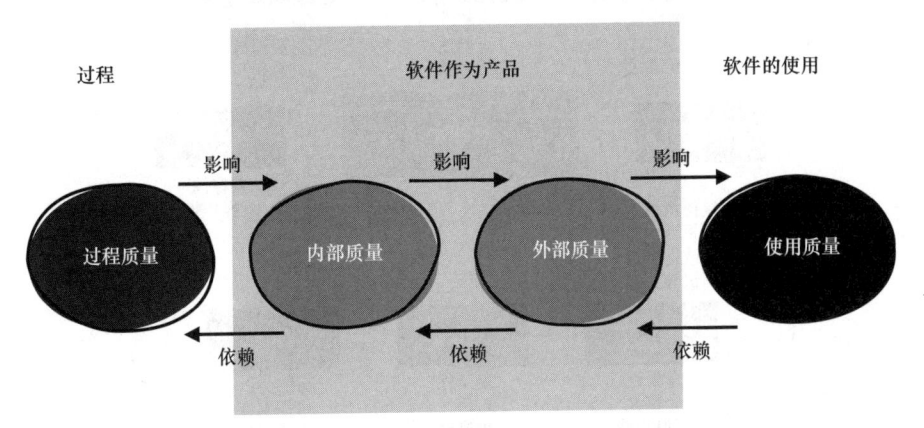

图 4.19 ISO 25010 规定的不同质量水平

质量模型包括以下要素：

（1）过程质量　这影响产品质量，但不是 SQuaRE 的一部分，因为它评估的是产品的质量。

（2）内部质量　在不执行产品的情况下，检查独立产品的特性，如检查源代码或规格。

（3）外部质量　当产品处于定义的环境中时考虑功能，例如实验室、模拟、测试，通常以测试为基础。

（4）使用质量　考虑最终用户在其环境中使用（执行、维护、移植）产品时的特性，环境可能因用户而异。

本质上，对于这个质量模型，可以说每个质量级别都受到前一个质量级别的影响。为了实现用户或客户可见的使用质量，有必要确保过程和项目组织内的质量。这包括经过适当的培训并具有必要能力的合适人员，以及技术债务的可追溯性和有效管理。

ISO 25010 包含软件质量特征的精确定义（见图 4.20）。这些特征分为八组，并附有更详细的子标准。

这些子标准是软件项目质量保证的核心。然而，并非所有标准都是同等重要的。有些属性是软件架构的重要特征，这些属性被称为架构驱动因素，用于在软件开发中做出架构决策，从而选择正确的解决方案。

在这种情况下，我们不妨来看看功能性要求和非功能性要求这两个术语。功能性要求描述了软件应该做什么，从而定义了软件的功能。非功能性要求则说明在什么条件下或具有哪些属性才能实现这些功能。因此，ISO 25010 中的大部分质量标准都是非功能性要求。这些要求经常被遗忘，但却非常重要，因为它们通常是架构

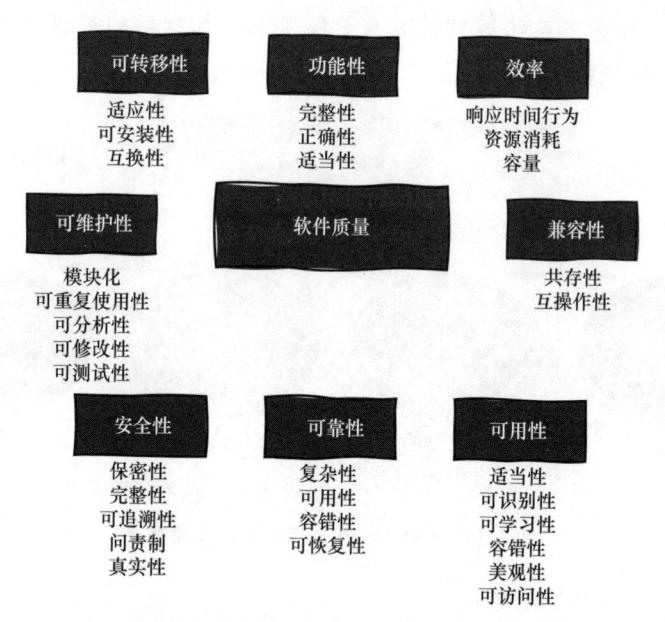

图 4.20 ISO 25010 规定的软件质量特征

驱动因素，对客户满意度有重大影响。

例如，如果我们考虑半自主系统，或那些打算在未来很大程度上自主运行的系统，那么规定的目标必须具有绝对的可靠性和可信度（Wolf，2014）。

IEC 60050-191 定义了一个与 ISO 25010 类似的质量模型，其重点是可靠性和可信度（IEC，1990 年）。它使用的总括术语是"可靠性"，并将其定义为按要求执行任务的能力。IEC 60050-191 将可靠性分为以下几个子标准：

1）可靠性：系统表现符合预期，运行时故障极少。
2）可用性：系统和服务在大多数情况下都可用，很少或根本没有停机时间。
3）可维护性：系统维护有保障，且费用不高。
4）安全性：系统不会对环境或用户健康造成不可接受的风险。
5）完整性：系统数据未经授权不得更改。
6）保密性：未经授权不得泄露数据和其他信息。

此外，隐私方面也变得越来越重要。隐私并不是可靠性的正式子标准，但由于数据保护［例如欧盟《通用数据保护条例（GDPR）》］的发展和监控方法的出现，它被越来越多地提及，并且变得越来越重要。

7）隐私：系统尊重用户隐私，在设计时不会将个人数据传递给第三方。

总之，质量模型在确定项目的质量关键特征，将其转化为测试策略和测试计划，以及执行相应的质量保证措施方面有很大帮助。软件测试的一个重要方面是考虑不同组别和级别的测试，从小型单元测试到功能测试再到完整的系统测试。在大多数测试计划中，所有这些级别都有不同程度的自动化，因此，测试过程的自动化程度越高，相应的质量保证措施就越可持续。

4.7 工业 4.0 解决方案的系统开发

我们系统开发工业 4.0 解决方案的方法以工业 4.0 参考架构模型（RAMI4.0）为基础。它是由德国的几个工业协会德国信息技术协会（BITKOM）、VDMA 和德国电气电子工业协会（ZVEI）共同开发和推出的。创建 RAMI4.0 的目的是生成一个简单而清晰的架构模型，作为整个工业 4.0 解决方案领域的参考。此外，其目的还在于建立与现有规范和标准之间的特定应用程序的联系，协调它们，从而最大限度地减少规范和标准的数量（Heidel、Hoffmeister、Hankel、& Döbrich，2017）。图 4.21 所示为工业 4.0 参考架构模型。

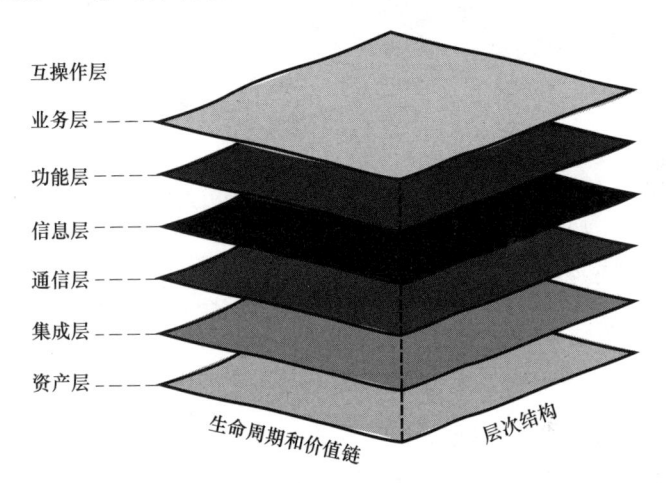

图 4.21　工业 4.0 参考架构模型（BITKOM，VDMA，ZVEI，2021）

该模型的三个维度包括：
1）层次结构。
2）互操作层。
3）生命周期和价值链。

下面对这三个维度进行了详细说明。4.8 节通过案例介绍了如何在实践中应用该模型。

4.7.1　层次结构级别

RAMI4.0 的层次结构级别反映了一个基于普度计算机集成制造参考模型的层级模型，并将其扩展到包括位于顶端的互联世界层级和位于底端的现场设备和产品层级（见图 4.22）。

这种包含产品的扩展是必要的，以便生产系统的控制可以由模型中的产品来表

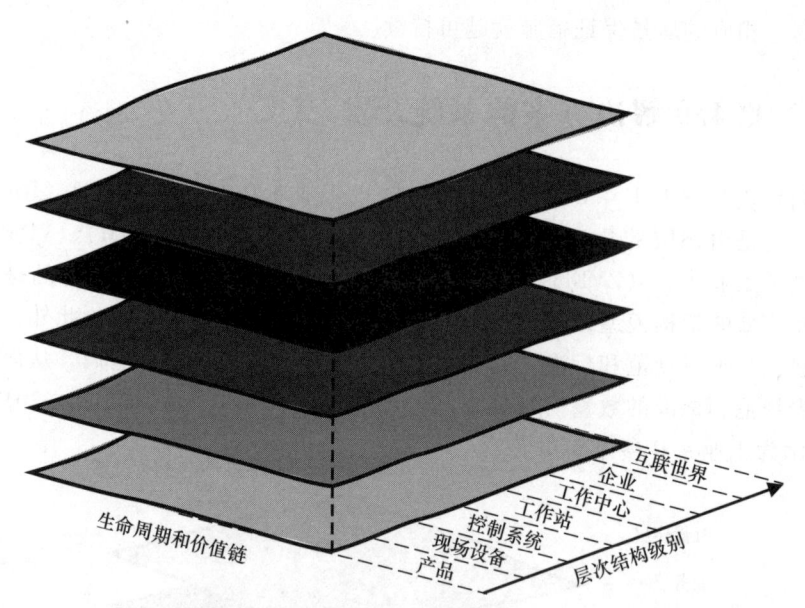

图 4.22 RAMI4.0 参考架构模型的层次结构级别（BITKOM，VDMA，ZVEI，2021）

示，这是工业 4.0 的一个关键特征（Schwebe，2016）。另外，随着网络世界的扩展，形成了面向网络系统的接口。

4.7.2 互操作层

这个维度也称为架构轴，分为若干层，这些层的定义如下：

1. 组织和业务过程（业务层）

描述业务过程和业务框架，重点关注相关利益相关者的需求（Heidel, Hoffmeister, Hankel, & Döbrich, 2017）。业务层通常描述工业 4.0 解决方案的业务案例和用例。业务案例是角色想要实现的目标，它从利益相关者的角度描述了收益，并包括成本收益计算。用例描述了角色（用户）想要实现的目标，从而描述了所需的工业 4.0 解决方案以及系统必须实现的基本功能。在业务层中，不详细描述用例，仅通过名称（高层视图）进行标识。

2. 功能（功能层）

功能（包括它们之间的关系）独立于应用程序、系统和组件中的角色和物理实现。功能是通过用例实践得出的，其结果通常以流程图或序列图的形式呈现。

3. 必要数据（信息层）

描述实现用例所涉及的组件之间的信息流。包括对信息对象（例如云）和底层数据模型的描述。

4. 信息访问（通信层）

这一层的重点是接口的技术实现。尤其包括对通信协议（两个或多个组件之间的数据传输协议）和信息交换机制的描述。

5. 集成（集成层）

集成代表从物理世界（资产）到数字世界的转变。这是在 RAMI4.0 中通过管理外壳实现的，确保跨系统功能之间的数据交换。集成层还提供了集成网络组件（例如路由器、交换机、终端）甚至无源组件（例如条形码和二维码）等选项。

6. 资产（资产层）

这一层代表了物理世界中真实的事物，可以是应用程序、真实的组件，也可以是文档和人。

按这些层查看系统的一个主要优势是细节和关注点不同。业务过程层仍然主要关注系统的需求和目标。在此基础上，可以在信息层、通信层和集成层设计和规定解决方案的设计和必要的接口。一方面，这种方法的优点是可以先粗略地了解问题，然后再进一步细化完善；另一方面，各层之间也是相互关联的，在功能层的用例中确定的系统组件可在下面的层中使用。这符合基于模型的系统工程的一个重要特征，即可追溯性。

4.7.3 生命周期和价值链

由于跨越公司边界的横向网络日益增多，对生命周期和价值链的考虑变得越来越重要。这代表了 RAMI4.0 中的第三个维度。

每项资产，即每个物品、每台机器和每个软件，在其生命周期中都会经历四个阶段（见表 4.1）。根据类型（计划或蓝图）和实例（制造）进行区分。在开发过程中，创建"类型"，而在生产阶段中，创建"实例"。

表 4.1　RAMI4.0 参考架构模型的生命周期

生命周期阶段	描述
开发	代表产品的最初构想。这一阶段涵盖产品的各个方面，从开发、设计、测试到首批原型的制作
维护/使用	提供软件更新和操作说明，并确定维护周期
生产	产品的生产或制造。生成产品本身或生产数据，如序列号、质量特征等
维护/使用	代表产品的实际使用情况，描述实例的使用、服务和维护以及回收或报废

通过上述三个维度，RAMI4.0 为描述和定位工业 4.0 解决方案提供了一个全面的概念。由于其复杂性，使用 RAMI4.0 被证明是一项挑战（Schwebe，2016）。一种可能的支持是使用针对 RAMI4.0 优化的工具。其中一个工具是 RAMI4.0 工具箱（Josef Ressel Center for Dependable System-of-System Engineering，2021），它是 Sparx Systems 公司的 Enterprise Architect 建模工具的免费扩展。特别之处是，它能以受控方式跨互操作层进行工业 4.0 解决方案的架构开发。

4.8 案例研究：电动自行车

Bikee 是一家电动自行车制造商，它计划引进一套系统用于记录和跟踪第三方和自制组件，以确保质量关键组件的完全可追溯性。使用 RAMI 4.0 工具箱中包含的图表对必要的信息技术系统及其架构的需求进行了建模。以下各节中描述的系统视图是与 Bikee 员工在研讨会期间共同开发的，并记录在 Enterprise Architect 建模工具中。

4.8.1 业务层

业务层的重点是界定系统、导出需求并识别当前过程中的改进潜力。业务案例由此衍生。

1. 背景分析图

背景分析图的作用是划分系统（这是进一步考虑的重点），并使界面可视化。用于划分待分析系统的背景分析图如图 4.23 所示，显示了供应链跟踪与控制系统。从图中可以看出利益相关方（业务参与者）如何与系统进行交互。例如，图中显示特殊组件供应商以单个部件（控制器、电动机、电池）的形式交付材料，并以有关错误交付部件统计数据（故障部件信息）的形式接收返回信息。

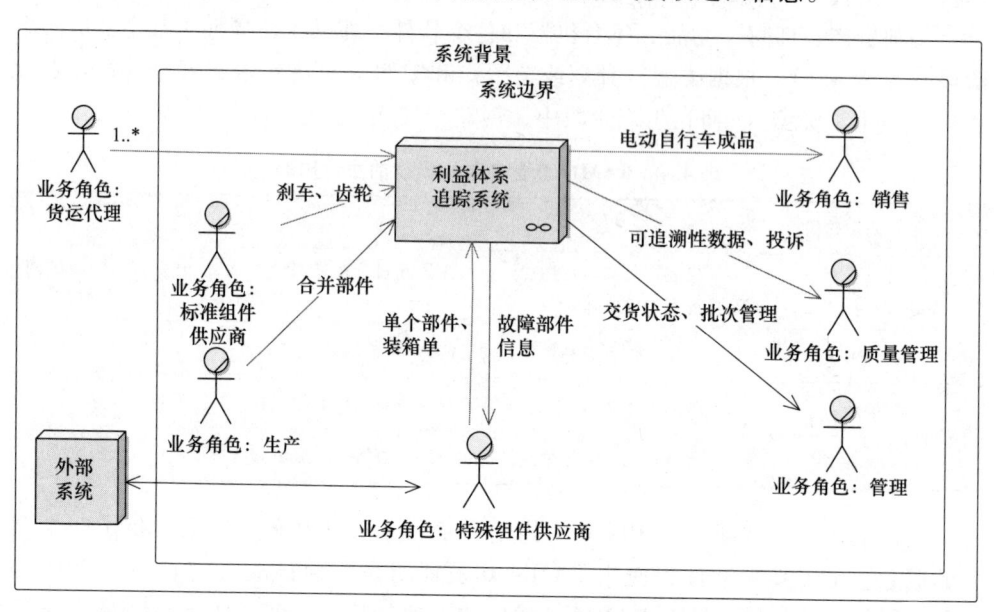

图 4.23　用于划分待分析系统的背景分析图

2. 过程分析和业务案例

下一步，根据 BPMN2.0（见 3.4 节）进行了详细的过程分析和记录。图 4.24

显示了从在中央仓库收集各个零件到从系统中预订电动自行车成品的过程及其子步骤。由于该公司尚不存在该过程，因此对目标状态进行了建模。

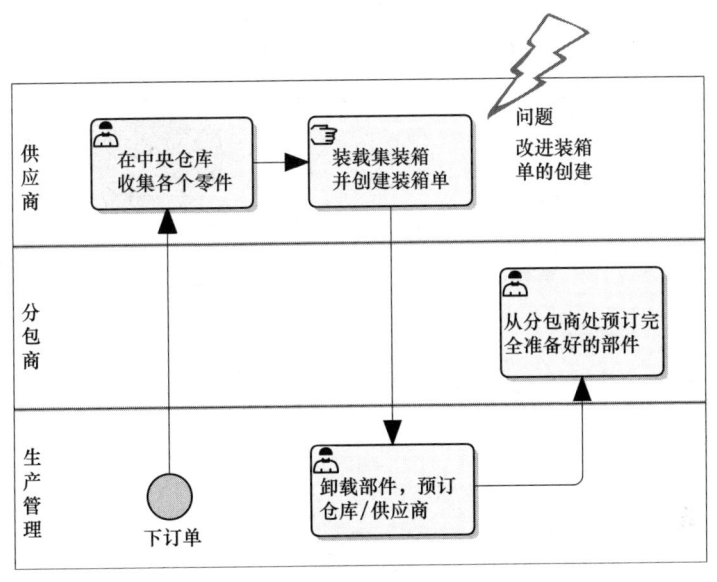

图 4.24 "跟踪和控制供应链"流程图

由此分析得出两个业务案例："明确识别电动自行车"和"零件采购数字化"。目的是确保电动自行车在生产和交付过程中的可追溯性。随后，确定了在当前框架条件下实施这些业务案例的已知问题，并用 Kaizen 闪光标记了受影响的过程步骤。例如，我们认识到现有的仓库管理系统尚没有生产仓库或发货仓库来管理半成品或成品部件。图 4.25 所示的用于识别问题的业务分析图显示了已发现的问题及其对

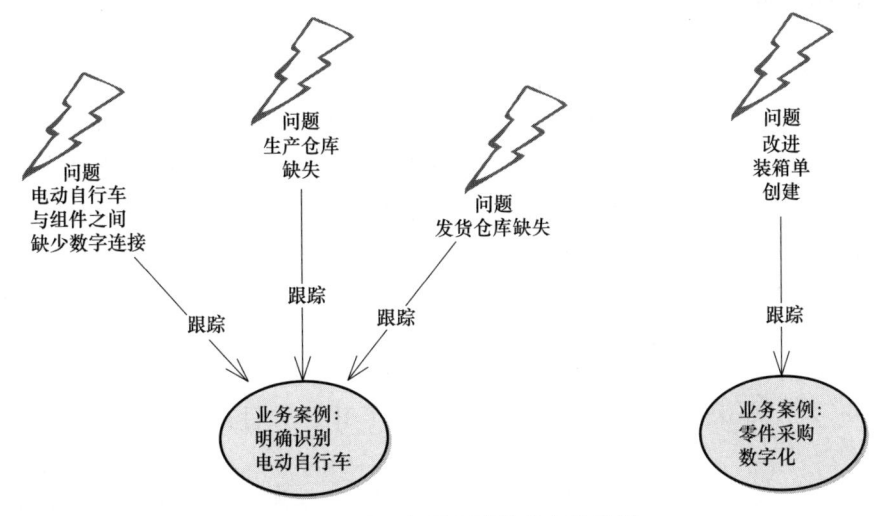

图 4.25 用于识别问题的业务分析图

业务案例的影响。

3. 用例分解图

使用用例分解图（见图 4.26）将确定的业务案例分解为用例。例如，它表明业务案例"明确识别电动自行车"可以通过以下用例来实现：

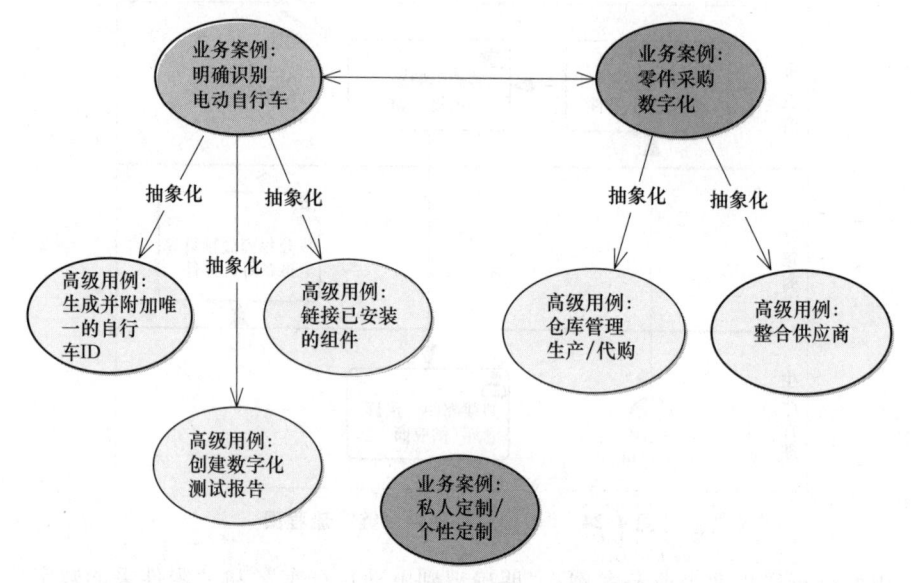

图 4.26 将业务案例分解为用例的用例分解图

1）生成并附加唯一的自行车 ID（标识）。
2）链接已安装的组件。
3）创建数字化测试报告。

这些用例从用户角度描述了待开发系统的功能，并在以下章节中详细描述，直至技术实施层面。

4. 业务角色和目标

业务角色和目标图将利益相关者追求的目标与用例联系起来（见图 4.27）。对于业务案例"明确识别电动自行车"，利益相关者、运营管理和生产部门追求不同的目标。运营管理指出，业务案例的期望是交付无缺陷的产品，并为所有组件分配车轮，以便对批次进行追踪。生产部门希望每个车轮都有一个唯一的编号，以便在生产过程中进行追溯，并自动识别每个车轮所安装的组件。

5. 需求分析图

在需求分析图中，根据先前定义的目标，得出工业 4.0 解决方案的功能性和非功能性需求（见图 4.28）。以"生成电动自行车 ID"为目标，制订了以下功能性需求：

1）在 ID 上存储时间戳：系统必须提供在 ID 上添加时间戳的选项。时间戳要么已经"编码"到 ID 中，要么有一个额外的字段来存储和读取该信息。

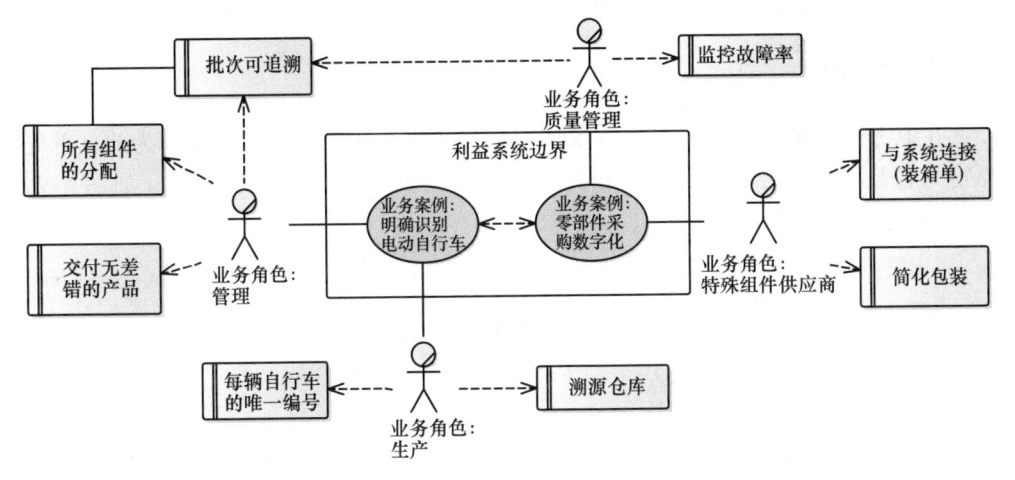

图 4.27 表示目标的业务角色和目标图

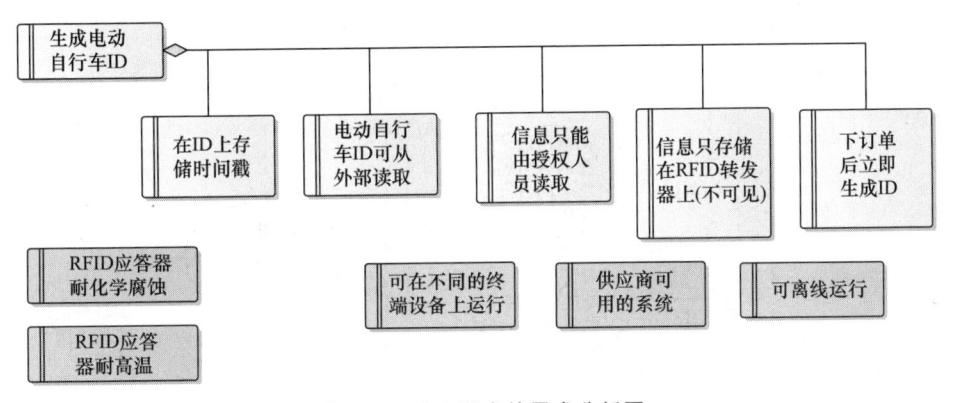

图 4.28 确定需求的需求分析图

2）电动自行车 ID 可从外部读取：电动自行车 ID 必须可从车架外部读取。建议：将 ID 贴在车架的下管上。

3）下订单后立即生成 ID：系统必须提供在系统中创建订单后立即生成 ID 的选项。

此外，还确定了以下非功能性需求：

1）射频识别（RFID）应答器耐高温：射频识别应答器必须能够承受涂层期间的高温（200℃）而不受损。

2）可在不同的终端设备上运行：系统必须能够在不同的终端设备和操作系统（iOS、Android、Windows 等）上运行。

3）供应商可用的系统：该系统还必须可供供应商使用，以便供应商可以在装载前将这些组件预订到系统中。

4）可离线运行：系统还必须能支持离线运行，并能在恢复连接后同步数据。

这主要是连接供应商所必需的，因为这里无法保证完整的在线界面。

4.8.2 功能层

在业务层明确了解决方案的需求后，第二步将对功能层进行建模。为此，首先要定义利益相关者之间以及利益相关者与业务案例和用例的依赖关系，如图 4.29 所示。

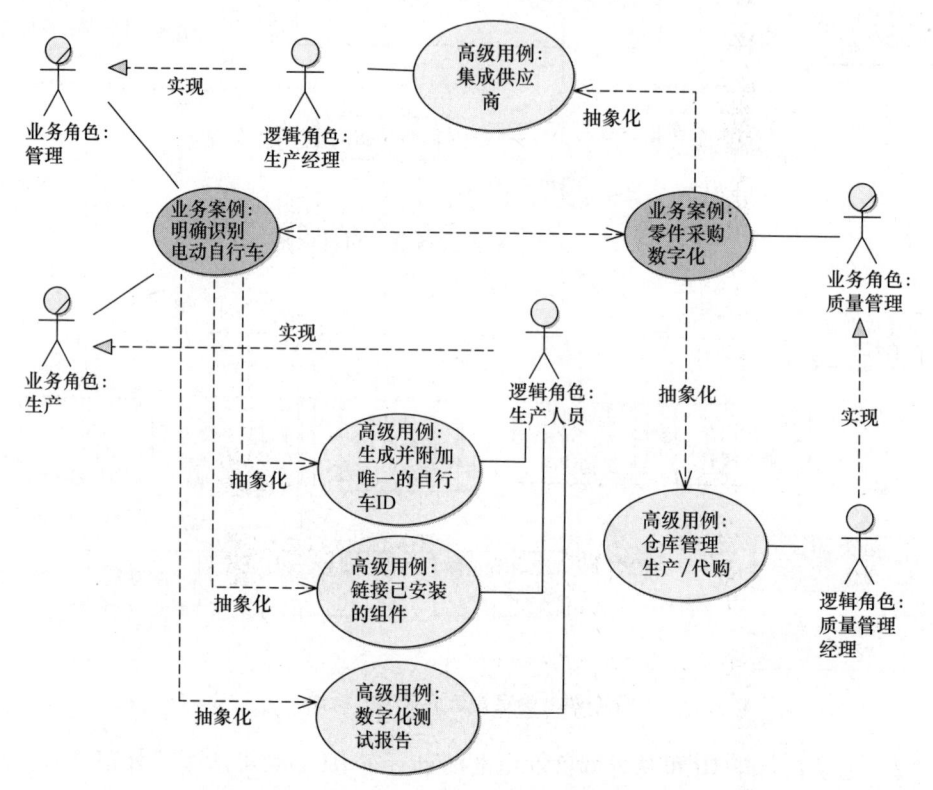

图 4.29　利益相关者之间以及利益相关者与业务案例和用例的依赖关系

通过使用活动图详细描述用例，可以得出功能。图 4.30 描述了用例"生成并

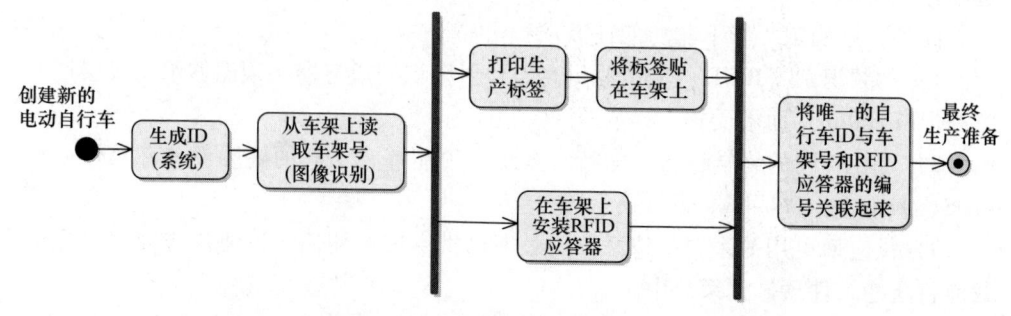

图 4.30　用例"生成并附加唯一的自行车 ID"的活动图

附加唯一的自行车 ID"的活动图。该过程的第一步是在系统中创建一辆新的电动自行车。第二步是为自行车生成一个唯一的 ID。然后使用图像识别系统从车架上读取车架号。在这一步之后，在车架上安装 RFID 应答器，并打印出用于跟踪生产中的自行车的标签贴在车架上，这样即使没有读取器也能快速识别自行车。在自行车交付之前，该标签会被再次撕掉。最后一步是将唯一的自行车 ID 与车架号和 RFID 应答器的编号相关联。

4.8.3 信息层

图 4.31 所示的信息层描述了实现用例所涉及组件之间的信息流。在用案例"生成并附加唯一的自行车 ID"中，可以看到车架号是通过摄像头使用图像识别读取的，并与通过 RFID 应答器记录的电动自行车 ID 合并形成组件。在供应商处，制造的组件在交付前提供条形码。使用条形码读取器，组件的条形码数据被分配给组件。如果需要，还可以使用 NFC（近场通信）读写器将其他组件分配到 RFID 应答器上，或者更换有缺陷的部件。这些信息将在最终检验期间汇总到一份测试报告中，以便电动自行车交付。

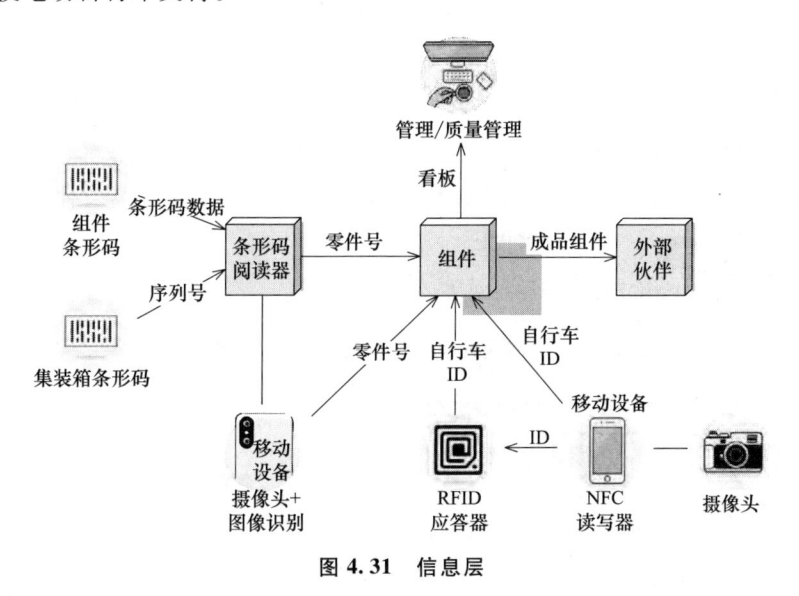

图 4.31 信息层

4.8.4 通信层

各组件之间接口的技术实现在通信层中建模（见图 4.32）。例如，在 4.8.3 节中描述的信息流中，条形码的读取是使用光学识别系统进行的。RFID 应答器的读取是通过使用 NFC 接口的移动设备设置的。组件数据通过一个应用程序合并到组件中，该应用程序通过 REST（表现层状态转换，详见 9.3.3 节）实现分布式系统的机器间通信。

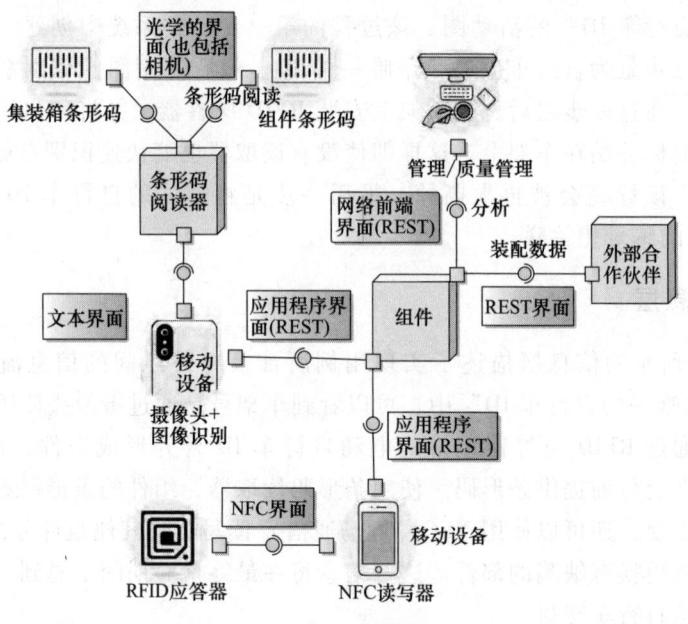

图 4.32 通信层

4.8.5 集成层

集成层是根据之前得出的模型,以硬件和软件系统的形式实现的用例。可视化必要硬件和软件系统的集成层如图 4.33 所示,由图可知集成层的具体实现需要带

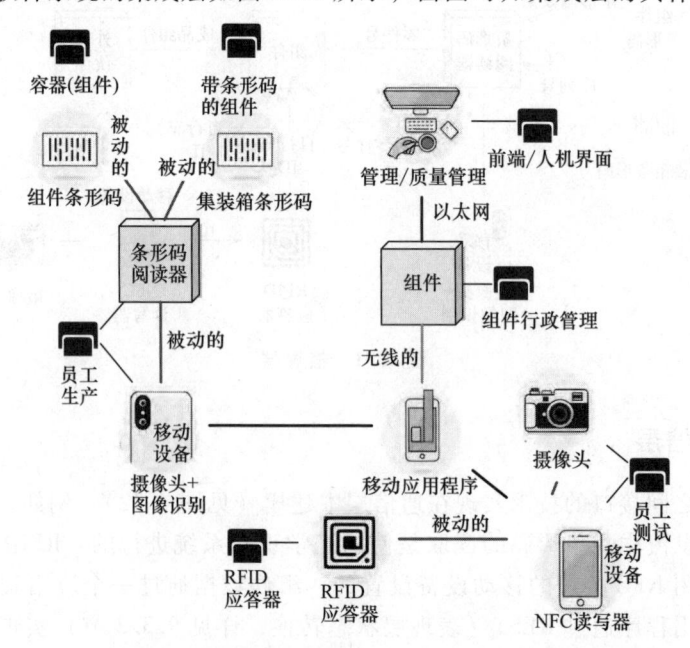

图 4.33 可视化必要硬件和软件系统的集成层

有摄像头系统、NFC 读写器和条形码阅读器的移动设备，还需要有移动应用程序和中央后台系统。移动应用程序通过无线连接到后台系统。后台所需的软件通过以太网连接，用于管理装配、测试协议、零件清单和库存清单。

4.8.6 资产层

图 4.34 所示为资产层，它通过"管理外壳"来管理属于资产层的系统元素。"管理外壳"包含分配给某个元素的所有工件。车架和电动机等被归纳在带条形码的组件下。条形码阅读器必须安装控制器和显示屏。必须实施软件系统，以便在后台实现仓库管理、部件清单管理、装配管理和测试报告管理等。还必须为移动应用程序开发带有 HMI（人机界面）和看板的前端。

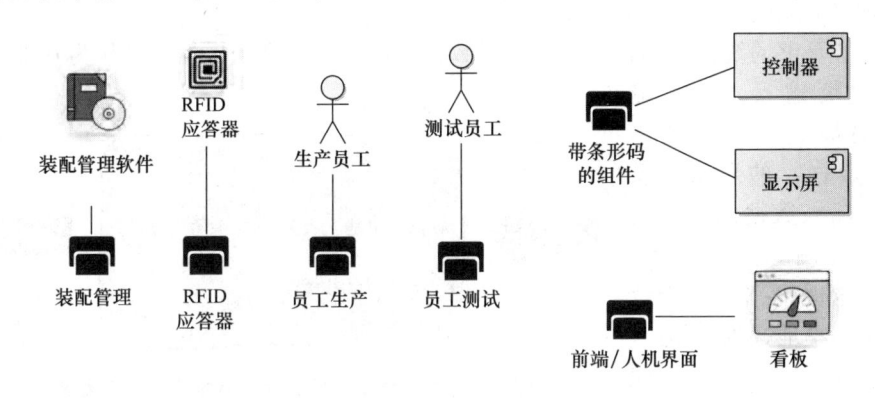

图 4.34 资产层

4.8.7 小结

在这个项目中，我们与 Bikee 一起，通过对过程和用例的思考，系统地推导出需求，成功有效地确定和描述了实施系统所需的要素。通过使用 RAMI4.0 工具箱开发绘制各种图表，跨学科研讨会考虑到了不同利益相关者的利益。这个项目的另一个优势是与系统开发人员和供应商进行了有针对性的有效沟通，因为不仅考虑了需求，还考虑了软件和硬件的相互关系和过程，并将其可视化。

第 5 章　使用正确数据的艺术

我们在前面几章中已经讨论过，成功实现质量管理数字化的核心要素在于对数据的专业处理。让我们先来介绍一下"数字数据"这个术语的含义。在信息理论与技术中，数字数据是离散呈现的信息，通过这种形式，数据可以被计算机或其他数字信号处理设备读取或处理。要获得数字数据，首先必须将其数字化，然后才能高效、容错地传输、存储和处理数据。通俗地说，数字数据指的是数字文档、图像和视频（Wikipedia，Digitale，2021）。

除了足够的统计学知识，正确处理数据还需要足够高的数据质量作为基础。根据"垃圾输入，垃圾输出"的原则，数据结果（输出数据）的质量本质上是由输入数据的质量决定的（见图 5.1）。因此，在任何情况下都不能未经检查就简单地接收数据。

因此，在本章中，我们将研究统计学在数字质量管理中的作用，然后解释收集、理解、清理、编码、构建和压缩数据的方法和原理，我们称之为使用正确数据的艺术。

一方面，应该指出的是，这些方法本身有很大的好处，因为通过对数据的专业处理可以获得新的见解；另一方面，本章提到的系统学为统计方法的有益应用创造了先决条件，如相应的测试和机器学习模型（见图 5.2）。

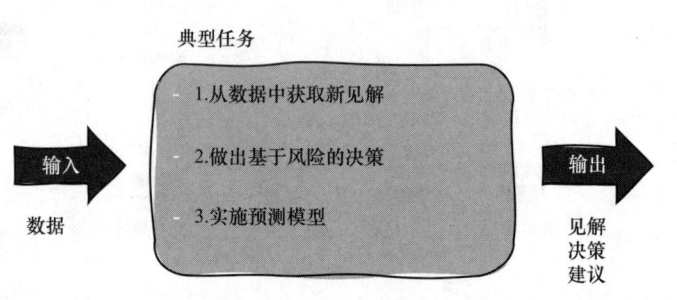

图 5.1　输入数据的质量很大程度上决定了结果

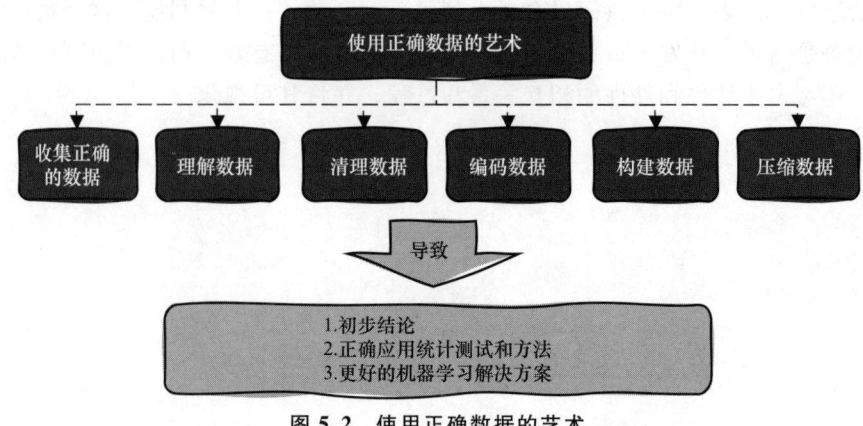

图 5.2　使用正确数据的艺术

5.1 统计学在数字质量管理中的作用

统计学可以被视为收集、呈现、分析和解释数据以获得新知识的能力，它也被称为收集、组织和评估数字信息的科学。其中包括：
1）规划和评估试验及其他数据收集方法。
2）总结生成的信息，以便学习和理解。
3）从数据中得出结论并进行预测（预报）。

因此，统计学是对各种方法的总结，这些方法使我们能够在不确定的情况下做出明智和最佳的决策，并从过去的数据中学习（从过去的数据中获取知识）（Rinne，2008）。

来自谷歌的凯西·科兹科夫（Cassie Kozyrkov）提出了另一种统计学科分类方法，并通过描述决策情况来切入主题（见图5.3）。

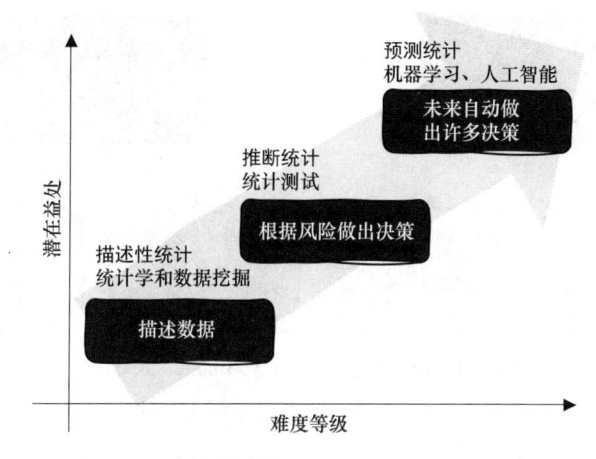

图 5.3　数字质量管理中统计数据的有趣用例

如果任务是将数据可视化，以激发人们的灵感和学习新知识，那么我们会发现自己进入了描述性统计领域，这与"数据挖掘"一词密切相关。在处理数据时，无须事先确定具体的决策情况。粗略的目标是发现并实施改进的潜力。决策是在数据的基础上回顾性地做出的，并以从数据中得出的结论为依据。数字质量管理的典型用例是，使用描述性统计对与质量相关的产品特征和过程特征进行分析。决策者可根据数据获得新的见解，如对所生产废品的相关影响因素的见解。

如果问题是要做出一些非常重要的、经过深思熟虑的决定，那么我们就进入了推断统计领域，统计测试在其中发挥着重要作用。这里的目的是根据现有数据计算相应的错误率，有意识地管理决策风险。质量管理中的典型用例是，决定某种工具是否对返工率有显著影响，或者已经实施的措施是否能显著改善结果。第6章将对必要的原则和用例进行说明。

第三个用例的特点是，必须开发数学模型来做出许多未来决策或建议。该技能涉及从过去的数据中学习，并将由此得出的模型用于未来的数据和决策。因此，我们处于预测统计领域。第 7 章将介绍质量管理中的典型用例和相应的基础知识。

5.2 统计基础：特征类型

在使用统计方法之前，有必要将特征分为不同类型，因为它们会影响统计方法和报表的准确性。原则上，可以将特征分为定量特征和定性特征（见图 5.4）。

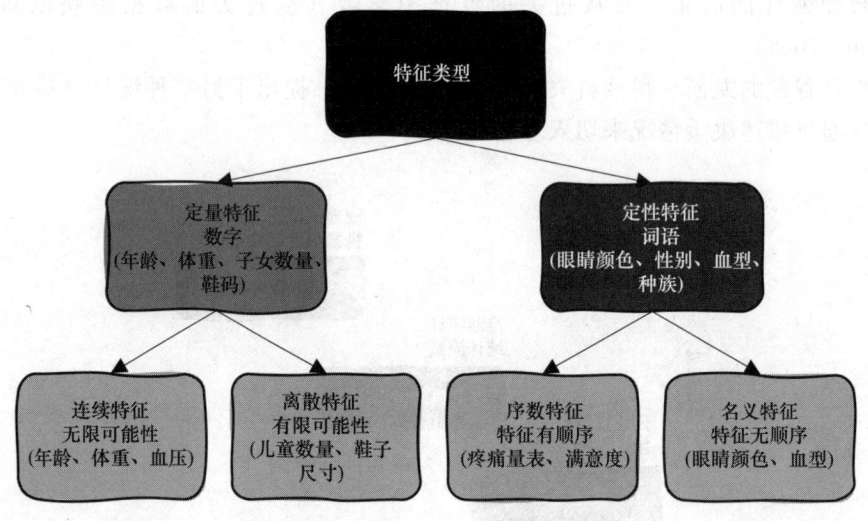

```
                    特征类型
                  ┌─────┴─────┐
              定量特征        定性特征
               数字            词语
        (年龄、体重、子女数量、  (眼睛颜色、性别、血型、
              鞋码)              种族)
           ┌───┴───┐         ┌───┴───┐
        连续特征  离散特征   序数特征  名义特征
       无限可能性 有限可能性 特征有顺序 特征无顺序
       (年龄、体重、(儿童数量、鞋子 (疼痛量表、 (眼睛颜色、血型)
          血压)      尺寸)    满意度)
```

图 5.4　特征类型概述（Apriliant, 2020）

1. 定量特征

定量特征是具有数值的可测量变量。它们可用于进行数学计算，又分为连续特征和离散特征。

（1）连续特征　连续特征可以用任何精细分辨率表示一个属性。测量结果的表示不会造成误差，最多只是由于记录测量结果时的分辨率有限造成的。连续特征的例子包括温度、电压、电流、几何尺寸（如距离或面积）和时间等。连续特征被离散化，以便在计算机中处理数值。它们被分配到可进行数字映射的有限分辨率区间。这种分类非常精细，因此称之为准连续特征。

（2）离散特征　离散特征只有有限的数值。例如，掷骰子只能包含数字 1~6，也只能包含有限数量的不同事件。对连续特征进行分类时，也会出现离散特征。例如，电阻测量的原始值可以分为与电阻范围相对应的类别。然而，一旦形成了类别，就无法再确定相应的电阻值是处于相应类别的下限还是上限。通过区分类别，连续特征中出现了离散特征。

2. 定性特征

定性特征并不具有精确的数值，但可将属性划分为不同的类别。定性特征用文字或数字来描述（如 0＝红色，1＝绿色）。定性特征始终是离散的，因为它们本质上仅有一组可数的可能特征值。定性特征又分为序数特征和名义特征。

（1）序数特征　序数特征用于根据其特征进行系统排序，但其距离无法解释。一个典型的例子就是控制结果中的"好""中"或"差"表述。这些表述可以用数字来表示，如"好"可以用数值 1 表示，"中"可以用数值 2 表示，"差"可以用数值 3 表示。

（2）名义特征　如果一个特征的可能值可以区分，但没有自然排序，那么这个特征就是名义特征。不同的供应商就是质量管理中名义特征的一个典型例子。它们是一种区别特征，但没有自然排序。

3. 特征类型及其可靠性

对不同特征类型的描述表明，从连续特征到名义特征，测量的准确性会不断降低。任何数学计算的参数（如平均值）都无法有意义地分配给序数特征和名义特征。因此，用于连续特征和离散特征的统计方法也不同于用于序数特征和名义特征的统计方法。

5.3　收集正确的数据

上一节讨论了不同类型数据的基本特征，本节讨论数据收集和对所获信息的分析。

5.3.1　确认性和探索性数据分析

系统性地收集和分析数据以确认因果关系（如使用石川图）被称为确认性数据分析。采用试验设计（DoE）方法，计划高效的多因素试验，并以相应的大杠杆效应捕捉所有影响变量。例如，要注意确保正交性，即确保所有影响变量之间相互独立且无偏差地估算。通过这种方法，现有数据集中经常存在的数据点丢失或意外的依赖性等问题根本不会发生或仅在很小程度上发生。数学模型具有较高的统计能力，因此可以高度确凿地证明因果关系。

机器学习项目通常使用大量过去可用的数据。这些数据通常价格低廉，几乎可以作为副产品获得。探索性数据分析（EDA）的目标是描述数据并从中找出的模式。也可以从这些模式中推导出数学模型。最大的挑战是，数据收集往往容易出错，因此因果关系只能得到不充分证明。数据收集往往无法捕获所有重要的影响变量，许多单个值往往缺失，并且影响因素之间也不是相互独立的（Victor, Lehmacher, Wolfgang, van Eimeren, Willhelm, 1980）。

确认性和探索性数据分析如图 5.5 所示，显示了两个具有相同基本因果原则的作用面（两个影响参数 x 和 y，以及一个目标变量 z）。左图显示的是通过有针对性的试验产生的确认性作用面；右图说明了对现有数据集进行探索性分析时经常出现的问题。由于作用面没有完全被数据点记录，因此无法从数据收集中完全重建。

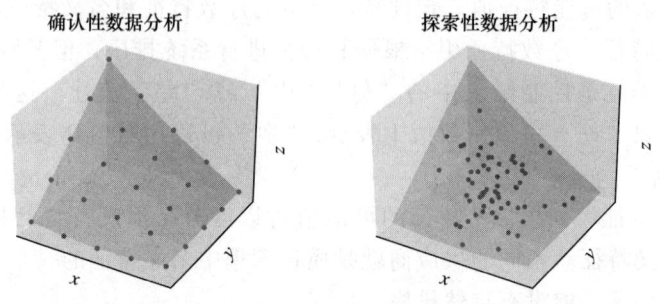

图 5.5　确认性和探索性数据分析（Victor, Lehmacher, Wolfgang, van Eimeren, Willhelm, 1980）

5.3.2　总体和样本

数据收集的第一步是明确初步数据收集的范围。必须决定是收集总体，还是只收集其中的一个样本。

总体是具有共同特征的所有潜在可分析单位的集合。然而，在大多数情况下，记录总体是不可能的，或在经济上也是不合理的，这就是使用随机样本的原因。如果从总体中抽采样本，那么所选样本必须满足两个要求：

1）样本必须具有代表性。它应包含与模型相关的所有案例。
2）样本量必须足够大。

没有简单的规则规定需要进行多少次单独分析才能确定合适的样本。必要的样本量取决于任务、特征类型、特征的离散性和可接受的风险（见 6.3.2 节）。

表 5.1 列出了各种采样策略的比较。随后，将根据下文所述策略对总体或仅抽取的样本进行进一步分析（Küchenhoff & Kauermann, 2011）。

表 5.1　各种采样策略的比较（Küchenhoff & Kauermann, 2011）

方法	描述
简单随机采样	总体中的每一行在样本中的概率相同
第 n 次观测值	仅使用原始数据集中的第 n 行
前 n 个观测值	使用原始数据集的前 n 行。不适用于排序数据
整群采样（聚类采样）	将总体细分为若干子总体，即所谓的聚类。就所要分析的特征而言，聚类应该尽可能与总体相似（只是尺寸减小）。仅随机抽取其中一些群组作为样本
分层随机采样（分层随机样本）	将总体划分为有意义的群体，即所谓的分层。限制随机抽采样本元素的方法是，先指定每组的样本元素，然后在每组中抽取纯随机样本。需要充分了解数据

5.4 理解数据

为了从数据中学习，必须使用图形和统计参数准备可用数据，以便充分理解数据。下面将针对上述各类特征解释准备数据的方法（Strohrmann，Design For Six Sigma Online，2021）。

5.4.1 一维数据集的图形描述

通过记录观察结果获得统计数据。由此产生的数据列表也称为原始列表。原始列表中的变量构成大小为 N 的样本；各个测量值通常称为样本值。为了初步了解情况，可以用散点图来表示样本（见图 5.6）。横坐标表示样本数，纵坐标表示相关样本值。

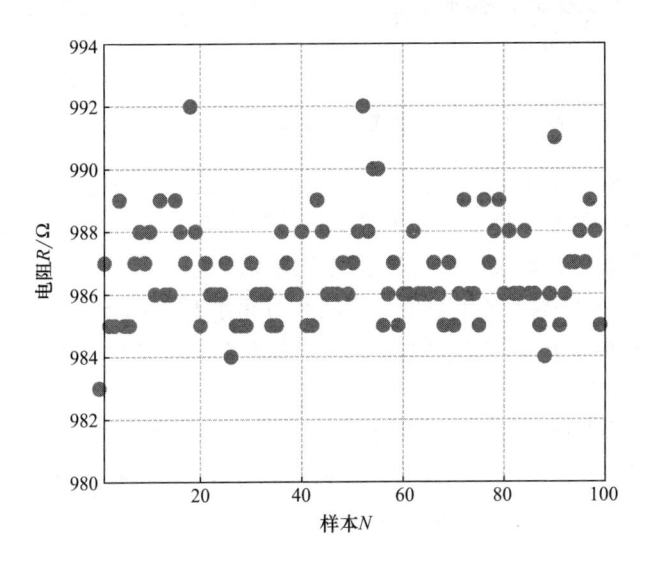

图 5.6 用散点图表示样本

可以从这个原始值图中得出初步结论，如样本的大小、特征的绝对离散度或对个别异常值的了解。为了能够从现有数据中获取更多信息，建议根据特征类型对数据进行进一步处理。

5.4.2 离散特征的绝对频率和相对频率

为了清晰地显示离散特征类型的样本值，可以将样本按大小排序，并分析单个值的频率。这样就得出了样本的频率分布。

绝对频率表示样本中相应测量值 x 呈现特征 x_n 的频率。这个数字被称为绝对频率 $h_A(x)$。相对频率 $h(x)$ 由绝对频率 $h_A(x)$ 和样本量 N 的商得出，即

$$h(x) = \frac{h_A(x)}{N} \tag{5.1}$$

为了更好地概览，可以用直方图或折线图的形式显示绝对频率或相对频率。图 5.7 所示为用直方图表示图 5.6 中样本的相对频率。

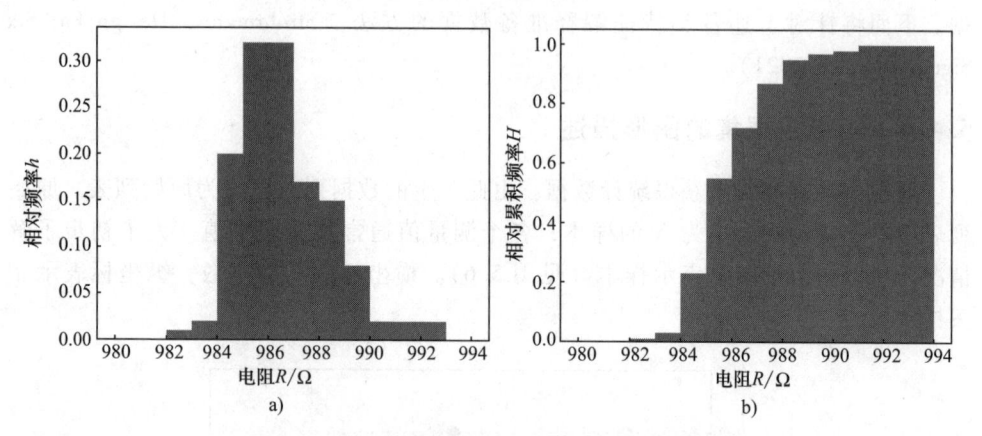

图 5.7　用直方图表示图 5.6 中样本的相对频率

如果样本中有大量不同的数值，频率分布就会变得越来越混乱。因此，可以将样本值按数值范围归类。例如，如果将 992~994Ω 的电阻归纳为一类，那么频率分布中的线数就会减少，但表示的信息量也会减少。

图 5.7a 显示了样本中各个数值出现的相对频率 $h(R)$。经常出现的问题是，有多少样本值小于或等于临界值。如果要回答图 5.6 中有多少电阻小于或等于 985Ω 的问题，则总和为

$$h(R \leqslant 985\Omega) = h(R=983\Omega) + h(R=984\Omega) + h(R=985\Omega) = 0.23 \tag{5.2}$$

如果对任意值 x 进行求和，就可以得到样本的相对累积频率 $H(x)$（见图 5.7b）。

$$H(x) = \sum_{x_n = -x}^{x} h(x_n) \tag{5.3}$$

$H(x)$ 是小于或等于 x 值的所有样本值的相对频率之和。因此，986Ω 以下电阻的相对频率略低于 0.6，这意味着约 60% 的电阻测量值低于该临界值。

起初，相对累积频率显得似乎不太清晰。然而，下文将说明，在向连续采样值过渡时，它具有一些决定性的优势。原则上，相对频率和相对累积频率的信息含量是相同的，而且可以很容易地从相对频率计算出相对累积频率。

5.4.3　连续特征的描述

对于连续特征类型，用相对频率对特征进行清晰描述是不可行的，因为测量值是任意细分的，而且每个测量值通常只出现一次。因此，如果获得具有连续特征的样本，则必须对这些值进行分组。这样做的结果与上文描述的离散特征评估类似。当然，在这种情况下，特征值分组后也会丢失信息。

另外，也可以使用相对累积频率来描述连续特征。由于分辨率极高，连续特征样本的每个样本值只出现一次。在样本量为 N 的情况下，每个值的相对频率为 $1/N$。所有其他值的相对频率均为 0。按大小对 x 进行排序会得到一个有序样本。样本的相对累积频率由式（5.4）给出：

$$H(x) = \sum_{x_n = -x}^{x} h(x_n) = \sum_{x_n = -x}^{x} \frac{1}{N} \tag{5.4}$$

根据样本值的递增情况，会得出一个相对累积频率，可以用折线图来表示。传感器的容差值示意如图 5.8 所示，图中比较了直方图和折线图两种方法。在图 5.8a 中，传感器的连续样本（$N = 1000$）的容差值被划分为不同等级，相对累积频率以直方图表示。在图 5.8b 中，则以折线图的形式显示未对特征进行分组的相对累积频率。

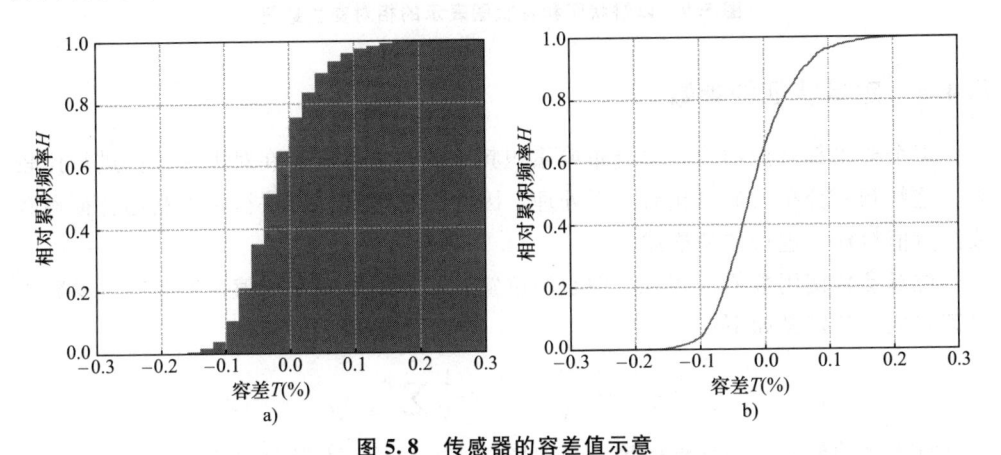

图 5.8 传感器的容差值示意
a）分组的累积频率　b）连续曲线的累积频率

根据图 5.8 可以清楚地看出，信息在类别形成过程中丢失了，因此累积频率的分辨率较低。对于连续特征类型，应尽可能避免形成类别。

5.4.4 定性特征的描述

定性特征无法像定量特征那样以直方图的形式直观显示，因为无法对横坐标轴进行数字划分。因此，这些特征通常以饼状图或柱状图的形式直观显示。

名义数据集的一个示例是四个供应商之间总交货数量的分布。图 5.9 所示为以饼状图和柱状图表示的相对交货数量。图 5.9 左侧以饼状图的形式表示各个供应商的相对交货数量 Z。每个扇区对应于可以分配给各个供应商的相对交货数量，各个扇区的面积与总交付量 $h(Z)$ 的相对频率成正比。整个圆代表所有值的总和，因此在显示相对频率时面积为 1。

使用饼状图显示时，应注意不要将饼状图分成太多的扇区，否则会失去图表的清晰度。在这种情况下，最好对几个部分进行汇总。比较各个供应商的最佳方法是使用简单的柱状图。如图 5.9 右侧所示。

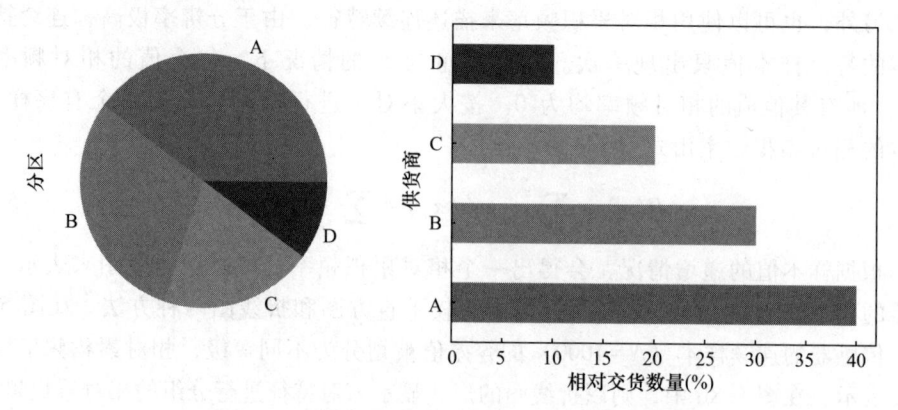

图 5.9 以饼状图和柱状图表示的相对交货数量

5.4.5 定量特征的参数

每个样本都有详细的频率分布或累积频率分布。然而，在对大量数据进行比较时，这些频率分布会显得相对难以处理。因此，描述统计方法被用来利用特征参数或测量值对样本进行抽象描述。

位置参数使用数值描述分布中心的位置。样本的算术平均值是所有位置参数中最著名的。其定义如下：

$$\bar{x} = \frac{x_1 + \cdots + x_N}{N} = \frac{1}{N} \sum_{n=1}^{N} x_n \tag{5.5}$$

算术平均值是一个严重依赖于个别异常值的参数，尤其是当样本量较小时。

与算术平均值相比，中位数对异常值的敏感度较低。中位数 x_{MED} 是按顺序排列的一组数据中居于中间位置的数，一半样本值比它大，另一半样本值比它小。

$$H(x_{\text{MED}}) = 0.5 \tag{5.6}$$

如果样本量 N 为奇数，则中位数 x_{MED} 是按大小排序的样本中间的那个数；如果样本量为偶数，则中位数是位于有序样本中间的两个样本值的平均值。

平均值和中位数是样本位置的特征参数。为了更全面地描述样本，还有必要计算样本的离散度。为此，可以使用分布的范围、方差和量化值。样本的范围是最大样本值和最小样本值之间的差值，即

$$\Delta x = x_{\text{MAX}} - x_{\text{MIN}} \tag{5.7}$$

显然，样本范围对异常值的反应非常强烈，因此相对于所有样本值的分布而言，它只有相对较低的信息价值。关键数字提供了这方面的更多信息，它着眼于所有样本值围绕平均值的离散程度。各个偏差的总和相互抵消。因此，平均值不能用于评估离散程度。

$$\sum_{n=1}^{N} (x_n - \bar{x}) = \sum_{n=1}^{N} x_n - N\bar{x} = 0 \tag{5.8}$$

确定样本离散度的一个有效方法是计算偏差平方和。通过平方，总和的所有元素都变为正值，不再能够相互补偿。这会产生方差 s^2，其定义如下：

$$s^2 = \frac{1}{N-1} \sum_{n=1}^{N} (x_n - \bar{x})^2 \qquad (5.9)$$

与平均值不同，方差不是除以样本值的数量 N，而是除以（N-1），这确保了估计方差时的准确性。

即使方差对异常值的敏感度小于样本范围的敏感度，标准差对异常值的反应也与算术平均值一样强烈。因此，基于中位数定义的离散度参数被称为分位数。分位数 x_P（对应概率 P）将数据分为两部分，其中一部分 P 位于分位数以下，另一部分（1-P）位于分位数以上。

$$H(x_P) = P \qquad (5.10)$$

中位数对应于 50% 的分位数。当分位数将样本分为四个区间时，则称为四分位数。确定样本四分位数的方法与确定样本中位数的方法类似。75% 的四分位数与 25% 的四分位数之间的距离称为四分位数间距（IQR）。

$$IQR = x_{0.75} - x_{0.25} \qquad (5.11)$$

四分位数间距对异常值不敏感，因为它与样本值在分布边缘的绝对位置无关。

5.4.6 箱线图

特征值计算中的所有关键参数都可以从箱线图中读取。箱线图总结了分布的五个特征点：

1）最小样本值 x_{MIN}。
2）25% 四分位数 $x_{0.25}$。
3）中位数 x_{MED}。
4）75% 四分位数 $x_{0.75}$。
5）最大样本值 x_{MAX}。

箱线图的基本概念如图 5.10 所示。箱体的起点和终点分别代表 25% 四分位数和 75% 四分位数。因此，箱体的高度代表四分位数范围。中位数在箱体内以条形显示。箱体外的两条线，即须线，表示最小样本值 x_{MIN} 和最大样本值 x_{MAX}。异常值不用于确定最小值和最大值，异常值是指明显小于 25% 四分位数或明显大于 75% 四分位数的值。在数学上，这一陈述通过以下条件实现：

$$x_{OUT} < x_{0.25} - 1.5(x_{0.75} - x_{0.25}) \qquad (5.12)$$

以及

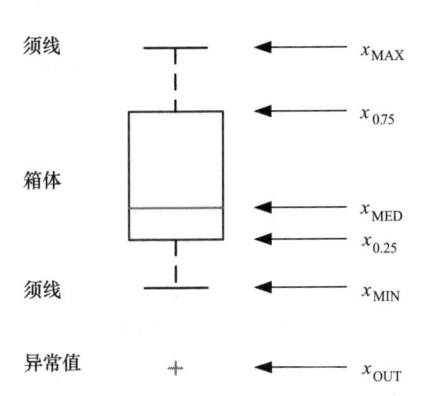

图 5.10 箱线图的基本概念

$$x_{OUT} > x_{0.75} + 1.5(x_{0.75} - x_{0.25}) \tag{5.13}$$

异常值以单独的十字表示。

除了图形表示法，箱线图还适用于解释样本特征和识别异常值，这为后续数据清理步骤提供了非常重要的信息。

5.4.7 具有定性特征的多维数据集的图形描述

目前介绍的数据序列涉及一个多次确定的变量 x，所示可以得到变量 x 的多个测量值 x_n。因此，该变量被称为一维变量或单维变量。

下文将探讨分析多个特征之间相关性的任务。此类数据集被称为多变量数据。为简化表述，最初假定数据集为二维数据集，然后将获得结果推广到多个维度。

与单维变量数据一样，在分析二维或多维数据时，也必须区分不同类型的特征。首先，讨论序数或名义数据集的表示形式，然后讨论连续数据类型的表示形式。

表 5.2 以产品生产统计数据为例，展示了具有序数数据类型的二维数据集。对于生产的每个零件，都记录了生产的日期和生产班次。表 5.2 以表格形式概括了产品的生产统计数据与日期和生产班次的函数关系。

表 5.2　以绝对频率表示的产品生产统计数据或概率

日期	星期一	星期二	星期三	星期四	星期五	总数
班次 1	1008	991	1036	971	1109	5115
班次 2	1042	1159	1160	1095	1116	5575
班次 3	893	906	953	903	895	4550
总数	2943	3056	3149	2972	3120	15240

表 5.2 显示了事件（即产品生产）的绝对频率与日期和生产班次的函数关系。变量 x 通常用 x_1、x_2、……、x_j 表示。这里的个别特征是指不同的生产班次 1~3。另一个变量 y 的值为 y_1、y_2、……、y_k，分别代表"星期一"到"星期五"。事件发生的绝对频率 h_A 被输入表中。具有 (x_j, y_k) 特征的分量的绝对频率标记为 $h_A(x_j, y_k)$。表 5.2 也称为概率表，该名称指的是变量 x 和 y 之间的关系。要在概率表中显示数据，两个特征都必须是分组、有序或离散的。

概率表包含各个频率的行和列总和。例如，班次 1 生产的所有部件的总和为 5115，星期二生产的所有产品的总和为 3056，所有生产的部件总和为 15240。行和列的总和称为绝对边际频率。

绝对边际频率可以显示为具有多列的柱状图。如果对单个特征值的累积频率感兴趣，那么也可以将数据集显示为堆积柱状图。通过这种表示方法，可以直接读取特定特征的绝对边际频率。图 5.11 所示为产品生产班次的绝对边际频率。

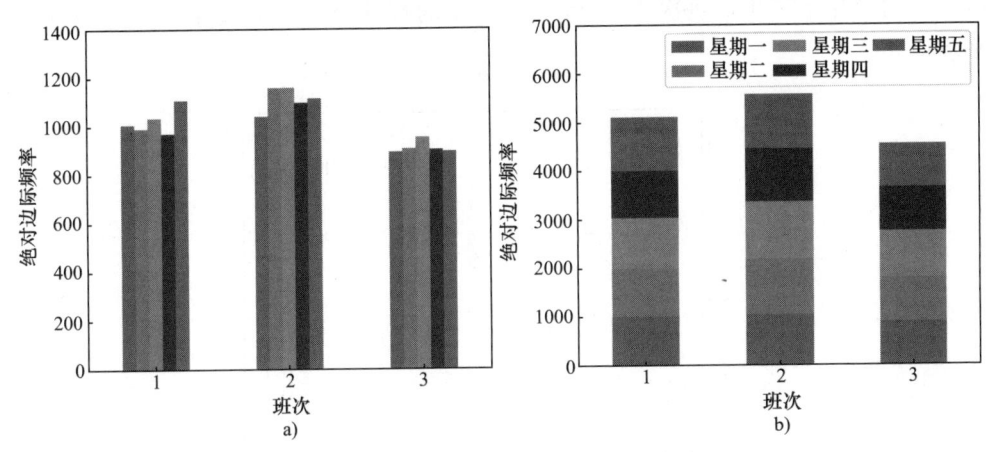

图 5.11 产品生产班次的绝对边际频率
a) 多列柱状图　b) 堆积柱状图

此外，多变量数据集也可以用旭日图来表示。在这种情况下，不同的类别显示在不同的扇形区，并用不同的颜色编码。图 5.12 以表 5.2 中生产统计数据为例，显示了光学掩膜生产误差分析的旭日图。

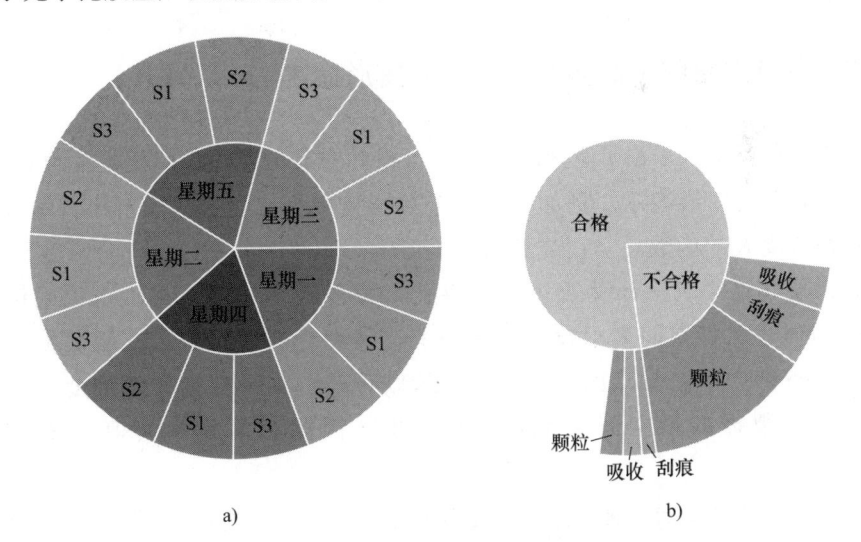

图 5.12 光学掩模生产误差分析的旭日图

柱状图和旭日图都可以让我们深入了解类别的分布情况，进而将其纳入进一步的数据准备步骤中。识别稀疏类别（即观测值很少的类别）非常重要，因为这些类别在数据集中的代表性不足,不会在进一步的分析中发挥作用。

如果数据集的一个特征是有序的,另一个特征是连续的,建议将样本显示为具有相应类别数量的散点图。随机样品的螺栓直径与生产班次的关系如图 5.13 所示。图中显示了生产班次 1~3 所生产样品的螺栓直径,还显示了每个班次的平均值。

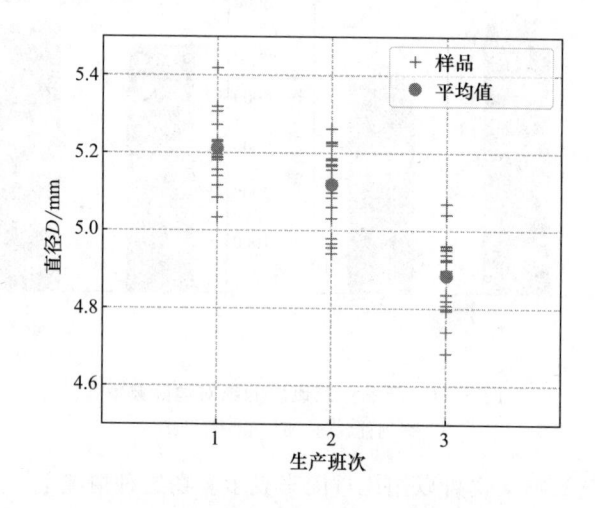

图 5.13 随机样品的螺栓直径与生产班次的关系

5.4.8 具有定量特征的多维数据集的图形描述

二维数据集由于采用了空间表现形式而相对容易可视化。即便是三维数据集,也可以用合理的图形表示。例如,在一个数据集中,化学过程的产率 A 是温度 T 和催化剂浓度 K 的函数。

如果要将产率 A 表示为温度 T 和催化剂浓度 K 的函数,那么可以采用三维散点图的形式,将空间表示投影到平面上。然而,即使是表示三维数据集,也会导致散点图中的测量点因投影而不再清晰可辨。如果数据集的维度增加到大于三,那么数据的准空间表示就不再可能,因此必须找到其他的图形表示方法。

显示多维数据集的一种简单方法是为两个变量分别创建散点图。这就形成了一个散点图矩阵,其中显示了两个变量之间的关系。所有其他变量不受限制,因此它们是任意的。变量的频率分布位于主对角线上。

图 5.14 展示了这样一个化学过程测量值的散点图矩阵,该矩阵与主对角线对称。图中显示了所使用的温度和催化剂浓度的组合。同样明显的是,产率取决于温

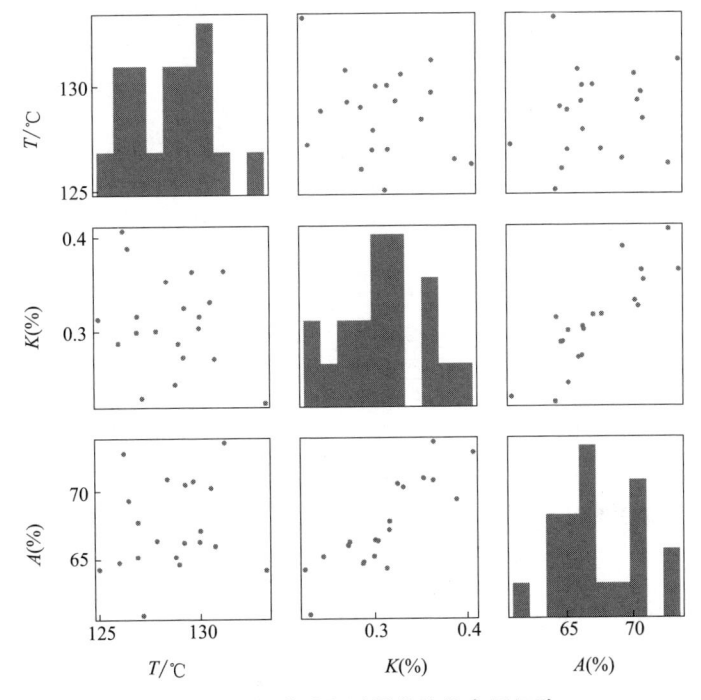

图 5.14 化学过程测量值的散点图矩阵

度和催化剂浓度。因此，在所研究的参数范围内，提高温度或催化剂浓度都可以提高产率。

5.4.9 二维数据集的相关性

相关系数 r 的值是衡量特征之间线性依赖程度的指标。图 5.15 所示为不同相关系数 r 的样本和相应的线性近似值。

在图 5.15a 中，相关系数 $r=1.0$，值对位于具有正斜率的直线上。在图 5.15b 中，相关系数 $r=0$，样本值 x_n 和 y_n 之间不存在明显的相关性。相关系数 r 值接近 1，表示 x 和 y 这两个变量之间几乎呈线性关系。线性关系越强，相关系数 r 的值就越大。如果相关系数为正数，则 y 值会随着 x 值的增加而增加；如果相关系数为负数，则随着 x 值的上升，y 值会下降。

根据相关系数 r 的大小，相关性可以分为弱相关性、中相关性或强相关性。表 5.3 列出了相关系数等级。

表 5.3 相关系数等级

相关系数	等级
$\|r\| \leqslant 0.5$	弱相关性
$0.5 < \|r\| \leqslant 0.8$	中相关性
$0.8 < \|r\|$	强相关性

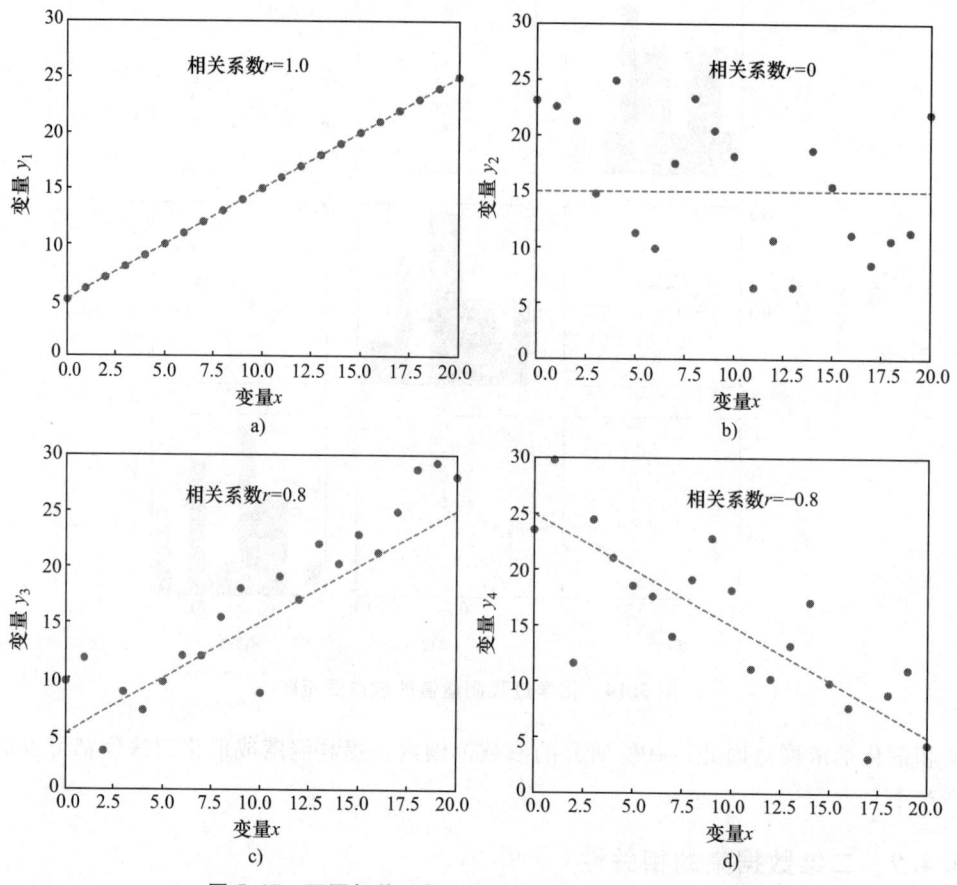

图 5.15 不同相关系数 r 的样本和相应的线性近似值

对相关性的研究不仅可以深入了解依赖关系,还可以为下一步工作提供必要的信息,如在建模中应用算法,因为特征之间的相关性可能会导致问题的出现。

5.4.10 多维数据集的相关性

为了描述多个特征之间成对的相关性,可以建立相关系数矩阵。在给定多个 M 特征的情况下,这会产生一个维度为 $M \times M$ 的相关矩阵 $\boldsymbol{R}$。

$$\boldsymbol{R} = \begin{pmatrix} r_{11} & r_{12} & \cdots & r_{1M} \\ r_{21} & r_{22} & \cdots & r_{2M} \\ \vdots & \vdots & & \vdots \\ r_{M1} & r_{M2} & \cdots & r_{MM} \end{pmatrix} = \begin{pmatrix} 1 & r_{12} & \cdots & r_{1M} \\ r_{21} & 1 & \cdots & r_{2M} \\ \vdots & \vdots & & \vdots \\ r_{M1} & r_{M2} & \cdots & 1 \end{pmatrix} \quad (5.14)$$

在主对角线上计算变量与自身的相关性。由于每个变量与自身的相关性都是严格线性的,因此这里的相关性始终为 1。对于图 5.14 所示的化学过程,相关矩

阵为

$$R = \begin{pmatrix} 1 & -0.2635 & 0.1458 \\ -0.2635 & 1 & 0.8581 \\ 0.1458 & 0.8581 & 1 \end{pmatrix} \quad (5.15)$$

为了以图形方式说明相关性，可将相关矩阵的值赋以一个颜色值，然后将其显示为矩阵。图 5.16 所示为化学过程测量值相关矩阵的图形表示，其中分析了产率 A 与温度 T 和催化剂浓度 K 的函数关系。

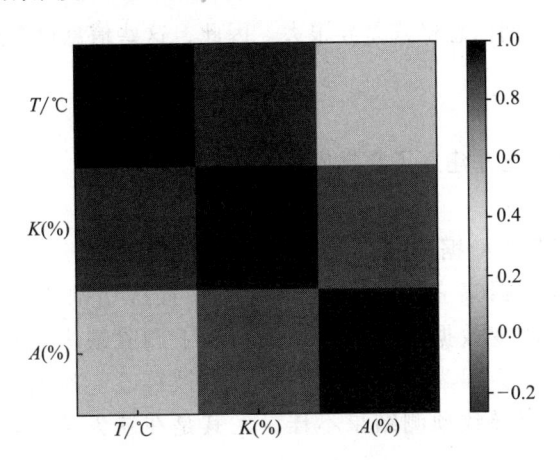

图 5.16 化学过程测量值相关矩阵的图形表示

5.5 数据清理

数据清理的目的是将数据质量提高到所选分析技术或机器学习算法要求的水平。

5.5.1 条目的一致性

数据集通常是从不同的数据源合并而来。这些数据源可以是不同的操作系统，也可以来自不同的国家或地区。因此，并不能自动确保条目的一致性。

1. 数字格式

在不同的数字格式中，通常使用不同的小数分隔符和数字分组方式。可能会出现将点部分作为小数分隔符，部分作为数字分组的情况。点和逗号作为小数分隔符的不同用法也是导致数据不一致的一个方面，如果没有进一步的格式化，可能会导致数据不一致。

以这种方式识别出的不一致通常很容易消除。可以使用检查条目数据类型的函数来识别不一致的数据条目。

2. 字符串名称

定性特征通常使用文本表达式进行分类。在手动输入时，可能会出现同一事项使用不同名称的情况。例如，在输入测试结果时，"是""OK"或简单的"X"都可以作为手动输入的同义词。在使用分类算法时，仅因为字母的大小写就无法得到正确的结果。因此，必须对不同条目的数据进行检查。这就产生了一套不同的表达式，可用于轻松识别和协调同一事项的重复条目。

3. 时间和日期信息

各国的时间和日期信息格式差异很大。因此，这些信息也必须标准化。

5.5.2 缺失条目

尽管进行了数字化并建立了数据库，但在实际工作中，数据记录中可能会缺少或丢失个别条目。

1. 删除缺失条目的数据记录

如果一个大型数据集有少量缺失条目，并且这些缺失条目不具有系统结构，那么可以在不改变数据集整体信息的情况下删除缺失条目的部分。这样做的好处是，数据集不会因为随后插入的条目而被篡改。然而，删除部分信息会使数据集变小，从而导致预测结果不佳，尤其是在缺失条目较多或数据集较小的情况下。

2. 在项目初期构建缺失条目

在数据项目的早期阶段，人们对因果关系或数字关系知之甚少。尽管如此，还是可以在数据准备阶段构建缺失条目。

1）对于定量数据，缺失数据可以用一个固定值来替代。数列的平均值或零值可用于此目的。如果数据集是有序序列或时间序列，则可以用该序列的前一个值或后一个值来替代缺失值。此外，还可以使用回归函数重建缺失的定量条目。这一过程将在 7.5.3 节中详细讨论。

2）缺失的定性条目可以用一个单独的值来替代，或者分配给该数据中出现频率最高的值。

如果缺失的信息被替换，那么数据集就会发生变化，数学建模的结果也可能随之改变。因此，在构建许多条目，尤其是许多相邻条目时，必须始终保持警惕。

3. 在项目后期构建缺失条目

在项目的后期阶段，对数据集的了解会更加深入。在这一阶段，可以计算出各个特征之间的关系，从而采用进一步的插补法。

1）KNN 插补法：通过 K 最近邻插补，取与 K 最近邻的平均值或中位数。选择相关特征来确定最近邻，需要对上面提到的机器学习项目有全面的了解。

2）多变量插补法：利用多变量回归函数，可以基于其余特征计算替代值。

5.6 特征编码

许多统计方法和机器学习算法都需要对定量特征已有的信息进行数字表示。定性特征必须首先使用独热编码等方法转换成数字格式。然而，定量特征也需要采用标准化、归一化等方法进行编码，才能获得良好的效果。

5.6.1 定量特征编码

定量特征已经有了数字数据格式。数值代表技术变量，仅与相关单位一起提供信息。1013 和 1.013 这两个数值都可以表示气压，但第一个数值表示的是以毫巴（mbar，1bar = 10^5Pa）为单位的气压，而第二个数值表示的是以巴（bar）为单位的气压。最初，数值的单位可以自由选择，但如果要指定两个多维样本之间的距离，那么标准化的特征比例就显得非常重要。

距离是两个样本（数据点）之间绝对距离的度量，是一些机器学习算法（如基于距离的聚类方法）中的重要参数。不同比例坐标系中两个样本间距离的示意如图 5.17 所示。在下面的示例中我们要说明的是，距离在编码时会发生显著变化，因此如果不对该参数进行编码，那么使用该参数的算法也会得出错误的结果。

在图 5.17 中，两点之间的距离 D_1 的计算公式如下：

$$D_1 = \sqrt{10^2 + 0.2^2} = 10.002 \tag{5.16}$$

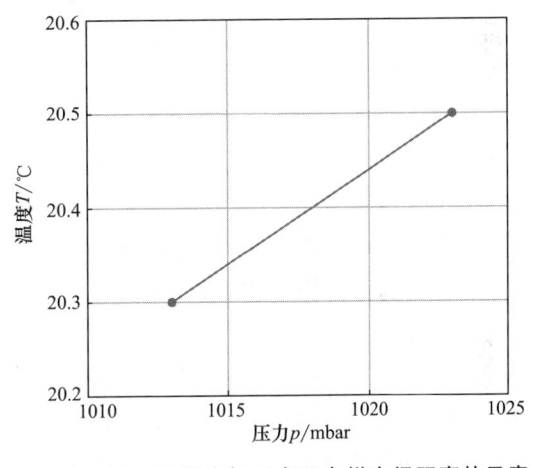

图 5.17 不同比例坐标系中两个样本间距离的示意

D_1 的特征是以毫巴为单位的压力差。如果压力以巴为单位，则距离变为

$$D_2 = \sqrt{0.01^2 + 0.2^2} = 0.2002 \tag{5.17}$$

不仅距离值变小，而且现在受温差的影响显著提升。这个例子清楚地表明，变量的缩放对于数值分析至关重要。为了赋予所有变量可比较的含义，机器学习中的数值变量通常被标准化或归一化。

1. 定量特征标准化

为了标准化定量特征，需要确定数据集中出现该特征所有值的平均值 $\bar{x}$ 和标准差 S。根据这些值，标准化特征的结果为

$$x_S = \frac{x - \bar{x}}{S} \tag{5.18}$$

分数使标准化变量成为无量纲变量。标准化特征值与缩放比例无关。通过引用标准差,所有数值被限制在统一范围内,即对于正态分布的变量和粗略近似,该范围为 $-6 \leq x_S \leq 6$。

2. 定量特征归一化

作为标准化的替代方法,可以对定量特征进行归一化,这包括将现有的数值映射到 $0\sim 1$。

$$x_N = \frac{x - x_{MIN}}{x_{MAX} - x_{MIN}} \tag{5.19}$$

其结果与标准化的结果类似:归一化后的数值是无量纲的,并且被限制在一个固定的范围内。

与归一化相比,标准化的一个优点是参数平均值 $\bar{x}$ 和标准差 S 是根据所有样本值确定的,因此与最小值和最大值相比,对异常值的依赖性较小。

3. 异常值检测

在对特征进行标准化和归一化时,异常值总是会导致不正确的缩放,从而在应用中得出不正确的结论。因此,在缩放之前必须检查特征是否存在异常值。在项目的这一阶段,可以使用以下三种方法识别异常值:

1)位置参数比较:平均值和中位数相差较大。
2)箱线图:将异常值识别为离群值。
3)直方图:以图形方式识别异常值。

还可以对正态分布样本进行假设检验。这是一种常用的统计方法,用于检验根据测试数据确定所提假设的真实性或虚无性。

异常值可能有不同的产生原因,它们可能是输入错误、打字错误、测量错误或传输错误。在这些情况下,清除异常值都是合理的。然而,异常值也可能是偶尔发生的临时过程问题的重要指标。在这种情况下,异常值是有价值的,必须明确分析其原因。

4. 连续特征的离散化

有些统计方法和机器学习算法使用序数变量。因此,可能还需要对定量特征进行离散化处理,即把它们分成不同的类别。这也被称为分级。类别的选择定义了最终的定性特征所具有的取值数量。

然而,将特征划分为不同的类别会导致信息丢失,这就是为什么只有在所使用的方法明确要求划分为不同的类别,并且没有其他方法可以替代定量特征的情况下,才能划分不同的类别。

5.6.2 定性特征编码

为了对定性特征进行数值处理（如回归算法），有必要对特征进行数值标度。这里的独热编码和序数编码是有区别的。

1. 独热编码

使用独热编码时，特征集中的每个特征都会生成一列。如果特征与该列匹配，则该列的值为1，否则为0。表5.4所示为独热编码示例。

表 5.4 独热编码示例

部分	特征	编码供应商 A	编码供应商 B	编码供应商 C
1	供应商 A	1	0	0
2	供应商 B	0	1	0
3	供应商 C	0	0	1
4	供应商 B	0	1	0
5	供应商 C	0	0	1

对于具有许多定性特征的数据集来说，由于采用了独热编码，数据集中的列数特别多。此外，一些列可能只有几个条目，因为相应的事件很少发生。

2. 序数编码

通过序数编码，所有特征都有唯一的编号。对于名义特性，例如表5.4中的供应商，顺序是任意的。序数特征有一个自然顺序，必须予以考虑。表5.5所示为序数编码的示例。在该示例中，质量（特征）随着编码的增加而降低。属性与编码该特征的数字相关。该示例显示列数保持不变，因此数据集仍然清晰。

表 5.5 序数编码示例

特征	序数编码
非常好	1
好	2
差	3
非常差	4

在序数编码中，特征会被分配一个数字，而在独热编码中，每个特征都会生成单独的一列。以两个定性描述样本的距离为例，可以看出编码对计算出的距离有直接影响。表5.6所示为计算序数样本距离的数据集。

表 5.6　计算序数样本距离的数据集

特征	序数编码	独热编码			
		非常快	快	慢	非常慢
非常快	1	1	0	0	0
快	2	0	1	0	0
慢	3	0	0	1	0
非常慢	4	0	0	0	1

非常快和慢之间的距离是根据序数编码的差异计算的，即

$$D_{O13} = 3 - 1 = 2 \quad (5.20)$$

快和慢之间的距离也是如此，即

$$D_{O23} = 3 - 2 = 1 \quad (5.21)$$

因此，处理速度的特征与距离相关。使用独热编码时，距离是通过特征向量计算得出的。非常快和慢之间的距离由式（5.22）给出

$$D_{H13} = \sqrt{\Delta x_1^2 + \Delta x_2^2 + \Delta x_3^2 + \Delta x_4^2} = \sqrt{1+0+1+0} = \sqrt{2} \quad (5.22)$$

快和慢的距离为

$$D_{H23} = \sqrt{\Delta x_1^2 + \Delta x_2^2 + \Delta x_3^2 + \Delta x_4^2} = \sqrt{0+1+1+0} = \sqrt{2} \quad (5.23)$$

距离维度没有变化，无法用这种测量方法来说明处理速度的大小。因此，独热编码特别适用于名义特征，而序数编码则适用于序数特征。

5.7　构建数据（特征工程）

特征是机器学习模型用于预测的数据集中的输入变量。为模型找到正确的输入变量的艺术被概括为特征工程：一方面是删除不相关的特征；另一方面，如通过巧妙的组合或逻辑连接生成附加的特征。在这两种情况下，扎实的专业知识都是成功的关键。

5.7.1　删除不相关的特征

机器学习项目开始时，数据集的特征并不完全取决于项目的要求，而是取决于数据的可用性。并非所有重要数据都可用，也并非所有可用数据都重要。

一方面，不相关的特征会使数据集变得庞大，从而导致不必要的冗长处理时间；另一方面，算法总是使用可用的特征并对其进行处理。为此，必须对数学运算进行参数化，但这将耗费大量成本。通过去除数据集中不相关的特征，机器学习过程所需的预测会变得更快、更好。

1. 删除无因果关系的特征

审查特征相关性的一种方法是与过程专家进行讨论。为此，需要在研讨会上对

可用特征列表进行评估。肯定不相关的特征会直接从数据集中删除。

过程专家不能确定其相关性的特征暂时保留在数据集中，但会被标记为可能不相关。最终评估将在项目过程中使用统计方法进行。

2. 删除低方差特征

假设机器学习方法旨在根据特征来预测系统或过程的行为。下面的例子表明，用于训练的数据集必须具有方差。

为了评估等离子体激活黏合剂的粘接效果，分析材料制备时间、相对湿度和温度等环境条件如何影响拉伸强度，记录了一组数据。对黏合剂拉伸强度的预测见表 5.7。

表 5.7　对黏合剂拉伸强度的预测

等离子体激活/s	温度/℃	相对湿度（%）	拉伸强度/N
5	20	45	0.1741
5	25	45	0.1975
10	20	45	0.2324
10	25	45	0.2472

拉伸试验都是在相对湿度为 45% 的条件下进行的。相对湿度没有变化，也没有显示出差异。因此，根据现有数据，无法明确说明相对湿度是否对拉伸强度有影响。因此，从数据集中删除该特征。

上述原则也以弱化的形式适用于方差很小的特征。这就提出了一个问题，即方差小到什么程度就可以删除相关特征。由于决定特征相关性的并不仅仅是方差，只有在对模型进行统计分析时才能最终回答这个问题。因此，低方差特征最初的标注方式与低因果关系特征类似，但仍保留在数据集中。

3. 删除高相关性的特征

如果存在两个具有高相关性的特征，则每个特征对于设计模型都可能很重要。但是，由于这两个特征具有相同的信息，模型无法确定应将效果归因于哪个特征。在这种情况下，我们称之为特征的共线性（线性相关性）。

为了避免这种情况，通常会删除具有高相关性的特征中的一个。同样，无法提供一个普遍适用的相关性临界强度。如果存在疑问，两个特征可能会保留在数据集中，但会被标记，并且在后续项目处理中会确定如何处理这种情况。

5.7.2　生成附加特征

机器学习方法用于开发预测过程或系统行为的模型。默认情况下，许多模型使用特征的线性组合来预测系统行为。为了模拟更复杂和非线性的系统行为，必须在特征之间生成高阶项、交互或其他逻辑联系。因此，物理依赖性或技术依赖性至关重要。

1. 物理依赖性或技术依赖性

物理依赖性的考虑可以通过一个例子来说明。要通过测量电压 U 和电流 I 来确定元件的电阻 R。

$$R = \frac{U}{I} \tag{5.24}$$

由于这个方程是非线性的,因此只能通过线性模型以泰勒级数的方式来近似。但是,由于电压 U 和电流 I 作为特征存在,因此可以将一个新特征 R 加入数据集中。技术或物理知识被用来推导特定特征或创建新特征。

2. 用于非线性效应建模的交互作用和高阶项

在线性模型中,只有当两个特征作为数据集中的独立特征存在时,两个特征之间的交互作用才会被考虑。为了考虑因素 A 和因素 B 之间的交互作用,需要创建一个新列,其值为因素 A 和因素 B 的乘积。通过这种交互作用,可以建模:因素 A 对目标变量的影响也取决于因素 B 的取值。一个简单的例子是:酒精饮料(因素 A)对反应能力受损(目标变量)的影响也取决于先前是否吃了很多或很少食物(因素 B)。

按照相同的原理,可以通过将 A 列乘以自身来生成二次项 A^2。

在许多机器学习软件解决方案中,无须手动生成特征,而是可以在定义模型时轻松地选择特征。

3. 定性数据的逻辑链接

根据 5.6.2 节中的注意事项,使用独热编码对名义数据进行编码。在这种情况下,可以通过简单的操作创建特征之间的链接。两个特征之间的和链接来自于列的乘积,或链接来自于列的最大值。表 5.8 举例说明了所描述的操作。

表 5.8 用独热编码对特征 x_1 和 x_2 进行和链接与或链接

x_1	x_2	x_1 和 x_2	x_1 或 x_2
0	0	0	0
0	1	0	1
1	0	0	1
1	1	1	1

当域知识表明存在这种逻辑链接时,链接功能总是有意义的。

5.7.3 合并稀疏数据

如果一个数据集中有许多定性特征是使用独热编码进行编码的,那么这将导致只有少数地方的特征与零不同。这种情况被称为稀疏特征。由于特征稀少,使得属性很难概括。在这种情况下,建议用类似的表述来概括多个特征。如果某些特征找不到更高阶的类别,那么可以使用"其他"来概括这些特征。以木材表面为例说明稀疏特征见表 5.9，以木材表面为例合并稀疏特征见表 5.10。

表 5.9   以木材表面为例说明稀疏特征

实木	榉木单板	橡木单板	桦木单板	塑料涂层
0	1	0	0	0
0	0	0	0	1
0	0	1	0	0
1	0	0	0	0
0	0	0	0	1
1	0	0	0	0
0	0	0	1	0
0	0	0	0	0
1	0	0	0	0
0	0	1	0	0

表 5.9 中带有单板的列稀疏，可以在表 5.10 中用通用术语单板进行总结。

表 5.10   以木材表面为例合并稀疏特征

实木	单板	塑料涂层
0	1	0
0	0	1
0	1	0
1	0	0
0	0	1
1	0	0
0	1	0
0	0	1
1	0	0
0	1	0

合并后，各列的填充比例相当，使数据集成为训练机器学习模型的良好起点。

5.8   降低维度

5.7 节中描述的特征选择是基于待建模过程的已知专业知识，特征的选择凭直觉。5.7.1 节专门讨论了如何直观地删除低方差特征等问题，但也提到了，最终的评估仍取决于项目的进展情况。

作为替代，可以使用数学方法来减少特征（维度）的数量。其中，一种方法是主成分分析（PCA），它可以评估各个特征的方差，并计算出新的特征，从而以更有效地表示具有较少维度的数据集。

5.8.1 主成分分析

主成分分析可确定 D 维数据集中最大方差的方向。该方法会导致坐标变换，其中新的基向量相互正交，并随着阶数的增加，数据集中的方差越来越小。因此，$M \leq D$ 尺寸通常足以表示基本信息。以原始坐标系和主成分分析后的坐标系表示数据集如图 5.18 所示。

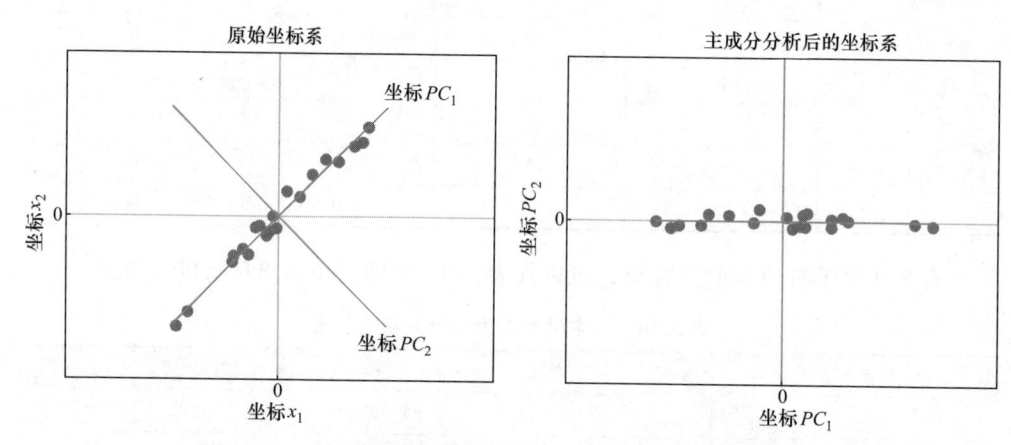

图 5.18　以原始坐标系和主成分分析后的坐标系表示数据集

注：PC，Principal Component，主成分。

在图 5.18 所示的原始坐标系中，需要坐标 x_1 和 x_2 来描述数据点。然而，数据点有一个优选的方向，通过绘制的直线"坐标 PC_1"来可视化。在这个方向上，数据的散度较大。在正交轴坐标 PC_2 的方向上，数据的散度要小得多。为了到达所有点，需要同时使用坐标 PC_1 和 PC_2。

通过主成分分析，确定了一个新的坐标系，由坐标 PC_1 和 PC_2 组成，如图 5.18 右图所示。在这个坐标系中，要完整描述数据也需要这两个坐标。降维是数据集简化的结果。坐标 PC_2 的影响被忽略。图 5.19 所示为降维前后的主成分分析数据集比较。

PCA 坐标的重要性随着维度的增加而减小。图 5.20 所示为 $D=6$ 维度数据集的方差解释，是帕累托图，其中显示了数据集的方差解释比例与主成分的函数关系。

可以看到，具有较大特征值的第一主成分对方差解释起到了重要作用，具有较小特征值的主成分只做出了较小的贡献。为了降维，不再考虑只做出较小贡献的主成分。因此，从具有 D 维度的数据集中就得到了一个具有 $M_{PCA} < D$ 维度的数据集。

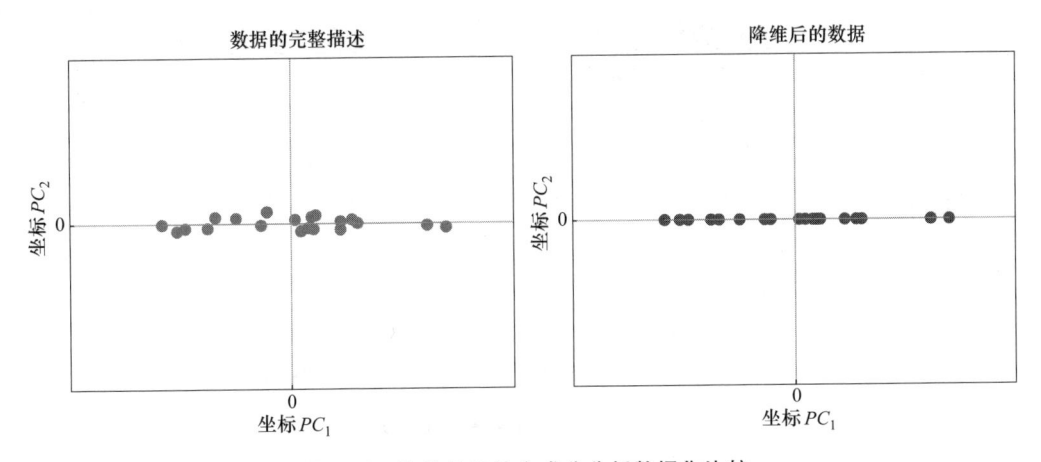

图 5.19　降维前后的主成分分析数据集比较

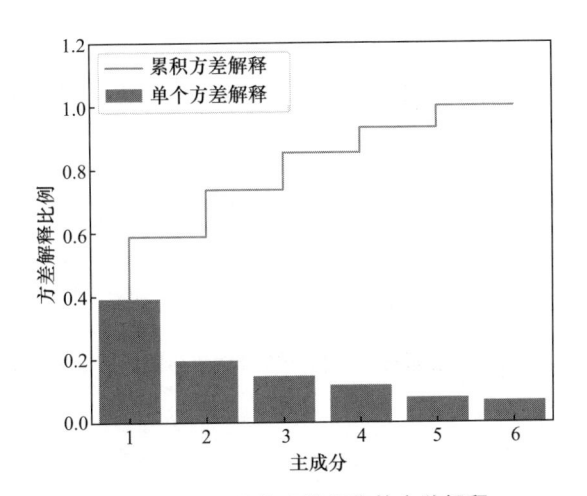

图 5.20　$D=6$ 维度数据集的方差解释

5.8.2　示例：异常值检测

PCA 也可用于更好地识别异常值。主成分代表了具有最大方差方向的一个过程的典型行为。如果数据集中具有低特征值坐标的显著成分，则这些成分就表明存在异常值，在修改后的初始示例中说明了这一点。用于识别异常值的主成分分析如图 5.21 所示。

在图 5.21 所示的原始坐标系中，黑色标记的两个异常值很难识别。在主成分分析后的坐标系中，它们在坐标 PC_2 方向上有显著的数量，这代表了数据集的非典型行为。可以使用箱线图等一维方法来识别它们（见图 5.22）。

在本章中，我们了解了处理现有数据所需的工具和技能，以便能够有效利用这些数据，如做出基于风险的决策。下一章将详细讨论这一主题。

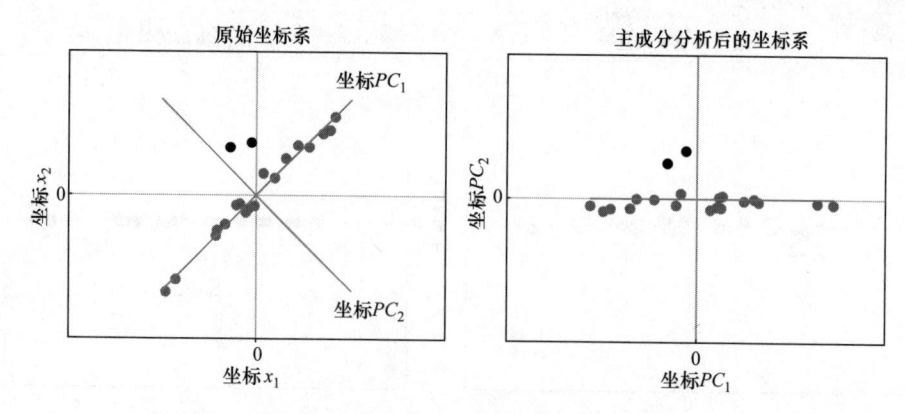

图 5.21　用于识别异常值的主成分分析

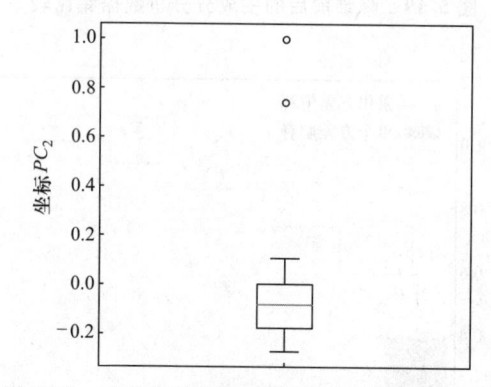

图 5.22　主成分分析后一维异常值检测的箱线图

第 6 章 利用数据做出基于风险的决策

在本章中，我们将致力于讨论质量管理数字化时代中的基于风险的决策主题，特别是当只有少量数据可用时。在质量管理中，一个典型的决策可能涉及对改进生产系统措施的效果进行评估。表 6.1 显示了采取改进措施前后的相对产量。平均相对产量从 84.24% 提高到 85.54%。这表明改进效果显著，但两组的相对产量不尽相同，因此无法回答改进措施是否有效的问题。通过假设检验比较两个均值（t-检验），考虑样本内的方差，可以回答这个问题。

表 6.1　采取改进措施前后的相对产量　　　　　　　　　　（%）

改进之前	89.7	81.4	84.5	84.8	87.3	79.7	85.1	81.7	83.7	84.5
改进之后	84.7	86.1	83.2	91.9	86.3	79.3	82.6	89.1	83.7	88.5

质量管理的另一项典型任务是确定影响产品质量的变量的相关性。例如，如果有两种生产系统可供选择，选择哪种系统会对产品质量产生重大影响。产品质量可能表现为不同的平均值或不同的质量特征方差。等均值检验（t-检验）和等方差检验（F-检验）等统计方法可根据样本结果回答这些问题（Strohrmann，Design For Six Sigma Online，2021）。

因此，上述任务就是根据样本结果客观化决策，从而最大限度地降低错误陈述的概率。决策基于需要被证明或反驳的假设。

在统计学中，假设是对可以通过随机变量的分布来描述的事实的一种假定。假设检验是接受或拒绝假设的依据。因此，它不是一种科学证明，而是一种统计方法，用于根据数据判定一个事实是否正确。

在通过示例传达理论基础并介绍一般步骤之后，重点放在方差分析上，它可以被视为是统计检验的一种概括（Behnke & Behnke，2006）。在本章末尾，将通过案例研究来描述该方法。

6.1　引例和理论基础

在质量管理中，统计过程控制（SPC）用于控制生产过程已有几十年的历史。为此，会对关键质量特征进行随机质量检查。这些特征与目标状态之间的重大偏差应被识别出来，并触发过程的重新调整。但是，什么是重大偏差呢？

以黏合剂的质量为例。为了进行过程控制，随机抽取 $N=5$ 的样本，并测量了黏合剂的质量。所有生产的零件的质量都应该具有规定的黏合剂质量 μ_0，其平均

值为 μ。如果质量偏差较大，则必须在机器设置中修正目标黏合剂的质量。应根据样品平均值 $\bar{x}$ 来识别重大偏差。过程的标准偏差 σ 来自生产设备，假定为已知。

这项任务可以通过假设检验来解决，假设检验的前提如下：

1）零假设 H_0：平均值与指定值一致，$\mu=\mu_0$。
2）备择假设 H_1：平均值明显偏离指定值，$\mu\neq\mu_0$。

如果样本均值 $\bar{x}$ 显著偏离指定的额定值 μ_0，则表明需要对生产过程进行检查。为了确定可以刚好接受假设的边界值，假设零假设 H_0 成立。在这种情况下，样本平均值具有以 μ_0 为均值和 σ^2/N 为方差的正态分布（见图 6.1）。

要使样本估计的平均值 $\bar{x}$ 以指定概率属于均值为 μ_0、方差为 σ^2/N 的正态分布，它必须位于 $\bar{x}_1<\bar{x}\leqslant\bar{x}_2$ 的区间内。如果将这一概率标为 γ，则等式如下

$$P(\bar{x}_1<\bar{x}\leqslant\bar{x}_2)=\gamma \qquad (6.1)$$

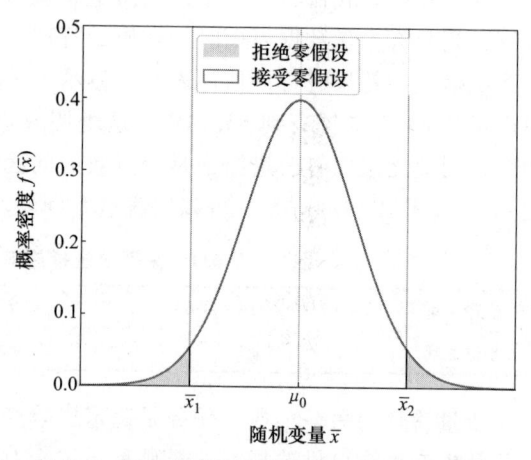

图 6.1 正态分布概率密度中的假设检验图解

注：灰色区域对应概率 $P(\bar{x}<\bar{x}_1)$ 和 $P(\bar{x}>\bar{x}_2)$

以 $\bar{x}_1$ 和 $\bar{x}_2$ 为界限的区间称为零假设 H_0 的接受范围。如果估计平均值 $\bar{x}$ 位于区间 $\bar{x}_1<\bar{x}\leqslant\bar{x}_2$ 之外，则零假设 H_0 被拒绝，尽管估计的平均值 $\bar{x}$ 具有误差概率

$$\alpha=1-\gamma \qquad (6.2)$$

也可以属于图 6.1 所示的分布。误差概率也称为统计检验的显著性水平 α，用于计算极限 $\bar{x}_1$ 和 $\bar{x}_2$。

计算接受范围的方法是基于找到一个已知分布的随机变量，在其描述中出现零假设 H_0 和样本的已知参数。在黏合剂质量的例子中，这适用于标准正态分布的随机变量。

$$z=\frac{\bar{x}-\mu_0}{\sigma/\sqrt{N}} \qquad (6.3)$$

根据该分布，变量 z 位于区间 $c_1\cdots\cdots c_2$ 内的概率 γ 定义为

$$\gamma=P(c_1<z\leqslant c_2)=F(c_2)-F(c_1) \qquad (6.4)$$

假设是对称检验，常数 c_1 和 c_2 源自以下条件

$$F(c_1)=\frac{1-\gamma}{2}=\frac{\alpha}{2} \qquad (6.5)$$

和

$$F(c_2)=1-\frac{1-\gamma}{2}=1-\frac{\alpha}{2} \qquad (6.6)$$

求出 c_1 和 c_2

$$c_1 = F^{-1}\left(\frac{\alpha}{2}\right) \tag{6.7}$$

和

$$c_2 = F^{-1}\left(1 - \frac{\alpha}{2}\right) \tag{6.8}$$

通过式（6.4）的转换，可以得到零假设的接受范围表达式，即估计的均值 $\bar{x}$ 在特定的概率 γ 下，属于均值 μ_0 和方差 σ^2/N 的正态分布。

$$\gamma = P\left(c_1 < \frac{\bar{x} - \mu_0}{\sigma/\sqrt{N}} \leq c_2\right) = P\left(\mu_0 + \frac{c_1 \sigma}{\sqrt{N}} < \bar{x} \leq \mu_0 + \frac{c_2 \sigma}{\sqrt{N}}\right) \tag{6.9}$$

对于黏合剂过程控制的示例，应计算可接受范围，使得 $N=5$ 个样品的平均值与规定的均值 $\mu_0 = 5.3\text{g}$ 相符。该过程的标准偏差为 $\sigma = 0.23\text{g}$。假设检验的显著性水平 $\alpha = 5\%$，包括临界参数 $c_1 = -1.96$ 和 $c_2 = 1.96$。因此，零假设 H_0 的接受范围为

$$\mu_0 + \frac{c_1 \sigma}{\sqrt{N}} = 5.0984 < \bar{x} \leq 5.5016 = \mu_0 + \frac{c_2 \sigma}{\sqrt{N}} \tag{6.10}$$

在本例中，根据样本计算得出的平均值 $\bar{x}_0 = 5.142\text{g}$，位于接受范围内，因此接受了零假设。如果数值在计算出的区间之外，则必须根据现有样本值拒绝零假设，并接受备择假设。

作为评估接受范围的替代方法，可以确定低于测试变量 $\bar{x}_0$ 的概率 P，并将其与显著性水平 α 进行比较。对于双侧都有拒绝范围 $\mu \neq \mu_0$ 的假设检验，必须满足条件

$$P = F(\bar{x}_0) > \frac{\alpha}{2} \tag{6.11}$$

和

$$P = F(\bar{x}_0) < 1 - \frac{\alpha}{2} \tag{6.12}$$

P 值在 $\alpha/2$ 和 $1-\alpha/2$ 之间越集中，就越能确定假设 H_0 得到了证实。图 6.2 显示了不同接受和拒绝场景下的超出概率 p。

当前样本的平均值为 $\bar{x}_0 = 5.142\text{g}$，因此 p 值为

$$p = F\left(\frac{\bar{x} - \mu_0}{\sigma/\sqrt{N}}\right) = F\left(\frac{5.142 - 5.3}{0.23/\sqrt{5}}\right) = 0.3793 > 0.025 \tag{6.13}$$

从而，接受总体质量为 5.3g 的假设。

为了清楚起见，统计程序会对 p 值进行转换，以便与显著性水平 α 进行比较。如果转换后的 p 值高于显著性水平（$p > \alpha$），则接受零假设 H_0，否则（$p \leq \alpha$）拒绝接受零假设 H_0。

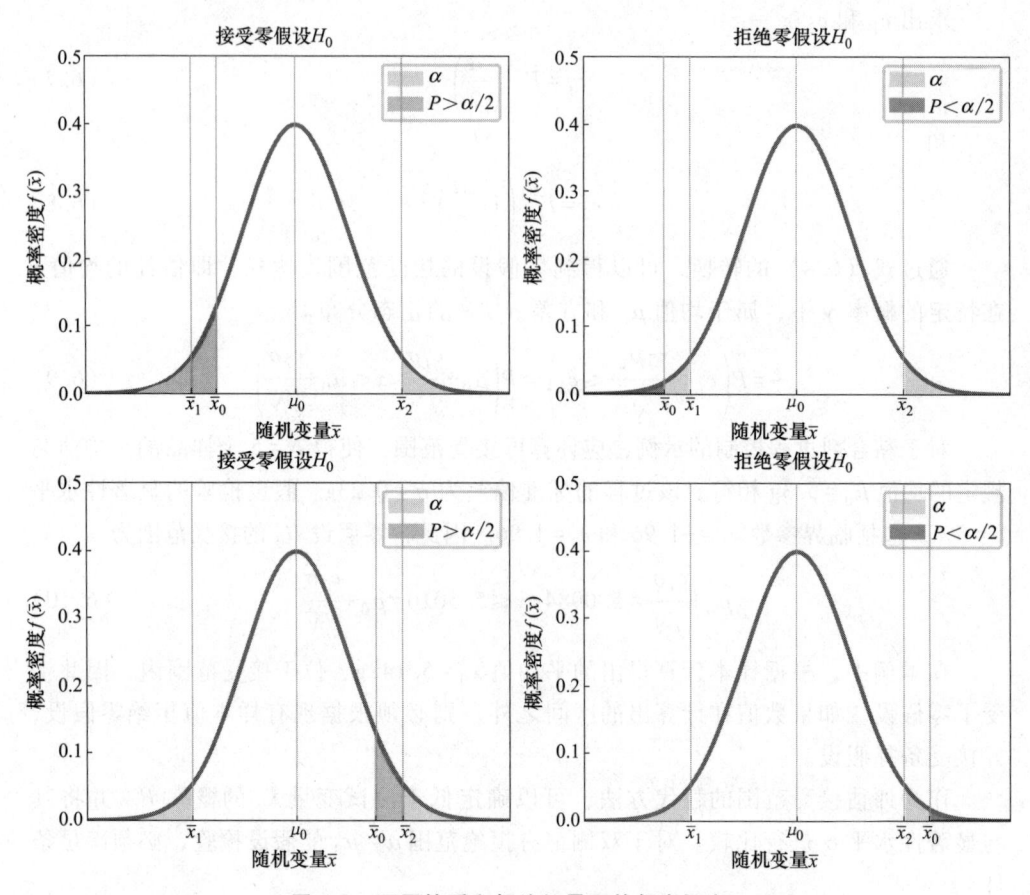

图 6.2　不同接受和拒绝场景下的超出概率 p

6.2　进行假设检验

进行假设检验分为以下几个步骤：

步骤 1：确定任务

假设检验以明确制定的任务和量化的目标为基础。

步骤 2：模型假设

制订模型假设。这包括样本的独立性、任务与已知分布的可追溯性以及已知参数问题。

步骤 3：确定显著性水平

下一步是确定显著性水平。它决定了即使假设 H_0 是正确的，也会被拒绝的概率。显著性水平由任务决定，通常为 1% 或 5%。在定义显著性水平时，有必要了解第一类和第二类错误的影响，这将在 6.3.1 节中讨论。

步骤 4：确定拒绝范围

下面以平均值为例说明拒绝范围的确定，也可用于任何其他测试变量。如果已知检验变量 $\bar{x}$ 的分布，就可以检验零假设 $\mu = \mu_0$。作为备择方案，一般可以有三种变式：

$$\mu > \mu_0 \tag{6.14}$$

例如，在监测污染水平时，会出现备择假设 $\mu > \mu_0$。如果临界值明显偏低，那么这是无关紧要的，甚至可能是可取的。

$$\mu < \mu_0 \tag{6.15}$$

变式 $\mu < \mu_0$ 可能会在强度测试中出现，在这种测试中，过高的强度是没有问题的，但是低于临界值的强度可能会直接导致材料失效。

$$\mu \neq \mu_0 \tag{6.16}$$

双侧变量 $\mu \neq \mu_0$ 是最常用的备择假设。例如，它适用于不得过大或过小的尺寸，如轴的直径。在双侧检验中，需要两个临界值 $\bar{x}_{C1}$ 和 $\bar{x}_{C2}$，范围包括两个子范围。两个拒绝范围的概率之和与显著性水平 α 相对应。

图 6.3 所示为使用备择假设 $\mu > \mu_0$、$\mu < \mu_0$ 和 $\mu \neq \mu_0$ 进行检验的拒绝范围和接受范围的图形表示。

在定义了拒绝范围和显著性水平后，就可以根据基本分布确定临界值 $\bar{x}_{C1}$ 和 $\bar{x}_{C2}$。

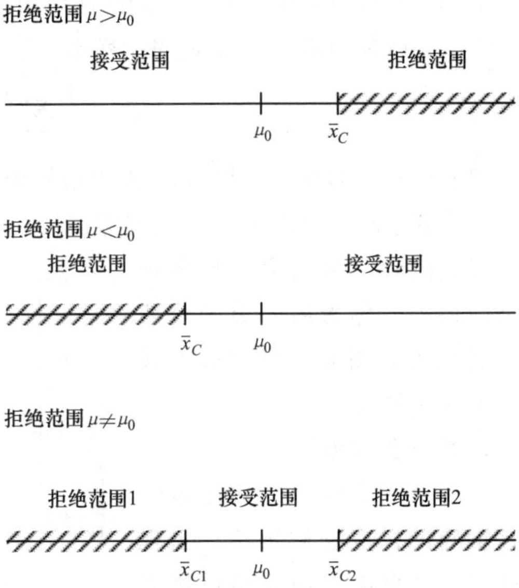

图 6.3 使用备择假设 $\mu > \mu_0$、$\mu < \mu_0$ 和 $\mu \neq \mu_0$ 进行检验的拒绝范围和接受范围的图形表示

步骤 5：测试变量与临界值的比较

最后，针对可用的特定样本计算测试变量 $\bar{x}_0$，并与临界值 $\bar{x}_C$ 以及 $\bar{x}_{C1}$ 和 $\bar{x}_{C2}$ 进行比较。如果测试变量在接受范围内，则接受零假设，否则拒绝零假设。或者，将 p 值与显著性水平 α 进行比较。

6.3　假设检验的安全和风险

假设检验以随机采样为基础，因此并非绝对可靠。从而，有可能做出错误的决定。为了评估结果的可靠性，我们使用一对明确的零假设和备择假设来介绍第一类误差和第二类误差的定义。在此基础上，解释假设检验的质量函数。

6.3.1 第一类误差和第二类误差

为了引入第一类误差和第二类误差,再次使用总体的平均值。从零假设开始

$$\mu = \mu_0 \quad (6.17)$$

首先用备择假设进行检验

$$\mu = \mu_1 \quad (6.18)$$

经测试,其中值 μ_1 大于值 μ_0。假设检验中第一类和第二类误差如图 6.4 所示,显示了具有相同方差但平均值不同的两个概率密度 μ_0 和 μ_1 的情况。在 μ_0 和 μ_1 之间存在一个临界极限 $\bar{x}_C$。根据当前样本 x_1,x_2,$\cdots x_N$ 计算出平均值的估计值。

$$\bar{x}_0 = \frac{1}{N} \sum_{n=1}^{N} x_n \quad (6.19)$$

如果计算出的样本平均值 $\bar{x}_0$ 大于临界极限 $\bar{x}_C$,则拒绝零假设。如果计算出的样本均值低于临界极限 $\bar{x}_C$,则接受零假设。

假设检验中可能会出现两种类型的误差,称为第一类误差和第二类误差。图 6.4 以图形方式说明了这些关系。

1. 第一类误差

对于第一类误差,即使零假设是正确的,也会被拒绝。出现这种误差的概率对应于错误概率 α,也称为检验的显著性水平。如果假设正确,但计算出的样本值 $\bar{x}$ 却高于临界值 μ_C,就会出现这种错误。在这种情况下,条件概率适用

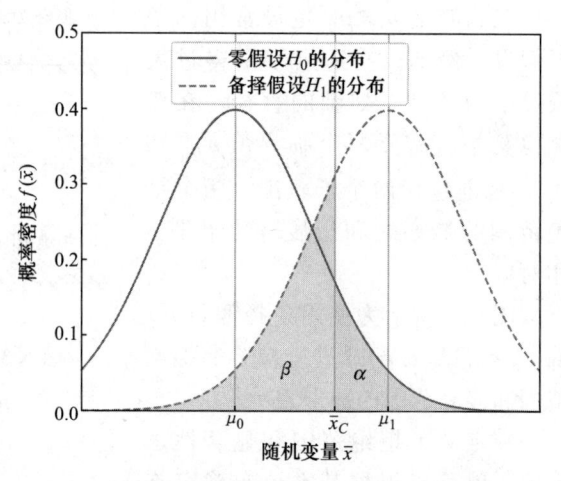

图 6.4 假设检验中第一类和第二类误差的图示

$$P(\bar{x} > \mu_C | \mu = \mu_0) = \alpha \quad (6.20)$$

以过程控制为例,第一类误差是样本平均值 $\bar{x}$ 超过临界值,尽管总体的均值 μ_0 是正确的。

2. 第二类误差

对于第二类误差,即使零假设是错误的,也会被接受。相关错误概率用 β 表示。如果零假设不正确,但计算出的样本值 $\bar{x}$ 仍低于临界值 $\bar{x}_C$,就会出现这种误差。在这种情况下,条件概率适用

$$P(\bar{x} \leq \mu_C | \mu = \mu_1) = \beta \quad (6.21)$$

值 $(1-\beta)$ 是避免第二类误差的概率。该值被称为假设检验的质量(鉴别力、

功效)。

3. 第一类误差和第二类误差的讨论

表 6.2 以表格形式总结了假设检验中接受和拒绝零假设的情况以及相关误差。

表 6.2　假设检验中接受和拒绝零假设的情况以及相关误差

检验结果	未知现实	
	$\mu = \mu_0$	$\mu = \mu_1$
$\mu = \mu_0$	正确的决定 $p = 1-\alpha$	第二类误差 $p = \beta$
$\mu = \mu_1$	第一类误差 $p = \alpha$	正确的决定 $p = 1-\beta$

参数 $\bar{x}_C$ 的选择决定了错误决策的概率。因此，参数 $\bar{x}_C$ 的选择应使错误概率 α 和 β 尽可能小。图 6.4 显示这些要求相互矛盾。要使 α 最小，临界极限 $\bar{x}_C$ 必须向右移动。然而，错误概率 β 会随之增大。在假设检验的实际应用中，首先要确定显著性水平 α。这样就得出了接受范围的极限，参数 $\bar{x}_C$ 用于计算第二类误差的误差概率 β。

6.3.2 质量函数和必要的样本量

假设检验的质量函数可以说明统计检验的质量。因此，它可用于比较针对某一检验问题的不同检验。

对于备择假设

$$\mu_1 \neq \mu_0 \tag{6.22}$$

质量（$1-\beta$）被描述为替代检验变量 μ_1 的函数。因此，它不再被称为质量，而是被称为质量函数。

假设检验的质量函数以正态分布的总体和已知方差 $\sigma^2 = 9$ 为例进行讨论。使用大小为 $N = 10$ 和样本均值为 $\bar{x}$ 的样本，应根据公式（6.22）中的备择假设检验零假设 $\mu = \mu_0 = 24$。进一步分析的显著性水平为 $\alpha = 5\%$。图 6.5 所示为备择假设 $\mu_1 \neq \mu_0$ 的质量函数图解。

正如预期的那样，μ_1 值与 μ_0 值偏离得越远，就越能确定平均值之间存在偏差。对于 $\mu_1 =$

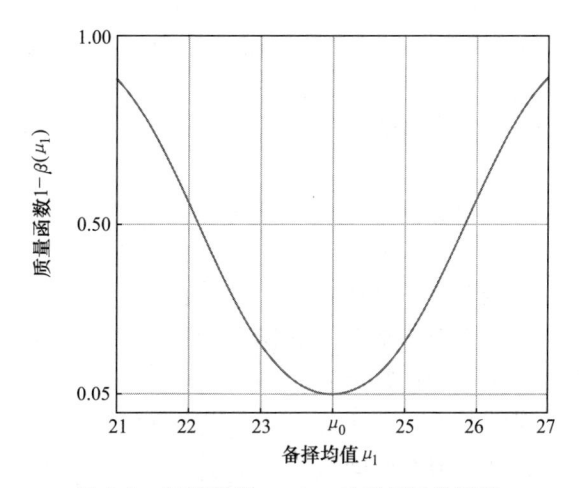

图 6.5　备择假设 $\mu_1 \neq \mu_0$ 的质量函数图解

μ_0，质量具有显著性水平 α 的值。假设真实平均值为 $\mu_1 = 26$，则该测试的质量约为 55%。因此，平均值 $\mu_1 = 2$ 被识别为错误的概率仅为 55%。

如果使用更大的样本量 $N = 100$ 进行检验，则平均值的方差将会减小，临界限值将为 $\bar{x}_{C1} = 23.41$ 和 $\bar{x}_{C2} = 24.59$。不同样本量下备择假设 $\mu_1 \neq \mu_0$ 的质量如图 6.6 所示，样本量越大，假设检验的质量函数越陡峭，即比样本量较小时具有更强的判别能力。如果增加样本量，则检测到的真实平均值为 $\mu_1 = 26$，质量几乎为 100%。

然而实际上，出于成本原因，样本量必须尽可能小。例如，如果感兴趣的是 ±2 个单位的偏差，则对于此示例，$N = 10$ 的样本量太小，因为对于 $\mu = 22$ 和 $\mu = 26$，第二类误差的风险仍然接近 50%。在样本量为 $N = 100$ 的情况下，该陈述的可靠性当然是足够的；对于 $\mu = 22$ 和 $\mu = 26$，第二类误差的概率小于 10^{-6}。因此，10~100 的样本量是符合实际的。质量函数用于确定必要的样本量，同时兼顾考虑第一类误差和第二类误差。

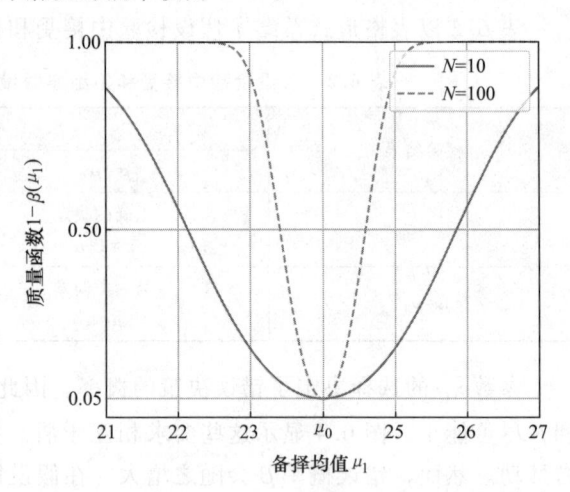

图 6.6 不同样本量下备择假设 $\mu_1 \neq \mu_0$ 的质量

质量函数的性质可以总结如下：

1) 随着显著性水平 α 的降低，检验的质量会降低，出现第二类误差的概率会增加。

2) 质量随着参数 μ_0 和 μ_1 之间的距离增加而增加。

3) 随着样本量 N 的增加，假设检验的鉴别力也会增加。

6.4 方差分析

多变量数据分析主要是研究多个特征对目标变量的影响。相关系数（见 5.4.10 节）和回归函数（见 7.1 节）描述了目标变量作为连续或离散输入变量函数的依赖关系。遗憾的是，这种数学描述对于有序输入变量是失效的。

例如，对于来自四个不同模具型腔（A~D）的注塑零件是否具有相同尺寸的问题，无法用回归函数来回答。

假设检验（用于比较两个样本均值的 t-检验）只能用于评估两个模具型腔的零件是否具有相同的几何尺寸。方差分析（ANOVA，Analysis of Viriance）弥补了这一不足，并可以评估具有两个或多个特征的一个或多个的有序输入变量对离散或连续输出变量的影响（Strohrmann, Design For Six Sigma Online, 2021）。

假设在生产圆柱形螺栓时，必须确保不同的生产设备在任何时候都能提供相同的质量。螺栓直径 d 会受到正常生产波动的影响，作为螺栓的关键质量特征对其进行测量。当评估每个生产批次的一个样品时，样品的平均值会有所不同。图 6.7 所示为螺栓生产及不同生产批次中样本值的分布情况。目前，尚不清楚生产批次是否对螺栓直径有影响。这正是方差分析可以回答的问题。此示例是简单的方差分析，因为仅检查一个序数特征（生产批次）。

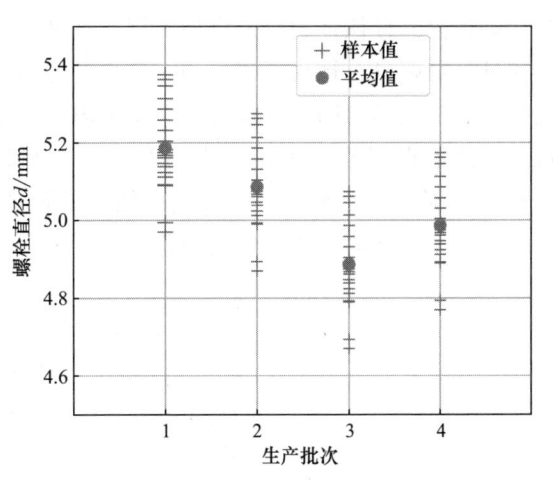

图 6.7 螺栓生产及不同生产批次中样本值的分布情况

为了确定不同批次之间是否存在显著差异，必须尝试将不同批次的影响从过程的正常方差中分离出来。在数学上，计算基于平方和，平方和与相应的自由度数进行标准化，因此称为标准化平方和。数据集的总方差用平方和 M_x 来表示。它可分为各组内的比例 M_ε 和描述各组间方差的比例 M_α。为了评估影响的显著性，需要将组间方差的比率与组内方差进行比较。对于组间无显著差异的零假设，计算 p 值。如果 p 值低于显著性水平，则拒绝该假设，组间差异显著。

表 6.3 所示的方差分析表总结了这一过程。变量 q 表示平方和，变量 M 表示自由度的归一化平方和，变量 v_0 表示归一化平方和彼此之间的比值。变量 J 表示组数，变量 N 表示每组样本数。

表 6.3 方差分析表的同质性评估

散射源	平方和	自由度	标准化平方和	检验变量值	p 值
组间（同质性）	q_α	$J-1$	M_α	M_α/M_ε	$p(v>v_0)$
组内（准确性）	q_ε	$J(N-1)$	M_ε	—	—
总方差	q_x	$JN-1$			

在优化生产制造工艺时，往往需要研究多个参数对目标变量的影响。这就是多因素方差分析的任务。

6.5 示例：气流均匀性测试

环境保护的一个关键目标是尽可能消除或减少有害气体的排放，以保护空气、土壤或水免受污染。因此,《德国联邦排放控制法》规定了燃煤发电站等大型燃烧设备的污染物排放限值。

必须由经过认证的监测机构定期检查是否符合这些限值。为了最大限度地减少工作量,最好只在排气管道中的一个点进行测量。其前提是排气管道横截面上的排放分布足够均匀。同质性检验对应于单因素方差分析。如果测量值随时间变化,但从一个测量点到另一个测量点不会变化,则认为废气在横截面上是均匀的(见图 6.8)。因此,需要检查测量值的偏差是否是随机的,或者废气中测量变量的含量是否由于气流的不均匀性而变化。

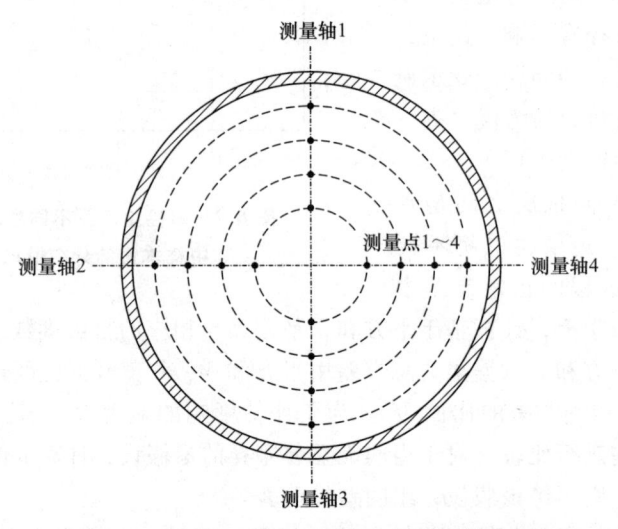

图 6.8 不同测量轴线和测量点的排气管横截面

如果无法对系统进行有效的均匀性测试,则必须使用网络测量和额外的比较测量来确定测量截面中被测变量或替代参数的分布均匀性。这包括在排气管道中的多个点插入测量探头,并记录不同穿透深度下的测量值。在本例中,对氮氧化物(NO_x)进行了均匀性测定。为此,记录了表 6.4 中列出的测量值。同时还记录了一个参考值。

表 6.4 确定氮氧化物均匀性的一系列测量

测量位置		测量值 1	测量值 2
测量轴	测量点		
1	1	127	125
	2	132	129
	3	132	131
	4	109	127

(续)

测量位置		测量值1	测量值2
测量轴	测量点		
2	1	136	126
2	2	148	121
2	3	160	118
2	4	152	126
3	1	113	107
3	2	132	96
3	3	125	101
3	4	125	100
4	1	119	98
4	2	127	105
4	3	127	105
4	4	134	112

网络测量和参考测量组成一组，样本量为两次测量之和。因此，测量值之间的差异或组内方差是测量本身准确性的衡量标准。测量在16个位置进行，它们形成了方差分析的组。组间方差是排气气流均匀性的衡量标准。

对于均匀的排气气流，各个测量位置之间的方差必须小于网络测量值和参考测量值之间的方差。这个假设可以通过 $J=16$ 个样本的方差分析来检验，每个随机样本的测量范围为 $N=2$。方差分析表见表6.5。

表6.5 方差分析表

散射源	平方和	自由度	标准化平方和	检验变量值	p 值
组间(均匀性)	3274.72	15	218315	0.87	0.6043
组内(准确性)	4016.5	16	251031	—	—
总方差	7291.22	31	—	—	—

当显著性水平 $\alpha=0.05$ 时，自由度 $(J-1)=15$ 或 $J(N-1)=16$，逆 F 分布结果为

$$F(c)=1-\alpha=0.95 \qquad (6.23)$$

临界极限 $c=2.3522$。与 v_0 比较可知 $v_0<c$。因此，所有平均值相等的假设得到了证实。根据可用的样本，可以假设排出的废气是均匀的。测量值仅围绕实际 NO_x 含量随机波动。

还可以通过计算 p 值来检验测量位置的显著性。

$$p = 1 - F\left(\frac{s_\alpha^2}{s_\varepsilon^2}\right) = 60.43\% \qquad (6.24)$$

由于概率 p 为 60.43%，高于选定的显著性水平 $\alpha = 5\%$，因此不能拒绝零假设。这与 v_0 与计算临界值 c 的比较结果一致。通过分析测量值，证明了气流的均匀性。因此，测量点可以自由选择。

最后，让我们简要总结一下本章的内容。我们已经了解了如何根据现有数据做出决策，同时最大限度地降低错误陈述的风险。理论和所举的实际例子表明，假设检验，特别是方差分析，是一个非常适合的方法工具。一旦我们了解了这些可能性，并掌握了假设的使用方法，我们就可以将注意力转向机器学习主题了。

第 7 章　从数据中学习的艺术

在了解了描述性统计和统计检验之后，我们来到了统计在数字质量管理中的第三个主要应用：即机器学习意义上的预测统计。

我们在第一章中已经简要提到了机器学习和人工智能这两个术语，下面将对它们进行回顾并更详细的解释。

机器学习是指从历史数据中生成知识。在训练阶段，算法被用来识别模式和概率，并将其作为函数建模。然后将这些模型应用到新数据中，以创建预测（见图 7.1）。这就是人们经常谈论的"预测分析"。

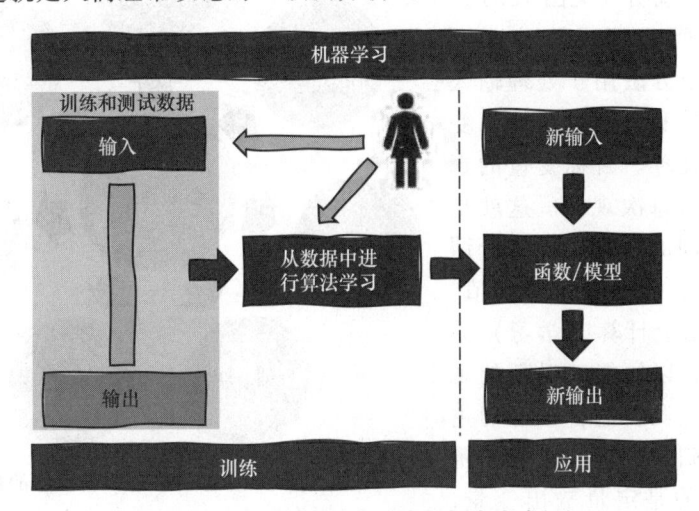

图 7.1　通过机器学习从历史数据中生成知识

现在，人们可能会认为机器学习过程是完全自动的。但事实并非如此。人类仍然扮演着核心角色，例如，他们必须决定使用哪些数据进行训练，并设计相应的算法训练。

当计算机具有通常只有人类才能具备的能力时，就会使用人工智能一词。在人工智能系统中，信息被处理（感知），基于信息对输出进行建模（思考），最后生成预测或行动建议（行动）。就人工智能而言，这种"感知→思考→行动"链的特点通常具有高度自主性和持续学习的特点（见图 7.2）。

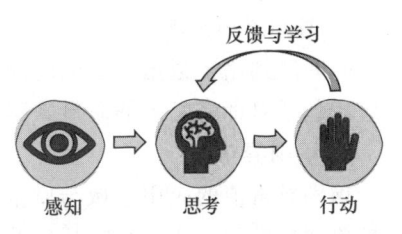

图 7.2　人工智能：自主性和持续学习

机器学习一词与人工智能密切相关，因为人工智能解决方案中的"思考"部分通常是通过机器学习来实现的。

近年来，围绕机器学习和人工智能的话题确实炒得很热。其原因可以用缩写ABC来概括：

1）A＝算法。
2）B＝大数据。
3）C＝计算能力。

如今，所需的相应算法通常可以作为免费的开源解决方案提供，例如Python。由于数字化程度不断提高，大量数据（大数据）可用于使用机器学习训练预测模型，并且由于具有适当的计算能力，也可以对这些数据进行处理。

在质量管理中，预测模型的应用前景极为广阔，本章以下各节将举例加以说明（见图7.3）。

1. 监督学习：回归和分类

监督学习方法用于处理输入变量（特征）和底层过程输出变量都可用的任务。目标变量的真实值会分配给每次观测。这就是监督学习一词的由来，因为所谓的"监督者"已经确定了真值。所使用的算法会计算（学习）哪些是正确的，以便能够对新的观测结果进行预测。监督学习的主要方法是回归和分类。在回归函数中，预测的是定量输出变量，而在分类任务中，预测的是定性变量。

图7.3　机器学习在质量管理中的用例

这些模型通常用于生产中，用于预测质量特征的表现，从而避免质量问题。在产品开发中，可以利用该方法系统地从现场数据中学习，以开发创新和以客户为导向的产品。

2. 时间序列预测

时间序列用于根据过去的时间趋势预测质量特征的未来走向。质量管理中的典型应用包括对即将发生的质量缺陷、未来客户行为或机器磨损的可靠性预测。

3. 识别异常值

识别异常值的应用领域与质量管理尤为相关。统计过程控制是识别异常值的一种简单而成熟的方法，它将超出其他过程质量特征±3标准差的数据点识别为异常值。机器学习为识别异常值提供了一系列其他选择，其中有三种主要方法可供选择：

1）无监督：所使用的算法通常直接从数据中学习模式，不需要额外的信息。因此，我们称之为无监督学习。特征被传递给聚类算法，异常值被识别为异常数据点，因为它们无法被分配到一个聚类中。

2）半监督：在输入和输出变量之间或多个输入变量之间建立正常关系模型，任何明显偏离该模型的数据都会被识别为异常值。

3）有监督：如果数据集中的异常值已被识别为异常值，并且有足够的异常值数据，则可使用分类算法进行异常值检测。

所有这些方法都能够检测多变量异常值，即质量特征值的异常组合。这通常是传统的 SPC 无法做到的。

4. 查找聚类

在计算机科学和统计学中，聚类（组或积累）是指具有相似特征的一组数据对象。计算这种分组的方法称为聚类或聚类分析。在质量管理中，经常使用聚类方法来识别异常值。

5. 图像识别

例如，现代图像处理技术所提供的多种可能性，可以大大改善质量管理中的视觉检查。通常使用神经网络作为机器学习方法。图像识别还可以用于自动检测生产中的物体。

6. 语音和文本识别

文本的数字化处理在质量管理中有着广泛的应用：

1）总结文章或文件（如质量标准、规范等）。
2）分析要求文件（不同版本文件之间的差异，如规格说明）。
3）机器语言翻译，例如谷歌翻译。
4）社交媒体情感分析，例如确定客户满意度。
5）自动在线搜索或分析社交媒体数据，以便及早发现质量问题。
6）将合同中的法律术语等技术术语翻译成简明语言。

7. 强化学习

强化学习介于有监督学习和无监督学习之间。在大多数模拟环境中，代理（能够实现自主和自发行为的计算机程序）通过试错和奖励形式的反馈进行训练。通常在需要学习一系列决策并且关于行动成功或失败的反馈有延迟的情况下使用。

强化学习在质量管理中的可能应用是多种多样的：由于代理了解了生产系统的正确占用而优化了规划过程，或者由于代理了解了正确的订单时间而显著改进了物流过程。

在以下各节中，将更详细地分别介绍机器学习方法。在介绍和讨论每种方法的特点之后，将向读者展示质量管理中的实际案例。

7.1 质量管理中的回归程序

质量管理的核心目标之一是避免质量错误。这就需要充分了解因果关系，以便能够预测产品和过程的行为。

在传统建模中，物理模型是通过分析得出的，而在数学建模中，要检查的系统被视为一个黑箱。在这种方法中，输入变量与输出变量或目标变量之间的相互关系可以通过回归函数进行数学描述（见图 7.4）。

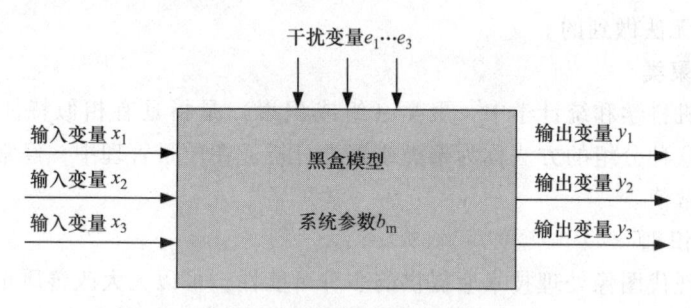

图 7.4 回归方法参数图示

文献中已有多种回归方法。这些方法在输入特征类型、所需样本量和超参数等方面尤其不同。这些参数影响算法的学习过程，无法从数据中学习，因此必须由用户自行定义（详见 8.3.3 节）。表 7.1 所示为不同回归方法的概述。

表 7.1 不同回归方法的概述

方法	输入变量	超参数	评论
线性回归	定量	回归函数、正则化	也可对小型数据集进行统计评估
回归树	定性或定量	杂质测量、决策水平	特别适用于混合输入变量
回归网络	定性或定量	网络结构、训练参数	需要大型数据集，也适用于混合输入变量

本节首先解释二维数据集的线性回归原理。然后将该方法推广到多维数据集。引入并解释了用于评估和比较不同回归形式的参数。此外，还评估了回归任务的可解决性，这可以通过使用正则化方法加以改进。下面以使用机器学习算法进行过程安全控制为例，说明了回归方法如何在质量管理中得到实际应用。

7.1.1 构建回归函数

有一个观测样本

$$(x_1, y_1), (x_2, y_2), \cdots, (x_N, y_N) \tag{7.1}$$

如果从二维群体中采样，这些点通常可以用线性方程进行近似描述，其形式为

$$y(x) = b_0 + b_1 x \tag{7.2}$$

式中，$y(x)$ 是函数估计的值；b_0 是与 y 轴的交点；b_1 是直线的斜率。

最小二乘法原理用于明确计算函数，尤其是在数据量较大的情况下。根据这一原则，直线的布局应使样本值到直线的所有距离的平方和尽可能小。用这种方法确定的函数称为回归函数，样本值与回归直线的距离称为残差。如果用方程来描述回归线，则

$$y(x) = b_0 + b_1 x \tag{7.3}$$

一对值 (x_n, y_n) 的结果就是残差 r_n，即

$$r_n = y_n - y(x_n) = y_n - (b_0 + b_1 x_n) \tag{7.4}$$

在确定参数 b_0 和 b_1 时，应使距离平方和 a 最小。计算公式为

$$a = \sum_{n=1}^{N} r_n^2 = \sum_{n=1}^{N} (y_n - b_0 - b_1 x_n)^2 \tag{7.5}$$

为了使该函数达到最小值，a 的偏导数必须根据回归函数的参数 b_m 而消失。由此得出必要条件

$$\frac{\partial a}{\partial b_1} = 0 \tag{7.6}$$

和

$$\frac{\partial a}{\partial b_0} = 0 \tag{7.7}$$

它们组成了一个线性方程组，从而得出确定两个参数 b_0 和 b_1 的方程。

1. 高阶多项式作为回归函数

与确定回归线的过程类似，高阶多项式也可用作回归函数来描述输入和输出变量之间的数学关系。在一般情况下，M 阶多项式的形式为

$$y(x_0) = b_0 + b_1 x + \cdots + b_M x^M \tag{7.8}$$

为了确定系数 b_m，再次要求误差平方和 a 具有最小值。根据回归参数求 a 的偏导数

$$\frac{\partial a}{\partial b_m} = 0$$

从而得出确定系数 b_m 的方程。

2. 多维回归函数

同样的概念也可用于多维回归函数。除线性模型外，通常还使用带交互作用的线性模型和完全二次模型。表 7.2 总结了这些模型函数。它们相应地适用于两个以上的输入变量，其中交互作用仅限于两个输入变量的乘积。

表 7.2　两个输入变量 x_1 和 x_2 的回归函数

线性模型	$y = b_0 + b_1 x_1 + b_2 x_2$
带交互作用的线性模型	$y = b_0 + b_1 x_1 + b_2 x_2 + b_3 x_1 x_2$
完全二次模型	$y = b_0 + b_1 x_1 + b_2 x_2 + b_3 x_1 x_2 + b_4 x_1^2 + b_5 x_2^2$

在此，我们将稍作离题，看看拉什先生在其公司的数字化项目中是如何使用这一新方法的。

"亲爱的安德烈娅，请原谅我这么晚给你打电话！""没问题，爸爸！""告诉你，我今天在公司参加了一个统计培训课程，他们讲到了回归，我完全不知道那是怎么回事。但由于其他参与培训的同事都没有提问，我也不敢举手暴露自己的无知。所以我想问问你，能不能就这个话题给我做一点辅导？""我很乐意这样做，亲爱的爸爸，因为这个词听起来很复杂，但它的意思很简单。回归分析可以利用几个独立输入变量（预测变量）的可用数据，来预测因变量（目标变量）的值（见图 7.5）。

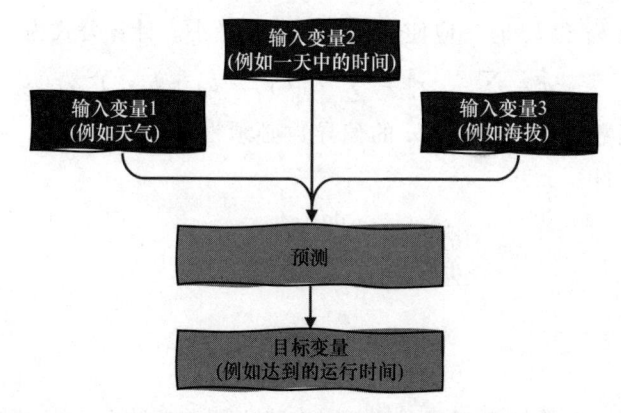

图 7.5 目标变量和输入变量

让我用一个您每天空闲时都会遇到的例子来解释一下。如果您想优化下一次 10km 长跑的跑步时间，您可以使用过去跑步圈数的数据记录，并对其进行统计评估。例如，让我们把天气、一天中的时间和爬升的海拔作为自变量。那么该标准的方程为

$$V = b_0 + b_1 x_1 + b_2 x_2 + b_3 x_3$$

式中，测量值 x_m（m = 1，2，3）是自变量的测量值；因子 b_m 是回归权重，用于描述预测因子的强度；b_0 是回归常数。

为了进一步简化，让我们只取一个变量，即您跑步时的室外温度 x_1 与您达到的跑步时间的关系。如果将其记录下来并输入表格，您将得到跑步分析的测量值，见表 7.3。

表 7.3 跑步分析的测量值

序号	1	2	3	4	5	6	7	8	9	10
温度/℃	14	22	18	30	16	23	31	28	21	25
时间/min	55	53	55	57	52	54	56	56	53	55

首先，从这些数据中看不出任何可识别的模式，即使我们用图表来观察这些点

(见图 7.6)，也不会从中获得更多信息。

当室外温度较高时，您往往会跑得较慢。但是，如果您想知道在室外温度为 10℃ 的情况下，您大概能跑多长时间，线性回归可以帮到您。下次来看望您的时候，我会教您如何用 Excel 表格解决这个问题，但我要提前告诉您，这种情况的回归方程是

$$y = 0.18x_{\text{Temp.}} + 50.6 \quad (7.9)$$

根据您的数据，在 10℃ 的温度下，您的跑步时间将为 52.4min。我还为您在图表中输入了回归线。"

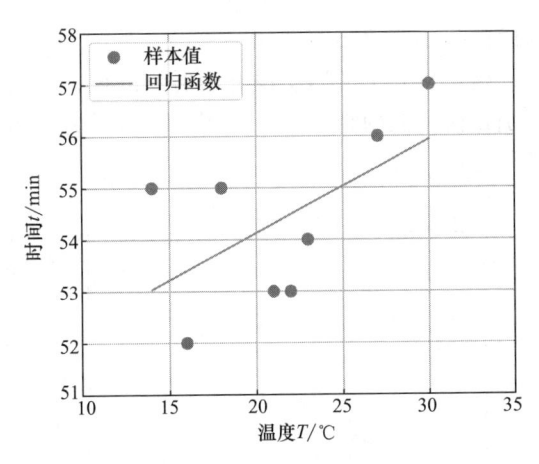

图 7.6 跑步分析示意图

"非常感谢你，亲爱的安德烈娅，现在我对自己的跑步情况有了一些了解。明天早上我就去跑步，算下时间。天气预报说明天适合户外晨跑。"

7.1.2 回归模型评估

回归模型可以使用不同方法进行评估，其中一些方法需要正态分布的数据和正交输入的变量。这些假设通常在有针对性的试验中使用统计试验设计方法进行时都能很好地近似实现。然而，在机器学习中，分析的是随机生成的数据，通常不能做出这种假设。因此，回归模型的评估侧重于决定系数和残差散点分析。此外，还描述了回归项的显著性评估，但这需要残差呈正态分布。

1. 决定系数

随机变量的方差是一种行之有效的统计量度，用于评估分散性。为此，对样本值 y_n 的方差进行分析。决定系数由方差分析得出，它表示通过回归描述的分散比例，范围为 $0 \leqslant R^2 \leqslant 1$。决定系数 $R^2 = 1$ 表明预测值与样本值完全相符。当决定系数 $R^2 = 0$ 时，使用回归函数估计的值与可用样本值之间不存在任何关系。

2. 回归项的显著性

回归参数 β_m 的估计与参数 b_m 基于测量值 y_n。它们具有随机测量误差，因此是随机变量。为此，使用测量值确定的参数 b_m 也是随机变量。如果测量误差服从正态分布，则可以计算预测值和回归系数 b_m 的方差。这些方法可以用来评估回归项的显著性。

使用适当的软件包进行回归系数显著性的分析以及回归系数本身的确定。

3. 残差分析

残差分析用于更详细地分析模型无法解释的散点。它基于残差 r_n，即样本值与

回归函数相应值之间的偏差。

残差反映了回归中没有映射到的偏差。残差可用于判定模型假设是否正确，并识别任何可能的特殊特征。图 7.7 所示为使用高阶多项式对油温传感器示例的残差进行近似计算。

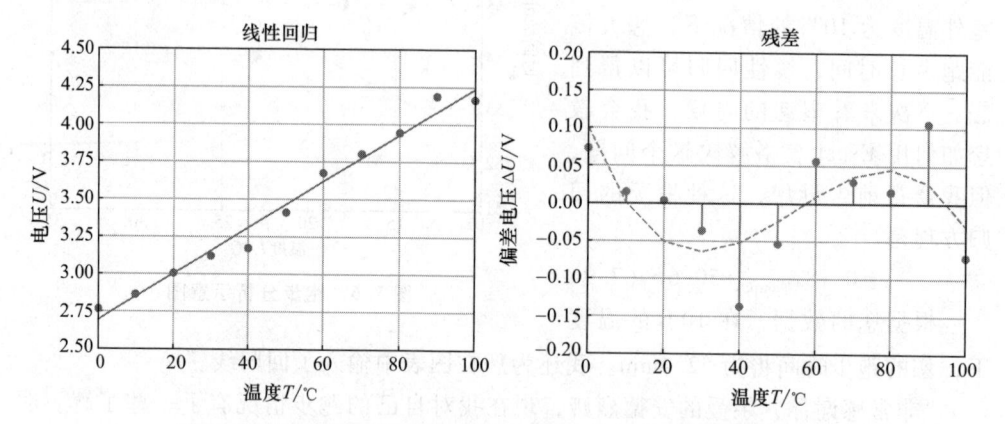

图 7.7 使用高阶多项式对油温传感器示例的残差进行近似计算

该示例的残差显示出一条可用三阶多项式描述的曲线。因此，残差散射分析表明，高阶回归函数可以进一步改善回归结果。

4. 训练数据集和测试数据集的决定系数比较

回归分析的目的是利用回归函数描述输入和输出变量之间的关系。虽然估计是基于样本的，但结果总体上应该是普遍有效的。为了评估这一目标，数据集被分为训练数据集和测试数据集。训练数据集用于确定回归函数，测试数据集用于检查回归函数是否对新数据也有效。决定系数被用作对此的衡量标准。如果训练数据集和测试数据集的决定系数相似，则可以认为通用性良好。否则，应使用正则化程序重新进行回归分析（见 7.1.3 节）。

回归阶数 $M=1$ 和 $M=4$ 的油温传感器的输出电压的回归函数如图 7.8 所示。

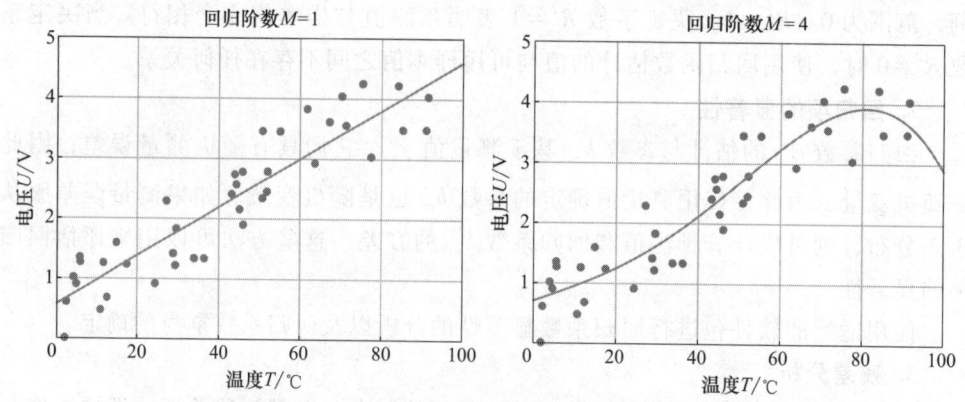

图 7.8 回归阶数 $M=1$ 和 $M=4$ 的油温传感器的输出电压的回归函数

$M=4$ 的回归函数更详细地遵循了样本曲线。两种回归函数都对训练数据集和测试数据集的决定系数进行了评估（见表 7.4）。

表 7.4　两种回归函数对训练数据和测试数据集的决定系数的评估结果

数据集	训练数据集	测试数据集
$M=1$	0.868	0.713
$M=4$	0.935	0.626

正如预期的那样，高阶回归函数在训练期间比低阶回归函数具有更高的决定系数。然而，在测试数据集时，该系数大幅下降。训练数据集和测试数据集的决定系数之间的巨大数值差异是过度拟合的明显标志，即夸大了随机测量的效应。

7.1.3　正则化

5.7.1 节已经讨论了输入变量的共线性所带来的问题。在回归分析中，输入变量的线性依赖性使得相关系数的估计更加不确定。回归系数是不稳定的，即它们严重依赖于各自的样本。模型解释不再清晰。

多重共线性可以通过识别共线输入变量、并从数据集中删除一个共线输入变量来解决（见 5.7.1 节）。另一种解决方案是使用正则化方法。这些方法通过使用附加条件限制回归模型。

1. 岭回归

多重共线性会导致过大的回归系数，这些系数在很大程度上相互补偿，以便尽可能地接近输出变量。事实证明，即使目标变量的波动很小（例如，由于测量误差），这些项也会有很大变化。因此，岭回归要求系数尽可能小。为了实现这一目标，优化标准中加入了系数平方的加权总和 α。这会"惩罚"高系数，使优化结果中的系数 b_m 小于标准回归结果。

$$Q_{RIDGE} = \sum_{n=1}^{N}(\underline{x}_n^T\underline{b} - y_n)^2 + \alpha \sum_{m=0}^{M} b_m^2 \qquad (7.10)$$

2. 拉索回归

拉索回归在质量标准的定义中也使用了一个附加项。不过，使用的是回归系数之和，而不是平方和。

$$Q_{LASSO} = \sum_{n=1}^{N}(\underline{x}_n^T\underline{b} - y_n)^2 + \alpha \sum_{m=0}^{M} |b_m| \qquad (7.11)$$

拉索回归对系数的绝对值进行惩罚。这导致一些系数可以变为零，而某些输入变量可能根本不会被纳入回归模型中。因此，正则化方法也有助于避免过度拟合（相关详细信息，请参见 8.3.3 节）。

3. 优化正则化参数（超参数）

无法预测哪些正则化参数对当前回归问题是正确的。取而代之的是在训练和测试数据的基础上为测试数据集寻找和使用最佳参数。图形表示法对此提供了支持。

4. 删除不显著的回归项

7.1.2 节展示了如何识别和消除回归函数的非显著系数。这一过程可以提高回归函数的通用性，因此也可以理解为一种正则化措施。

7.1.4 示例：使用机器学习算法进行过程控制

工业制造过程有大量参数。这些参数会被自动记录，并可用于控制生产。图 7.9 所示为冲压和折弯工具的示例，通过一系列冲压和折弯工序生产零部件。该工具在承受高应力下，磨损严重，尤其是在大批量生产时。相应工具的成本很高，因此要尽可能延长其使用寿命。

在我们的示例中，分析了具有八个设置参数 $E_1 \cdots\cdots E_8$ 的制造过程。使用四个质量特征（质量参数）$Q_1 \cdots\cdots Q_4$ 对生产结果进行评估。

图 7.9 冲压和折弯工具的示例

事实证明，由于设置选项数量众多且相互影响，手动设置参数让制造人员不堪重负。例如，为了补偿工具磨损以符合产品规格，需要长时间调整制造设备。在此期间，不生产任何零部件，生产处于闲置状态。为了避免这种情况，需要尽早更换刀具，而不是通过适当的设置参数组合来补偿刀具磨损，这种做法导致工具成本较高。由于其复杂性，只有在超出指定的容差限制时才更改设置参数。因此，制造结果通常不是完美中心化的（质量特征的位置偏差）。

在此示例中，机器学习算法被用于

1）以生产为中心。
2）减少空闲时间。
3）最大限度地延长工具寿命。

在对质量特征的目标值和实际值进行比较的基础上，提出智能化的行动建议，从而实现生产中心化。理想情况下，这种调整应通过更改设置参数来实现。如有必要，算法应指出需要更换的工具。

图 7.10 所示为用于过程控制的机器学习算法的简化流程图。将生产结果与相应的目标值进行比较。如果存在明显偏差，则使用回归模型确定对设置参数的修正。如果无法使用设置参数进行修正，则建议更换工具。

1. 回归模型作为过程控制的基础

制造过程中有大量影响质量特征 Q_k 的设置参数 E_m。为了能够用数学方法描述这些影响，可以对每个质量特征使用以下形式的回归函数

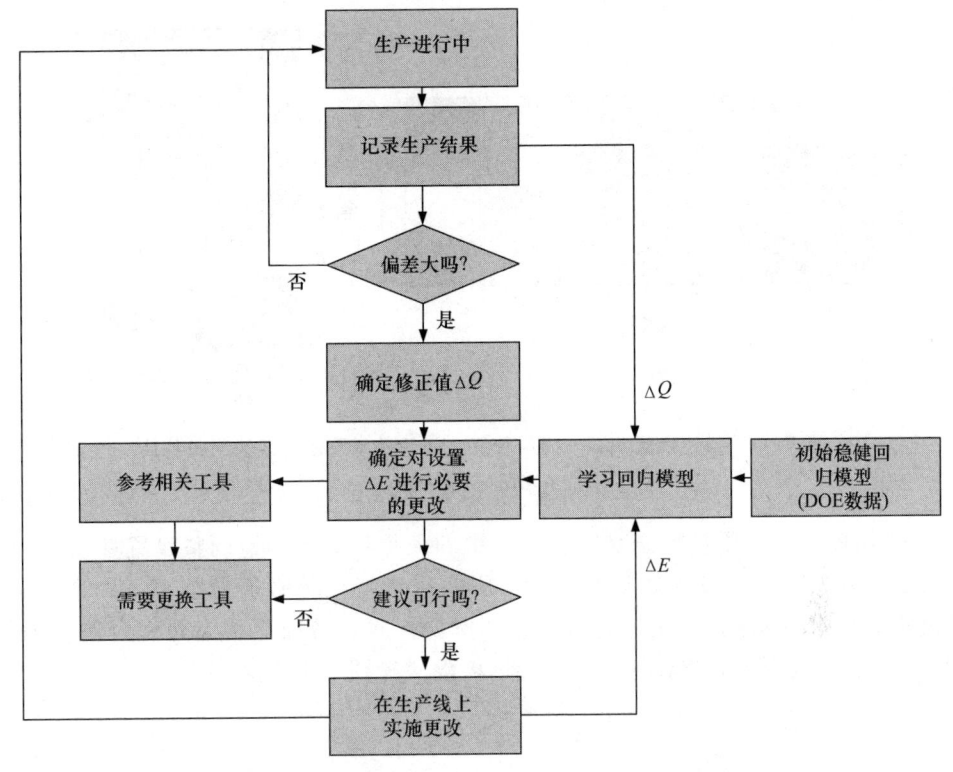

图 7.10 用于过程控制的机器学习算法的简化流程图

$$Q_k = b_{k0} + \sum_{m=1}^{8} b_{km} E_m \tag{7.12}$$

作为学习回归参数 b 的起点,我们创建了一个测试计划,系统地改变了生产参数的设置。由于采用了正交设计,这种综合生成的学习数据非常稳健,因此非常适合作为所需的过程控制的起点。

图 7.11 所示为描述设置参数与质量特征之间的关系及逆关系的回归参数。质量特征 Q_1 和 Q_3 的回归参数 b_{1m} 和 b_{3m} 接近于 0。因此,设置参数 E_m 的变化对 Q_1 和 Q_3 几乎没有影响。质量特征 Q_2 取决于设置参数 E_2、E_5 和 E_6,质量特征 Q_4 取决于设置参数 E_2、E_4、E_6 和 E_7。

该算法的目的是通过改变设置参数 ΔE 来系统地改变质量特征 ΔQ。因此,在工作点上进行了控制工程中已知的线性化处理,将中心点作为工作点。推导过程中省略了常数 b_{k0}。偏导数与系数 b_{km} 相对应。由此得出方程

$$\Delta Q_k = \sum_{m=1}^{8} \frac{\partial Q_k}{\partial E_m} \Delta E_m = \sum_{m=1}^{8} b_{km} \Delta E_m \tag{7.13}$$

为了补偿质量特征的误差,需要确定必要的修正量 $\Delta Q_{修正值}$,并通过调整变量 ΔE 进行设置。必须对式(7.13)进行反演,以分析确定调整变量。反演结果如

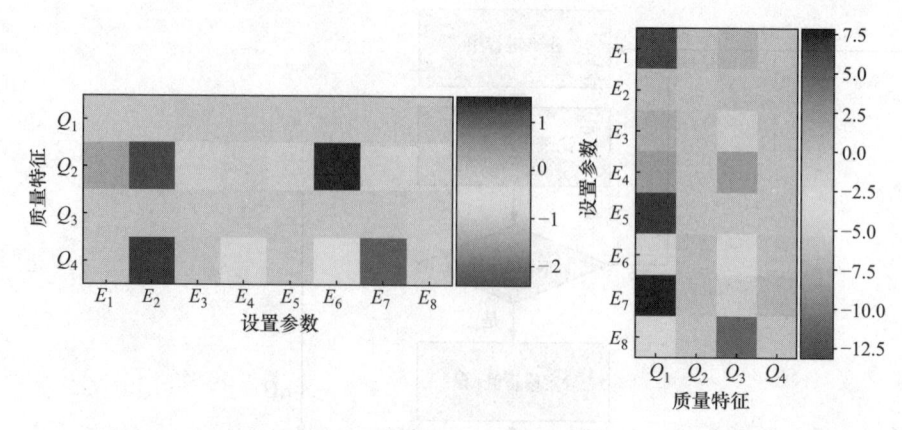

图 7.11　描述设置参数与质量特征之间的关系及逆关系的回归参数
（注：彩图见书后插页。）

图 7.11 右侧所示。质量特征 Q_1 或 Q_3 列中的大量数据表明，调整设置参数 E_m 的巨大变化将与这些变量的修正有关。在所有质量特征都必须修正 10% 的情况下，对设置参数 E_m 的计算证实了这一假设。例如，质量特征漂移为允许公差范围的 10%，就会导致设置超出设置参数的允许极限（见图 7.12）。

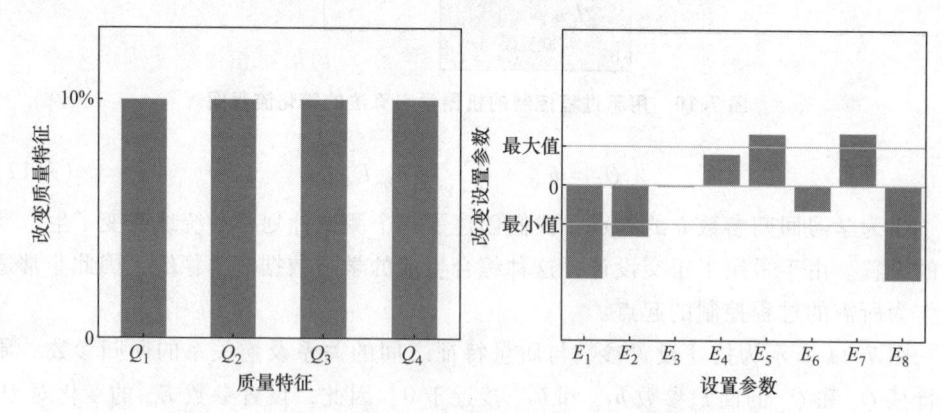

图 7.12　设置参数以补偿质量特征允许公差范围 10% 的漂移

根据均方误差，该程序可得出最佳设置参数 ΔE。然而，分析反演并未考虑可用的调整范围。在本例中，设置参数 E_1、E_2、E_5、E_7 和 E_8 已经超出了允许的设置范围，因此该解决方案在数学上是正确的，但在物理上是无法实现的。

2. 确定可行设置参数的优化算法

为了能够在反演过程中考虑设置限值，使用了数值优化算法来最小化均方误差，而不是分析反演（见图 7.13）。

通过这种方法，设置参数现在处于指定的设置范围内，但是质量参数中 10% 的偏差已经导致设置参数 E_1、E_2、E_4、E_6、E_7 和 E_8 的完全偏离。图 7.11 所示的

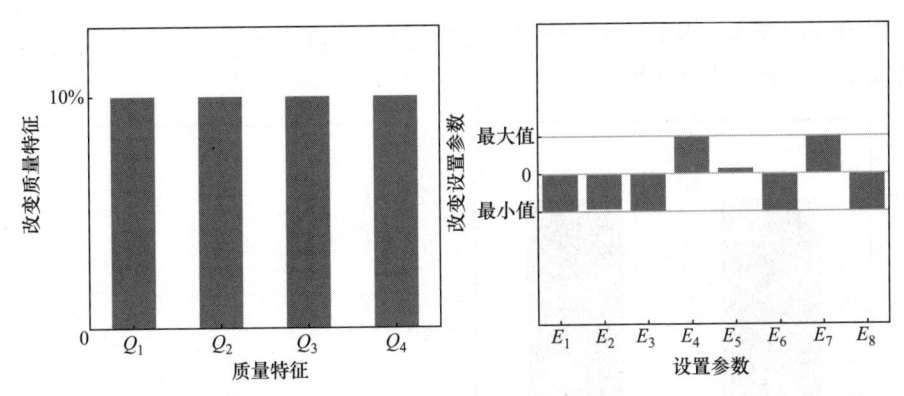

图 7.13　设置参数以补偿质量特征允许公差范围 10% 的漂移，同时考虑设置限值

逆回归参数较高就是造成这种情况的原因。因此，不可能对质量特征 Q_1 和 Q_3 进行有意义的修正。

生产人员在项目审查中证实了这一结果。他们确认，设置参数与质量特征 Q_1 和 Q_3 之间不存在因果关系。这两个特征必须通过其他机制来控制。因此，Q_1 和 Q_3 不在下面的修正范围内，修正算法集中在质量特征 Q_2 和 Q_4 上。

因此，这个例子强调需要在与主题专家的研讨会上将数学相关性和已知的因果关系结合起来。我们将这些会议称为 2K 研讨会，其中两个 K 分别代表相关性和因果关系。对数学结果进行评估，一方面是为了进行所需的可信度检查；另一方面也是为了使算法对后续用户透明、易懂。在 2K 研讨会的基础上，重复上述程序，数据集仍包含所有设置参数 E_m，但只显示质量特征 Q_2 和 Q_4。简化回归模型的回归参数如图 7.14 所示。

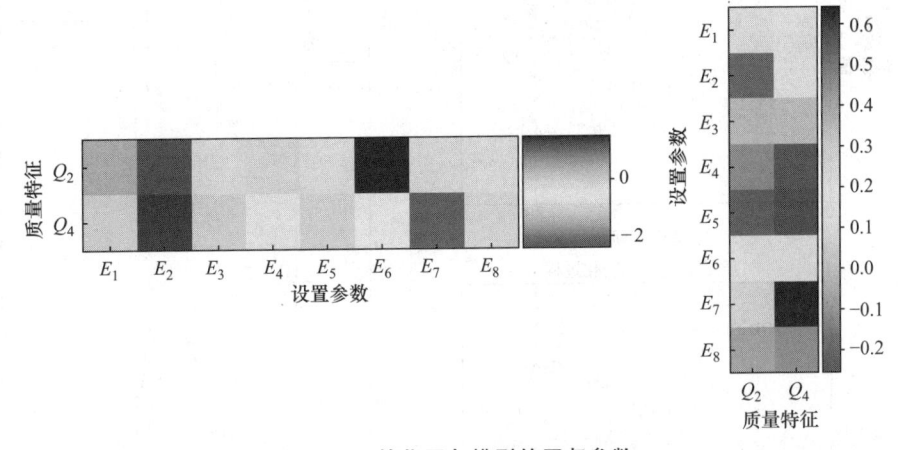

图 7.14　简化回归模型的回归参数

（注：彩图见书后插页。）

根据图 7.14，假设在简化的回归模型中，设置参数的变化较小，足以修正 10% 的质量特征。图 7.15 所示为设置参数以补偿简化回归模型中质量特征允许公差范围 10% 的漂移，其模拟结果证实了这一假设。研究表明，设置参数的极限值允许质量特征补偿高达 50%。

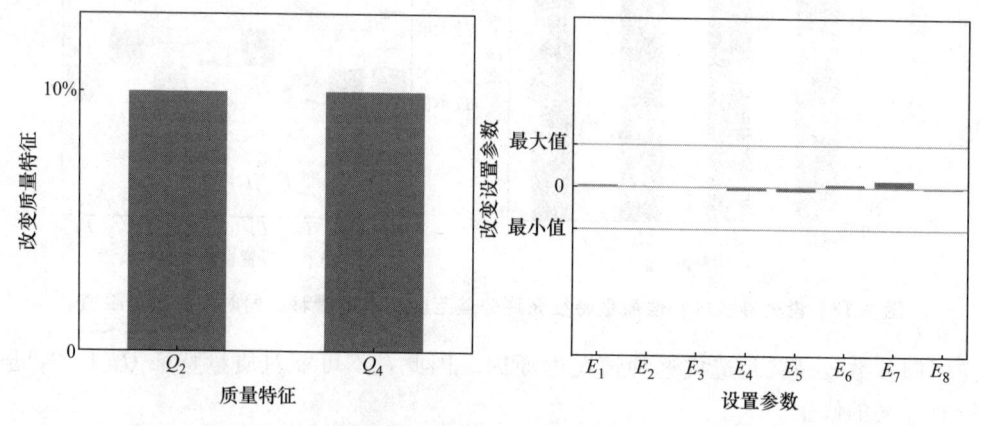

图 7.15　设置参数以补偿简化回归模型中质量特征允许公差范围 10% 的漂移

3. 模拟算法对刀具磨损的反应

一方面，生产过程、测量系统以及质量特征 Q_2 和 Q_4 的结果会受到随机波动的影响；另一方面，刀具磨损会导致参数漂移。所描述的算法应该用于通过尽可能长时间地调整设置参数来补偿刀具磨损，从而延长刀具的使用寿命。为了模拟这一过程，需要生成典型曲线并模拟算法干预。图 7.16 所示为质量特征 Q_2 和 Q_4 有修正和无修正以及设置参数的变化情况。

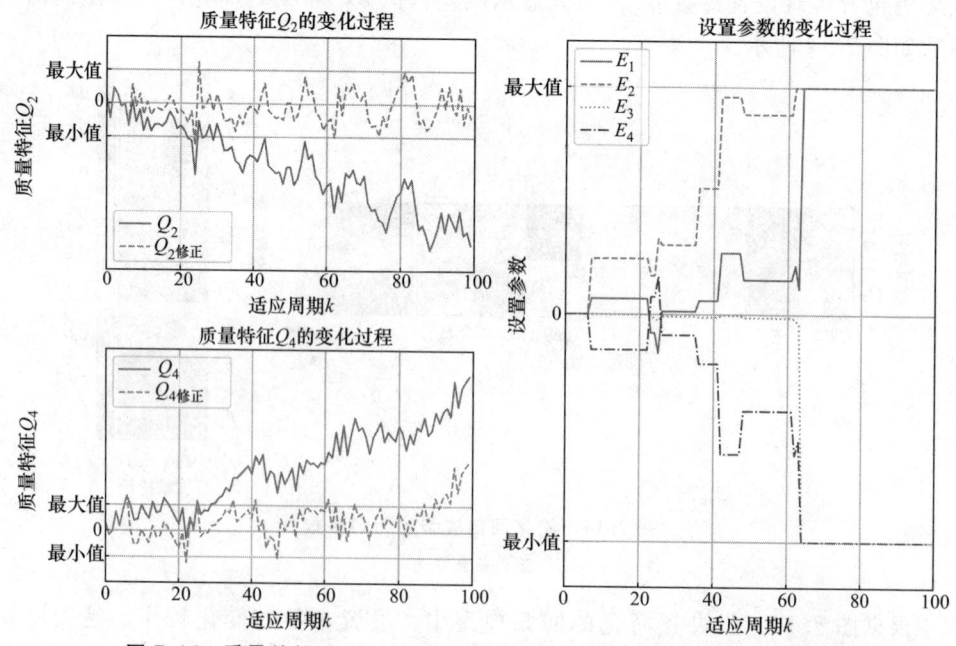

图 7.16　质量特征 Q_2 和 Q_4 有修正和无修正以及设置参数的变化情况

图 7.16 左侧的两幅图显示了质量特征 Q_2 和 Q_4 的变化过程。如果不对设置参数进行修正，那么这些参数很快就会超出规格范围。过程控制算法可以防止这种情况发生。如果某个质量特征超过了操作限值，那么算法就会计算出一套新的设置参数。极限值定义得越小，参数调整的频率就越高，质量特征的范围就越小，从而获得更高的工艺能力。只要设置参数在允许范围内，质量特征就可以控制在干预限值范围内。如果达到了设置参数的极限，则无法再进行完全补偿。从图 7.16 中可以看到质量特征 Q_4 修正的作用。因此，在该模拟示例中，必须在适应周期 $k=88$ 中更换工具。

为补偿质量特征的变化，算法建议更改设置参数。每个设置参数都与生产系统的特定部分和特定工具相关联。如果无法完全补偿质量特征的变化，则达到极限的设置参数会提示需要更换的工具。

在图 7.16 所示的模拟中，质量特征的极限与指定的公差规格一致。持续使用控制限制明显低于公差限制的算法将进一步提高质量，原因有两个。首先，质量特征将更接近其目标值，这意味着生产将更加集中；其次，线性化所适用的工作点不会离开，回归模型的准确性也会提高。不过，这种全自动过程控制只有在更高的扩展阶段，即对过程控制算法 100% 信任的时候才能实现。

4. 回归函数预测范围内的集成异常值检测

如果质量特征 ΔQ 超出干预限值，则算法会建议更改设置参数 ΔE。为了确保此过程的安全，将检查所有已实施的更改设置参数 ΔE 和已实施的更改质量特征 ΔQ 的组合进行异常值检查。图 7.17 象征性地显示了回归函数预测范围内的异常值检测。

根据回归函数所依据的数据集，回归函数会创建一个预测范围。它规定了未来组合以指定概率 Y 所处的范围。

如果建议变化 ΔE 和实际变化 ΔQ 的组合位于预测范围内，则模型得到确认；如果组合超出范围，则表示行为与预期相悖，并且至少在重复情况下必须检查或重新设置模型。通过这种异常值检测对模型进行持续监控。

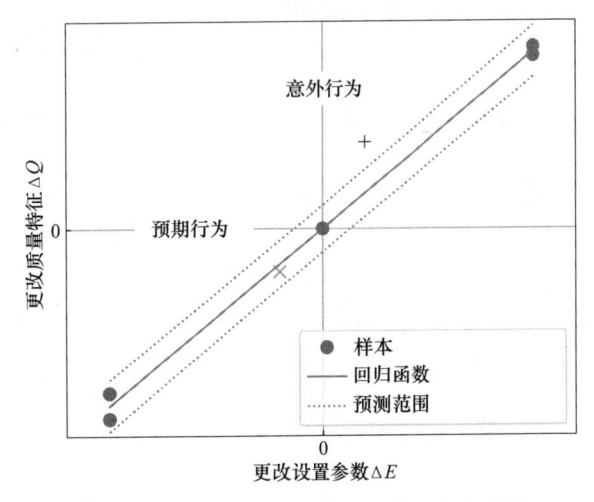

图 7.17 回归函数预测范围内的异常值检测

5. 通过评估参数变化进行持续学习

前几节中描述的概念最初是基于一个稳健的数据集，该数据集是通过测试计划专门创建的。设置参数 ΔE 的每次变化都会导致生产过程中质量特征 ΔQ 的变化。这扩展了有关当前过程的知识。在线性化回归模型中，这种经验意味着回归参数的估算是基于越来越多的观测数据。机器学习算法的预测会变得更加准确，并适应实际工艺过程。为了决定是否将新样本纳入模型，需要执行所描述的异常值检测。

随着观测数据数量的增加，预测结果会变得更加真实，算法也会根据每一个合理的变化进行独立学习。在其他条件相同的情况下，数据点的数量会被纳入预测范围的计算中，并导致预测范围的缩小。预测范围的比较如图 7.18 所示，通过比较初始情况、统计测试规划中的数据点和经过多次调整后的数据集，直观显示了这一效果。

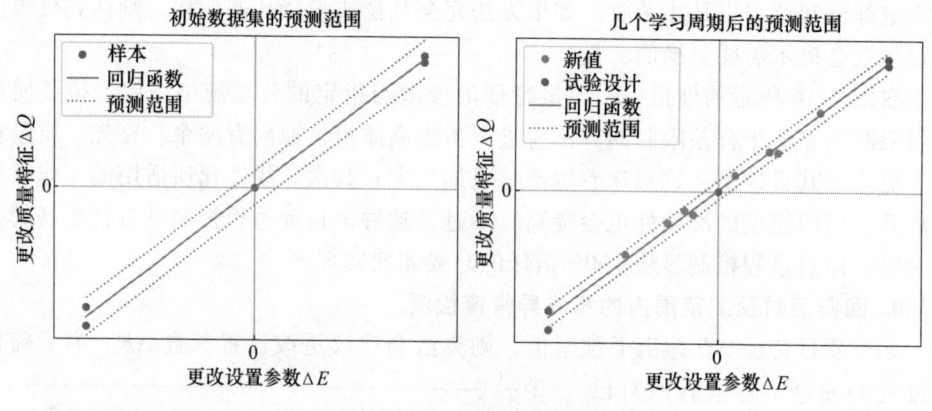

图 7.18 预测范围的比较

使用所述回归方法时输出变量的变化情况和预测范围如图 7.19 所示。

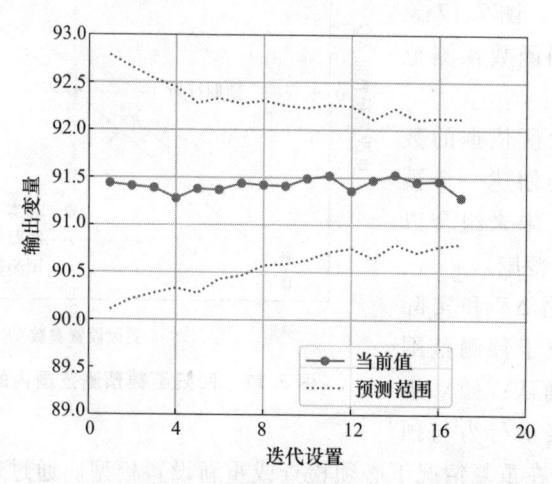

图 7.19 使用所述回归方法时输出变量的变化情况和预测范围

随着样本量的增加，模型变得更加准确，预测范围变得更小。相应的，随着回归方法使用的增加，对异常值的监控变得更加重要。

7.2 分类方法

回归方法用于对具有定量输出变量的过程进行数学描述，分类方法用于具有定性输出变量的过程（见图 7.20）。例如，分类方法可用于解决以下问题：
1) 具有已知特征的产品是否符合规格？
2) 具有已知属性的客户是否会购买所提供的产品？
3) 具有已知症状的患者是否患有某种疾病？

分类方法是根据以产品特征、客户属性或症状形式存在的信息，对规格、购买意愿或疾病进行预测。因此，可以使用与回归方法相同的黑盒模型来描述分类方法，但输出变量 y 本质上是定性的。

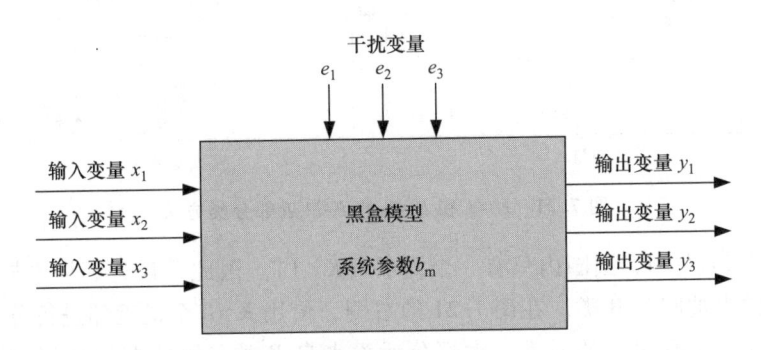

图 7.20　描述分类方法的黑盒模型

机器学习中使用了多种分类方法。表 7.5 概述了主要分类方法及其部分特性。

表 7.5　主要分类方法及其部分特性

方法	输入变量	超参数	评论
朴素贝叶斯	定性或定量	选择分布函数	输入变量最好是独立的
K-最近邻	定量	所需的邻域数、距离度量	也适用于较小的数据集，有过度拟合的倾向
决策树	定性或定量	杂质测量、决策水平	也适用于较小的数据集，有过度拟合的倾向
逻辑回归	定性或定量	可选正则化	回归法
支持向量机	定量	松弛变量、核函数	使用核函数时效率很高
神经网络	定性或定量	网络架构、训练参数	需要大型数据集

下面介绍 K-最近邻分类方法，解释其基本思想和数学描述。还讨论了分类结果的评估。然后以电子模块分类为例应用理论原理。

7.2.1　*K*-最近邻分类方法

K-最近邻分类方法是根据训练数据集直接对样本进行分组。为了说明基本概念，图 7.21 所示为 $K=1$ 和 $K=8$ 的 *K*-最近邻分类方法，包含 A、B、C 三类训练数据集。现在要对新生成的样本进行分类，为此要在新样本周围画一个圆，表示与样本的距离。

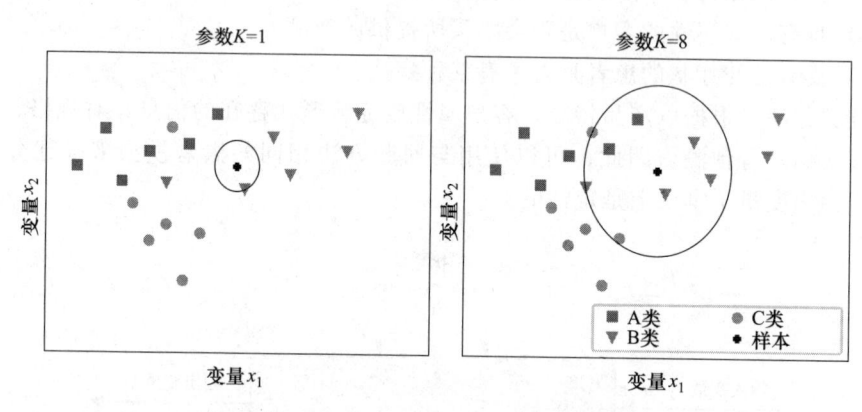

图 7.21　$K=1$ 和 $K=8$ 的 *K*-最近邻分类方法

在图 7.21 左侧，圆圈内只有一个样本（$K=1$）。因此，最近邻样本属于 B 类，所分析的样本被归入 B 类。在图 7.21 的右侧，使用 $K=8$ 个最近邻进行分类。相应的圆圈包含了所有组别的元素。大部分元素来自 B 类，因此在这种情况下，样本也被归入 B 类。

K-最近邻分类方法的优点是使用前无须训练，因此可以直接使用。不过，这种方法也有缺点，那就是必须为每个新样本重新评估数据集。在数据量大、需要评估的样本数量多的情况下，这可能会导致计算时间过长。

1. *K* 个最近邻数的选择

最近邻数 *K* 的选择对分类结果有很大影响。当 *K* 值较小时，将评估样本的局部环境，因此将其分配给一个类别是相对局部的。随着 *K* 值的增加，用于分类的范围也增加。这样，分类边界变得更加均匀。特别是在数据集较小的情况下，远处的元素被纳入分类的风险也随之增加。*K* 的具体选择取决于数据集的维度、坐标值的分布，以及训练数据的范围。图 7.22 所示为 $K=1$ 和 $K=8$ 的最近邻分类结果。

该示例证实了用于分类的最近邻越少，分类算法的局部反应就越大。它趋向于过度拟合。随着最近邻数量的增加，由于基本的平均性，算法会做出更多的全局反应。然而，训练数据集的样本值有时会被错误分类。

2. 距离度量的选择

对于正交坐标系，欧几里得距离由毕达哥拉斯定理得出（见图 7.23）。它表示两点之间的直线距离。因此，它由距离平方的平方根计算得出。

参数K=1　　　　　　　　　　　　　参数K=8

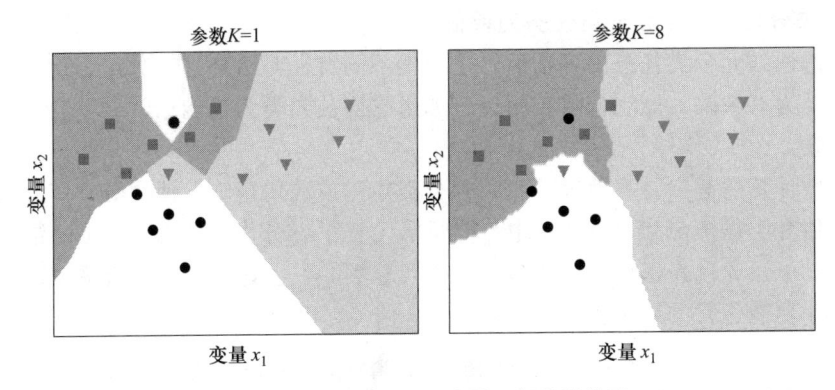

图 7.22　$K=1$ 和 $K=8$ 的最近邻分类结果

$$\Delta \underline{x}_{EU} = \sqrt{\sum_{m=1}^{M} \Delta x_m^2} = \sqrt{\Delta x_1^2 + \Delta x_2^2 + \cdots + \Delta x_M^2} \tag{7.14}$$

除了这个标准的距离定义，还可以使用其他的距离度量。图 7.23 右侧所示为曼哈顿距离，这是由于曼哈顿的街道结构只允许正交移动。曼哈顿距离的计算公式为

$$\Delta \underline{x}_{MA} = \sum_{m=1}^{M} |\Delta x_m| = |\Delta x_1| + |\Delta x_2| + \cdots + |\Delta x_M| \tag{7.15}$$

欧几里得距离　　　　　　　　　　　曼哈顿距离

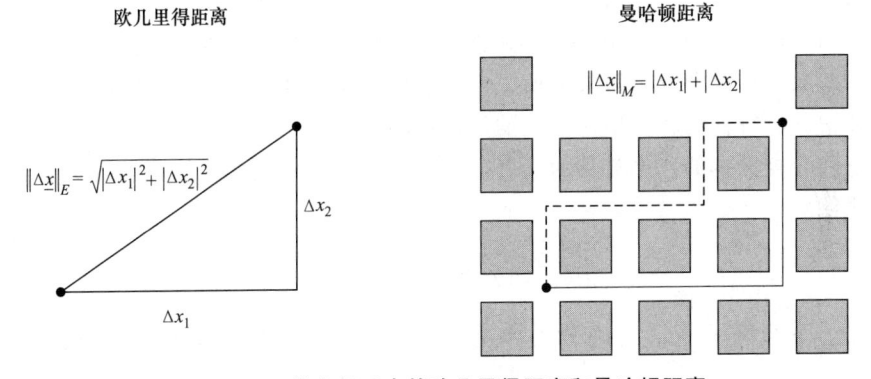

图 7.23　二维坐标系中的欧几里得距离和曼哈顿距离

在 K-最近邻分类方法中，使用的是最适合各自应用的距离度量。

7.2.2　分类模型的评估

分类是根据样本的特征将其归入不同的类别。这种分配通常不会出错，因此就会产生一个问题，即哪种方法可以获得最好的结果，就应该使用哪种方法。本节将利用特征值对各种方法进行必要的评估。

许多任务有两个可能的类别，它们被称为二分任务或二元分类任务。具有两个以上类别的任务称为多类分类任务。

1. 二分任务或二元分类任务的评估

在讨论二元分类任务的评估时,以根据不同特征对组件进行分组为例。如果它们被归类为有缺陷,则它们将被报废;如果它们被归类为功能正常,则它们会被交付并安装。

参数计算的起点是真值表,也称为分类矩阵或混淆矩阵。使用分类矩阵或混淆矩阵评估分类任务见表 7.6。其中,变量 r 代表正确分类的数量,f 代表错误分类的数量,下角 p 代表正分类,下角 n 代表负分类。在上述问题中,有缺陷的组件为正分类,功能正常的组件为负分类。

表 7.6 使用分类矩阵或混淆矩阵评估分类任务

预测	最终测试	
	有缺陷	功能正常
预测有缺陷	$r_p = 32$	$f_p = 0$
预测功能正常	$f_n = 17$	$r_n = 1315$

通过分类,可以回答给定的组件是否有缺陷。有以下几种可能情况:
1)正确阳性(r_p):组件有缺陷,预测正确显示了这一点。
2)错误阴性(f_n):组件有缺陷,但预测错误地将其归类为功能正常。
3)错误阳性(f_p):组件功能正常,但预测错误地将其归类为有缺陷。
4)正确阴性(r_n):组件功能正常,预测正确地显示了这一点。

根据测试结果和分类矩阵的值,可以形成不同的特征值。由此得出的特征值是相对频率,可解释为相应事件发生的估计概率。

正确分类样本的比例被称为正确分类率,是正确分类样本的总和与所有样本总和的比值。

$$P(正确分类) = \frac{r_p + r_n}{r_p + f_n + f_p + r_n} \qquad (7.16)$$

在上面的例子中,正确分类率为 98.75%,这意味着有 1.25% 的预测是错误的。

在许多软件包中,正确分类率也被称为准确率或精确度。除了正确分类率,根据任务的不同,仅与分析样本子集相关的参数也很重要。

灵敏度(召回率)是指缺陷部件组被识别为缺陷的概率。因此,参考值不是所有组件的总和,而是有缺陷组件的数量。

$$灵敏度(召回率) = P(正确分类/有缺陷) = \frac{r_p}{r_p + f_n} \qquad (7.17)$$

从客户满意度的质量角度来看,灵敏度非常重要。高灵敏度可确保有缺陷的组件被检测到并不会被交付。在我们的示例中,这一比例仅为 65.3%,因此有缺陷的组件交付给客户的概率相当高。

特异性是指功能组件被识别为功能正常的概率。因此，参考值是所有功能组件的总和。

$$特异性 = P(正确分类/功能正常) = \frac{r_n}{r_n + f_p} \quad (7.18)$$

从内部成本的角度来看，高特异性非常重要。公司希望报废的实际功能组件越少越好。高特异性（理想情况下为100%，如我们的示例）可以确保这一点。

阳性预测值（相关性、精确度）表示正确分类为阳性的结果占分类为阳性结果总数的比例。在上面的示例中，这与预测装配有缺陷的讨论相对应。阳性预测值表示，当分类为阳性时，实际有缺陷的组件所占的比例。

$$相关性以及精确度 = P(缺陷/缺陷分类) = \frac{r_p}{r_p + f_p} \quad (7.19)$$

在我们的示例中，该值也是100%。

阴性预测值（隔离、分离）表示正确分类为阴性的结果占分类为阴性结果总数的比例。在上面的例子中，这与预测装配是功能正常的讨论相对应。阴性预测值表示，当分类为阴性时，实际功能正常的组件所占的比例。

$$P(功能正常/功能缺陷) = \frac{r_n}{r_n + f_n} \quad (7.20)$$

在我们的示例中，该值为98.7%。

2. 多类分类任务的评估

前几节介绍的分类方法可以直接或通过重复应用将样本分为两个以上的类别。7.2.2节中介绍的参数稍作修改后也可用于这种情况。

使用分类矩阵或混淆矩阵评估多类分类任务见表7.7，表中显示了将装配组件分为缺陷、良好和完美三类的情况。

表7.7 使用分类矩阵或混淆矩阵评估多类分类任务

测试结果	现实/实际		
	缺陷	良好	完美
预测缺陷	r_1	f_{12}	f_{13}
预测良好	f_{21}	r_2	f_{23}
预测完美	f_{31}	f_{32}	r_3

各个参数的确定方法与二元分类任务相同。不过，必须考虑到正确分类和错误分类可以由多个分组组成。例如，正确分类率的计算公式为

$$P(正确分类) = \frac{r_1 + r_2 + r_3}{r_1 + f_{21} + f_{31} + r_2 + f_{12} + f_{32} + r_3 + f_{13} + f_{23}} \quad (7.21)$$

而灵敏度为

$$灵敏度 = P(正确分类/有缺陷) = \frac{r_1}{r_1 + f_{21} + f_{31}} \tag{7.22}$$

7.2.3 示例：产量预测的分类方法

多芯片模块可在一个外壳中集成多种不同生产技术的芯片（见图7.24）。模块结构紧凑，组装和连接灵活，因此具有很强的通用性。将不同的技术和不同构造与连接技术相结合，能够生产出可用作化学传感器或光谱分析等的微系统。

当元件安装在电路板上时，会发生明显的增值。因此，在安装之前，要对各个元件进行测试。然而，微系统的许多功能只有在所有系统元件组装完成后（即只有在所描述的附加值增加之后）才能进行测试。因此，我们尝试在中间测试的基础上预测微系统的功能。这些测试在晶圆级进行，因此可以经济高效地实施。在生产过程中，通常将几块晶圆组合成一批。

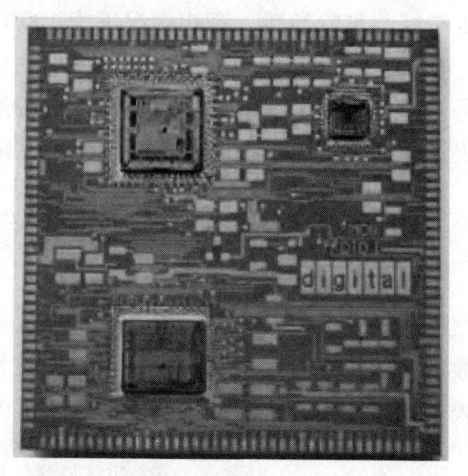

图7.24 多芯片模块（Spingal，2021）

基于这些初步考虑，用于预测微系统产量的参数图如图7.25所示。

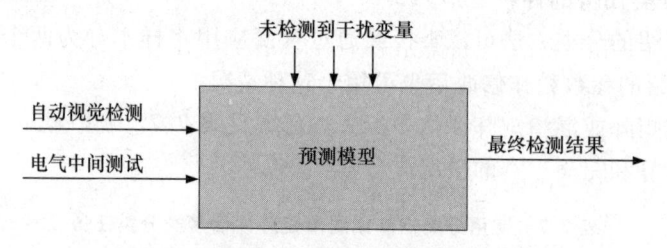

图7.25 用于预测微系统产量的参数图

一方面，该模型包括自动视觉检测的结果，其中记录了处理过程中造成的划痕和异物颗粒造成的缺陷；另一方面，还使用了电气中间测试的结果，例如电流比、阻抗和参考电压。预测模型旨在预测整个系统的最终检测结果。

1. 准备工作和数据概念

为了训练和测试要设计的分类方法，对原型批次中的五个测试晶圆进行必要的自动视觉检测和电气中间测试。此外，所有零部件均用于构建微系统，所有成品部件均需接受最终检测。生成的数据必须为机器学习做好准备。

晶片上未封装的单个电路被称为裸片。每个裸片都要经历完整的测试过程。在此过程中，生成三个不同的数据集：包含自动视觉检测结果的数据库、包含电气中间测试结果的数据库和包含最终检测结果的数据库。合并数据需要一个标准化的坐标系统。

由于数据源不同，数据格式也不同。因此，小数点分隔符和大小写字母必须标准化。数据清理过程结束后，会创建一个矩阵，其中每一行代表具有所有必要信息或特征的裸片。

图 7.26 所示为用于预测晶圆缺陷裸片的数据集。晶圆轮廓中的每个点代表一个裸片。在图 7.26 左侧以不同深浅的灰色显示检测到的工艺缺陷。为了简单起见，此处将多个缺陷显示为单个缺陷。图 7.26 右侧显示的是同一晶圆的最终检测结果。

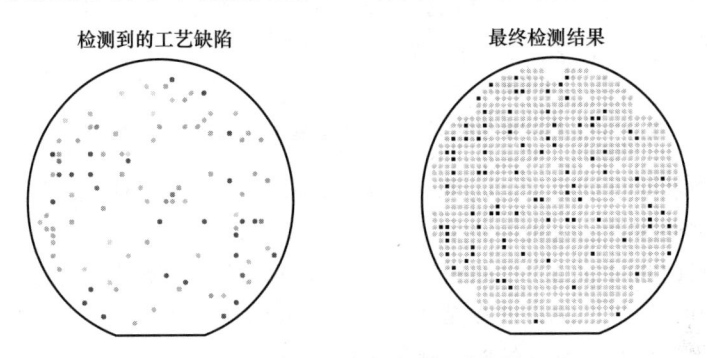

图 7.26　用于预测晶圆缺陷裸片的数据集

（注：工艺缺陷显示为不同深浅的灰色，最终检测结果：浅色区域=成功，深色区域=缺陷。）

生成的数据集分为四组，分组情况见表 7.8。完美的零部件没有工艺缺陷，并顺利通过最终检测。无法识别的缺陷没有工艺缺陷，但在最终检测中被识别为缺陷。由于缺乏迹象或信息，无法预测它们是否有缺陷。存在不相关缺陷的零部件在最终检测中仍能正常工作。最后一组零部件在生产过程中和最终检测时都存在缺陷。

表 7.8　数据集的分组情况

部件名称	数量	描述
完美的零部件	6291	无工艺缺陷,无最终检测缺陷
无法识别的缺陷	64	无工艺缺陷,但有最终检测缺陷
不相关的缺陷	277	有工艺缺陷,但最终检测无缺陷
相关缺陷	183	有工艺缺陷,有最终检测缺陷

五个晶圆总共有 6815 个检测结果，其中 80%用于训练，20%用于测试分类方法。两组均由表 7.8 中列出的相同比例的组成。此过程称为分层抽样。

2. 培训与评估

K-最近邻分类法旨在根据记录的工艺错误创建预测，预测哪些零部件在最终检测中将出现缺陷。为了选择合适的参数，所需的近邻数量和距离度量是不同的（见图 7.27）。

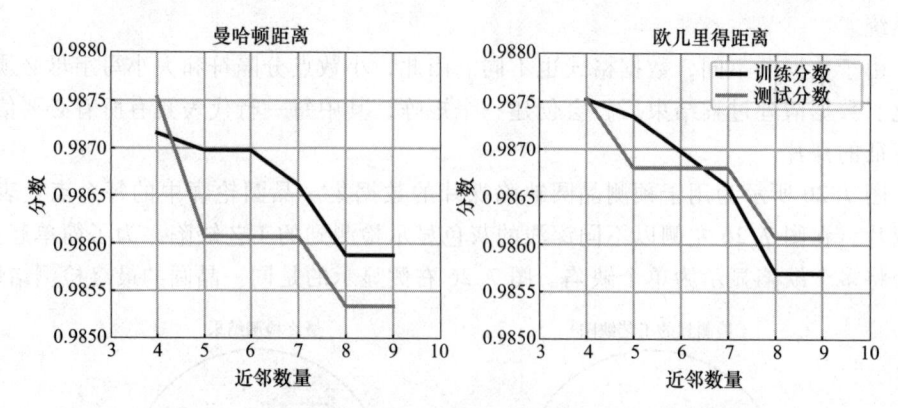

图 7.27 距离度量和近邻数量对训练分数和测试分数的影响

训练分数和测试分数大致相同,均在 98% 以上。随着邻居数量的增加,分数略有下降。因此该算法适用于分类。

分类的目的是筛选出有缺陷的零部件,以节省进一步加工处理的工作量。这就是计算灵敏度的原因,灵敏度在晶圆生产中被称为捕获率。它描述了根据工艺错误有多少缺陷零部件被识别为缺陷,计算公式为

$$捕获率 = \frac{r_p}{r_p + f_n} \tag{7.23}$$

在晶圆生产中,相关性被称为命中率。它评估被归类为有缺陷的模块中有多少是真正有缺陷的,计算公式如下

$$命中率 = \frac{r_p}{r_p + f_p} \tag{7.24}$$

捕获率和命中率与近邻数量和距离度量的函数关系如图 7.28 所示。

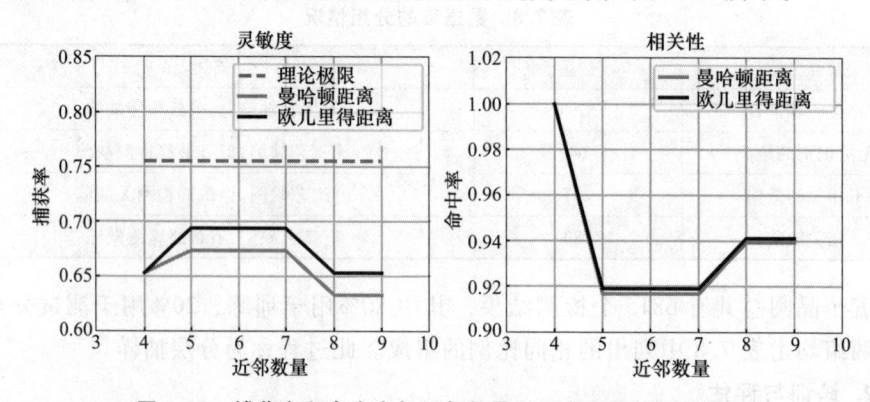

图 7.28 捕获率和命中率与近邻数量和距离度量的函数关系

所有距离的捕获率均超过 60%。对于欧几里得距离和 $K = 5 \sim 7$,最高捕获率可以达到 69.39%。因此,该分类并不能识别所有有缺陷的零部件。对表 7.8 中数据

的分析表明，有些零部件没有可识别的工艺缺陷，但在最终检验时被识别为有缺陷。该数据无法通过分类识别确定为缺陷。测试数据集中有 12 个部分，因此捕获率为 69.39% 的分类结果已经非常接近理论上限。

$$捕获率上限 = \frac{r_n}{f_p + r_n} = \frac{37}{37 + 12} = 75.51\% \quad (7.25)$$

因此，为了提高捕获率，有必要对相应零部件进行分析，并检查为什么在视觉检测和电气中间测试中没有将这些零部件识别为有缺陷。如有必要，必须使用测量系统分析（MSA）对测量系统进行检查。

当 $K = 2 \sim 4$ 时，命中率为 100%，因此该区域中的任何功能部件都不会被归类为有缺陷。如果近邻数量较多，则命中率会下降至 92%。对于生产而言，相关性比灵敏度更重要，这就是为什么在这个例子中要最大限度地提高命中率，并选择欧几里得距离及 $K = 4$ 的近邻数量。集成电路分类测试数据的分类矩阵见表 7.9。

表 7.9 集成电路分类测试数据的分类矩阵

预测	最终测试	
	有缺陷	功能正常
预测有缺陷	$r_p = 32$	$f_p = 0$
预测功能正常	$f_n = 17$	$r_n = 1315$

从这个示例中，我们可以看出如何利用分类方法来提高生产率、避免浪费。

7.3 聚类方法

聚类方法的目的是发现数据中的模式。这包括确定数据中的类或组。组内的观测值应尽可能相似，而不同组的观测值应显示出尽可能大的差异。

在大多数情况下，期望将观察结果明确分组或归类是不现实的。不过，聚类对于识别数据中的某些趋势还是很有用的。

一种实用且普遍的方法是"您可能也喜欢这个。"例如，如果您对谷歌图书库中的一本书感兴趣，谷歌就会同时推荐类似的图书。关于这些推荐是如何产生的，有几种情况。其中一种情况是，谷歌将这些图书归入了某些群组。当阅读某个群组中的图书时，同一群组中的其他图书也会被推荐给读者。

在实践中，使用多种聚类方法。不同聚类方法概述见表 7.10。各种方法根据其超参数和使用的距离度量进行区分（scikit-learn developers，2021）。

下文将介绍 DBSCAN 算法，作为聚类方法的代表。通过一个例子，讨论了该方法的超参数，并对聚类结果进行了评估。最后，使用该方法识别异常值。

表 7.10　不同聚类方法概述

方法	超参数	几何（距离度量）
K-均值	聚类数	样本到聚类中心的距离
谱聚类	聚类数	具有核函数的 K-均值方法
DBSCAN 基于密度的聚类算法	到邻居的距离，集群的最小邻居数量	最近观测值之间的距离
高斯混合	各种各样的	到中心的马哈拉诺比斯距离
分层聚类	聚类数	观测值之间的距离
BIRCH（利用层次方法的平衡迭代规约和聚类）	分支因子、阈值、可选全局聚类	观测值之间的欧几里得距离

7.3.1　DBSCAN 算法

DBSCAN 算法（Density-Based Spatial Clustering of Applications with Noise）是基于密度的聚类算法的代表。该算法检查样本是否与其他样本相邻。为此，该算法会分析其周围的 ε-环境。根据样本数量，样本可分为核心点、边缘点和噪声点。

1. 核心点、边缘点和噪声点

图 7.29 显示了如何根据邻近点将样本分核心点、边缘点和噪声点。如果一个样本周围连同该点本身至少有 K_{MIN} 个样本，则该样本被称为核心点。如果电子环境中的样本较少，则这是一个边缘点。如果 ε-环境中没有其他样本，则该样本是一个噪声点，可以归类为异常值。

核心点　　　　　边缘点　　　　　噪声点

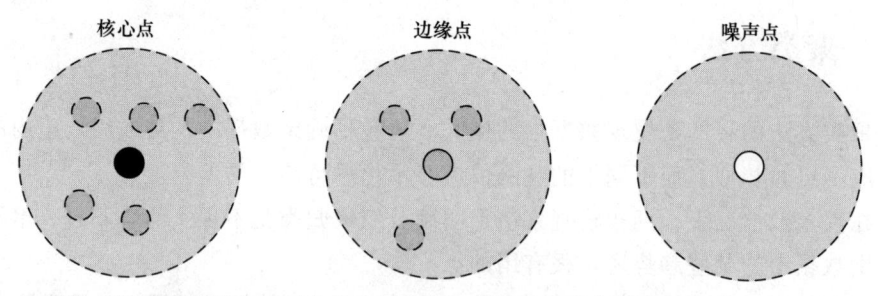

图 7.29　根据邻近点将样本分为核心点、边缘点和噪声点（以 $K_{MIN}=5$ 为例）

两个参数对于分类至关重要：环境的范围和核心点所需的 K_{MIN}。为了对样本进行分类，需要搜索一个核心点，并将电子环境内的所有其他样本标记为边缘点。然后检查这些样本中的每一个样本，看看它是否也是核心点。重复这一概念，直到所有样本都被定性。

2. 识别聚类

为了识别聚类（集群），需要搜索位于同一 ε-环境中的核心点。这些点和所有相关的边缘点与其 ε-环境构成一个聚类（集群）（见图 7.30）。图 7.30 显示了一个包含 15 个样本的数据集，这些样本用点表示。按照上述方法，形成聚类 1 和聚类 2，一个点在其 ε-环境中没有其他样本，该点被归类为噪声点或异常值。

点的分配是迭代进行的，因此一个点最初可以被分配到一个集群，然后在根据其他核心点对其进行重新评估后，再分配到另一个集群。因此，边缘点的分配不一定是唯一的，但可以取决于集群形成的顺序。

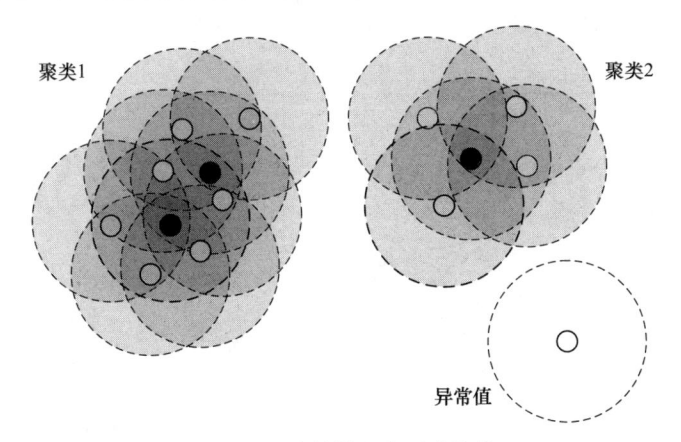

图 7.30 连接核心点形成聚类

与其他聚类算法不同的是，DBSCAN 算法无须事先知道需要识别的聚类数量，并且该算法可以识别复杂的聚类结构。DBSCAN 算法还可以识别异常值，这一方面提高了稳定性，另一方面对识别异常值也很重要。

7.3.2 优化（调整）超参数

ε-环境的大小以及参数 ε 对于将数据划分为聚类非常重要。为了演示这种联系，我们将一个具有不同参数的清晰数据集划分为多个聚类。图 7.31 所示为使用 DBSCAN 方法在不同 ε-环境下将样本划分为聚类（$K_{MIN} = 5$）。

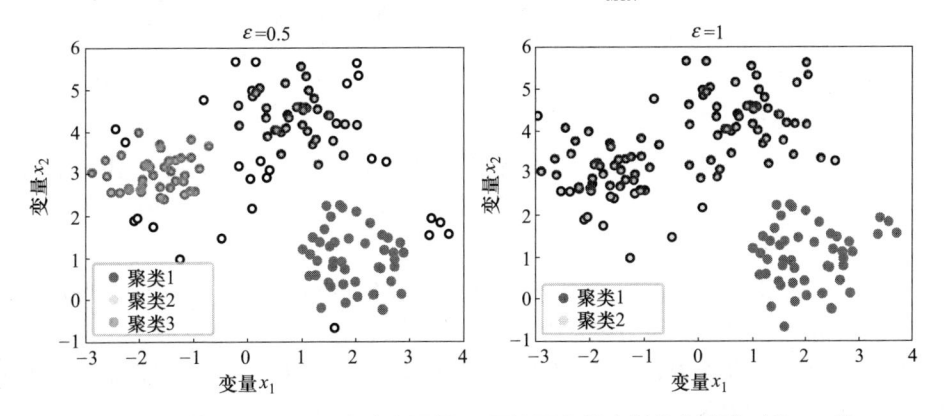

图 7.31 使用 DBSCAN 方法在不同 ε-环境下将样本划分为聚类（$K_{MIN} = 5$）

如果 ε-环境足够小（$\varepsilon = 0.5$），各个点云就会相互分离，并形成三个聚类。一些样本离聚类太远，被归类为异常值。当 $\varepsilon = 1$ 时，两个上层点云被合并为一个大聚类。由于 ε-环境较大，偏远样本也被分配到两个聚类中的一个。

图 7.32 所示为使用 DBSCAN 方法在相同 ε-环境下 K_{MIN} 对聚类结果的影响（$\varepsilon = 0.5$）。如果减少最小近邻数，则异常值群体会形成新的聚类，从而增加聚类的数量，减少异常值的数量。

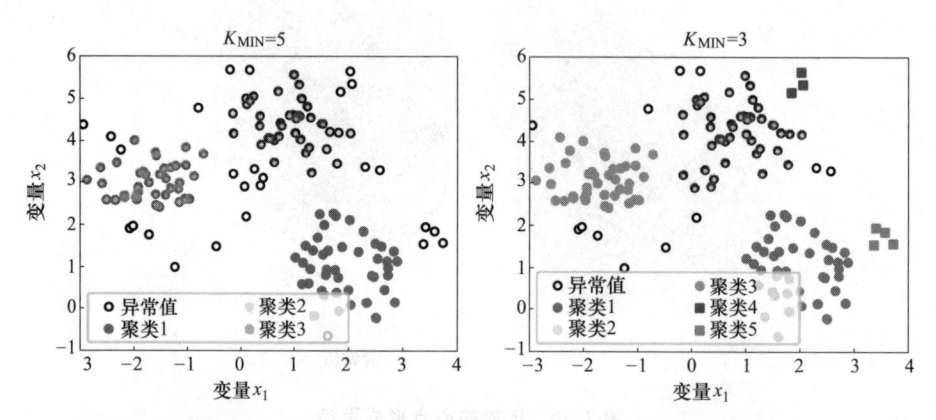

图 7.32　使用 DBSCAN 方法在相同 ε-环境下 K_{MIN} 对聚类结果的影响（$\varepsilon = 0.5$）

为了优化聚类结果，有必要根据要聚类的数据集调整 ε 和 K_{MIN} 这两个参数。

1. 分析距离

为了初步评估参数 ε 的合理值，可以分析点之间的距离。图 7.33 所示为图 7.31 中数据集各样本之间距离的频率分布。

具有显著比例的最小距离对于确定 ε-环境至关重要。在本示例中，2% 的零部件间距为 0.2 或更小。因此，参数 ε 的选择略高于这一范围。

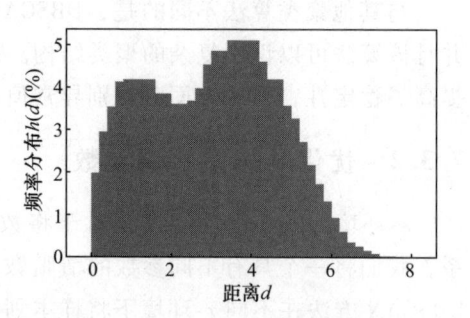

图 7.33　图 7.31 中数据集各样本之间距离的频率分布

2. 聚类数和异常值比例

参数 ε 和 K_{MIN} 会影响聚类数和异常值比例。为了优化聚类结果，需要有针对性地改变参数 ε 和 K_{MIN}。图 7.34 所示为参数 ε 对聚类数和异常值比例的影响（$K_{MIN} = 3$）。

随着 ε-环境的增加，异常值比例降低。聚类数最初会随着 ε-环境的增加而增加，因为 K_{MIN} 的临界大小在环境中出现的频率更高。如果 ε-环境进一步增加，几个小聚类会合并成大聚类，聚类数就会减少。图 7.35 所示为 K_{MIN} 对异常值比例和聚类数的影响（$\varepsilon = 0.4$）。

核心点所需的近邻越多，就越有可能无法实现聚类。因此，异常值比例随着

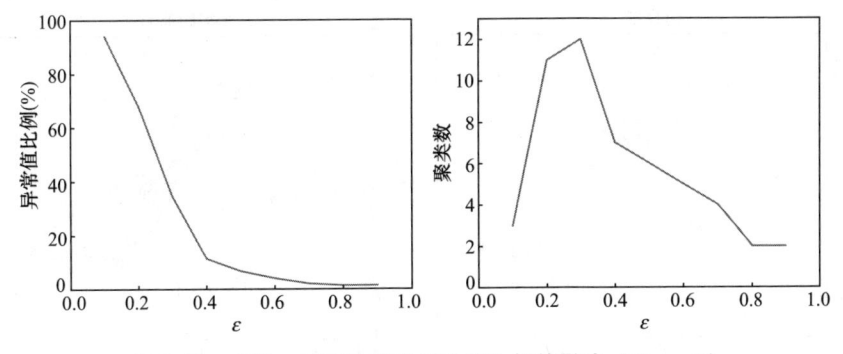

图 7.34 参数 ε 对聚类数和异常值比例的影响（$K_{MIN} = 3$）

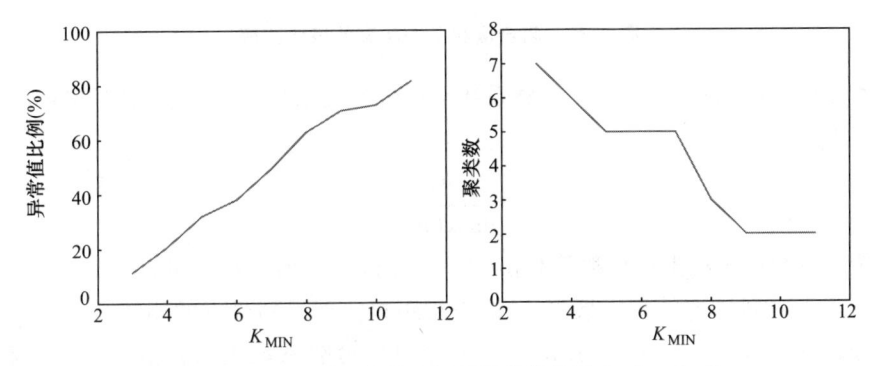

图 7.35 K_{MIN} 对异常值比例和聚类数的影响（$\varepsilon = 0.4$）

K_{MIN} 的增加而增加。聚类的大小随 K_{MIN} 的增加而增加，因此聚类数随 K_{MIN} 的增加而减少。

7.3.3 评估聚类结果

聚类方法属于无监督学习类别，因此它们没有任何参考价值，并且无法对聚类结果进行最终评估。不同的聚类方法基于不同的优化标准。这就意味着，最初没有统一的比较标准来评估聚类结果。

为了评估聚类结果，可以创建轮廓图。为了创建该图，必须先计算闭合度 a_n 和平均距离 b_n。闭合度和平均距离的概念图解如图 7.36 所示。

闭合度 a_n 是样本值 x_n 与同一聚类中所有其他样本之间距离的平均值。

$$a_n = \frac{1}{N_k} \sum_{\underline{x}_k \in C_k} \underline{x}_n - \underline{x}_k^2 \tag{7.26}$$

平均距离 b_n 是样本值 x_n 与最接近的聚类 C_j 中所有其他样本 x_j 之间距离的平均值。

$$b_n = \frac{1}{N_j} \sum_{\underline{x}_j \in C_j} \underline{x}_n - \underline{x}_j^2 \tag{7.27}$$

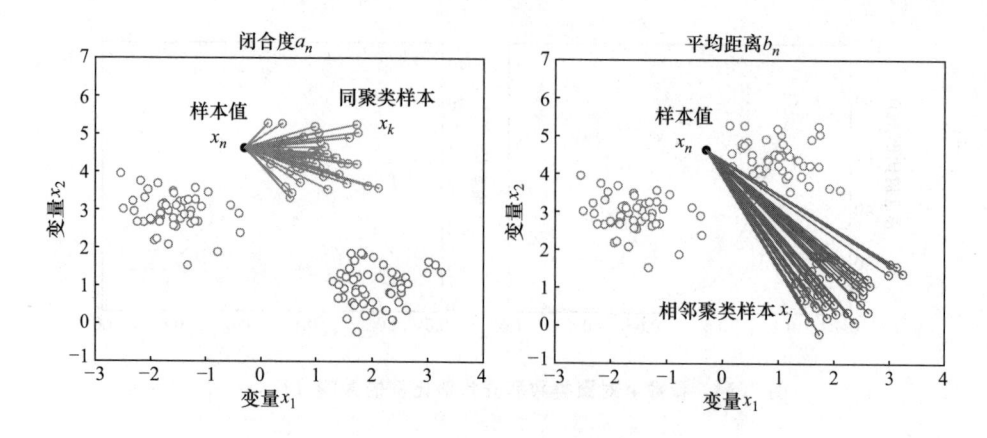

图 7.36　闭合度和平均距离的概念图解

然后可以使用样本值 x_n 的轮廓系数来评估聚类结果。它是使用闭合度 a_n 和平均距离 b_n 来计算的

$$s_n = \frac{b_n - a_n}{\max(b_n, a_n)} \tag{7.28}$$

轮廓系数在理论上可以取值介于 -1~1。当 $s_n = 0$ 时,样本到同一聚类 C_k 的平均距离等于其到最近的相邻聚类 C_j 的平均距离。如果到最近的相邻聚类的平均距离非常大($b_n > a_n$),则轮廓系数 s_n 趋近于 1。轮廓系数越大,聚类结果就越好。为了评估聚类结果,需要计算平均轮廓系数。

$$\bar{s} = \frac{1}{N} \sum_{n=1}^{N} s_n \tag{7.29}$$

平均轮廓系数越高,聚类结果越好。

7.3.4　使用 DBSCAN 算法检测异常值

质量保证的一项重要任务是检测异常值。这是因为异常值表明基本过程中存在质量问题。异常值单变量记录在质量控制图表中。每个质量参数均根据平均值和离散度进行单独评估。然而,复杂过程中的异常行为往往无法通过单个变量的偏差来识别,而是通过不同特征的特定组合来识别。即使每个参数都在典型的分散范围内,几个参数的组合也可能表明过程出现故障。

以燃气轮机为例,说明可以使用聚类方法识别质量问题。使用的数据集记录于纳米克-凯末尔大学工程学院(Tüfekci,2014)。它描述了燃气轮机的排放量与输出功率和环境条件的函数关系。燃气轮机如图 7.37 所示。

燃气轮机由每个检测间隔的转换能量需求控制。输出信号为每个时间单位的转换能量以及氮氧化物和一氧化碳排放量。温度、压力和湿度被记录为环境条件。易于记录的重要过程变量是燃气轮机各个位置的温度。涡轮机入口和输出的温度都会

图 7.37 燃气轮机（Wikipedia, Gas turbine GTD-4/6.3/10RM, 2021）

被记录下来。此外，还要测量空气过滤器的压降、压缩机出口压力和废气压力。燃气轮机异常值检测的参数图如图 7.38 所示。

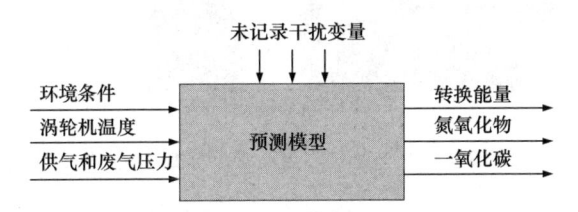

图 7.38 燃气轮机异常值检测的参数图

表 7.11 列出了异常值检测的测量变量及其单位和数值范围。

表 7.11 异常值检测的测量变量及其单位和数值范围

名称	单位	最小值	最大值	平均值
环境温度 AT	℃	-6.23	37.10	17.71
环境压力 AP	mbar	985.85	1036.56	1013.07
环境湿度 AH	%	24.08	100.20	77.87
空气过滤器压降 AFDP	mbar	2.09	7.61	3.93
排气背压 GTEP	mbar	17.70	40.72	25.56
涡轮机入口温度 TIT	℃	1000.85	1100.89	1081.43
涡轮机出口温度 TAT	℃	511.04	550.61	546.16
压缩机排气压力 CDP	mbar	9.85	15.16	12.06
转换能量 TEY	MW·h	100.02	179.50	133.51
一氧化碳 CO	mg/m^3	0.00	44.10	2.37
氮氧化物 NO$_x$	mg/m^3	25.90	119.91	65.29

整个数据集由上述变量的 7384 个测量值组成。各个测量变量的量级不同。例如，涡轮机入口温度约为 1000℃，而空气过滤器的压差仅为几毫巴。因此，在进

行聚类分析之前，要对所有数据列进行标准化处理（见5.6.1节）。

为了识别该方法的非典型工作点，对聚类算法进行了训练。所使用的DBSCAN方法的参数设置为：创建一个具有典型工作点的单一聚类。不属于该聚类的噪声点则代表需要进一步调查的异常值。

DBSCAN的基本参数是ε-环境的大小和核心点所需近邻数K_{MIN}，这两个参数都需要系统地改变，以获得理想的聚类结果。ε-环境的大小和核心点所需近邻数K_{MIN}的函数关系如图7.39所示。

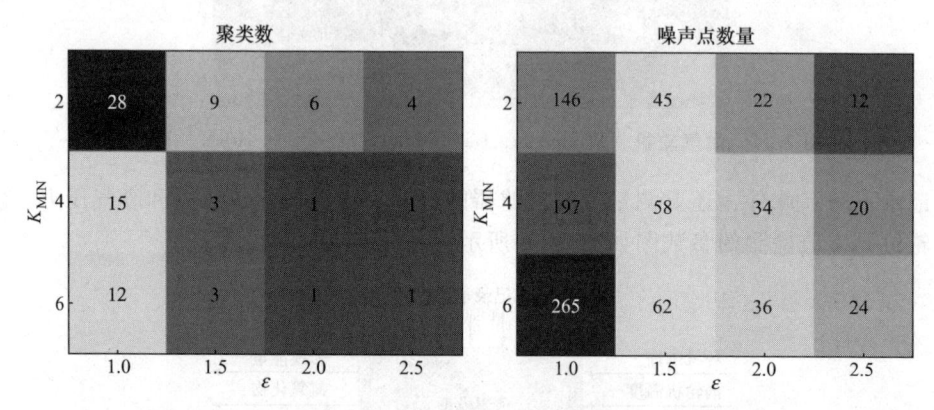

图7.39　ε-环境的大小和核心点所需近邻数K_{MIN}的函数关系

在$\varepsilon=2$和$\varepsilon=2.5$以及$K_{MIN}=4$和$K_{MIN}=6$的环境中，会产生所需的典型工作点聚类。根据参数设置的不同，20~36个噪声点被检测为异常值。燃气轮机排放量与单位时间内能量输出的函数关系如图7.40所示，图中参数组合$\varepsilon=2.5$和$K_{MIN}=4$的异常值用圆标出。可以看出，异常值主要是由于CO排放量增加所致，只有少数异常值是由于NO_x排放量增加所致。

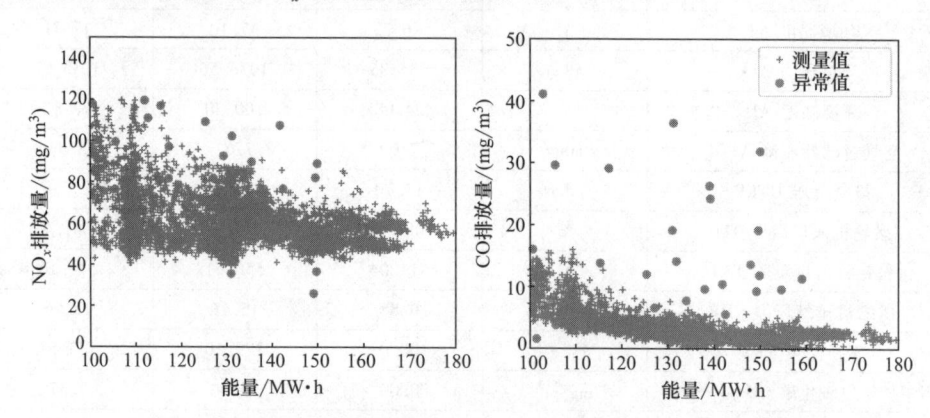

图7.40　燃气轮机排放量与单位时间内能量输出的函数关系

应通过适当的运营管理来避免图7.40所示的CO排放量大幅增加。通过识别关键工作点，可以分析相关的运行条件。所分析工作点的涡轮机入口和出口温度如

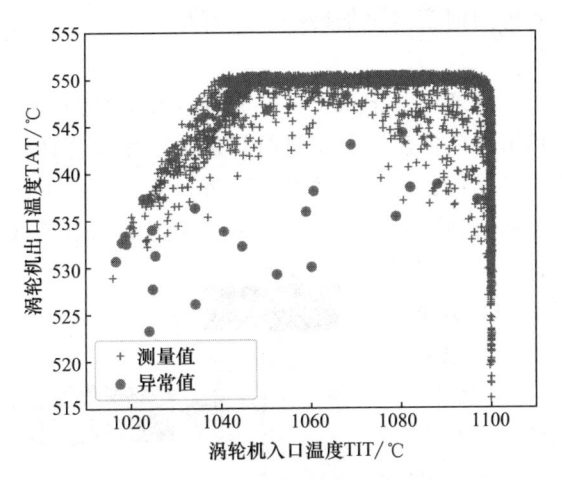

图 7.41 所示，分析表明，涡轮机温度的变化非常明显。

图 7.41 所分析工作点的涡轮机入口和出口温度

正常运行期间的测量值和异常值均位于涡轮机入口温度在 1010~1100℃，以及涡轮机出口温度在 515~552℃ 的范围内。涡轮机的运行方式是入口温度不能超过 1100℃，出口温度不能超过 552℃。低排放的工作点接近这些极限。相比之下，CO 排放量高的工作点的温度组合远低于这些极限值。为了环保运行，必须避免使用它们。

此示例说明了如何利用聚类分析来识别质量缺陷或不利的运行条件，以及如何将异常值信息用于进一步的过程分析。

7.4 通过卷积网络进行自动视觉检测

统计过程控制的一个关键要素是对生产质量进行持续评估。在许多行业中，这种评估都是通过视觉检测来进行的，而视觉检测目前在很大程度上仍由人工完成。如果长时间进行这种单调乏味的工作，员工的注意力就会下降，检查的可靠性也会受到影响。由于神经网络在人工智能方面提供了广阔的发展前景，人工视觉检测近来越来越多地实现了自动化。这意味着可以快速、可靠和经济高效地检测质量特征。

在深入探讨这一主题之前，我们先来看看拉什一家对这一话题的看法。

上次见面几周后，女儿和父亲在一次聚会上再次见面。安德烈娅很想知道父亲是否已经能够运用他的新知识。"安德烈娅，我们举办了一个关于未来项目的研讨会。实际上，我们打算用一个摄像系统来支持视觉控制，该系统能够自主学习，并能利用人工智能进一步发展。所以，将来就会像你向我解释的那样。"约翰内斯自豪地解释道。"爸爸，您充满了热情！""你说得太对了，安德烈娅。这是因为一位外部顾问的参与，消除了我对数字创新的恐惧。他用非常简单的语言向我解释了，未来我们的工作生活将如何变得更加轻松。一开始，他让我尽可能准确地向他描述我们目前的工作过程。

在我们的极限样品目录中，记录了客户允许存在的缺陷，以及交付组件上不得出现的缺陷。我们利用这些信息对员工进行培训，随后作为评估的依据。然而，错误判断的残余风险始终存在，要么导致客户投诉，要么导致不合理的拒收。在临界情况下，一名员工可能会判断一个组件是好的，而他的同事却认为是坏的。

现在，配备相应软件的现代摄像系统可以为我们进行这种定性分类。起初，我们所需要的只是人类在大量组件（'样本'）的基础上向系统传授'好'和'坏'的定义。这就是所谓的学习过程（见图 7.42）。机器的智能在于它能够独立识别'特征'，这些'特征'将部件描述为无故障或有缺陷。未来，这将使我们摆脱人眼的主观感知及其个人解释。

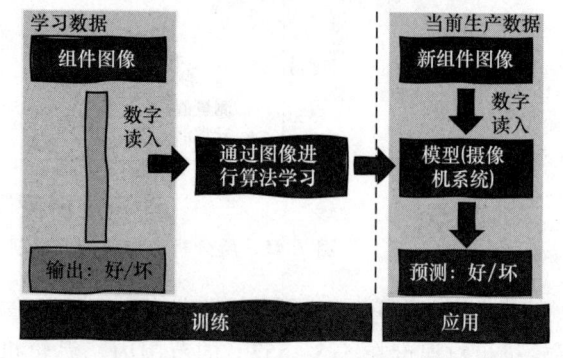

图 7.42　自动化视觉最终检测程序

这样，组件的分类就标准化了，做出的决定也就明确无误，这无疑会提高客户满意度。在学习过程中，员工负责对质量进行初步评估，但不再承受持续的视觉压力。至于机器学习的详细工作原理，我还真不太清楚。但实际例子证明，它是有效的。我很兴奋，一定会积极支持这个项目。"

"爸爸，您总是给我带来惊喜！从您刚才向我解释您的计划的方式来看，我没有什么问题没有得到解答。好吧，现在我们几乎忘记了时间。今天我们聚在这个地方是有原因的：让我们去寿星那里，和他一起举杯！"

神经网络可用于自动视觉检测，卷积神经网络（Convolutional Neutral Networks，CNN）通常用于对图像进行分类。在对神经网络进行简短介绍后，我们以太阳能组件为例，介绍自动视觉检测的方法。

7.4.1　神经网络的基本原理

人工神经元是自然神经元的复制品，在电刺激或化学刺激的基础上被激活（见图 7.43）。人工神经元根据输入信号确定输出值。为此，输入变量 x 分别乘以加权因子 w。输入变量和加权因子的乘积以及偏差值相加，创建一个数值 z。例如，使用激活函数决定神经元的输出行为。

1. 人工神经元及其训练过程

为了让人工神经元执行定义的功能，必须根据具体任务调整神经元的参数

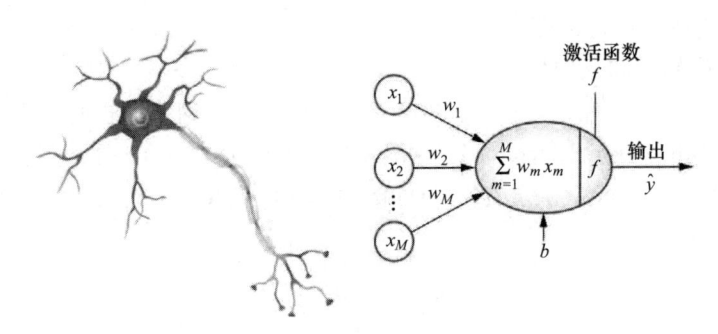

图 7.43 自然神经元图示和人工神经元框图

（加权因子）。这一过程被称为训练。与其他机器学习方法一样，这种调整也是通过训练数据集进行的。

在训练过程中，神经网络的预测输出变量与训练数据集的实际输出变量进行比较。使用优化算法（例如梯度下降法），可以修改神经元的加权因子，从而实现预测输出变量与实际输出变量的最佳匹配。为此，在初始化各个权重后，对训练数据集执行以下步骤：

1) 根据当前加权因子计算预测输出值。
2) 比较预测输出值和实际输出值。
3) 调整网络加权因子。

调整幅度根据实际输出值与预测输出值的偏差计算得出，与学习率 η 成正比。如果实际输出值和预测输出值匹配，则差值为零，加权因子不作调整；如果实际输出值和预测输出值不同，则根据学习率改变加权因子。

如果学习率 η 选择得当，那么反复应用这种调整可以得到最佳值权重，质量函数接近其最小值。梯度下降法中学习率的影响如图 7.44 所示，图中以简化形式显示学习率对于此过程的成功和速度至关重要。

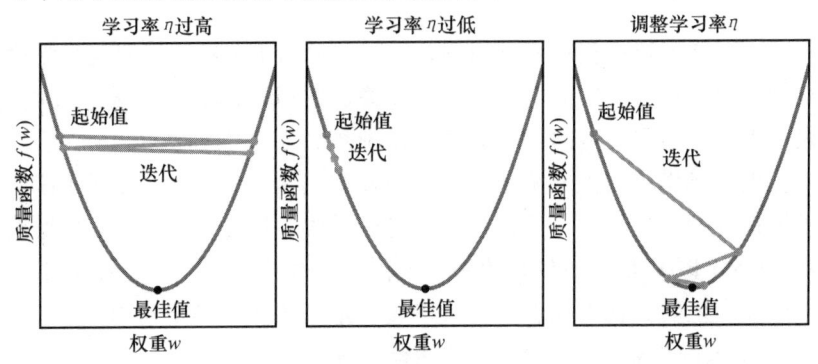

图 7.44 梯度下降法中学习率的影响

如果学习率过高，则权重的迭代结果就会在最佳值附近摆动，而不会向最佳值大幅移动。如果学习率过低，则需要大量的迭代步骤才能达到最终状态。理想情况下，学习率会适应优化进度。

2. 多层感知器和反向传播

在技术应用中，使用具有多个神经元和多层的神经网络。它们被称为多层感知器或 MLP（Multi-Layer-Perzeptron）网络。图 7.45 展示了一个三层的多层感知器，它由输入层（Input-Layer）和输出层（Output-Layer）组成。中间层无法访问，称为隐藏层（Hidden-Layer）。

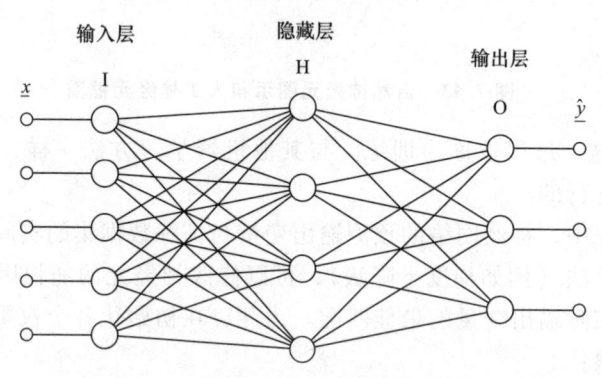

图 7.45　具有三层的多层感知器

每一层都由人工神经元组成，每一层的加权因子 w 都必须使用所描述的方法进行调整。但是，对于隐藏层和输入层，由于不知道这些层的目标值，无法直接比较目标值和实际值。因此，这些层的优化所需的误差是通过反向传播来估算的。这种方法假定输出端的误差由之前所有先前层的误差组成。输出端的误差通过当前的加权因子计算到隐藏层和输入层，这就为所有层提供了一个误差测量值，可用于优化加权因子。

7.4.2　自动视觉检测——数据准备

以薄膜太阳能模块的质量控制为例，说明如何利用神经网络实现视觉检测的自动化。自动化的起点是太阳能电池组件的图像。图像中的亮区域表示高电流密度，暗区域表示中断。不同质量的两个太阳能电池组件示意图如图 7.46 所示，图中比较了高质量太阳能模块（左）和有明显制造缺陷的太阳能模块（右）的图像。

在人工视觉检测过程中，员工对图像进行评估，并对生产的太阳能组件进行分类（NOK、OK、PREM）。在较长的生产过程中，这些图像与质量评估相关联并保存下来。由此产生的数据集代表了有关质量评估的知识，是训练神经网络的起点，该网络可自动对生产线末端生产的太阳能模块进行分类。

数据理解：质量评估的基础是电致发光产生的太阳能电池组件的图像。这些图像的分辨率决定了神经网络输入数据的维度。每个像素都提供了可用于评估的信息。这意味着，输入数据的分辨率和相应的维度一方面对质量评估的质量有显著影

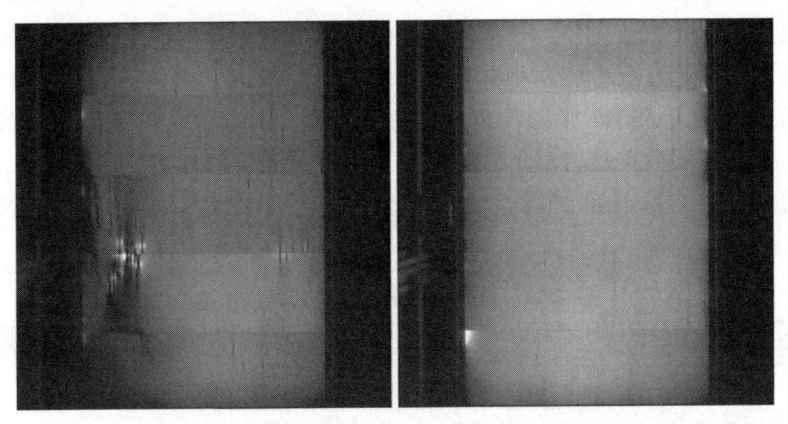

图 7.46 不同质量的两个太阳能电池组件示意图

响,另一方面也对神经网络的大小有显著影响。信号处理和数据准备的目的是将数据缩减为基本信息,以便以尽可能小的输入变量维度为神经网络提供必要的信息。

数据准备:太阳能电池组件的原始图像分辨率为 1024×1024 像素。每个单独的图像点(像素)代表网络中神经元的输入信号。在完全网络化的层中,每个神经元与下一层神经元之间存在连接(包括权重)。大量的输入会导致需要学习的权重数量非常多。这导致训练时间长且内存消耗高。因此,我们缩小了图像的尺寸。

由于黑色边框不能提供任何有关模块质量的信息,因此将其剪掉。由于要识别的缺陷也有已知的最小尺寸,因此分辨率可以降低至 225×146 像素。

太阳能模块记录的图像显示出强烈的亮度差异,这影响了神经网络的泛化能力。因此,在第一个信号处理步骤中,对数据进行了标准化处理。为此,使用线性缩放将图像转换为 0~255 的数字。图 7.47 所示为亮度标准化前后不同质量的太阳能电池组件。对比度值的统一调整减少了由于图像不同缩放比例而产生的干扰影响,同时由于数据范围统一,也方便了神经网络的训练。

在训练神经网络时,会反复使用训练数据,以便根据其中包含的特征,为未来的未知数据确定一个有意义的预测模型。如果现有数据集由少量且几乎无法区分的图像组成,那么会影响神经网络的泛化能力并导致过度拟合。过度拟合会导致网络记住数据中的某些特征,使其更不能容忍未包含在训练集中的图像数据。因此,神经网络的数据集应由许多不同

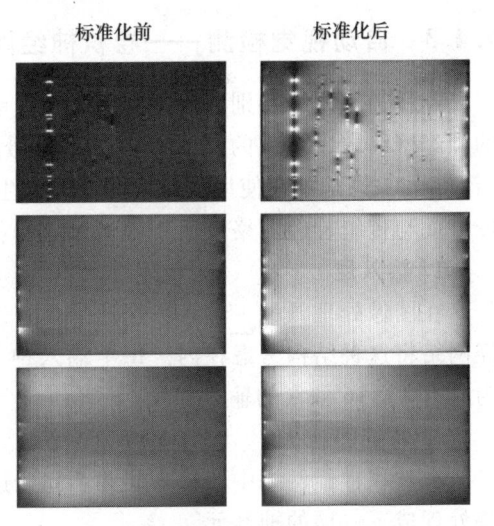

图 7.47 亮度标准化前后不同质量的太阳能电池组件

的图像组成。此外，还应使用平衡的数据集。通过对每个类别使用相同数量的图像数据，可以在训练过程中实现所有类别的统一识别率。

原始数据集由 83647 张图像组成，每个类别（NOK、OK、PREM）的图像数量不等。为了扩展数据集，对现有图像数据进行了随机但真实的转换修改，同时在不影响后续分类可靠性的情况下进行了复制。用于提高数据质量的转换概述见表 7.12。

表 7.12 用于提高数据质量的转换概述

质量	转换	扩充后的数量
NOK （质量差）	图像向右/向左和向上/向下移动两个像素	161592
	图像向右/向左旋转 3°	
	水平镜像	
	单个措施的组合	
OK（质量达标）	图像向右/向左移动两个像素	159903
PREM （优质）	图像向右/向左移动两个像素	168800
	图像向右/向左旋转 3°	

尽管原始图像和生成的图像之间存在一定的相似性，但神经网络将它们识别为新的输入数据。所描述的过程称为数据增强，使数据集从原始的 83647 张图像扩充到 490295 张图像。

7.4.3 自动视觉检测——卷积神经网络

卷积神经网络特别适用于利用人工智能进行图像和音频处理。在这种特殊形式的神经网络中，卷积的概念来自数字信号处理。它们被归类为深度学习，其中的"深度"一词是指在使用大量中间层时产生的神经网络。卷积神经网络在结构和功能方面与传统神经网络有所不同（Nielsen，2019）。

1. 输入层

在图像处理领域，输入数据通常具有二维结构。与传统神经网络不同，卷积神经网络将这种结构考虑在内。每个输入神经元对应图像的一个像素。图 7.48 所示为具有 12×16 像素的输入层。

2. 特征图

在卷积神经网络中，输入层并不完全连接到下游层，而只是将神经元的一个子集处理成下一层的神经元。

网络层通常称为隐藏层，在卷积神经网络中称为卷积层。图 7.49 所示的例子说明了这一层的功能，窗口大小为 5×5 像素。窗口内的 25 个神经元中，每个神经元都被赋予一个单独的权重，然后连接到特征图的第一个神经元。下一步是计算具有相同窗口但位于输入层新位置的下一个神经元。5×5 像素窗口在整个输入层中逐渐移动，每个位置上的相应神经元都与特征图谱的相关神经元相连。在此过程中，窗口和权重保持不变。特征图的大小由输入层的大小和窗口的大小计算得出。窗口必须始终位于输入层内。在图 7.49 所示的例子中，5×5 像素的窗口可以在 12×16 像素的输入图像上逐行移动 8 次，逐列移动 12 次。这就产生了一个具有 8×12 个神经元的特征图。

图 7.48　具有 12×16 像素的输入层

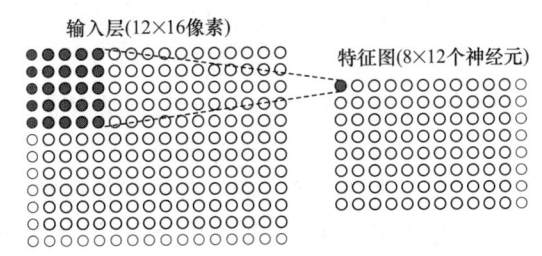

图 7.49　将局部区域映射到特征图的神经元上

3. 多个特征图的并行结构

为了从输入数据中提取不同的特征，需要并行使用多个具有不同权重的滤波核。每个过滤核生成自己的特征图。由此产生的并行结构是对传统神经网络的进一步改进。卷积神经网络的并行结构如图 7.50 所示，显示了一个由三个特征图组成的结构，其中输入数据集由三条并行链进行评估。

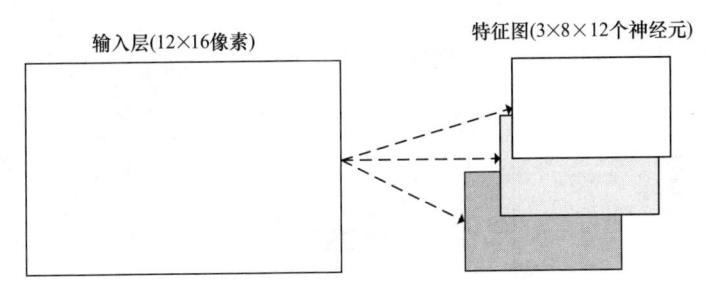

图 7.50　卷积神经网络的并行结构

4. 池化层

池化层用于减小前几层的大小，相当于压缩信息。这可以减少特征图的大小和相关权重的数量。它们通常直接跟在卷积层之后。为了进行计算，将定义大小的窗口移动到卷积层上。不过，窗口不是按一个神经元移动，而是按窗口的大小移动。因此，池化层的每个输入神经元只被查看一次。为了达到理想的缩放尺寸效果，通常只选择窗口内的一个神经元用于进一步处理。例如，为了选择一个神经元，可以使用所谓的最大池化方法，即选择并存储最大值。在实际操作中，通常使用 2×2 窗口。卷积神经网络的池化层如图 7.51 所示。

卷积层和池化层可以任意顺序组合和重复。使用的卷积层和池化层越多，网络的深度就越深。这样就能提取和识别更复杂的特征。

5. 局部层

局部层是用来整合来自不同链路的信息，并将数据记录归入一个类别。它的结构类似于经典的全连接神经网络（全连接层）。实际的分类工作就在这一层进行。

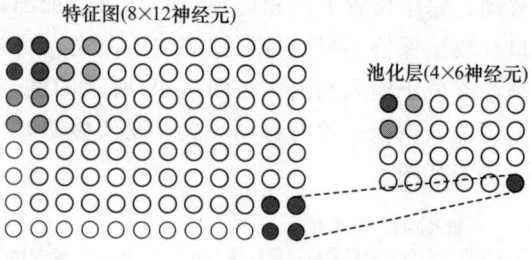

图 7.51 卷积神经网络的池化层

最后一个池化层的所有神经元都被写成列向量，作为全连接层的输入。这些神经元与第一个局部层中的所有神经元相连。几个局部层也可以依次排列，例如在输出前将信息集中到多个等级。各个局部层神经元之间的大量连接会导致大量的权重。如果训练数据和计算能力不足，那么传统神经网络的这一特性就会成为问题。

6. 整体结构

图 7.52 所示为简单卷积神经网络的整体结构，其中包含一个卷积层、一个池化层和两个局部层。在图像输入尺寸为 12×16 像素和图 7.52 所述网络配置的情况下，两个局部层的权重数已达到

$$3 \cdot 4 \cdot 6 \cdot 20 \cdot +20 \cdot 3 = 1500 \tag{7.30}$$

该示例显示了需要训练的权重数量有多大。

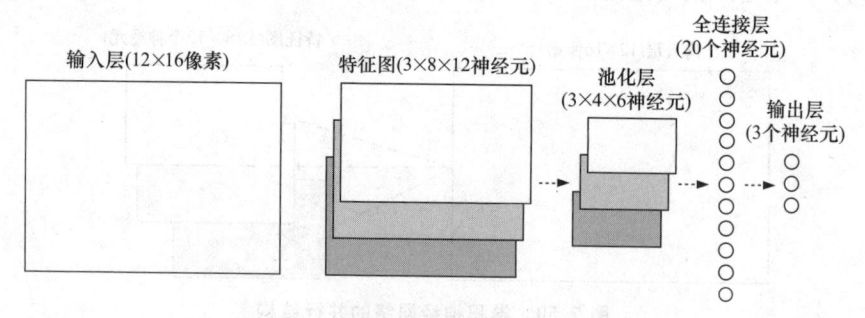

图 7.52 简单卷积神经网络的整体结构

7. 使用的网络架构

经过初步研究，在我们的示例中，视觉检测任务使用了由三个卷积层组成的网络。在前两层中，创建了八个 5×5 核心的特征图，随后通过池化层对每个特征图进行压缩。第三个卷积层有 16 个并行特征图，也是用 5×5 核心生成，并用池化层压缩。随后是四个具有不同权重的局部层和具有三个输出神经元的输出层。用于自动视觉检测的神经网络结构如图 7.53 所示。

8. 网络实施

机器学习领域有各种开源框架可用。谷歌开发的 TensorFlow（TF）框架是神经网络编程最重要的工具之一，因为它拥有独立于平台的程序库和广泛的应用范围。

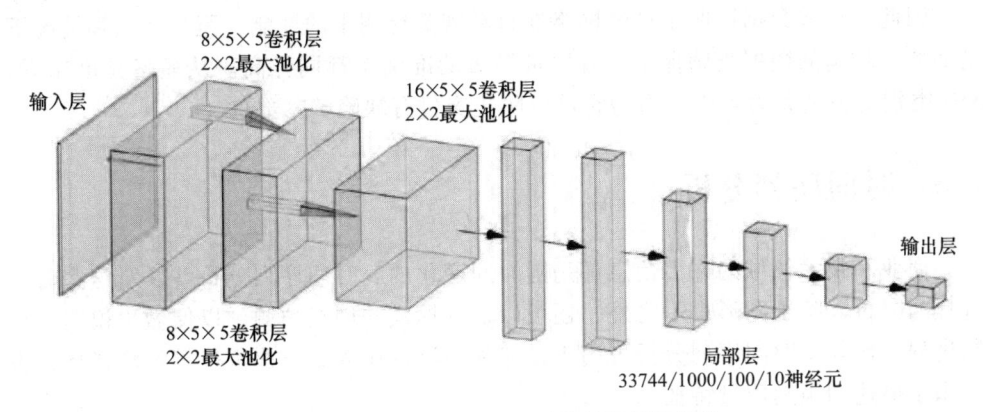

图 7.53 用于自动视觉检测的神经网络结构

TF 使用 Python 作为编程环境，并为其提供了高级用户界面 Keras。这使得神经网络的实施变得快速而简单。

9. 学习进度

反向传播算法用于训练神经网络。训练数据集会运行多次，每次运行称为一个 Epoch（历元）。图 7.54 所示为神经网络训练过程中准确率的进展。它表示网络正确分类了多少训练数据。

网络的准确率在短短几个 Epoch 后就上升到 90% 以上。大约 40 个 Epoch 之后，准确率基本保持不变。最高准确率为 99.5%。

10. 结果

训练完成后，使用未知的测试数据集测试学习的神经网络。不同质量等级的准确率见表 7.13。

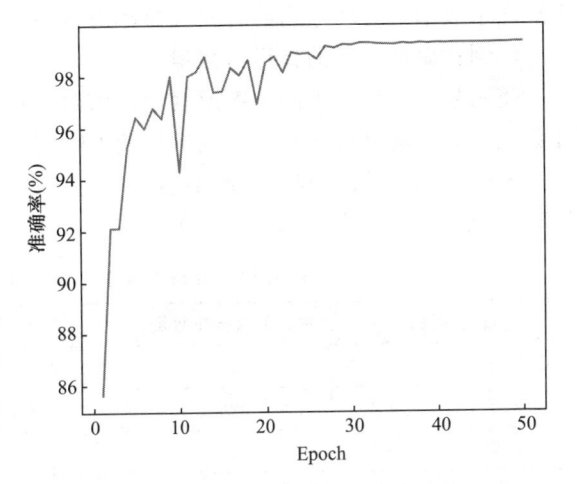

图 7.54 神经网络训练过程中准确率的进展

表 7.13 不同质量等级的准确率

实际情况	分类		
	符合要求	不符合要求	其他
符合要求	99.48%	0.10%	0.42%
不符合要求	0.09%	99.05%	0.86%
其他	0.40%	0.16%	99.44%

达到的准确率在 99.5% 左右，因此与训练结果基本一致。这种一致性表明，网络没有出现过度拟合现象，否则训练和测试期间的准确率就会不同。

因此，这些数据证明了神经网络在自动视觉检测中的性能，至少在这种情况下是如此。均衡的数据集确保了所有质量等级的准确率都同样高。从质量角度来看，NiO 类别的识别尤为重要，因为它可以防止交付有缺陷的零部件。

7.5 时间序列分析

商业和技术领域的许多信息都是随时间变化的。时间序列分析涉及对这些时间过程的分析。除了图形表示之外，还可以识别模式并创建预测，以便做出说明和控制过程。例如，时间序列分析可用于描述和预测营业额或股票价格等经济指标，也可用于描述和预测质量特征。

7.5.1 图形表示和数学描述

时间序列是一个多变量数据集，其中时间是离散变量。因此，时间序列可以用散点图来表示。时间序列的时间分辨率对可视化的质量和清晰度至关重要。

示例：康斯坦茨的自行车数量

使用数据集呈现不同的图形表示，该数据集列出了康斯坦茨赫罗塞公园自行车计数点每天的骑自行车情况，包括日期、时间、自行车数量、天气、温度和体感温度（Stadt Konstanz, 2021）。康斯坦茨自行车数量时间序列示例见表 7.14，显示了 2020 年数据的一小部分摘录。

表 7.14 康斯坦茨自行车数量时间序列示例

日期、时间	每天的自行车数量	天气	温度/℃	体感温度/℃
2020 年 1 月 1 日 0 点	104	多云	1	−1
2020 年 1 月 2 日 1 点	128	多云	0	−1
⋮	⋮	⋮	⋮	⋮
2020 年 12 月 31 日 23 点	5	小雪	−1	−3

康斯坦茨赫罗塞公园自行车数量的时间序列评估以及与月份、星期和降水量的函数关系如图 7.55 所示。左上角的柱形图显示了所有每小时值。数据集的分辨率为 1h。由于数据点数量庞大，单个信息已无法识别。通过形成月平均值或日平均值，可解释的依赖性在数据中变得明显。不出所料，夏天骑自行车的人比冬天多，工作日骑自行车的人多表明人们骑自行车上班。该数据集也可用于直观显示其他依赖关系，例如，调查自行车使用率与降水量之间的关系：康斯坦茨雨下得越大，骑自行车的人就越少。

特征的时间依赖性可以理解为一种信号，具有典型的连续性。康斯坦茨赫罗塞公园的温度曲线可以在任何时间点读取，它在时间上是连续的。然而，在进行数值评估时，需要以固定的时间间隔记录该变量，即所谓的采样时间 T_A。这一过程使

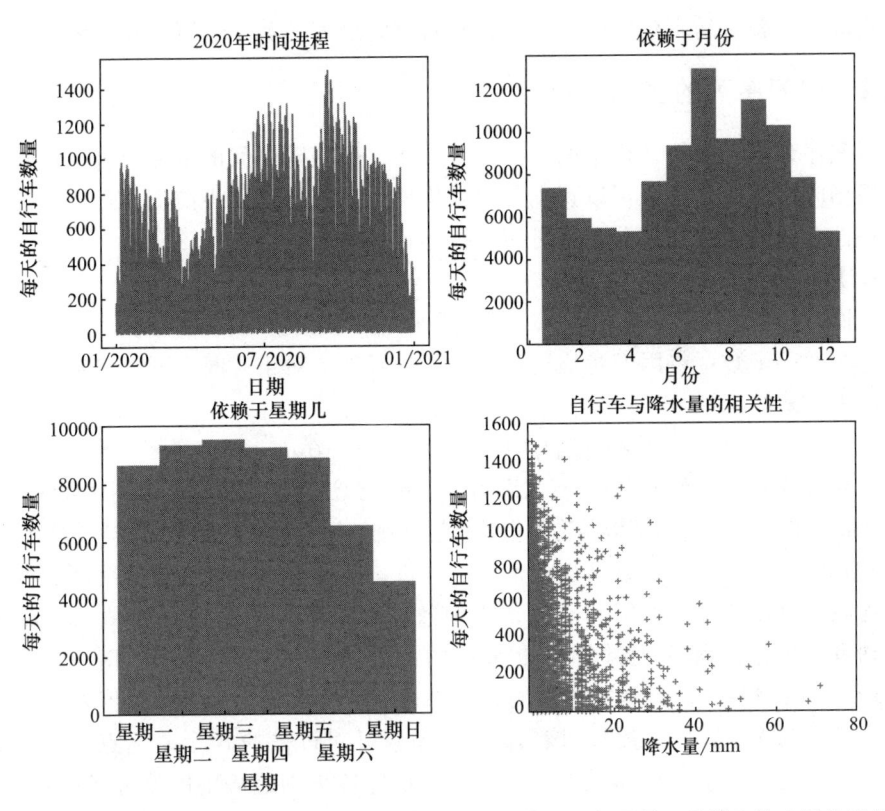

图 7.55 康斯坦茨赫罗塞公园自行车数量的时间序列评估以及与月份、星期和降水量的函数关系

得时间序列在时间上离散。时间序列的值来自 $t=kT_A$ 点处的连续时间信号。

$$x[k]=x(t=kT_A) \tag{7.31}$$

图 7.56 显示了如何从连续时间信号 $x(t)$ 中得出时间序列 $x[k]$。

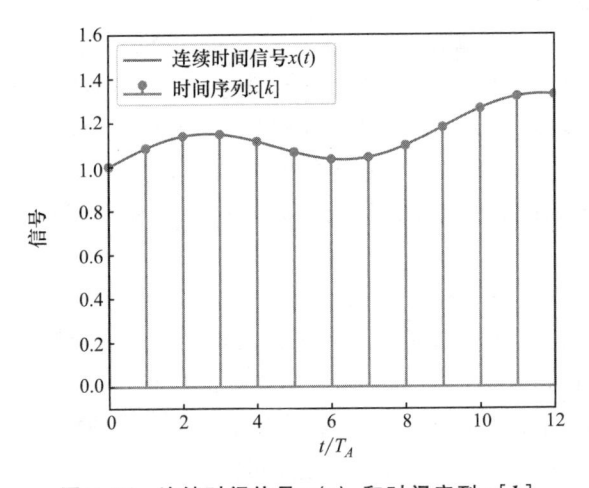

图 7.56 连续时间信号 $x(t)$ 和时间序列 $x[k]$

指数 k 代表时间序列的时间信息，它对时间序列的数学运算至关重要。

7.5.2 时间序列的基本运算

时间序列与一般统计样本的不同之处在于，数值随时间的变化会携带信息。例如，根据时间的变化进程可以识别趋势或周期性。其特点是当前值与过去值之间存在相关性。回归函数和差分方程可用于描述这些效应。

1. 用于趋势分析的线性回归

在回归分析（见 7.1 节）中，描述了两个定量变量之间的关系。为此，需要确定一个回归函数，将因变量描述为自变量的函数。对于时间序列，多项式方法可得到如下形式的函数

$$x[k] = \beta_0 + \beta_1 k + \cdots + \beta_m k^m + \cdots + \beta_M k^M + e \tag{7.32}$$

全局回归法和局部回归法是有区别的。全局回归法用于模拟整个时间序列的整体趋势。例如，如果要描述细菌培养物的生长情况，则使用全局回归函数来描述趋势。

时间序列分析的一个典型任务是趋势分析，其中需要识别显著的跳跃和变化发展。为此，可以使用局部回归函数，该函数以时间序列的最后 N 个值为基础进行计算。可以根据时间序列计算出未来值的预测范围（Strohrmann, Design For Six Sigma Online, 2021）。预测范围表明，如果模型继续正确，那么单个值将在指定范围内，概率为 Y（置信系数）。该预测范围不仅针对过去的 N 个时间点，还针对未来的 $k+1$ 个时间点。回归函数的阶次可用于确定应识别趋势中的哪些跳跃或变化。图 7.57 显示了一个会计部门趋势分析的示例。

在时间点 $k=8$ 时，与之前的时间相比，时间序列出现跳跃。通过对最近四个时间序列值进行移动平均值（回归函数阶数 $M=0$）和线性回归（$M=1$）的检测，检测到了异常值。预测范围的大小可通过置信系数 Y 来设定。因此，置信系数决定了异常值的检测范围。

在时间点 $k=9$ 时，检测到的异常值位于最近四个时间序列的范围内。这意味着预测范围更大，并且对 $x[9]$ 的值进行不同的评估。在使用移动平均值进行评估时，由于样本的离散性较大，因此该点并不明显。在线性回归检测中，该点被识别为异常值，因为它与资产负债表值较小的局部趋势相矛盾。

该示例说明了如何通过选择适当的回归函数阶数 M 和置信系数 Y 来使评估适应手头的工作。

2. 时间序列滞后

在时间序列中，时间信息包含在指数 k 中，它是采样时间 T_A 的倍数。信号 $x[k]$ 是时间点 k 的信号值。为了描述之前时钟的信号，索引减 1。这样就得到了信号 $x[k-1]$，称为 Lag-1（滞后-1）。如果对 k_0 个时钟周期之前的信号值感兴趣，则使用 $x[k-k_0]$ 来确定 Lag-k_0。需要注意的是，移位产生的空字段通常由零填充（见表 7.15）。

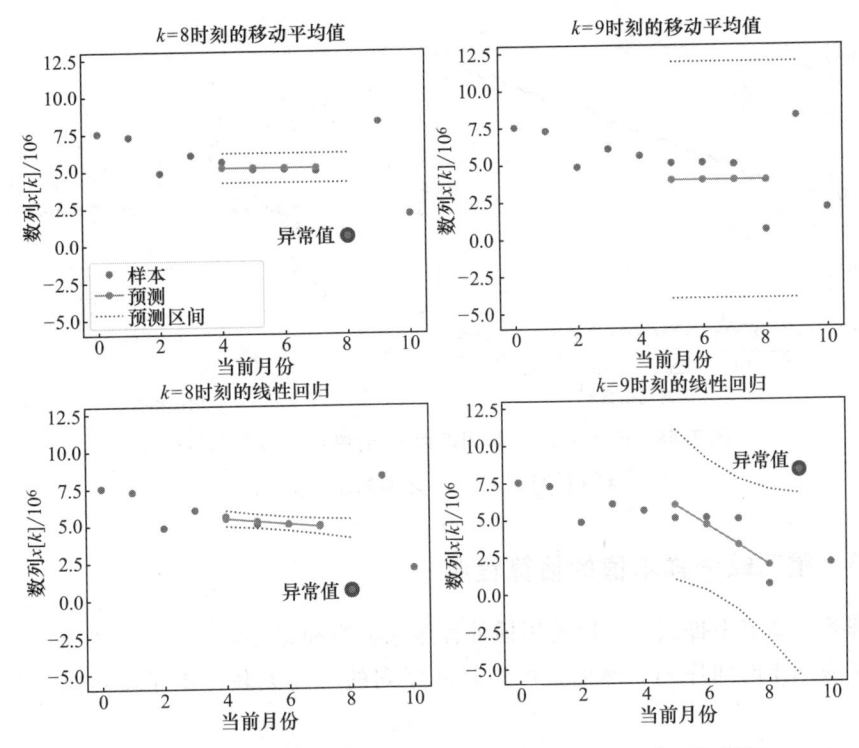

图 7.57 在不同时间点 $k=8$ 和 $k=9$，概率 $Y=0.95$ 时，带有预测范围的移动平均值和线性回归函数的时间序列

表 7.15 填零前后的信号 $x[k]$ 和 Lag-1

k	0	1	2	3	4	5	6	7	8	9
$x[k]$	1.006	1.019	1.039	1.030	1.013	1.036	1.044	1.012	1.038	1.036
$x[k-1]$	未定义	1.006	1.019	1.039	1.030	1.013	1.036	1.044	1.012	1.038
填零后的 $x[k-1]$	0	1.006	1.019	1.039	1.030	1.013	1.036	1.044	1.012	1.038

将当前和过去的输入和输出值结合起来，就形成了差分方程。在最简单的情况下，根据信号 $x_1[k]$ 和 Lag-1 之间的差值计算出一个信号。

$$y_1[k] = x_1[k] - x_1[k-1] \tag{7.33}$$

图 7.58 左侧显示，信号 $x_1[k]$ 的线性趋势效应可以通过这种差分法消除。

利用差分方程也可以去除或减少周期信号成分。图 7.58 所示的周期信号 $x_2[k]$，以及在不同的 k_0 值下，信号 $x_2[k]$ 和 $x_2[k-k_0]$ 之间的差分。

$$y_2[k] = x_2[k] - x_2[k-k_0] \tag{7.34}$$

结果表明，减去 $k_0=7$ 的信号后，周期性基本消失。由此可以推断出，正确的周期是 $k_0=7$。还可以清楚地看到瞬态行为。当差分形成时，所有信号分量仅从时间点 $k=k_0$ 开始才可用；在此之前，使用零初始值进行计算。

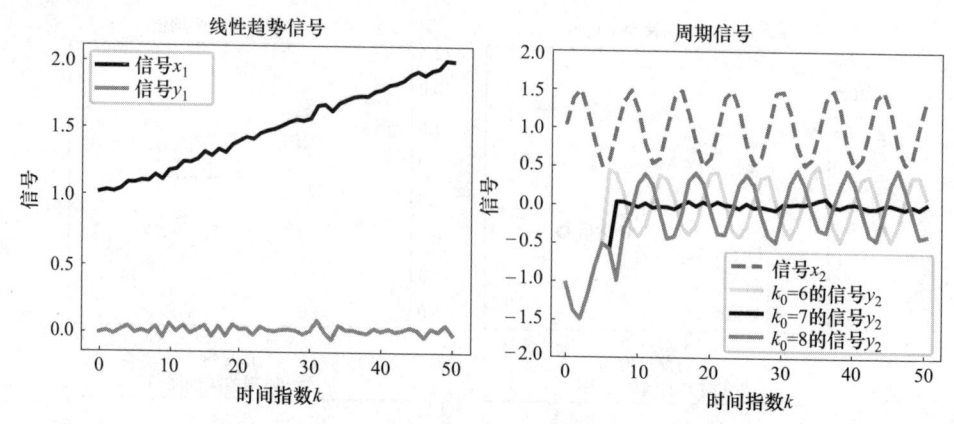

图 7.58　信号 $x_1[k]$ 和周期为 k_0 的信号 $x_2[k]$ 以及信号 $x[k]$ 和 $x[k-k_0]$ 之间的差值 $y[k]$

7.5.3　重建缺失样本值的估算程序

在 5.5.2 节中提到，可以使用插补程序来补充和完善数据集。原则上，这些程序也可应用于时间序列。然而，由于时间序列的时间关联，还存在其他一些补充方式。

1. Lag-N 插补

对于单个样本值缺失的时间序列，建议使用时间序列的最后一个值作为缺失值（Lag-1 插补）。当每个采样间隔的信号变化相对于绝对信号较小时，特别适合采用这种方法。

$$x[k] = x[k-1] \tag{7.35}$$

对于周期性信号，不使用最后一个可用值，而是使用一个周期前的值（Lag-k_0 插补）。这意味着会更新周期性变化，但在此过程中不会考虑随机变化和基于趋势的变化。

$$x[k] = x[k-k_0] \tag{7.36}$$

2. 均值和滚动均值插补

单个样本值通常存在干扰。为了减少干扰，可以使用均值而不是单个值进行插补。这里必须区分全局均值和局部均值。如果没有关于时间序列的信息，则可以使用信号的全局均值进行插补。然而，如果信号具有趋势或周期性变化，则建议对接近缺失值的值进行平均。由于 7.5.5 节中解释的原因，最好在未来和过去使用相同数量的值。

$$x[k] = \frac{1}{N-1} \sum_{\substack{n=-N/2 \\ n \neq 0}}^{N/2} x[k-n] \tag{7.37}$$

对于周期性信号，可以使用最近 N 个周期的平均值。

$$x[k] = \frac{1}{N} \sum_{n=1}^{N} x[k - nk_0] \tag{7.38}$$

3. 通过线性回归插补

滚动均值插补的缺点是，要未来值才能完成，而未来值并不总是可用的。时间序列的最后 N 个值可以代替平均值用于回归函数。使用的数值 N 和回归函数 M 的阶数是根据具体应用程序特定选择的。对于回归多项式的阶数 N，最好取小值，因为随着阶数的增加，外推时的预测范围很快就会变得不确定。

7.5.4 重采样：下采样和上采样

时间序列通常具有固定的数据值之间的时间间隔，因此时间序列的数据具有等间隔的时间戳。在合并时间序列或出于减少数据的目的，可能需要以更大的时间间隔存储数据。图 7.59 以两个示例图形化展示了与此相关的下采样概念。

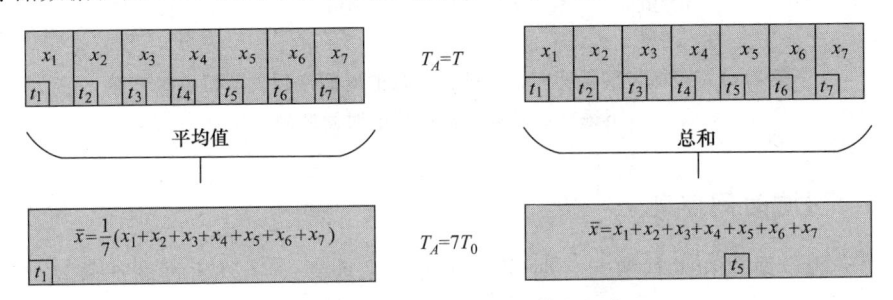

图 7.59 时间序列下采样的可视化

在第一个示例中，将每日节奏的单个测量值 x_n 转换为每周节奏。在这个过程中，需要澄清哪些元素应该计入新的每日值，以及每日值应该获得的时间 t_n。最后，必须确定相应的值。根据任务的不同，可以选择平均值、总和或其他个别函数。

如果需要显示时间间隔较小的数据，则必须进行上采样。这包括在现有采样点之间插入中间值。时间序列上采样的可视化如图 7.60 所示。

通过插入新的时间点，为关联信号创建占位符，其值最初未定义（NaN）。可以使用 7.5.3 节中描述的插补程序来填充这些占位符。

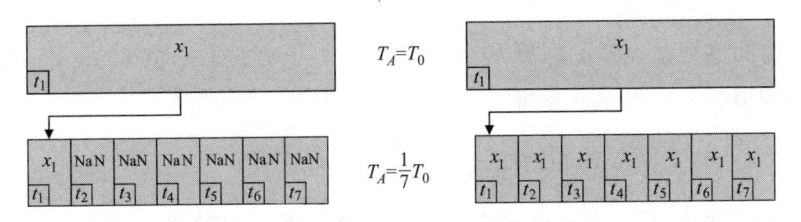

图 7.60 时间序列上采样的可视化

示例：对骑自行车的人数进行下采样。

康斯坦茨赫罗塞公园自行车计数点的骑行者数据集有 8784 个值。为了更好地存储和可视化这些数据，对每周值进行下采样。为了与原始数据集进行比较，确定了一天的平均值（见图 7.61）。

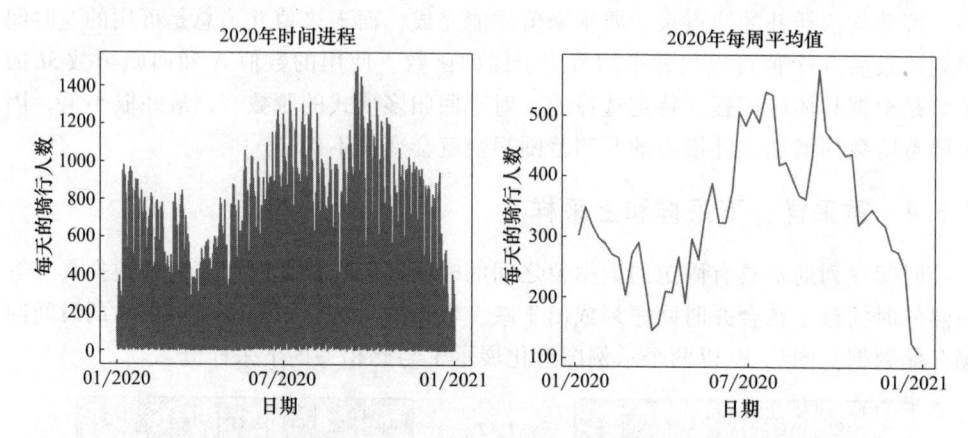

图 7.61 康斯坦茨赫罗塞公园骑行人数的时间序列，从每小时节奏下采样到每周节奏前后的时间序列

7.5.5 过滤时间序列

由于测量误差和过程散差，时间序列会产生方差，可以通过滤波算法来减小方差。

1. 通过移动平均进行滤波

在信号处理中，有不同的滤波器。一种方法是计算过去 N 个值和当前值的平均值。这被称为移动平均。

$$y[k] = \frac{1}{N+1} \sum_{n=0}^{N} x[k-n] \tag{7.39}$$

当 N 的数量等于时间序列的周期时，移动平均尤其有效。在图 7.62 的左侧显示了康斯坦茨赫罗塞公园自行车计数的移动平均值。可以清楚地看到，通过对过去值进行平均处理会产生时间偏移或相位偏移。随着平均时间段的增加，这种偏移也会增加。

如果时间序列是完整的，则从当前时间点 k 开始的未来值 $x[k+n]$ 也是已知的。在这种情况下，可以计算出一个平均值，即中心平均值。

$$y[k] = \frac{1}{N+1} \sum_{n=-N/2}^{N/2} x[k-n] \tag{7.40}$$

图 7.62 右侧显示，中心化避免了相位偏移，因此当时间序列完整时始终使用中心化处理。但需要再次指出，在正在进行的记录过程中不能使用中心平均，因为这种情况不符合完整性的要求。

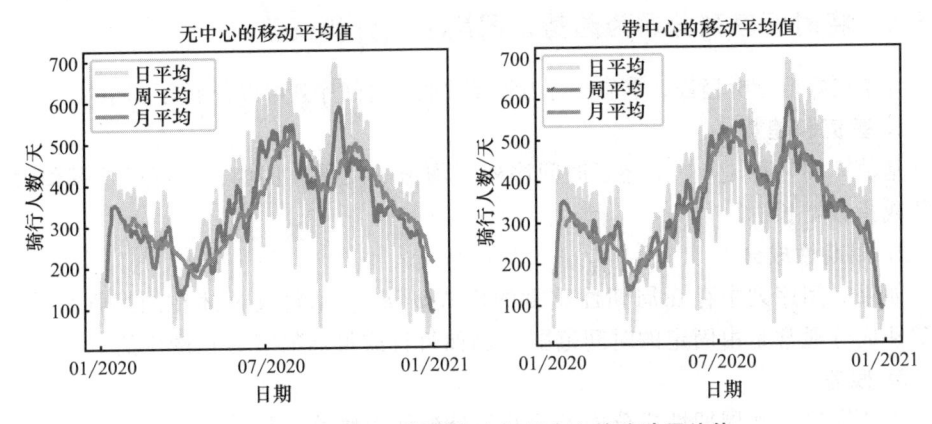

图 7.62　不同时间段带中心和无中心的移动平均值

2. 递归滤波

除了通过移动平均进行滤波外，还有一种递归滤波方法，即无限脉冲响应滤波器（Strohrmann，Systemtheorie Online，2021）。一种非常简单的滤波方法是对过去最后一个滤波信号 $y[k-1]$ 和当前信号 $x[k]$ 进行加权平均。

$$y[k] = GFy[k-1] + (1-GF)x[k] \qquad (7.41)$$

记忆因子 GF 介于 0 和 1 之间，表示最后一个滤波信号 $y[k-1]$ 和当前信号 $x[k]$ 在计算当前滤波信号 $y[k]$ 时所占的比例。这样就可以使用当前值和过去值进行递归计算，从而使滤波在持续的采集过程中执行。此外，计算工作量也较小。

图 7.63 所示为使用不同记忆因子进行滤波后产生的信号曲线。随着记忆因子的增加，平均化效果以及时间或相位偏移也会增加。

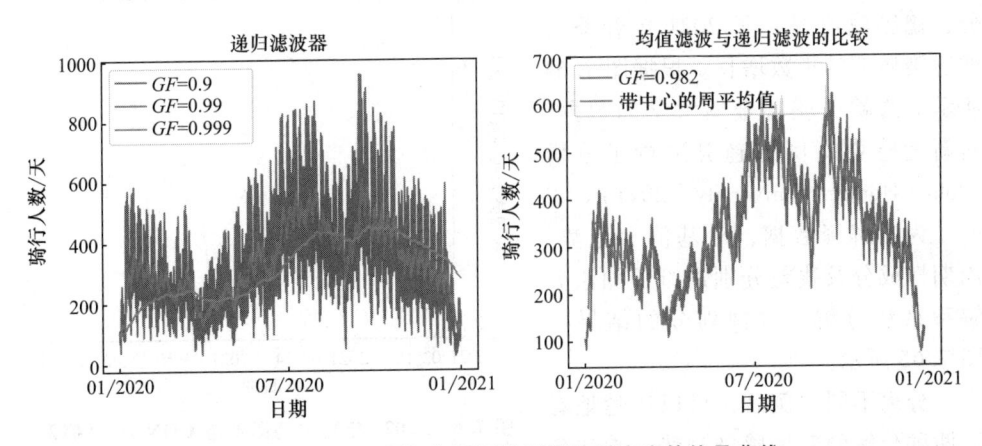

图 7.63　使用不同记忆因子进行滤波后产生的信号曲线

与中心平均相比，可以看出递归滤波器的相位偏移与中心滤波的相位偏移相似，因此较小。然而，周节奏产生的周期性均衡性较差。

7.5.6 将时间序列分解为趋势、周期性成分和残差

为了更好地分析趋势、季节性行为和异常值,时间序列可以分解为不同的部分。

1. 基值和趋势

基值 b 和趋势 $t[k]$ 描述了时间序列平均值的发展。例如,它可以从基值开始线性或指数增长。

2. 周期性成分

如果时间序列中存在周期性重复的模式 $p[k]$,则将其描述在周期性部分中。周期性成分通常是由固定的时间范围(例如每日或每周的节奏)产生的。

3. 残差

无法在趋势和周期性成分中表示的部分被称为残差 $r[k]$。

有两种不同的建模形式可供选择:

1. 加法模型

在加法模型中,个体效应 b 被添加到时间序列中。

$$x[k]=b+t[k]+p[k]+r[k] \tag{7.42}$$

2. 乘法模型

在乘法模型中,个体效应与时间序列相乘。

$$x[k]=bt[k]p[k]r[k] \tag{7.43}$$

建模时,优先选择残差较小且无特定模式的变量。

示例:2021 年春季德国新增 COVID-19(新型冠状病毒感染)**数据的时间序列分解。**

作为 COVID-19 应对措施的一部分,德国政府提到了 2021 年春季新增感染病例的指数增长。根据图 7.64 所示的约翰·霍普金斯大学的数据,对新增感染病例的趋势进行了分析(Johns Hopkins University,2021)。

为了解释数据,对基值和趋势、周期性成分及残差分别进行了加法分解和乘法分解。这种划分的结果如图 7.65 所示。

分离不同比例后,可以清楚地看到两种分解的新增感染趋势。乘法分解中的残差较小,并且没有显示出可辨别的模式,因此进一步研究了该模型。为了分析趋势,使用线性回归和指数回归进行乘法分解,新增感染趋势的近似值如图 7.66 所示。

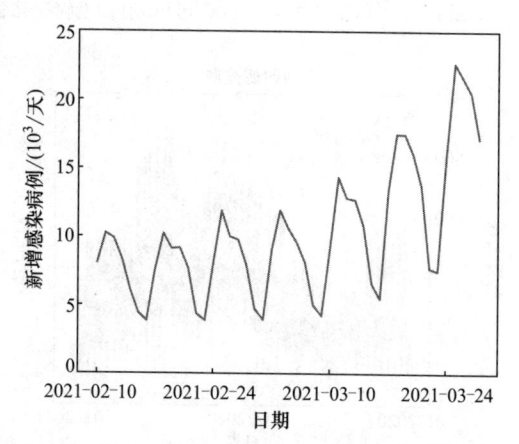

图 7.64 2021 年春季德国新增 COVID-19 病例

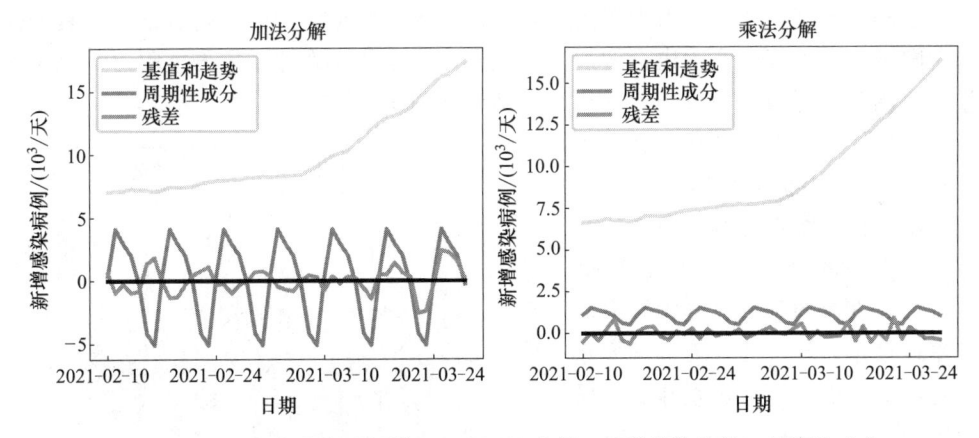

图 7.65 2021 年春季德国新增 COVID-19 病例，按基值和趋势、周期性成分及残差进行加法分解和乘法分解

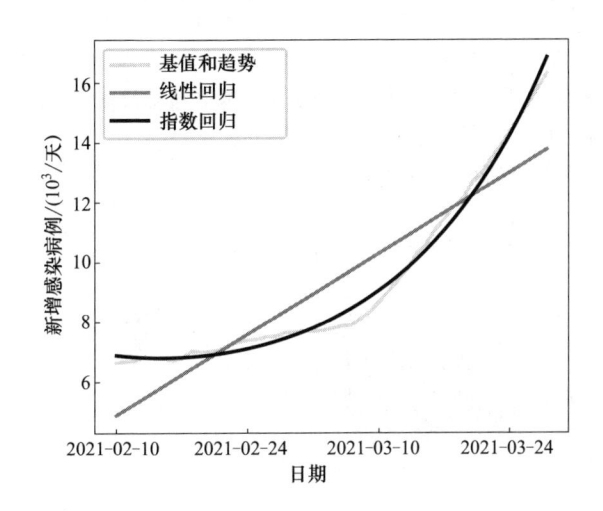

图 7.66 使用线性回归和指数回归进行乘法分解的新增感染趋势的近似值

事实证明，指数回归比线性回归更接近时间序列，因此指数增长的假设没有被拒绝。

7.5.7 通过时间序列分析优化工具利用率

我们以生产赛车运动中使用的钛合金连杆为例。在生产过程中，铣削出各种尺寸，然后进行测量。一个重要的质量特征是连杆的宽度（见图 7.67）。

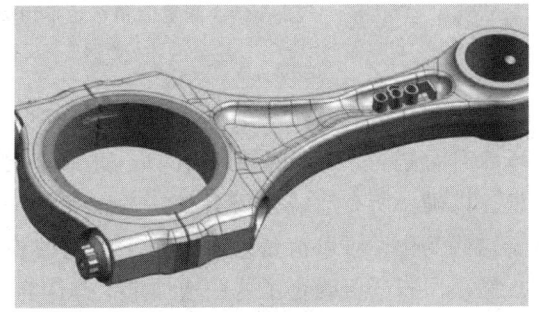

图 7.67 连杆的 3D 模型

连杆的宽度是用立铣刀加工的，其刀片会不断磨损。因此，随着铣削刀具的使用时间增长，连杆的宽度也会增加。在生产过程中或者在达到警告极限时，机床操作员会调整铣削刀具以校正刀具尺寸。结果如图 7.68 所示。

刀具尺寸的校正在很大程度上不影响成本。随着刀具寿命的延长，由于铣刀磨损加剧，每个成品零部件发生的尺寸变化也会增加。随着刀具寿命的延长，必须越来越频繁地校正刀具尺寸。刀具的质量也会影响表面质量，这意味着当铣刀磨损到一定程度时就必须更换。

由于多次刀具校正，在图 7.68 中无法清楚识别铣刀的磨损情况。因此，需要在刀具校正后不久寻找时间点。这些时间点是观察铣刀磨损导致的尺寸变化的起点。图 7.69 左侧显示了测量值的变化曲线。

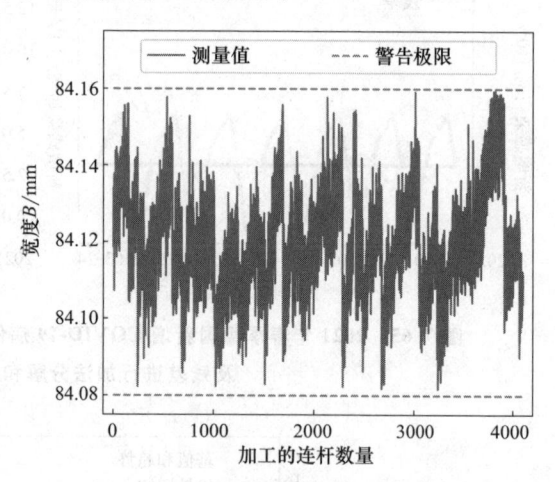

图 7.68 平均值控制图中连杆宽度的变化过程

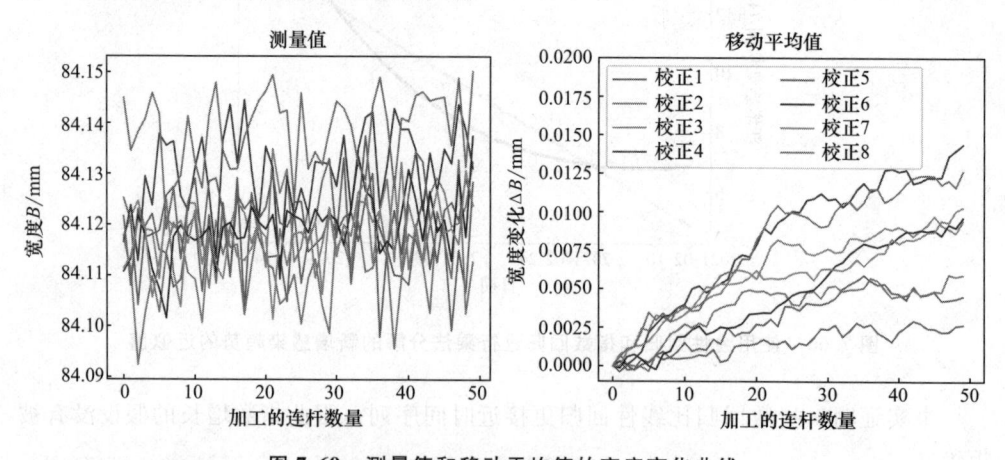

图 7.69 测量值和移动平均值的宽度变化曲线

（注：彩图见书后插页。）

由于测量值的分散，最初无法识别系统行为。为了减少数据的离散程度，对 $N=25$ 个部分进行了移动平均值计算。此外，索引为 1 的零部件的测量点被用作参考值，以确保所有曲线在刀具校正后都从同一点开始。结果如图 7.69 右侧所示。基于这些变化，可以清楚地看到由于刀具磨损而导致的宽度增加，增加量有所不同。采用回归分析确定了这些增加量，并作为校正的函数在图 7.70 中表示出来。

事实证明，宽度的变化率随着刀具校正次数的增加而增加。通过校正 5，变化

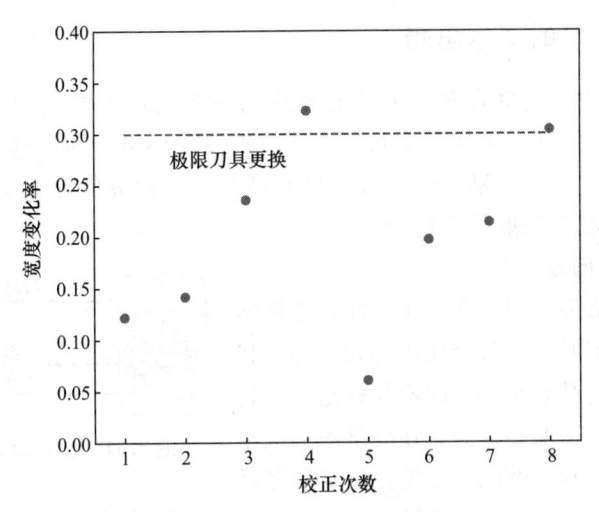

图 7.70 宽度变化率与刀具尺寸校正次数的关系

率下降到一个非常低的值，然后又开始上升。这一跳变是由于换刀具造成的。

因此，从时间序列分析中可以得出以下新的自动化可能性：如果宽度的平均变化率超过极限值，则表明刀具磨损严重。因此，可以预测刀具需要更换的时间，及时规划并自动建议或触发更换。这意味着一方面可以节省刀具成本，另一方面可以保证产品质量。

7.6 强化学习

强化学习（RL）与有监督学习和无监督学习一样，是机器学习的三种基本方法之一。这种方法最接近人类的学习行为。人们根据试错原则尝试各种行动，有负反馈的动作会被省略，有正反馈的动作会被重复。无师网球训练就是一个典型的例子：如果发现球过于频繁地落入网内（负反馈），就会采取相应的措施，例如从下往上更用力地挥动球拍。

强化学习在存在以下条件时使用，这些条件使监督学习变得不可能：

1）算法学习的不只是一个决策，而是以一系列行动的形式做出的决策。

2）关于行动成功或失败的反馈是延迟的，或者只有在其他行动被执行后才会出现。

3）待开发的代理（机器学习解决方案）会影响环境。

强化学习处于有监督学习和无监督学习之间。有监督学习需要每个训练示例的标签，无监督学习则根本不需要标签，而强化学习使用延迟的奖励作为标签。

在下面的章节中，我们将使用术语"代理"，这是指一种软件程序，它基于算法学习规则，为人类提供自动化服务。

7.6.1 强化学习的基本思想

在强化学习中，代理会对环境状态和先前行动所产生的奖励做出反应（见图7.71）。根据这些信息，代理会采取新的行动来改变环境行为。这将导致新的环境状态，并由此产生新的奖励。这样做的目的是学习一种最佳行为策略（政策），告诉代理在什么情况下采取什么行动。

1. 学分分配问题

当代理不仅需要学习一个决策，而是需要学习一系列多个决策时，通常会使用强化学习。代理的目标是最大化其总奖励，即不仅仅是在执行单个行动后立即获得奖励，而是在要学习的决策序列结束时获得奖励。因此，要优化的奖励是基于当前状态的所有未来步骤的预期奖励的加权和。优化累积奖励也称为"学分分配"问题，需要回答的问题是：之前的哪些行动、在多大程度上对总奖励负责？

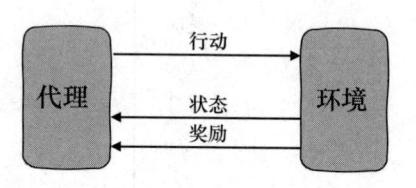

图 7.71 强化学习的基本概念

为了说明这个问题，让我们以视频游戏"突围"为例。在这款游戏中，必须用球棒操纵小球，以便击中屏幕上方的砖块。当砖块被击中时，它就会消失，而作为奖励，分数也会增加。因此，当您在闯关游戏中获得奖励时，这往往与获得奖励前不久所做的动作（球棒移动）无关。当您正确摆放球棒并击球时，决定性的动作就已经完成。要确定哪一个先前的动作对奖励负责，以及在多大程度上负责，需要了解的是学分分配问题的解决方案，因此需要强化学习算法。

2. 环境模拟

原则上，代理可以在真实世界或模拟环境中学习。不过，它只能在模拟环境中顺利工作。让我们举个例子，机器人应该学会尽可能快地移动，并将测量速度作为奖励。如果现实世界中的地面不平坦或出现其他干扰因素，那么速度测量就会受到干扰，从而可能学到不正确的信息。虚拟环境的另一个显著的优势是，可以更快地学习。

这也是强化学习在游戏领域取得巨大成功的重要原因。在那里，虚拟环境已经存在，或者可以根据明确的规则轻松建模。

游戏中强化学习的一个突出例子是谷歌 DeepMind 公司的阿尔法围棋（AlphaGo）。该系统能够自我学习，在 40 天内达到比任何人类玩家和任何先前存在的程序更高的游戏水平，而无须任何人类玩家的数据。

这意味着，模拟环境的能力和必要知识，往往是以有益方式利用强化学习的决定性因素。在图像识别领域的监督学习中，通过大型标记数据集（如 ImageNet）的出现推动了进步。在强化学习中，这将是一个庞大而多样化的环境集合。强化学习的突破预计将在逐渐标准化的模拟环境可用时实现，这些环境只需根据特定任务的要求进行调整。目前非常有帮助的平台是 OpenAI Gym。该平台提供了一系列典型环境，可用于实现强化学习算法。OpenAI 是一个人工智能研究实验室，于 2015

年由埃隆·马斯克和山姆·奥尔特曼等人在旧金山创立。

此外，可以预期随着质量管理中的数字化，模拟过程的可能性将大大增加。如果过程通过 BPMN 2.0 建模，数据例如通过过程挖掘进行收集和提供，那么未来将更容易地模拟过程，从而使智能代理能够在这种虚拟环境中学习行动序列。

7.6.2 马尔可夫决策过程

为了从数学上描述强化学习解决的任务，使用了以俄罗斯数学家安德烈·马尔可夫命名的马尔可夫决策过程（Markov decision process，MDP）。马尔可夫决策过程基于以下假设：下一个状态 s_{i+1} 的概率仅取决于当前状态 s_i 和行动 a_i，但不取决于之前的状态或行动。这些行动会改变环境并将其引导至新的状态，在该状态下，代理可以执行另一项行动。选择这些行动的规则称为"策略"。根据达到的状态 s_1，决定代理是否会因该行动而获得奖励。这就是"奖励" r。强化学习也适用于随机环境，这意味着接下来可能会出现几种状态，并被分配了相应的概率。马尔可夫决策过程示例如图 7.72 所示。

在 s_0 状态下，执行行动 a_0 以 0.5 的概率再次进入 s_0 状态，也以 0.5 的概率进入 s_2 状态。行动 a_1 总是导致状态 s_2，依此类推。

让我们回到突破示例：环境处于某种状态，例如球棒的位置、球的位置和方向、每块砖块的存在等。代理可以在环境中执行某些操作，例如向左或向右移动球棒。这些行动有时会带来奖励（如得分增加）。

类似这样的任务通常可以使用动态编程技术来分析解决。当数学分析

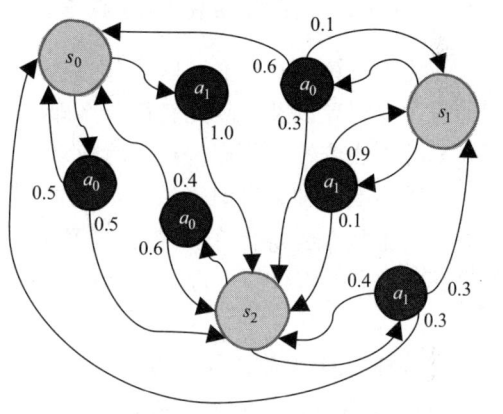

图 7.72　马尔可夫决策过程示例
（Matiisen，2015）

解决方案非常复杂或无法实施时，强化学习就显得尤为有用。因此，强化学习针对的是更大的问题，是解决马尔可夫决策过程的数值试验方法。

让我们从数学的角度来仔细研究一下马尔可夫决策过程。一系列状态和行动以及从一种状态过渡到另一种状态的规则，构成了马尔可夫决策过程。这一过程的一个情节（例如一场游戏）形成了状态 s、行动 a 和奖励 r 的有限序列

$$s_0, a_0, r_1, s_1, a_1, r_2, s_2, a_2, r_3, s_3, a_3, r_4, s_4, a_4, \cdots, s_{n-1}, a_{n-1}, r_n, s_n \quad (7.44)$$

式中，s_i 表示状态；a_i 表示动作；r_{i+1} 表示执行行动后的奖励。剧情以最终状态 s_n（例如"游戏结束"屏幕）结束。

如前所述，为了学习良好的行动序列，除了眼前的奖励外，还必须考虑未来的奖励。在运行马尔可夫决策过程时，可以很容易地计算出一个情节的总奖励

$$R = r_1 + r_2 + \cdots + r_n \tag{7.45}$$

从时间 t 开始的未来奖励可表示如下：

$$R_t = r_t + r_{t+1} + r_{t+2} + \cdots + r_n \tag{7.46}$$

然而，由于环境是随机的，人们永远无法确定下一次执行相同的操作时是否会收到相同的奖励。对未来看得越远，不确定性就越大。因此，通常的做法是对未来的奖励进行折现加权，即使用折现未来奖励

$$R_t = r_t + \gamma r_{t+1} + \gamma^2 r_{t+2} + \gamma^3 r_{t+3} + \cdots + \gamma^{n-1} r_n \tag{7.47}$$

也可以重新排列等式

$$R_t = r_t + \gamma(r_{t+1} + \gamma r_{t+2} + \gamma^2 r_{t+3} + \cdots + \gamma^{n-t-1} r_n) = r_t + \gamma R_{t+1} \tag{7.48}$$

式中，γ 是折现因子，可以在 0 和 1 之间。如果我们设折现因子 $\gamma = 0$，那么我们的策略将是短视的，我们将只依赖于眼前的奖励。在即时奖励和未来奖励之间找到适当的折中点，可以使折现因子 $\gamma = 0.9$。如果环境是确定的，并且相同的行动总是导致相同的奖励，那么我们可以将折现因子设置为 $\gamma = 1$（Matiisen，2015）。

7.6.3 Q-学习作为强化学习算法的简单示例

强化学习算法基本上可以区分为基于模型和无模型。起初，代理不知道其行动会如何改变世界以及会因此获得什么即时奖励。代理将尝试并观察发生了什么。基于模型的方法依赖于代理构建环境模型。

Q-学习是一种无模型方法，因为即使在学习之后，代理也无法预测在执行行动时下一个状态会是什么。在 Q-学习中，函数 $Q(s,a)$ 被确定下来，它代表了如果在状态 s 下执行一个行动 a 时获得的最大未来奖励。

$$Q(s_t, a_t) = \max R_{t+1} \tag{7.49}$$

它被称为 Q-函数，是因为它代表了特定状态下特定行动的"质量"。为了更好地理解 Q-函数，让我们关注从状态 s 到状态 s_{t+1} 的转换。在状态 s 中，我们触发一个行动 a，这会导致奖励 r 和状态 s_{t+1}。我们可以用贝尔曼方程来描述状态 s 和行动 a 的 Q 值与下一个状态 s_{t+1} 的 Q 值的关系

$$Q(s, a) = r + \gamma \max Q(s_{t+1}, a_{t+1}) \tag{7.50}$$

贝尔曼方程以美国数学家理查德·贝尔曼的名字命名，它指出，在许多优化问题中，最优解由一系列最优部分解组成。当前状态和后续行动的最大未来奖励是即刻奖励加上下一个状态的最大未来奖励。Q-学习的主要思想是使用贝尔曼方程迭代逼近 Q-函数。在最简单的情况下，Q-函数被实现为一个表格，其中状态为行，行动为列。

为了估计新的 Q 值，Q-学习算法使用以下公式，其中包含超参数 α（学习率）和 γ（折现因子）（Matiisen，2015）：

$$Q^{\text{neu}}(s_t, a_t) = (1-\alpha)Q(s_t, a_t) + \alpha[r_t + \gamma \max Q(s_{t+1}, a_{t+1})] \tag{7.51}$$

算法中使用的学习率 α 控制着前一个 Q 值和新估计的 Q 值之间的差异程度。

如果该值设置为零，则代理不再改变其行为。例如，如果一个已经训练有素的代理要在一个缓慢变化的环境中行动，并随着环境的变化而缓慢进化，那么较小的 α 值就会非常有用。

用于更新 $Q(s_t, a_t)$ 的最大值 $Q(s_{t+1}, a_{t+1})$ 只是一个近似值，在学习的早期阶段也可能是完全错误的。然而，随着每次迭代，近似值变得越来越准确，而且事实证明，如果更新次数足够多，那么 Q-函数就会收敛并代表真实的 Q 值。

强化学习的一大挑战是如何在探索新领域（探索）和利用现有知识（利用）之间找到良好的平衡，这就是利用-探索困境。一旦找到了一种能获得一定数量奖励的策略，问题就来了：是选择这种策略作为解决方案，还是尝试其他可能带来更大奖励的策略？

解决利用-探索困境的一种方法是一种称为"ε-贪婪"（ε-greedy）的策略，它是对我们先前知识的部分（贪婪）利用。ε-贪婪的正式定义是：在状态 s 下，选择概率为 ε 的随机行动，以及最大 Q 值为 $1-\varepsilon$ 的行动（Matiisen，2015）。

7.6.4 示例

奥钢联集团的高性能金属（High Performance Metals，HPM）部门与奥地利咨询公司 EnliteAI 合作，实施了一个非常明确的强化学习案例。HPM 在 40 多个国家拥有 7 个生产基地以及约 140 个服务和仓储点，总库存量约为 10 亿欧元。140 个地点中的大多数都使用 SAP/MRP（物料需求计划）。根据订单状态，由采购人员现场综合考虑市场、供应情况、效率和库存目标进行订购。尽管近年来在软件和人员培养方面进行了大量投资，但在库存管理方面并没有取得显著改善。

在优化订购过程的实践中，面临一系列挑战。一个挑战是如何应对牛鞭效应，在当前案例中也存在这种情况。它指的是需求波动向供应链源头增加的现象，这意味着订货过程难以控制或无法控制。

另一个挑战是如何确定正确的订购时间和数量。为此，有既定的公式如下：

$$订购数量 = 需求 \times 订单成本 + 仓储成本 \qquad (7.52)$$

$$订购数量 = \sqrt{2 \times 需求 \times \frac{订单成本}{仓储成本}} \qquad (7.53)$$

然而，这些公式包含需求、仓储成本、订单成本或安全库存等输入变量，这些变量具有高度的不确定性，因此在实践中往往需要凭感觉来确定。此外，这些计算公式使用平均值，这就导致了更多的不准确性。总而言之，这个问题还没有足够准确和可靠的数学解决方案。

由于不同的产品会导致不同的切割和安装成本，并且在优化仓库管理时也必须考虑这些成本，这就增加了问题的复杂性。

因此，有必要找到一种新方法来解决三大挑战：
1) 考虑产品在切割和安装成本方面的特殊性。

2）对某些输入因素（如市场需求）的波动和不确定性进行绘图和建模。

3）根据情况（场景）灵活调整最佳解决方案。例如，根据市场情况，节约成本可能比实现最大化的客户服务水平更重要。或者下一次应该把降低资本承诺成本放在首位等。

因此，选择强化学习方法，目的是确保代理必须至少具有与现有最佳采购员相同或更好的表现。之所以选择强化学习方法，主要是因为这种方法可以非常灵活地适应不同的情况，而且还能很好地应对不确定性问题。

正如前面提到的，首先必须为代理生成适当的学习环境。在这种情况下，必须模拟现有的订购过程。库存数据、材料数据、订单持续时间、订单历史记录、计划数据和销售数据用于建模。这些数据是作为代理的学习环境提供。重要的是要考虑相关的接口。例如，模拟环境与客户和生产周期相关联。所需的系统已经存在。代理被集成到现有的 SAP 中（见图 7.73）。

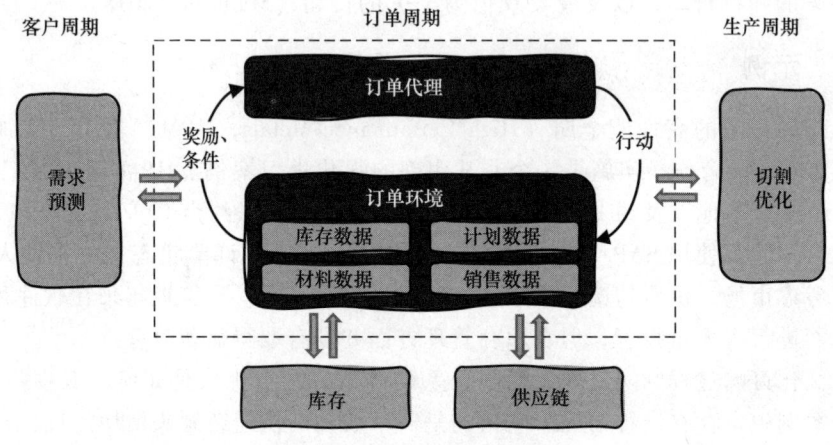

图 7.73 订购过程模拟环境

通过模拟环境，可以在很短的时间内对代理进行现实中需要几百万年的训练。要做到这一点，模拟环境必须快速且非常接近现实。

下一项任务是确定奖励。除了存储成本和材料供应不上时的成本外，还要考虑切割和安装成本。

因此，代理必须一方面解决库存和缺货成本的目标冲突，另一方面解决切割和安装成本的目标冲突。为此，选择了"多代理"方法。这种可能性是说明强化学习巨大潜力的众多方面之一：训练多个代理，并将它们与总体最佳值相匹配，这是相对容易的。通过强化学习，还可以快速调整奖励，例如改变成本的权重，从而快速适应不断变化的框架条件。

已经取得的初步成果非常鼓舞人心。代理能够将存储成本降低 10% 以上，并将切割成本降低 5% 以上。此外，还有一个非常重要的因素：代理所积累的知识可以保留下来，并相对容易地在不同国家和不同代之间传承。

第 8 章　通过数字化改进过程

在前面三章中，我们已经详细讨论了统计在数字质量管理中的具体用例，从描述性统计到预测性统计（"预测分析"）。重点关注数字质量管理中相应的统计基础知识和数字化中的实际用例。本章将更详细地探讨成功识别和实施用例想法的系统方法以及相关的项目管理。在第 4 章（有质量保证的创新）中，重点关注新产品、软件解决方案和工业 4.0 系统的开发，而本章则讨论数字化带来的过程改进。

8.1　数字用例的类型

根据复杂性、主动性和创新程度的不同，用于识别和实施过程改进的数字化用例的程序模式也不尽相同。图 8.1 所示为通过数字化改进过程的四种方法。

从内圈开始，任务是有条理地解决内部和外部质量投诉。在实践中，一种广泛采用的方法是 8D 问题解决法。通常，客户会要求提供一个 8D 报告，以处理投诉。在数字时代，除了传统的问题解决方法之外，还要采用现代数据分析技术，并对传统方法进行补充（8D+）。

质量管理的下一个重要改进任务是按照既定的逻辑，系统地改进过程，避免缺陷，这就是六西格玛。与 8D 相比，六西格玛的考虑范围更大，因为调查的重点不是已发生的错误，而是整个过程。在这里，同样重要的是利用数字可能性和六西格玛+意义上的现代预测方法来扩展经典方法。

第三个改进圈利用数字时代的新可能性，通过工作流自动化或机器人过程自动化等技术实现过程自动化。前两个改进圈是由问题引发的，在 8D 案

图 8.1　通过数字化改进过程的四种方法

例中是由投诉引发的，而在六西格玛案例中则是由过程有效性不足引发的。寻找有吸引力的用例在机器人过程自动化中发挥着重要作用，因为这些改进是更积极主

动的。

最后，第四个改进圈利用机器学习和/或人工智能来显著提高过程的有效性或效率。

随着复杂性由内而外的增加，我们强烈建议公司从内到外实施。本书以相反的顺序展开，首先讨论识别和选择用例。在此基础上，介绍最全面的方法，以便以有效的形式描述内部改进圈。本书假定质量管理中的六西格玛和8D基本方法已广为人知。因此，本书将不对这些方法进行全面介绍，而主要关注数字时代"8D+"和"六西格玛+"进一步发展的可能性。

8.2　寻找有前景的机器学习和自动化用例

正如已经提到的，对于两个外部改进圈来说，找到并选择正确的用例尤为重要。这需要一个创造性的过程，必须从过程而不是技术的角度出发。从一开始，重点就必须放在理解过程的特殊性和挑战上，并为之寻找创意。如果从技术角度出发，并且作为现代机器学习和人工智能解决方案的坚定拥护者来处理这个话题，那么就有可能忽视其好处，从而追求错误的用例。

8.2.1　识别和界定过程

如果要为特定过程寻找用例创意，那么第一步就是应用LIPOK表示法（另见2.3节）报告创建过程的LIPOK表示法示例如图8.2所示（Wappis & Jung, 2016）。对过程进行划分。缩略语含义如下：

1）L代表提供输入的过程供应商。
2）I代表作为第一个子过程基础的过程输入。
3）P代表可分解为各个过程步骤的过程。

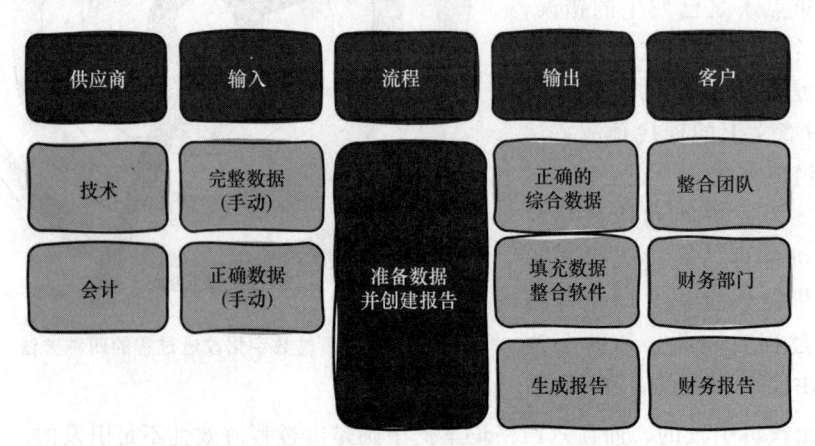

图 8.2　报告创建过程的 LIPOK 表示法示例

4）O 代表过程的输出。

5）K 代表过程的客户。

LIPOK 表示法的制定步骤如下：

1）过程命名。

2）确定过程的起点和终点。

3）确定过程的客户及相应的期望值。

4）确定过程的输出。

5）确定过程所需的输入。

6）确定过程的供应商。

LIPOK 表示法不仅提供了一个很好的过程定义，还清楚地说明了过程有效性的含义。这为以后找到能提高过程有效性的用例奠定了基础。

在图 8.2 中，以一个报告生成过程为例展示了 LIPOK 表示法的应用，这是在与过程负责人和内部客户的研讨会中开发的。作为内部客户，合并团队和财务部门希望财务报告中的数据在技术上正确、完整和一致，以便得出有理有据的结论。作为供应商的控制部门和会计部门，则以手动提供数据的形式进行输入。通过这种分析，可以产生对潜在用例的初步想法，例如自动提供必要数据的软件解决方案。

8.2.2 利益相关者分析——收集和构建需求

利益相关者分析用于详细识别过程的客户、利益相关者及其需求。例如，思维导图或客户需求图可用于收集和构建已识别利益相关者的需求。

思维导图用于以结构化方式将事实可视化。其结构类似于从鸟瞰视角看到的树的样子。思维导图能够根据我们大脑的非线性结构，将丰富的信息清晰地记录下来。

构建过程的客户需求的另一种方法是客户需求映射技术。在团队中，最好是与客户一起，通过卡片提问的方式确定所有相关需求。每个团队成员都会获得一定数量的卡片，用来记录最重要的客户需求（见图 8.3）。例如，客户将无差错和及时提供必要数据作为报告创建过程的要求。

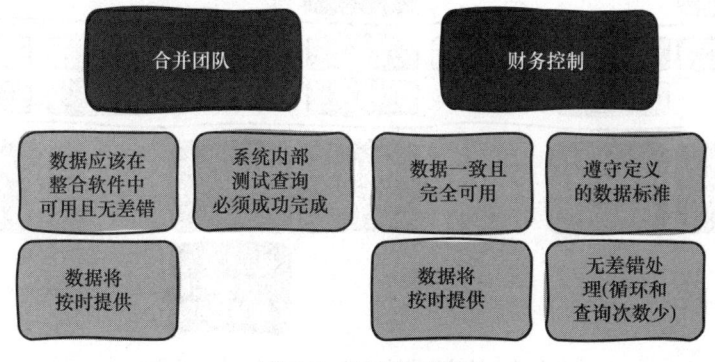

图 8.3 客户需求图

已确定的主要客户需求被系统地分解为子客户需求，直到进一步细化不再合理为止。最终形成一个树形图，从左到右系统地显示客户需求，其详细程度不断递增（见图8.4）。

8.2.3 深入的过程分析

为了充分理解需要改进的过程，通常有必要对过程进行详细分析。根据过程类型，常见的过程可视化表示形式，如流程图、BPMN 或 Makigami 分析都适合用于此目的。

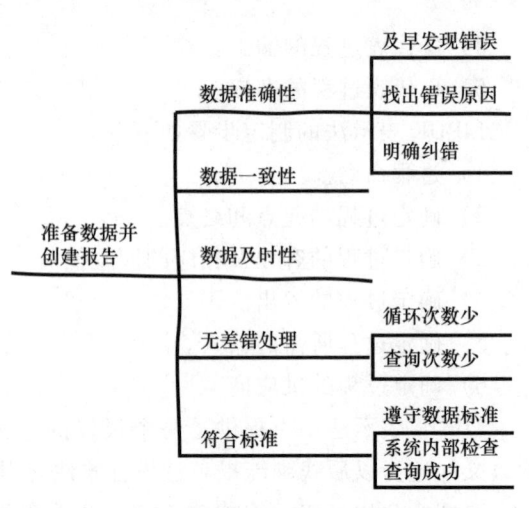

图 8.4 报告创建过程的客户需求树示例

只有在相关领域和过程专家的参与下，才能成功进行详细的过程分析。

图 8.5 所示为 Makigami 分析报告创建过程示例。该术语来自日语，意思是卷（Maki）纸（Kami），因为在这种方法中，要分析的过程被可视化在一卷纸上。该方法通常包括以下步骤：

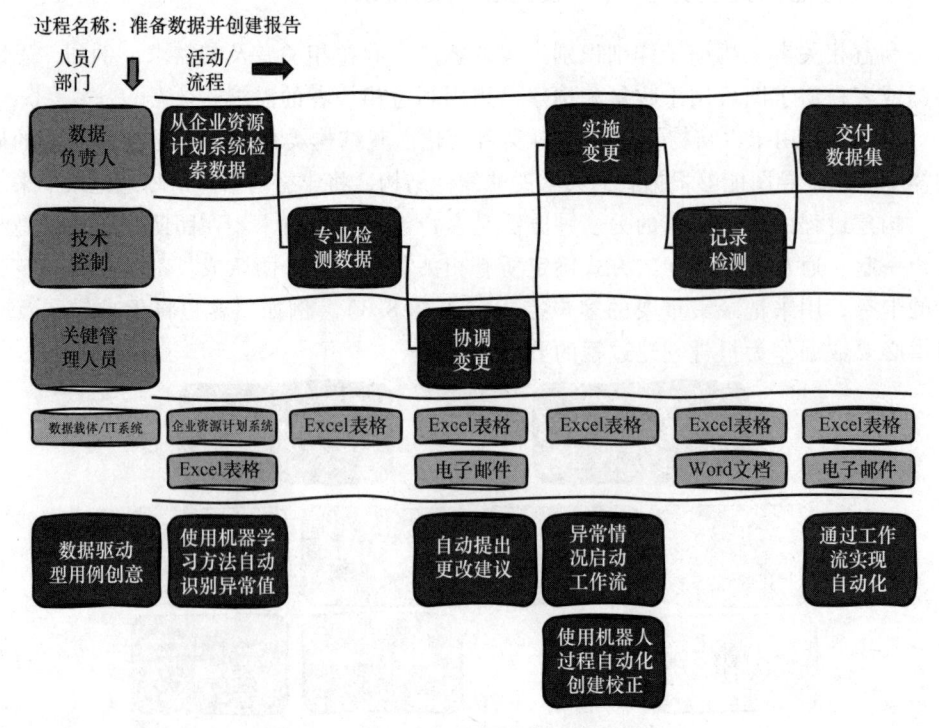

图 8.5 Makigami 分析报告创建过程示例

1) 确定过程名称和过程目标（类似于 LIPOK 表示法）。
2) 列出过程中涉及的人员和部门。
3) 输入过程步骤和活动。
4) 输入连接箭头（可选：红色/绿色表示关键/非关键接口）。
5) 确定所需的数据载体/信息媒介/IT 系统。
6) 从创造价值的角度评估过程步骤（红色：不增值，绿色：增值）。
7) 收集改进意见。

图 8.5 显示了从 ERP 系统（企业资源计划系统）提供数据到将数据集交付给接收者的过程和活动所涉及的人员。该过程所需的数据载体和 IT 系统也已确定。信息媒体之间的频繁中断通常会带来优化和自动化过程的机会。在分析过程中，已经产生了数据驱动用例的初步想法。例如，利用机器学习过程自动检测所用数据中的异常值。另一个确定的用例是通过 RPA（机器人过程自动化）对数据清理进行自动记录。

为了确定可能的数据驱动用例，经典的 Makigami 分析法的扩展证明了其价值。例如，值得系统地列出过程中做出的所有重要决策。在此基础上，可以提出一个问题，即这些决策是否可以通过机器学习或人工智能解决方案来支持。此外，识别所有重复性的任务以获取自动化解决方案的线索也是有意义的。

8.2.4 寻找用例——创意阶段

一旦对当前过程以及需求和挑战有了充分了解，就可以开始创意阶段。实践证明，在团队中举行一次创意会议是一个好主意。在会议上，首先要向团队传授机器学习、机器人过程自动化等方面的基础知识。简短的培训课程应减少对理论细节的关注，而更多地关注这些技术的典型用例，以初步激发团队的创意。

然后，重复或展示之前的过程分析结果，并借助经典的创意方法收集想法。通常会采用头脑风暴或卡片提问等简单方法。与所有创意会议一样，重要的是要遵守"禁止批评"或"即使是疯狂的想法也欢迎"等规则。理想情况下，这些想法会被立即分配到过程步骤中。我们可以假定，质量管理部门已经掌握了成熟的创意方法，因此这里就不对这些技巧进行详细介绍了。

8.2.5 描述用例——零问题

一旦产生了可能有意义的用例想法，就必须在选择之前对其进行充分描述和理解。这一点常常被低估，但却是后期进行有理有据的评估和选择的绝对前提。通过描述用例创意，可以识别多余的建议，总结和重新表述类似的创意，创意提供者也有机会向团队其他成员解释自己的想法。这往往会产生新的想法。

有许多技术可以以结构化形式描述用例。一种方法是零问题表（Haufe Academy，2021）。需要回答一些简单的问题，以澄清用例的基本思想和好处。目标是将用户及其需求置于用例的中心，从而在早期阶段就将客户纳入开发过程。零问题通常包括以下问题：

1）特征：用例核心的创新/革命性功能是什么？
2）好处：新功能的好处是什么？
3）背景：新功能将在何处以及在什么上下文或环境中使用？
4）用户/客户：我们为谁提供用例？
5）现状：现状如何，用例会如何改变现状？
6）方法/技术：我们可以使用哪些方法/技术来实现用例？

图 8.6 所示为使用零问题表优化报告创建过程的用例。可以清楚地看到，在使用这种技术时，重点是为客户创造利益。在这个明确的用例中，在时间序列分析领域使用机器学习算法是为了比以前更好地识别异常值，从而提高报告质量并节省时间。

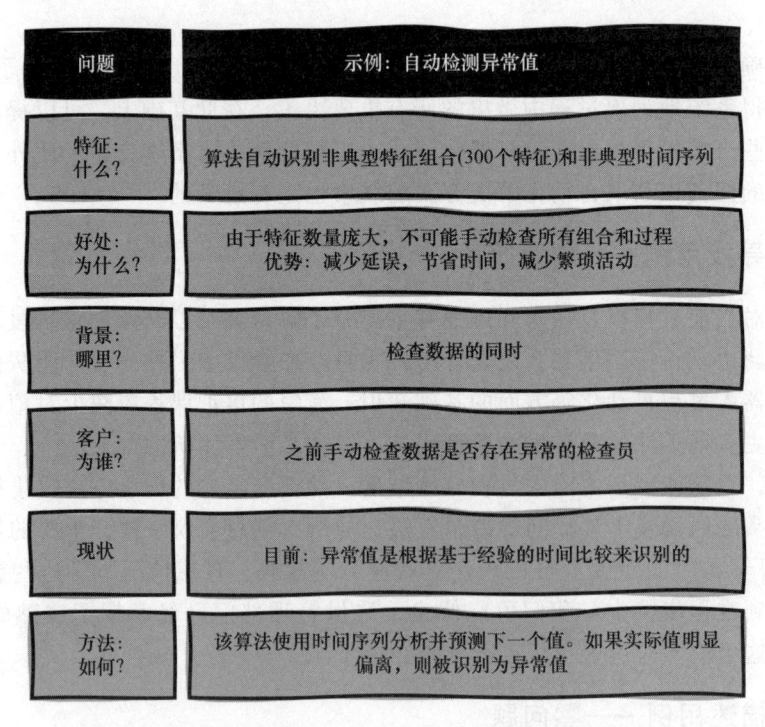

问题	示例：自动检测异常值
特征： 什么？	算法自动识别非典型特征组合(300个特征)和非典型时间序列
好处： 为什么？	由于特征数量庞大，不可能手动检查所有组合和过程 优势：减少延误，节省时间，减少繁琐活动
背景： 哪里？	检查数据的同时
客户： 为谁？	之前手动检查数据是否存在异常的检查员
现状	目前：异常值是根据基于经验的时间比较来识别的
方法： 如何？	该算法使用时间序列分析并预测下一个值。如果实际值明显偏离，则被识别为异常值

图 8.6　使用零问题表优化报告创建过程的用例

8.2.6　预选想法

如果想法很多，则建议进行初步筛选以确定相关想法。然而，由于利益相关者的利益和影响不同，往往很难甚至不可能达成共识。因此，可以使用经典的优先排序方法，如评分法或排名法，但也可以使用敏捷开发技术，如白象法或优先级扑克

(Tech Agilist，2021）。

一旦想法的数量减少到为数不多的几个，通常就值得对剩下的想法进行详细的效益分析，即进行业务案例计算。

8.2.7 业务案例的描述和计算

正如 4.7.2 节所述，业务案例是参与者想要实现的目标。一方面，它从利益相关者的角度描述了效益；另一方面，它还包括成本效益计算。在计算业务案例时，要将收益与成本进行对比。这里使用的是经典的投资评估方法，如静态投资回收期法或净现值法，后者属于动态投资评估方法。通过相应的利息计算来考虑不同的现金流。因此，较早产生的收入会被更加重视。

正确计算投资额对公司来说应该很熟悉，因此不会对财务控制人员构成挑战。在这种情况下，更重要的是要认真对待这一点，并花费足够的时间来估计预期成本和收益的时间分布。表 8.1 给出了一个简单的例子，其中显示了随着时间推移的累积成本、预期收益和预期节余。可以看出，从第三季度开始，预计可节省 40000 欧元。投资回收期仅为三个季度，因此该业务案例无疑极具吸引力。

表 8.1 作为业务案例演示的一部分的累计成本、预期收益和预期节余

（单位：欧元）

时间	第一季度	第二季度	第三季度	第四季度
成本	−5000	−10000	−10000	−15000
收益	—	—	50000	75000
节余	−5000	−10000	40000	60000

8.2.8 评估和选择用例

一旦分析了用例的成本和收益，就可以对这些想法进行系统评估，例如以决策矩阵（决策表）的形式进行评估。根据确定的标准和权重（见表 8.2），确定最有前途的用例方案。为此，在矩阵中为每个想法（在本例中为三个想法）各设置了一列。然后，根据数据质量或关键性等标准对每个想法进行评估。在对标准进行额外加权后，再计算分数总和，以确定创意的排名。在本例中，用例 1 得分最多，因此排在第 1 位。

表 8.2 报告创建过程决策表示例

条件		用例 1:自动识别异常值		用例 2:自动纠正已识别的错误		用例 3:使用 RPA 创建文档	
标准	权重	评分	加权评分	评分	加权评分	评分	加权评分
数据质量	4	2	8	2	8	2	8
复杂性	2	3	6	2	4	4	8

(续)

条件		用例1:自动识别异常值		用例2:自动纠正已识别的错误		用例3:使用RPA创建文档	
标准	权重	评分	加权评分	评分	加权评分	评分	加权评分
关键性	2	2	4	2	4	2	4
战略契合度	3	4	12	2	6	2	6
总计			30		24		26

在这种情况下,应当指出的是,决策矩阵在理论上看似简单,但在实践中却可能带来重大挑战。使用决策矩阵并不能保证决策的客观性。有许多方法可以有意识地将结果引向一个方向,例如,通过对标准进行加权或加入有利于某个想法的额外特征。最后但并非最不重要的一点是,机器学习理念的标准满足程度充其量只是一个很好的估计。尽管如此,决策矩阵还是非常有价值的,因为它记录了团队做出该决策的原因,而且评估过程也是系统进行的。

此外,还可以在矩阵中清晰地展示现有想法的可行性和优势。图8.7所示为可行性—效益矩阵示例,其中用例根据其技术可行性在x轴上进行分类,预期效益在y轴上从低到高排列。这种方法的优点在于图表清晰,尤其有助于与决策者进行讨论。

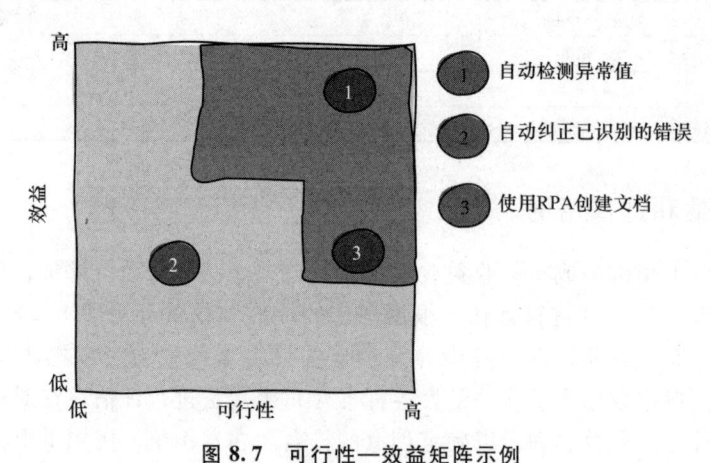

图8.7 可行性—效益矩阵示例

8.3 系统地实施人工智能和机器学习用例

在标准化方法的帮助下,机器学习项目可以更有效、更高效地实施。它还能以易于理解的方式记录从项目中获得的经验和知识。

CRISP-DM(数据挖掘跨行业标准流程)工作流是系统化方法的良好基础。这是20世纪90年代中期由几家工业公司合作开发的。CRISP-DM工作流是一个与应用程序和工具无关的过程，为处理数据挖掘项目提供了指导，同时考虑到了业务和技术角度。它描述了数据挖掘项目内有意义的逻辑活动（Chapman（NCR），et al.，1999）。

图 8.8 显示了 CRISP-DM 工作流的各个阶段。

尽管 CRISP-DM 的理念相对较老，而且是从数据挖掘学科发展而来，但经过适当调整后也可用于机器学习项目。CRISP-DM 工作流扩展图如图 8.9 所示，该过程模型是与奥钢联高性能金属数字解决方案有限公司共同开发的，是数据科学领域众多培训课程（例如领导者培训）的一部分。主要的调整是，除了训练模型，机器学习的实施也在第二个控制环中进行了描述。在这个环路中，经过训练和评估的机器学习模型通过软件实施，并不断更新。

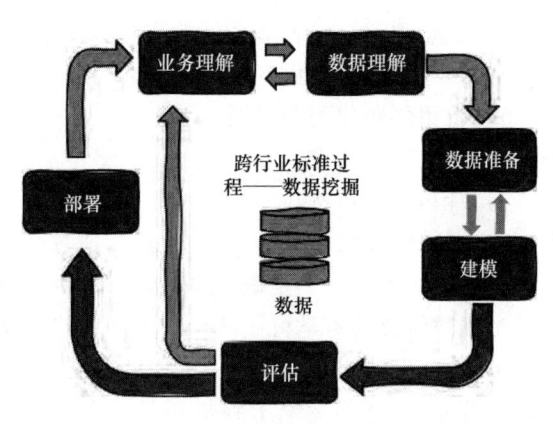

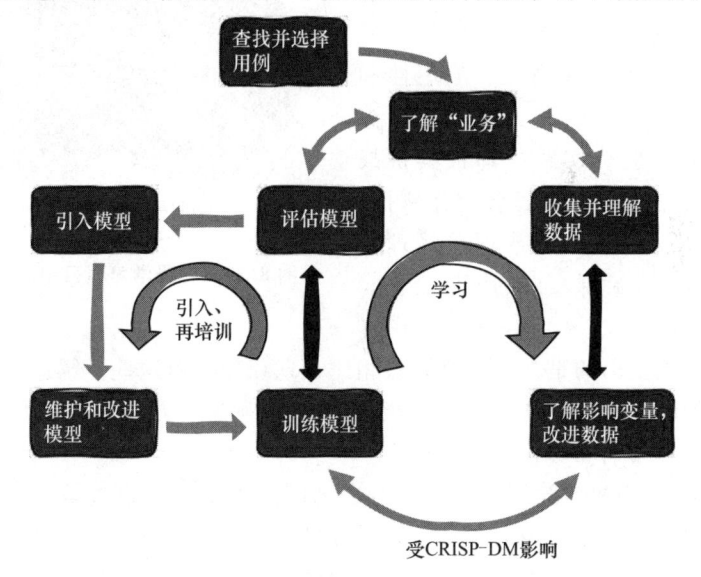

图 8.8　CRISP-DM 工作流的各个阶段
（Chapman（NCR），et al.，1999）

图 8.9　CRISP-DM 工作流扩展图

8.3.1　业务理解

第一阶段的范围很大程度上取决于在相关用例的选择过程中已经投入了多少时间。例如，在选择过程中，已经在零问题的帮助下对用例进行了全面描述，并且计算出的业务案例已经可用。无论如何，这一阶段的典型步骤是：
1）为团队命名。
2）了解需要改进的过程。
3）确定利益相关者对用例的需求。
4）描述用例并确保达成共识。
5）将用例转化为参数图。
6）得出用例需求。
7）计算业务案例。
8）制订初步项目计划。

最重要的步骤之一是确定团队。只有由领域专家/过程专家以及数据分析师和数据工程师组成的跨学科团队合作无间，机器学习和人工智能项目才能取得成功。图 8.10 所示为机器学习项目中的团队构成。

领域专家/过程专家了解机器学习项目所关注的生产或业务过程。他们的意见是数据工程师开展工作的基础，数据工程师提供项目所需的数据。然后，数据分析师使用合适的机器学习算法对这些数据进行建模。反过来，必须与领域专家一起评估结果的准确性、适用性和目标实现情况。虽然这种方法听起来简单且合乎逻辑，但在实践中却极具挑战性，因为不同的学科和语言会相互碰撞。有时，这需要用例负责人或项目经理兼任翻译和主持人，确保良好的团队合作。

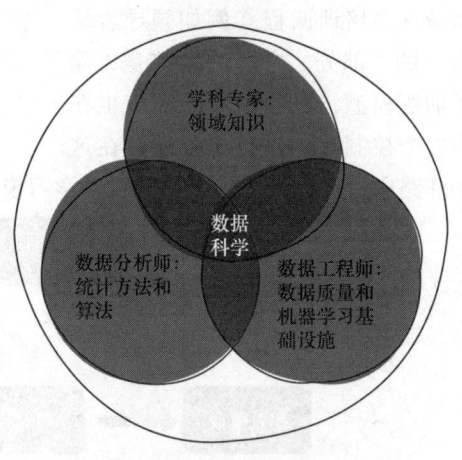

图 8.10　机器学习项目中的团队构成

接下来的步骤 2~4 已在 8.2 节中详细解释。我们想指出的是，与选择阶段相比，现在需要对这些步骤进行更详细的研究。除了零问题方法，UML（统一建模语言）用例描述方法（如用例图、活动图或序列图）也非常有帮助。

图 8.11 所示为机器学习领域用例的序列图。该用例的想法是，一旦质量特征超出限制范围，机器学习或人工智能解决方案就会为机器操作员提供智能建议。这样做的目的是确保系统能够快速恢复所需的质量，避免长时间停机。序列图中描述了系统操作员与机器学习解决方案的交互方式。

下一步是用相应的输入数据和输出数据来描述计划的机器学习模型。这里，强烈建议以参数图的形式将其可视化。这样就能明确模型应提供哪些输入、输出参数（特征）用于学习。这就将业务问题转换为机器学习问题。对参数进行精确描述非常重要，例如哪些特定的特征类型（连续、离散、序数、名义），或者离散特征需

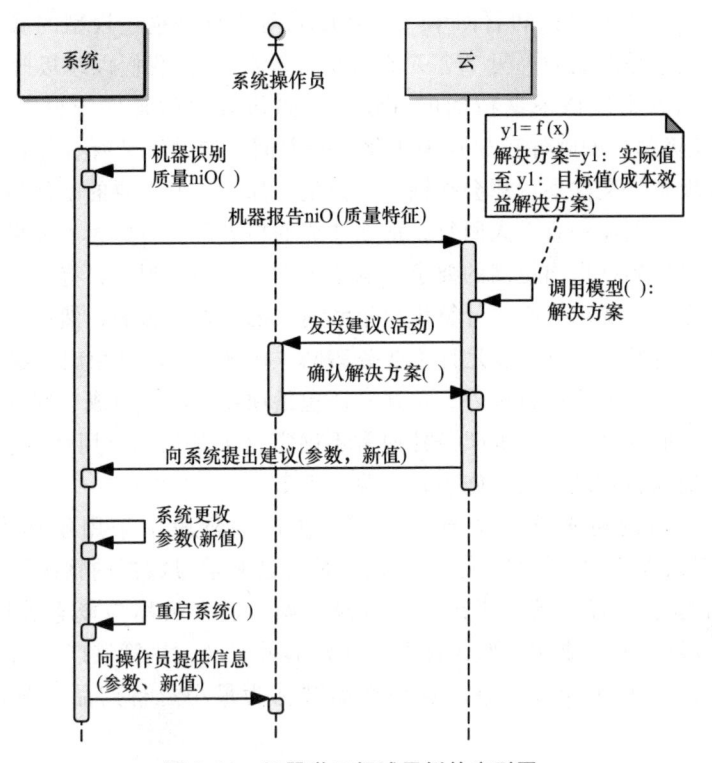

图 8.11 机器学习领域用例的序列图

要考虑哪些值。这可以确保在早期阶段对机器学习解决方案有一个标准化的理解，并为进一步的考虑奠定基础。图 7.38 中已经描述了这样的示例。

在此基础上，现在必须导出用例需求。区分机器学习的业务目标和期望是有意义的。首先，定义用业务术语表述的业务目标，例如：

1）减少额外工作。
2）节省时间。
3）减少废品。
4）增加产出。

然后导出机器学习的目标，这些目标用技术术语来表述，例如模型的必要预测质量：

1）回归模型的目标决定系数。
2）分类模型的目标错误率。

机器学习的目标决定了技术解决方案何时可以归类为成功。这一步骤必须在早期阶段进行，并且必须源于业务目标，这一点极为重要。这样可以降低团队在用例开发中投入大量精力的风险，从而激发对该主题的热情，即使无法满足要求或不存在经济效益，他们也想坚持这一想法。

需要定义的要求在很大程度上取决于机器学习任务的类型。例如，分类任务通常使用精确度（相关性）和召回率（灵敏度）等指标来描述模型的属性，而精确度和召回率通常是对立的（见7.2.2节和8.3.3节）。让我们以垃圾邮件过滤器为例。分类解决方案应该根据精确度（误判为垃圾邮件的邮件较少）还是召回率（误判为非垃圾邮件的邮件较少）来优化？一方面，如果不是所有的垃圾邮件最终都进入了垃圾邮件文件夹，那会很恼人。但是，如果一封重要的邮件最终进入了垃圾邮件文件夹，因而一直无人回复，那么造成的损失可能会更大。如果团队意见一致，就必须对精确度提出更高的要求。从这个例子我们看到，只有熟悉过程的领域专家才能确定这些要求。必须计算出误报和漏报的成本和影响，然后再确定要求。

如8.2.7节所述，下一步是计算业务案例。在这一阶段结束时，必须制订初步的项目计划。除了明确的目标外，这通常还包括项目团队的组成、职责、阶段性目标和必要资源的规划。由于框架条件通常不确定（如数据的可用性或质量），通常建议采用敏捷项目管理方法实施项目（见4.5节）。

机器学习用例通常分几个阶段实施，在这些阶段中采用敏捷方法（见图8.12）。通常会首先快速评估该想法，尤其是在已有学习数据的情况下。如果这些初步模型看起来很有前景，那么第二阶段开始，通常被称为概念验证（Proof of Concept，PoC）。如果成功，那么就可以开始部署产品，尽管该产品尚未实现所有功能，但已经带来了初步效益。这种产品被称为最小可行产品（Minimal Viable Product，MVP）。

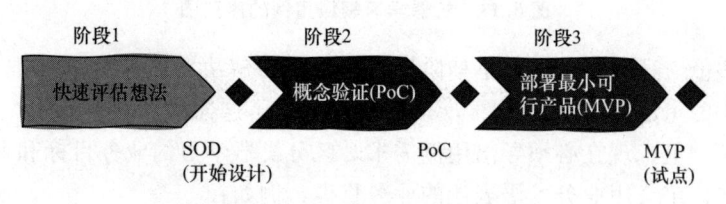

```
阶段1                阶段2              阶段3
快速评估想法    ▶    概念验证(PoC)  ▶   部署最小可行产品(MVP)  ▶
                     SOD                PoC                MVP
                     (开始设计)                            (试点)
```

图8.12　机器学习项目的可能阶段

8.3.2　数据理解和数据准备

机器学习的起点是以数据形式存在的信息。所有后续步骤都以这些数据为基础。通过"数据理解"和"数据准备"的结果，为建模阶段奠定了高质量数据集的基础。数据集的质量一方面提高了结果的质量，另一方面也会降低所使用算法的复杂性和工作量。因此，作为机器学习基础的数据集具有重要意义。

在这个阶段，主要应用了5.3节和5.4节中介绍的数据收集和数据理解方法。接下来，将补充描述在实际用例中如何进行这些操作。

1. 数据理解：收集和理解数据

首先，必须制订数据收集计划。在这一阶段，必须让数据工程师或IT部门的专家参与进来。例如，如果所需数据来自多个数据源，则必须整合数据。可能需要投入时间和资金来建立相应的IT基础设施（见第9章）。

可靠数据的一个重要先决条件是一个功能强大的测量系统，该系统不会出现任何系统性偏差，并且具有足够的分辨率和良好的重复性。这些特性可以通过测量系统分析（MSA）来验证。

必须从结构和质量角度理解所收集的数据。目标是熟悉数据集并识别数据质量问题。5.4 节中提到的统计参数和图表可用于此目的。在此过程中，还应回答以下问题：

1）数据是否完整？
2）数据格式是否统一？
3）数据中是否存在缺失值？
4）是否存在异常值和/或离群值？
5）特征分布如何？
6）两个或多个变量之间是否存在关系？
7）是否需要对数据进行转换或需要其他数据准备步骤？

这些问题必须在领域专家的参与下回答，因为对数据的理解会导致对领域的理解，从而使后续阶段的工作更容易进行。与领域专家一起，检查数据是否正确、完整、连贯、具有代表性和最新。

2. 数据准备：改进数据并了解影响变量

机器学习过程中可用的数据集很少是完美的。它们需要经过清理（见 5.5 节）、编码（见 5.6 节）、构建（见 5.7 节），必要时还需要压缩（见 5.8 节）。构建数据的主题包括特征工程这一基本任务，我们希望在此提醒大家认识到这一任务的重要性。

在开始对机器学习进行建模之前，建议先召开特征工程研讨会。例如，与过程专家一起，在石川图的帮助下，找出所有可能对目标变量产生影响的变量。然后，可以对这些变量进行加权，并提出以下问题：这些影响变量中的哪些绝对应该作为特征纳入机器学习模型中。可能有必要创建新的数据收集方法，这可能既费时又费钱。

质量管理经验表明，特征工程对机器学习解决方案的可行性影响最大。如果模型中不包含关键的影响变量，那么即使是最好的算法或最高质量的神经网络也无法提供可用的结果。

8.3.3　模型训练

在此阶段，使用机器学习方法训练预测模型。根据是监督学习、无监督学习还是强化学习以及基于定义的目标，可以使用多种算法和建模方法。

从一开始就选择"正确"的建模方法是不可能的，甚至也不是必要的。在常见的机器学习软件中，几乎可以通过点击几下按钮来使用所有算法。如果计算时间允许，通常会先试用最常用的算法，并在以后选择性能最佳的算法。

在"自动机器学习"这个关键词下，提供了软件解决方案，可以自动选择、训练、评估任务的可能模型，并确定最佳模型。一方面，这样做很方便；但另一方面，如果缺乏对机器学习方法的背景知识，这样做也可能会带来风险。因此，成功应用算法的最低要求是充分理解算法的基本原理，并详细了解相应的超参数。

1. 模型评估、过拟合、欠拟合

每个模型都有误差，误差可以分解为偏差、方差和噪声。模型的偏差是其对于不同训练集的平均误差；方差表示模型对不同训练集的敏感程度；噪声是数据的一个特性，它（但愿）没有被建模。

不同回归函数解释过度拟合的比较如图 8.13 所示，图中显示了函数 $f(x) = \cos(32\pi x)$ 以及该函数中提取的一些噪声点。我们使用了三个阶数 M 分别为 1、4 和 15 的回归模型。可以看出，第一个回归函数的估计值过于简单，因此偏差 4.08E-1 过高，这就是欠拟合。第二个回归函数几乎完美地逼近了真实函数，而最后一个回归函数虽然完美地逼近了训练数据，但并不代表真实函数。它对训练数据的变化非常敏感，也就是说，它具有很高的方差，这就是过拟合。

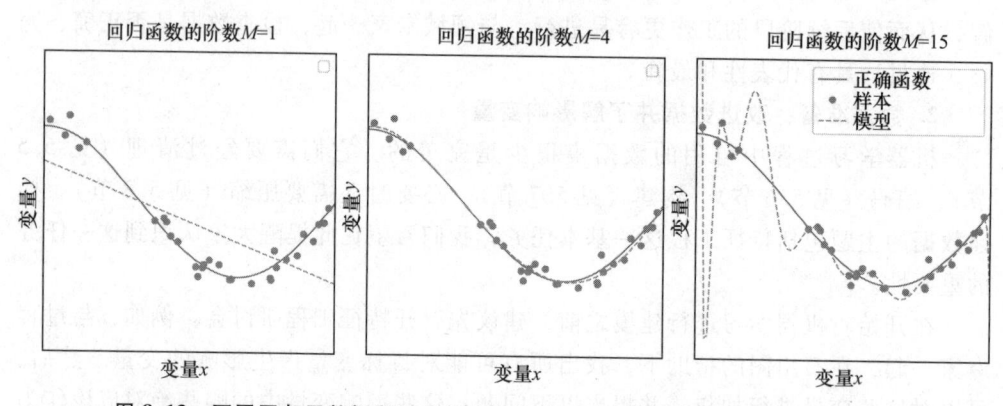

图 8.13 不同回归函数解释过度拟合的比较（scikit-learn developers, 2021）

方差低但偏差高的算法往往不太复杂，训练的模型虽然一致，但平均而言不准确。而具有灵活结构的复杂算法可能会训练出在训练数据集上准确的模型，但可能会出现较高的波动性。

为了训练一个好的预测模型，必须找到偏差和方差之间的平衡点。这种情况用偏差-方差权衡来描述（见图 8.14）。

在机器学习中，有多种措施和方案可以避免欠拟合和过拟合，并找到最佳平衡。例如，回归算法提供正则化选项，决策树提供剪枝选项。剪枝即简化决策树。这里有多种选择。例如，在最简单的情况下，节点数量被手动限制为五个。

解决偏差-方差权衡的最重要措施可以用机器学习中的以下原则来概括：当评估模型的质量时，它总是基于未用于训练的新数据集。现在，我们来解释一下这方面的各种可能性和应遵循的原则。

2. 训练数据集和测试数据集

传统上,可用数据集分为训练数据集和测试数据集。训练数据集用于训练模型,并以最佳方式确定模型参数;测试数据集用于在未知数据上测试模型。通常80%的数据用于训练,20%的数据用于验证。

将模型的预测值与测试数据集的真实值进行比较。根据比较结果,确定不同建模方法的质量指标。

3. k 折交叉验证

有时,由于训练数据集和测试数据集的划分,可能会出现可用数据点太少的情况。交叉验证是一种对模型质量进行可靠估计的方法。训练和验证基于同一个数据集。在 k 折交叉验证中,数据集被分成 k 个相等的部分,循环用于训练和验证。例如,创建 10 倍交叉验证的步骤如下:

1)将数据集分成 10 个相等的部分。
2)在前 9 个分区上训练模型。
3)在剩余的分区(也称为保留分区)上对模型进行评估。
4)步骤 2 和步骤 3 执行 10 次,每次定义不同的分区作为保留分区。
5)评估所有 10 个保留分区的质量指标。
6)10 个保留分区的平均拟合优度代表模型性能的最终评估结果。
7)交叉验证也可用于确定质量度量的分布,从而估算结果的方差。

图 8.15 所示为 $k=10$ 的 k 折交叉验证示例。

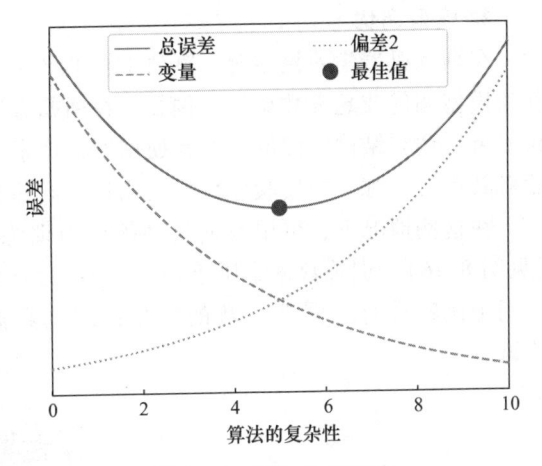

图 8.14 偏差-方差权衡

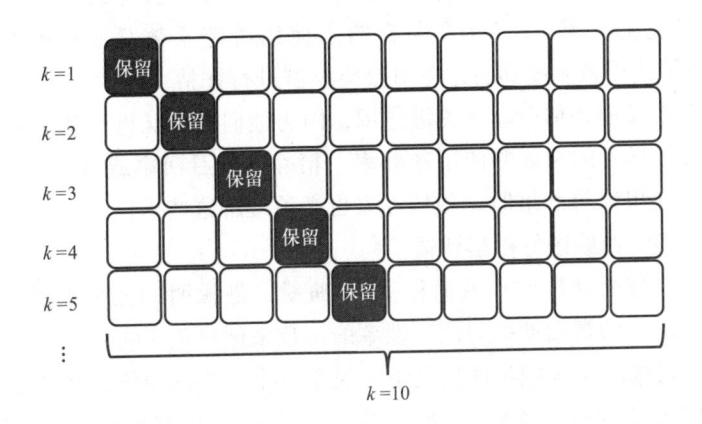

图 8.15 $k=10$ 的 k 折交叉验证示例

4. 模型调优

在训练机器学习模型时,算法的结构设置(即超参数)通常可以更改。这被称为模型调优或超参数调优。例如,在回归方法中可以调整正则化参数,而在决策树中可以调整结构的深度。通常使用网格搜索方法创建不同超参数组合的网络,然后对其进行训练。使用验证数据集比较不同超参数的结果,并选择最佳模型。

在这些情况下,可用数据集必须分为训练数据集、验证数据集和测试数据集(见图 8.16)。训练数据集用于训练模型,并以最佳方式确定模型参数;验证数据集用于比较具有不同超参数的模型;测试数据集用于对机器学习模型进行最终测试。

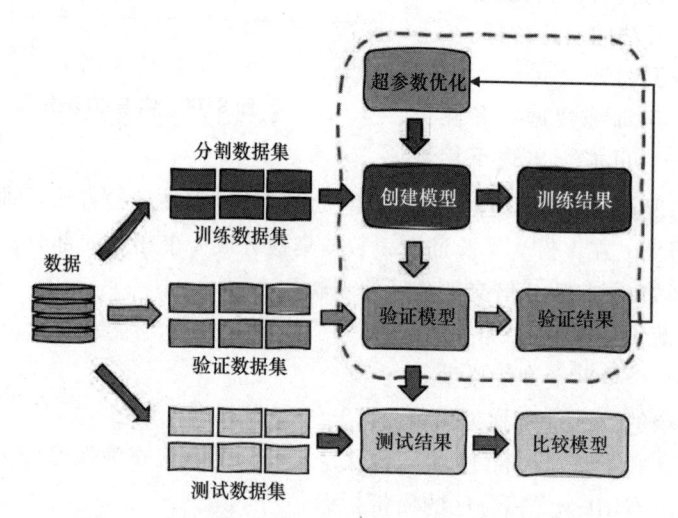

图 8.16 超参数调整需要训练、验证和测试数据集

5. 使用参数进行模型评估

模型评估所使用的参数在很大程度上取决于机器学习任务的类型,前面已经对此进行了详细说明。例如,7.1.2 节介绍了使用决定系数对回归模型进行评估,7.2.2 节介绍了使用精确度和召回率对分类模型进行评估。

过程专家在模型评估中起着关键作用,因为他们必须认可模型。因此,当数据科学家介绍分类任务的结果并使用准确率、精确度、召回率或 AUROC(接受者操作特征曲线下面积)等术语时,领域专家也必须理解这些术语。

6. 使用 ROC 曲线进行模型评估

接收者操作特征(ROC)或简称 ROC 曲线,是说明二元分类器性能的图表。通过绘制各种阈值的真阳性率与假阳性率的函数来创建该曲线。

在分类器性能等于纯随机的情况下,对于每个可能的阈值,真阳性和假阳性的数量相等。ROC 曲线是一条呈 45°的直线,如图 8.17 中的虚线所示。模型对观测值的预测效果越好,ROC 曲线就越向左上方偏离,如图 8.17 中实线所示。

在图 8.17 中，可以从 ROC 曲线中看到通过改变阈值可以获得哪些可能性。假阳性率约为 0.2，二元分类器的真阳性率为 0.6。如果通过移动阈值将二元分类器的真阳性率设置为 1.0，则必须接受 0.6 的假阳性率。理想二元分类器的 ROC 曲线从零点开始，垂直向上，在顶点（1.0，1.0）处水平结束。

ROC 曲线下方的面积也称为 AUC（曲线下面积）或 AUROC。通过计算该面积，将曲线信息汇总为一个数字。由于 x 和 y 值的取值范围，纯随机分类器的面积为 0.5 个单位。在任何情况下都能正确预测目标变量的理想分类器面积为 1。

7. 使用学习曲线进行模型评估

学习曲线根据学习数据集的大小评估模型的当前状态。可以参考训练数据集，以了解随着时间的推移学习进度如何。也可以参考验证数据集来说明模型的泛化能力。

为了描述模型的状态，一方面有优化学习曲线，这些曲线与用于优化模型参数的算法（损失函数）相关。例如，在回归任务中的最小化平方偏差。另一方面有性能学习曲线，这些曲线是通过评估和选择模型的指标来计算的，例如决定系数。

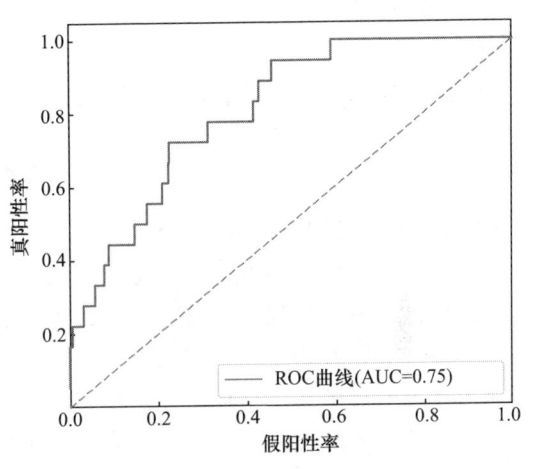

图 8.17 ROC 曲线示例

实践中比较常见的是优化学习曲线，下文中会提到。在这些曲线中，得分为 1 通常表示训练数据集完美学习，损失函数的值为 0。

8. 示例：识别欠拟合

不同学习曲线示意图如图 8.18 所示，左侧显示了一种在复杂数据集中经常出现的曲线形式：训练得分在开始时非常高，随着训练量的增加而降低；交叉验证得分在开始时非常低，然后逐渐上升。尽管进行了大量的训练，但训练得分和交叉验证得分仍然处于较低水平。示例中使用的算法——朴素贝叶斯分类器的偏差过高，我们遇到了欠拟合的情况。进一步增加训练数据不会带来任何附加值。

解决方案必须是使用能够建模更复杂关系的算法，例如支持向量机（见图 8.18 右）。该算法通过增加训练数据来学习，并收敛到一个高值。

9. 模型的可解释性和解释能力作为选择的重要标准

这个话题最近在 XAI（可解释的人工智能）中变得越来越重要，这也是理所当然的。良好的可解释性意味着模型的决策对人类来说容易理解。我们也可以问自己：如果一个机器学习模型运行良好，那么为什么我们不只是简单地相信模型呢？我们是否需要质疑它为什么做出特定的决策呢？

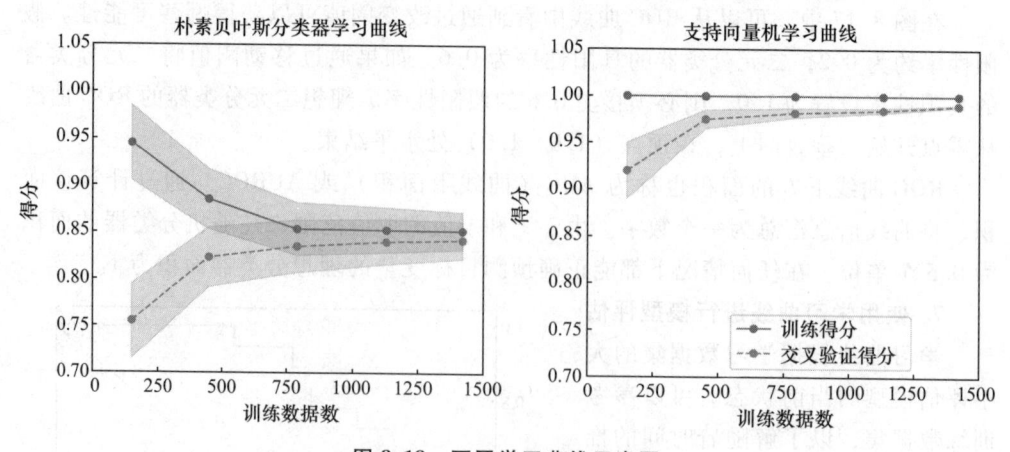

图 8.18　不同学习曲线示意图

我们认为，我们应该理解机器学习模型的原因有很多（Molnar，2021），比如：

1）分类准确率之类的单一指标对真实世界任务的描述不完整。
2）模型预测的合理性通常有助于解决原始问题。
3）好奇心以及理解和学习的愿望是人类的特质。
4）当人们理解了一个模型，就更容易建立信任，并在日后接受解决方案。
5）有些机器学习模型会承担与安全相关的任务：我们要确保模型所学习的内容无误。
6）如果想确保我们的机器学习解决方案公平运行，不歧视任何人，那么对模型的理解就至关重要。
7）只有当机器学习模型可以解释时，才能被审核。

因此，基本原则是：如果两个模型提供相似的性能，则应优先选择具有更好可解释性的模型。

关于评估可解释性的方法，可以区分可解释性是通过限制机器学习模型的复杂性（内在）实现的，还是通过应用在训练后分析模型的技术（事后）实现的。内在方法包括将线性模型中学到的权重或决策树中学到的结构可视化，决策树如图 8.32 所示；事后方法包括特征重要性的可视化等；还有一种方法是绘制局部相关图，这些曲线显示了特征值的变化与平均预测结果的关系。

此外，还可以区分针对特定模型的方法和与模型无关的方法。线性模型中回归权重的解释是针对特定模型的。与模型无关的方法可应用于任何机器学习模型，通常通过分析输入对和输出对来实现。最后还要区分局部方法和全局方法：解释方法是解释单一预测（局部）还是解释整个模型行为（全局）？

下面以 SHAP 为例。SHAP（Shapley Additive Explanations，夏普利附加解释）是一种事后方法，可以独立于模型解释局部和全局模型行为。

SHAP 所基于的理念是，在确定单个特征的重要性时，应考虑各种可能特征组合的结果。通过系统地添加或省略特征和特征组合，可以分析模型输出的变化程度。在此基础上，确定特征的重要性。

为了解释该模型，可以用图表来显示特征的重要性。图 8.19 以葡萄酒评级为例用 SHAP 值评估输入变量的重要性。从图中可以看出，酒精和硫酸盐含量这两个变量对 SHAP 值的影响最大。可以看出，在这种情况下，两个变量都对分级结果产生积极影响。酒精和硫酸盐含量越高，SHAP 值就越高（Dataman，2019）。

10. 选择和发布模型

使用所描述的验证程序，用于评估模型的质量，并可以将结果与定义的技术和业务目标进行比较。

对于质量管理中的模型，我们认为非常重要的一点是，领域专家必须充分理解模型，并对模型进行严格的因果关系检查。例如，标准做法是不仅要确定模型的性能，还要说明哪些特征对结果的影响最大。

机器学习模型只能识别相关性。我们所说的因果关系是指对已识别的相关性或特征强度进行逻辑检查。作为上述 2K（相关性/因果性）研讨会的一部分，过程和产品专家需要对模型结果进行批判性审查，将其与他们的领域知识相协调，并导出进一步的建模任务或发布模型。

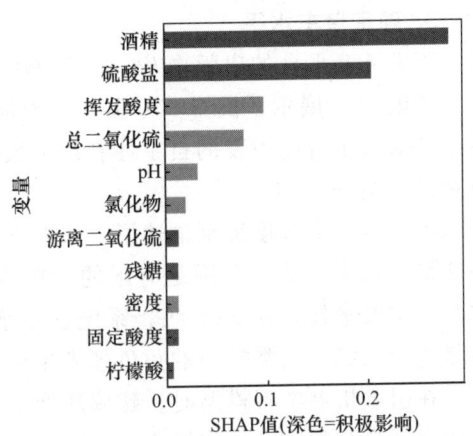

图 8.19　以葡萄酒评级为例用 SHAP 值评估输入变量的重要性

8.3.4　模型实施（部署）

为了实现训练的机器学习模型的效益，必须将模型投入生产。模型的输出将根据用例提供给用户。

为了在这方面取得成功，必须澄清以下问题：
1）数据管道的技术实现是什么样的？
2）如何确保模型被开发为具有相应高质量用户界面的软件解决方案？
3）选择哪种程度的自主性解决方案？
4）如何向相关人员介绍该模型，并确保对解决方案建立信任？

1. 数据管道的技术实现

有关基础设施技术实现的详细信息将在第 9 章中描述。从技术角度来看，主要任务包括如何设计必要的机器学习基础设施。可能有必要系统地比较不同的解决方案，并针对各自的用例选择最合适的变体。

2. 开发具有相应用户界面的软件解决方案

不应忘记的是，实施的模型应具备某些功能：这可以是发现异常的通知，也可以是质量下降的信息。如有必要，可发出相应指令以改善情况。在这一步骤中，必须开发具有相应质量的软件（见4.6节）。根据规模和初始情况，应采用现代软件开发方法，如敏捷方法。在此，我们再次强调，对于软件的非功能性要求，如用户友好性、响应时间或可靠性，应给予高度关注。此外，在引入解决方案之前，必须对软件进行充分的测试。

3. 确定自主水平

工业4.0平台的出版物 *Künstliche Intelligenz in der Industrie 4.0*（《工业4.0中的人工智能》），展示了机器学习和人工智能模型如何提高工业生产的自主水平。项目组针对人工智能引发的自主性制订了级别描述，这对引入机器学习解决方案非常有帮助（见图8.20）。

不同的自主程度级别描述了，从人类到自主系统在责任上逐渐变化的过程。在0~2级，自主行动的范围是有限的。在这些级别中，人类必须始终拥有主动控制并承担主要责任。在3~5级，系统逐步承担责任——最初是子领域和子方面，然后是整个系统。人类扮演的角色越来越被动。

在引入机器学习模型时，建议从低水平的自主性开始，随着模型的改进和信任的建立，自主程度会逐步提高。

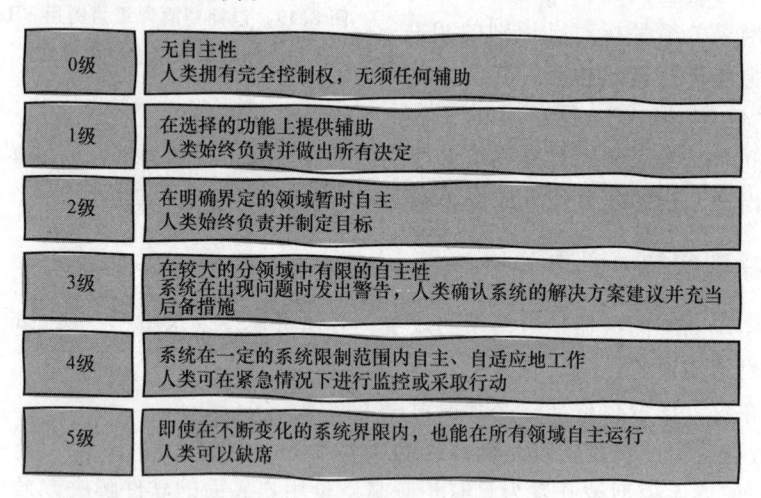

级别	描述
0级	无自主性 人类拥有完全控制权，无须任何辅助
1级	在选择的功能上提供辅助 人类始终负责并做出所有决定
2级	在明确界定的领域暂时自主 人类始终负责并制定目标
3级	在较大的分领域中有限的自主性 系统在出现问题时发出警告，人类确认系统的解决方案建议并充当后备措施
4级	系统在一定的系统限制范围内自主、自适应地工作 人类可在紧急情况下进行监控或采取行动
5级	即使在不断变化的系统界限内，也能在所有领域自主运行 人类可以缺席

图8.20 机器学习的自主程度级别（Plattform Industrie，2019）

4. 介绍模型并建立信任

只有当用户遵循模型的操作建议、信任该模型并乐意使用它，将其视为有价值的帮助时，该用例才会成功。但是，如何建立对机器学习/人工智能解决方案的信任呢？

首先，使用尽可能简单和透明的模型非常重要。这在前面章节"模型的可解释性和解释能力作为选择的重要标准"中进行了详细说明。

同样重要的是，解决方案是与领域专家共同开发的，解决方案的用户也能及时参与其中。如果在建模过程中融入了适当的领域知识，并且举办了2K研讨会来发布模型时，那么模型的接受度和信任度就会大大提高。

此外，加入模型的话题值得特别关注。作为系统综合培训的一部分，必须公开讨论解决方案的好处和局限性。

同样重要的是，要计划一个足够长的测试阶段，让用户能够确保模型确实能够正常工作。将这一测试阶段定义为共同学习阶段是非常有用的，在这一阶段中，我们的目标是共同优化所需的解决方案。在这种情况下，必须考虑如何及时、系统地获得用户反馈。理想的情况是，与用户一起改进系统，使之成为"他们的"系统。

另外，建议最初只将系统作为"推荐系统"来介绍，不要立即选择过高的自主程度，因为这可能会影响用户体验，会引发不必要的抵触情绪。

8.3.5 维护/管理

一旦模型成功投入生产，就必须利用运行过程中获得的经验来检查效果并进一步优化模型。不应忘记，机器学习模型也会经历老化过程。为确保模型与时俱进，有必要定期调整模型并学习新模式。这意味着要分析新数据，检查它是否能更好地反映当前现实。这一过程被称为再训练：为此，需要向模型输入新数据，并再次学习。夸张一点说，我们可以把它称为适应新环境的自学系统。

每个模型都需要特定的再训练策略，因为无法对模型的稳定性做出一般性的陈述。模型的老化可以使用模型漂移和数据漂移来描述。

1. 模型漂移或概念漂移

模型漂移是指由于环境的变化违反了模型的假设，模型的预测性能随着时间的推移而恶化。严格来说，模型漂移是一个用词不当的说法，因为改变的不是模型，而是模型运行的环境。因此，概念漂移是一个更好的名称，但这两个术语描述的是同一种现象。

2. 数据漂移

数据漂移是一种漂移，在这种情况下，用于模型的特征（输出变量、特征）的属性会发生变化。由于模型性能预计会随着输入数据的变化而降低，因此数据漂移是推断模型漂移的好方法。它可以作为预期模型漂移的早期预警指示。当没有可用的监督数据，也无法持续确定真实情况（Ground Truth）而无法监控模型漂移时，监控数据漂移就显得尤为重要。

3. 离线规划和确定再训练策略

再训练策略决定了再训练的频率和数据量。此外，还必须定义如何处理旧数据：是将其保留在模型中，还是将其删除？

首先，确定最初训练模型需要多少数据。培训的学习曲线提供了答案。例如，如果有五周的训练数据，但是发现模型性能在三周后就不再提高，那么可以减少训练数据并减少工作量。

其次，需要确定模型性能下降的速度。这样做的目的是充分了解模型漂移的情况。例如，在生产环境中，模型会因为工具磨损而老化。领域专家可能能够估计出这种老化发生的速度。

如果有数据，这种老化效应也应该凭经验确定。使用过去的训练数据集来查看训练模型在哪个时间点不再具有所需的性能（见图 8.21）。在图 8.21 中，每一行代表回归模型的状态，每一列代表一个时间单位，例如一个月。该模型训练了五个月。前三个月的决定系数 R^2 高达 0.9 或更高。三个月后，决定系数略有下降，五个月后，出现显著下降，从回归模型的决定系数 R^2 仅剩 0.71 可以看出这一点。

下一步是明确确定新数据的频率。新数据可能需要先进行标注，这将花费大量时间。不过，从逻辑上讲，在模型老化之前获得新数据是很重要的。

最后，必须确定再训练的时间间隔。如果过早进行再训练，不仅不会取得任何改善，反而会产生成本。如果训练完成得太晚，那么模型就已经过时了。重要的是要记住，再训练不仅涉及数据科学专家，还涉及必须批准新模型的利益相关者和领域专家。总之，必要时进行再训练，尽可能少地进行再训练。

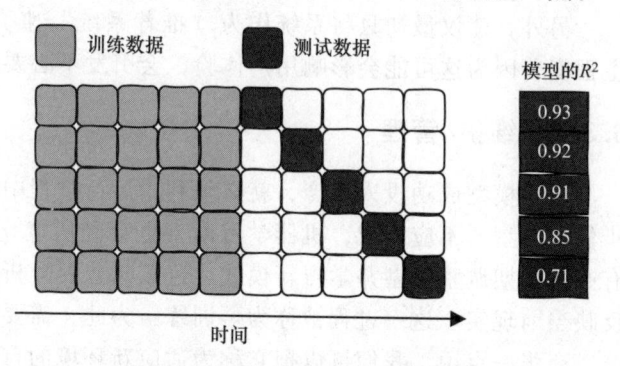

图 8.21　机器学习中模型老化的描述（Dral & Samuylova, 2021）

确定最佳训练间隔的方法之一是利用历史数据比较不同的间隔。让我们来看一个例子：假设我们有一个运行良好的模型，并且我们知道模型性能下降通常需要三个月的时间。新数据在每周结束时出现，现在的任务是确定再训练频率。可以选择三个月后的测试集，然后开始以较小的增量添加更多数据，以查看测试集的质量何时开始提高。模型再训练如图 8.22 所示，模型在大约三个月后开始自我修正（决定系数 R^2 从最初的 0.81 提

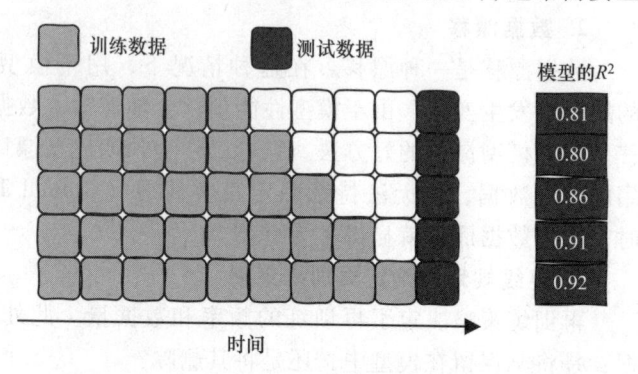

图 8.22　模型再训练（Dral & Samuylova, 2021）

高到 0.91）。因此，三个月的再训练频率似乎是合理的。

最后，还有一个问题：我们是否应该从模型中删除旧数据？在这里，也值得采取实验的方法，对各种方案进行比较。如果发现删除旧数据会使模型变差，则保留旧数据；如果删除旧数据对质量没有影响，那么删除旧数据可能是有意义的，因为这样会使模型更新变得更简单；如果删除旧数据会提高模型的质量，那么这意味着我们的模型在遗忘旧模式后会变得更好。然后您就会意识到，您正处于一个快速变化的环境中。

4. 新模型发布的自主程度

设计新模型的发布过程也很重要，可以区分三种不同的自主级别（Plattform Industrie 4.0，2019）。1级描述了通过完全手动扩展进行的再训练，例如通过创建额外的规则或使用新的训练数据。2级的特点是持续收集训练数据，并且必须由人工批准所学内容。3级描述了通过在定义的系统边界内收集数据进行自主学习和自动调整。人为干预是可能的，但不是绝对必要的。通常，我们会从2级开始，只有在建立了对解决方案的必要信任后，才会在特殊情况下将自主程度提高到3级。

5. 模型的在线监测

除了上述初步考虑之外，在模型的在线运行中监测所选的再训练策略也是至关重要的。这是一个现实检验，用于确定所计划的重新训练策略实际上效果如何。

6. 模型性能的监测

如果能够及时、可靠地知道真实情况（实际结果、现场比较），就可以计算出模型的实际性能（例如回归的决定系数或分类任务的精确度/召回率），并与目标值进行比较。通过这种方法，可以确定是否需要比计划提前进行干预，或者是否可以跳过再训练，因为一切性能都正常。

如果误差过大，就会自动触发再训练。相应阈值的定义只能根据具体应用来确定，并以对用例和受影响过程的充分了解为基础。领域专家知道哪种模型退化是可以接受的。对于某些用例来说，一定程度的恶化可能会很严重，但在其他用例中却可能几乎没有影响。理想情况下，阈值应该在业务理解之初就已确定。

7. 监测数据变化

另一种监测方法是将特征的分布与训练数据的分布进行比较。通常，直方图可用于此目的。理想情况下，可通过数据看板查看结果，如果变化显著，则会自动显示警告。

此外，还可以监测特征之间的成对相关性，因为许多模型都假定特征之间的关系必须保持稳定。

最后但并非最不重要的一点是，监测目标变量的分布。如果目标变量的分布发生重大变化，那么模型的预测性能几乎肯定会恶化。

8. 再训练与新模型迭代

我们将再训练理解为重新执行训练过程，即使用新数据对现有模型进行训练。

特征、模型算法和超参数搜索范围保持不变。从这个意义上说，再训练不会导致代码更改，改变的只是训练数据集。

但是，如果模型严重恶化，则可能需要对模型进行根本性修改。我们称之为模型的新迭代。这种修改会产生一种完全不同的模型，在部署到生产中之前需要再次进行全面测试。必须小心谨慎地引入此类更改，因为必须确定新模型对性能的影响，并且必须检查新模型是否真的能提供明显更好的结果（Dral & Samuylova, 2021）。

8.4 过程自动化

自动化一词在本书中已经用得非常频繁，而且已经提到数字化离不开自动化。人工智能和机器学习也总是与高度自动化联系在一起。对于机器学习的任何工业化应用而言，自动化都是必要的，以便执行模型并对结果进行相应处理。然而，自动化不仅是人工智能和机器学习领域的必要条件，其本身也是数字用例意义上的一种应用，如 8.1 节所述。

但自动化究竟意味着什么呢？它是指以前由人类执行的任务，现在由机器人、软件或其他系统来完成。我们将自动化分为三个基本类别：

（1）工作流自动化　重点是各个过程步骤之间的接口自动化。例如，文件自动传递或自动提醒开始下一个过程步骤。此类解决方案是最古老的自动化形式，过程独立执行，但过程内的活动保持不变。作为这些工作过的基础，BPMN（见 3.4 节）是专业人员和信息技术之间的出色接口。BPMN 2.0 不仅包括工作过程建模选项，还包括自动执行这些过程并监控当前状态的选项。

（2）过程自动化　与工作流自动化不同，过程自动化是对过程步骤（即过程中的活动）进行自动化。这通常是通过使用新的软件来实现的，它可以独立执行以前手动执行的活动，并通过接口与其他系统交换数据。然而，这些新组件的使用会改变"系统"本身；它需要新的许可证、新的硬件，最重要的是，需要定义新的接口，即 API（应用程序编程接口）。

（3）机器人过程自动化（RPA）　这种相对较新的自动化类型，与过程自动化一样，专注于过程本身的活动，但不改变系统本身。通过 RPA，活动由虚拟机器人（Bots）执行。RPA 主要用于不提供定义的系统接口的系统自动化。RPA 通常依赖于现有的用户界面，而不改变或替换底层系统。

尽管每个类别都可以单独使用，但现代自动化应用通常涉及两种或全部三种类型的组合。

8.4.1 机器人过程自动化的类型

近年来，机器人过程自动化（RPA）大受欢迎，特别是由于数字化进程的推进以及由计算机代替人类执行重复性任务的需求。RPA是加快公司数字化转型和挖掘成本削减潜力的一种前景广阔的方法。它可以减轻公司员工的日常工作，让他们专注于更重要的问题，如推动数字化创新。从Gartner公司RPA魔力象限的发展中可以看出，这一领域目前正在发生非常大的变化。虽然微软在2019年甚至没有出现在魔力象限中，但这家软件公司现在已成为RPA领域的另一个领导者，其Power Automate Desktop 2021可与RPA老牌UI-Path、Automation Anywhere和Blue Prism并驾齐驱（Ray et al., 2021）。

与许多其他数字化主题一样，RPA植根于信息技术和软件开发，并可追溯到测试自动化工具。尽管有些软件既可用于测试自动化，也可用于RPA，并且具有这两个领域的功能，但RPA已确立为一个独立的领域，越来越多的定制软件可供使用。开放源代码软件Robot Framework就是这些总体解决方案中的一种，它是一个自动化框架，采用类似表格的简单结构来管理测试或自动化数据。然而，由于其起源于测试自动化，Robot Framework本身在很大程度上依赖于活动的文本描述，这意味着它不能再直接归类为RPA解决方案。根据Gartner公司的说法，RPA解决方案必须至少具备以下功能（Ray et al., 2021）：

1）RPA解决方案能让经过培训的领域/过程专家（即公民开发人员）自己创建自动化脚本。

2）RPA解决方案允许集成到公司应用程序中，主要是通过用户界面抓取，使系统的用户界面进行自动交互。

3）RPA解决方案具有编排和管理功能，包括配置、监控和安全性。

这里提到的用户界面抓取描述了一种在PC（个人计算机）上记录用户操作（例如鼠标点击和键盘输入）的方法。这些操作可以在稍后的时间点自动执行，通过机器人模仿用户输入。RPA的最大优势在于它以现有系统为基础，无须对其进行更改。这意味着自动化可以很快实现。此外，没有定义接口的应用程序也可以实现自动化。尽管RPA基本上可以实现任何自动化，但随着自动化活动复杂性的增加，实施和维护工作也会增加。因此，RPA通常被用作临时解决方案。

如果仔细研究RPA领域，它通常会被进一步细分为机器人桌面自动化（rebotic desktop automation，RDA）和机器人过程自动化（RPA）。表8.3所示为机器人桌面自动化和机器人过程自动化的区别。

表8.3 机器人桌面自动化和机器人过程自动化的区别

机器人桌面自动化——"有人值守"	机器人过程自动化——"无人值守"
作为助手协助用户	像虚拟员工一样在后台工作
适合技术和非技术用户	自始至终处理过程
用户触发自动化	通过触发器独立启动自动化
简单实施,基于任务	复杂实施,基于项目

除了上述RPA的功能外，许多系统还支持集成机器学习和自然语言处理库。

这意味着，基于 RPA 的自动化也可用于执行机器学习，从而开辟了新的可能性，并使人工智能更易于快速部署（见图 8.23）。

RPA 和机器学习相辅相成：在这种情况下，RPA 代表"做"，即执行各个工作步骤，而机器学习则涉及"思考"和"学习"。因此，它也被称为智能 RPA，因为手动任务的自动化已扩展到认知技能。

对应这种情况，SAP 公司使用"智能业务过程管理"一词，并描述了三个互为基础、各有侧重的行动领域（见图 8.24）。

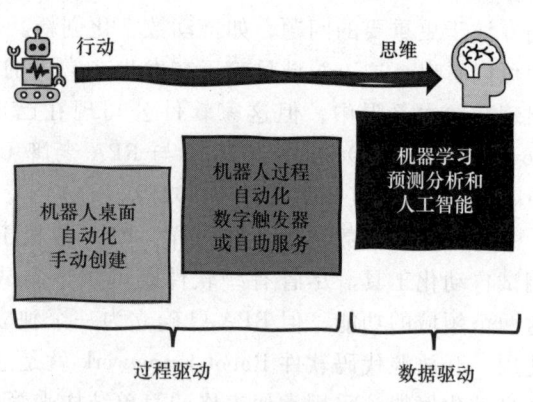

图 8.23 RPA、机器学习和人工智能（CFB Bots，2018）

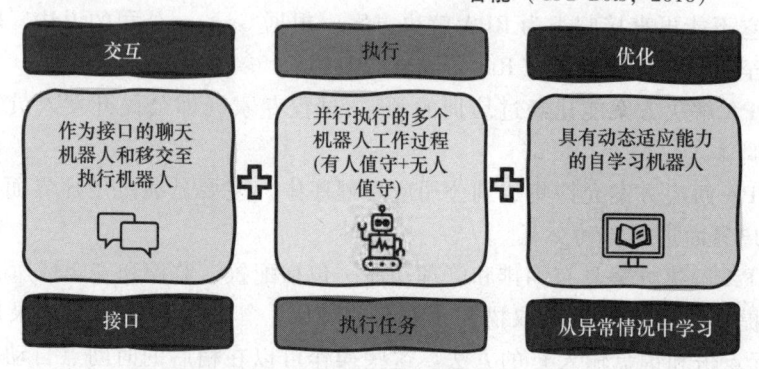

图 8.24 SAP 智能业务过程管理（Verma，2020）

在第一个领域，聊天机器人使用自然语言处理（natural language processing，NLP）来解释书面信息、在系统中搜索答案并与用户互动；第二个领域包括连接多个机器人工作流，以执行复杂的业务过程；在第三个领域，RPA 扩展到机器学习算法，以便不断改进机器人自动化活动，并对变化做出反应。

8.4.2 实施自动化解决方案的过程模型

与人工智能和机器学习用例的实施一样，寻找和理解用例以及实施、引入和进一步开发的系统方法对于自动化解决方案是有意义的。与人工智能和机器学习相比，自动化并不关注数据，而是关注过程。这就产生了扩展 CRISP-DM 工作流的示意图，如图 8.25 所示。

了解"业务"的要素仍与其他数字化举措相同。不过，下一步的重点是过程自动化。因此，接下来的步骤是了解这些过程和基本接口。只有这样，才能对自动化解决方案进行分类，并选择合适的工具。例如，如果过程中使用的系统有定义好

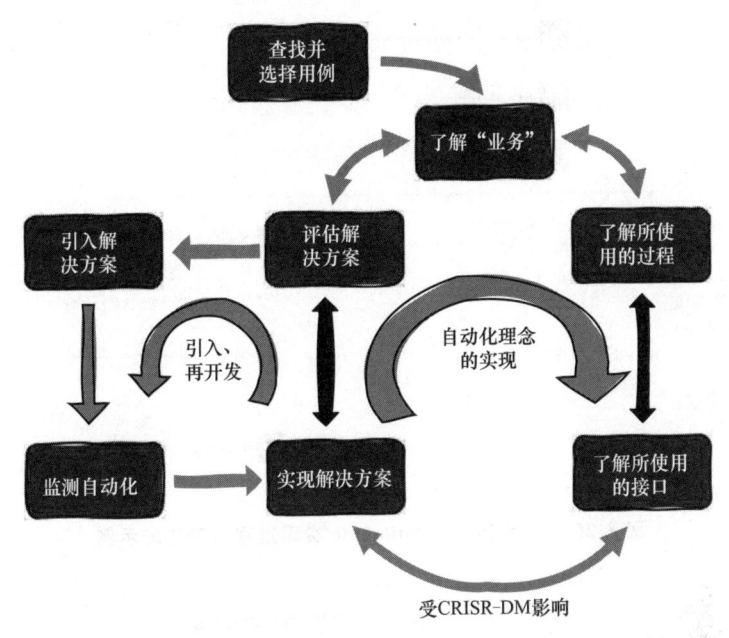

```
                    ┌──────────┐
                    │ 查找并   │
                    │ 选择用例 │
                    └────┬─────┘
                         ↓
                    ┌──────────┐
                    │ 了解"业务"│
                    └──────────┘
      ┌──────────┐  ┌──────────┐  ┌──────────┐
      │ 引入解   │← │ 评估解   │  │ 了解所使 │
      │ 决方案   │  │ 决方案   │  │ 用的过程 │
      └────┬─────┘  └────┬─────┘  └──────────┘
           │    引入、    │   自动化理念
           │    再开发    │   的实现
           ↓             ↕
      ┌──────────┐  ┌──────────┐  ┌──────────┐
      │ 监测自动化│→ │ 实现解决 │  │ 了解所使 │
      │          │  │ 方案     │  │ 用的接口 │
      └──────────┘  └──────────┘  └──────────┘
                         受CRISR-DM影响
```

图 8.25 扩展 CRISP-DM 工作流的示意图

的接口，而且没有用户界面，即没有直接的用户交互，那么依赖 RPA 或 RDA 就没有什么意义。

1. 以 RPA 为例实现自动化解决方案

目前，大多数 RPA 解决方案都基于软件即服务（见 9.1 节），即软件在云中集中运行。特别是与 Microsoft 365 等其他云解决方案结合使用时，这种服务变体的优势在于 RPA 可以轻松访问存储在云中的其他数据，如电子邮件或文档。这就意味着可以快速部署自动化解决方案，但这也带来了风险，即用例事先没有得到足够详细的设计和理解。

不应忘记，RDA 基于未定义的接口，如果底层系统更新，用户界面发生变化，那么 RDA 就会变得非常不稳定。RPA（尤其是 RDA）的危险恰恰就在于，它能够快速实现过程自动化。

实施 RPA 时，始终需要触发器。对 RPA 而言，这可以是一封电子邮件或一个新文档；对 RDA 而言，它始终是启动自动化的用户。图 8.26 所示使用 Power Automate 实现过程自动化的示例。所有系统均通过接口直接连接。

假设要将自动化扩展到通过签名批准文件。如果编辑文档的程序没有接口，那么 RPA 可以提供解决方案。在文件中添加签名所需的步骤会被记录下来，然后可以集成到自动化过程中。在此示例中，图 8.27 所示的 Power Automate 桌面过程在 Excel 中打开一个文档，并在单元格中输入签名。

2. 自动化解决方案的引入和监控

如果一个解决方案在评估中被证明是好的，就可以有效地引入。在使用自动化

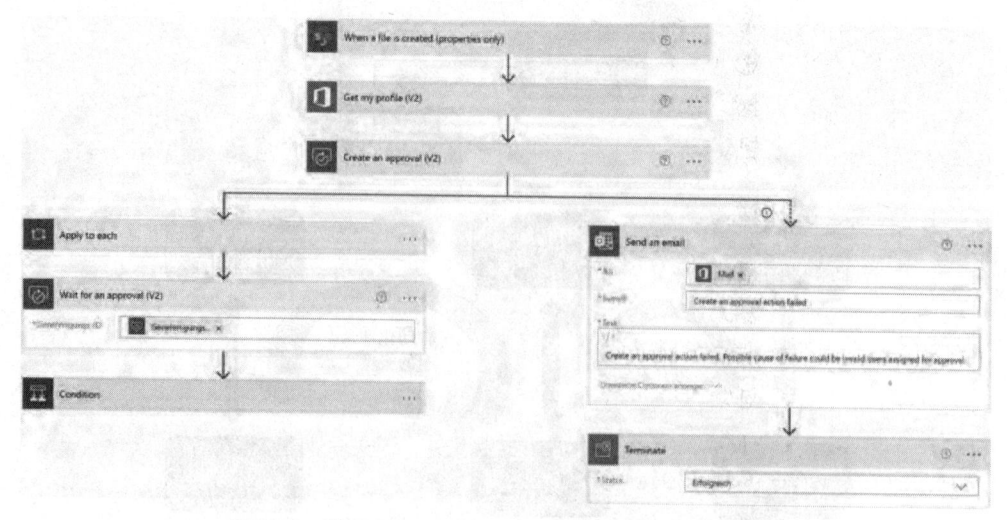

图 8.26　使用 Power Automate 实现过程自动化的示例

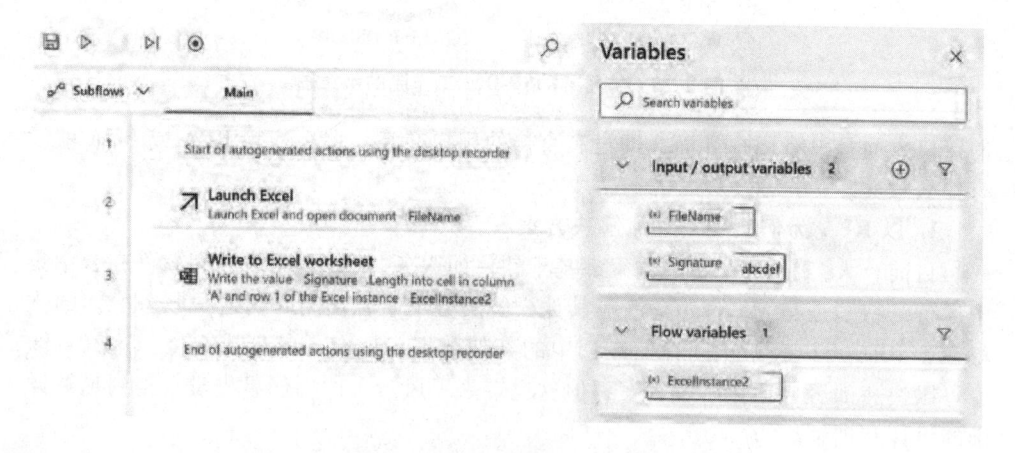

图 8.27　Power Automate 桌面过程

和 RPA 平台时，这通常非常容易，因为每个自动化都可以再次激活和停用。不过，也不能忘记对解决方案的持续监控。如果仍然可以直接通过平台分析自动化的执行次数和错误，那么所取得的结果是具体的，并取决于用例。因此，监控解决方案有效性的策略选择取决于各自的应用。

8.5　通过六西格玛+系统化改进过程

在许多公司中，六西格玛已被证明是质量管理中一种有效且高效的方法，可用于改进过程，注重实效，因为它承诺取得可衡量的成功。通过数字化，这些成熟的工具将变得更加重要。

8.5.1 六西格玛简介

六西格玛是一种理念，旨在比竞争对手生产更好、更快、更便宜的产品。它是20世纪80年代在摩托罗拉公司发展起来的。通过在系统化的问题解决过程中持续使用质量技术，可以大幅减少过程中的错误。在公司内部系统地识别改进潜力，将其交给受过问题解决项目培训的项目经理（绿带、黑带），并与专家团队一起开展工作。为确保六西格玛项目不落空，改进项目的过程是标准化的，并遵循DMAIC过程（定义-测量-分析-改进-控制）。

在六西格玛项目中，通常使用西格玛水平（西格玛代表标准差）来衡量过程的有效性。通过计算这些关键数据，可以得出错误率的结论，反之亦然。在质量特征呈正态分布的情况下，其散点很小，平均值与规格限制相差6σ，错误率仅为0.002×10^{-6}（Harry & Schroeder，2000）。

这是假设没有平均值偏移，而且过程仅基于随机散布的情况下。因此，相关的过程能力被称为短期过程能力。然而，在较长的时间内，附加效应可能会影响该过程，因此可以假设平均值向规格上限或下限偏移1.5σ。这个1.5σ的偏移是摩托罗拉公司在20世纪80年代根据经验假定的测量变量平均值的波动。如果将这1.5σ的偏移考虑在内，将从6σ降至4.5σ，对应于3.4×10^{-6}的错误率（见图8.28）（Wappis Jung，2016）。

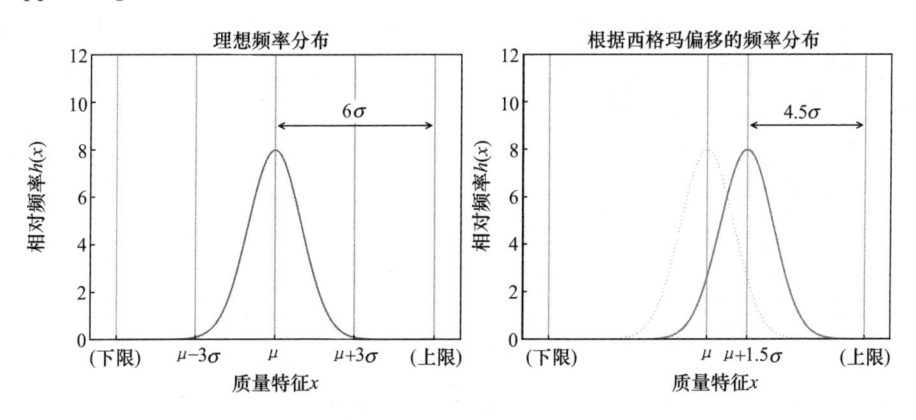

图 8.28　西格玛水平示意图（Wappis Jung，2016）

"没有数据，你只是另一个有意见的人而已。"
　　　　　　　　W. 爱德华兹·戴明（1900年10月14日—1993年12月20日）

这句话说明，决策往往是在假设的基础上做出的。这些假设并不一定符合实际情况，因此必须用数字、数据和事实来证实。因此，在六西格玛项目过程中，统计方法被系统地用于收集、处理和分析数据，以便将随机效应与相关效应区分开来。

在收集和分析数据之前，六西格玛的标准做法是与产品或过程专家一起以假设的形式描述假设，以便了解所考虑的系统以及相关的因果关系。假设的提出是系统数据收集的基础，因为作为六西格玛项目的一部分，需要有针对性地收集确认假设因果关系所需的数据（Harry &Schroeder, 2000）。

8.5.2 六西格玛的过程模型——DMAIC 循环

1. 定义阶段

定义阶段用于定义改进项目。重点之一是定义要改进的过程并描述该过程的有效性。这里的核心问题是：以可测量的形式描述过程输出的相关质量标准是什么？例如，在热处理工艺中，这些标准包括所达到的硬度、相应的韧性或微观结构特性（如晶粒尺寸）。这些质量标准必须使用适当的测量方法、公差限制等以可测量的形式进行描述。

在定义阶段，还必须确保已制定出可衡量的项目目标，并确保组织内部对项目的支持。必要时，必须明确框架条件。除其他事项外，还必须确定项目结构和过程，并在项目订单中加以总结。

2. 测量阶段

六西格玛项目的目标通常是将定义的质量特征的西格玛水平提高到目标水平。因此，测量阶段主要是全面、无偏见地评估该特性的特征。

表 8.4 总结了测量阶段的任务和可能的应用工具。首先，必须确定收集数据的适当取样策略，并确保测量设备的能力。然后必须确定必要的样本量，以便最终使用合适的数据收集方法获得数据。

数据收集完毕后，必须对其进行相应的分析和处理。为了进一步对数据进行统计处理，通常建议确定待改进特性的分布函数，并在此基础上计算平均值、标准差、方差、置信区间和西格玛水平等统计参数。

表 8.4 测量阶段的任务和可能的应用工具

任务	可能的应用工具
确定数据收集	不同的采样策略（5.3 节）
确保测量设备能力	测量系统分析（MSA）程序
确定必要的样本量	计算必要的样本量（6.3.2 节）
确定相关质量特征的分布函数	直方图、拟合优度检验
计算相关质量特征的关键数据	计算统计参数，如平均值、标准差、方差、平均值和标准差的置信区间（5.4 节）
质量特征的图形展示	图形如 5.4 节所示：直方图、饼状图、折线图、时间序列图、箱线图或散点图
计算西格玛等级和过程能力	确定西格玛水平、过程能力参数 C_p 和 C_{pk} 或百万机会的缺陷数（DPMO）

3. 分析阶段

在这一阶段，任务是找出团队中可能影响目标变量的因素，并用数字、数据和事实证明这些因素的相关性。表 8.5 总结了分析阶段的主要任务。

表 8.5　分析阶段的主要任务

任务	可应用的工具
确定可能的影响因素	头脑风暴、思维导图、石川图
根据各种影响因素编制分析图表	5.4 节中介绍的用于分析多变量数据集的图形，例如：柱形图、旭日图、箱线图、散点图、散点图矩阵、相关矩阵
确定可能影响因素的相关性	回归方法（7.1 节） 统计检验（第 6 章），如方差分析 试验设计（DoE）

通常，首先在团队中系统地制订目标变量的可能影响因素，并相应地展示。为此可使用头脑风暴、思维导图或石川图等技术。

一旦确定了相关的影响因素，就必须使用统计方法确定这些因果关系的相关性。为此可使用回归法以及方差分析等相应方法（6.4 节）。这些方法在第 6 章和第 7 章中有介绍。

为确认可疑因果关系而进行的验证性数据分析在六西格玛中发挥着重要作用。通常，"腰带"人员都接受过良好的培训，懂得如何借助试验设计（Design of Experiments，DoE）系统地规划试验，以开发包括相关影响因素在内的相应模型（5.3.1 节）。

4. 改进阶段

在这一阶段，任务是针对相关影响因素确定并实施解决方案。在创意阶段（使用头脑风暴或其他创意技巧），首先要确定可能的解决方案，然后系统地进行选择。通常情况下，首先对解决方案进行集体评估（粗选），然后进行更详细的分析（精选），或根据标准进行系统选择（分析性精选）。一旦决定采用一种或多种解决方案，就会根据需要对这些方案进行细化，然后付诸实施。表 8.6 总结了改进阶段的任务。

表 8.6　改进阶段的任务

任务	可应用的工具
寻找可能的解决方案	头脑风暴、思维导图
集体评估可能的解决方案——粗选	评分法、排序法、裁判法
分析解决方案——精选	优缺点平衡、成本效益分析
根据标准评估解决方案	解决方案组合
规划具体实施	行动计划、甘特图

5. 控制阶段

问题解决阶段的最后是控制阶段，在这一阶段要检查各项措施的有效性。表

8.7 总结了控制阶段的主要任务。

在控制阶段，必须再次确定目标变量。通常要重新计算西格玛水平，以确定是否实现了改进目标。如果成功，则应对结果进行长期监控。如果成功，请记住表达认可并将有意义的知识传递给其他人。

表 8.7 控制阶段的主要任务

任务	可应用的工具
确定数据收集	各种采样策略(5.3 节)
确定必要的样本量	计算必要的样本量(6.3.2 节)
使用成对可分配样本对新状态和改进状态进行比较	对从属样本进行 t-检验
措施的标准化/安全性	流程图
控制取得的结果	线形图、质量控制图

8.5.3 六西格玛+：将机器学习方法纳入 DMAIC 循环

六西格玛的最大优势在于，通过使用统计检验分析相应的样本结果（第6章），提前对决策风险进行量化。这可以防止过早地将某一原因或改进措施归类为重大问题。粗略地说，引入六西格玛的公司已经掌握了正确处理样本结果的技巧，也知道何时需要增加样本量。

随着生产环境（如内联过程测量）和管理领域（如 SAP 工作过程中的时间戳）中的数据越来越多，能够处理大量数据的过程也变得越来越重要。而这正是机器学习算法的优势所在。因此，在六西格玛问题解决项目中使用现代机器学习算法是非常有意义的。

将 DMAIC 循环扩展到数据分析和机器学习过程如图 8.29 所示。我们将这种方法称为"六西格玛+"。

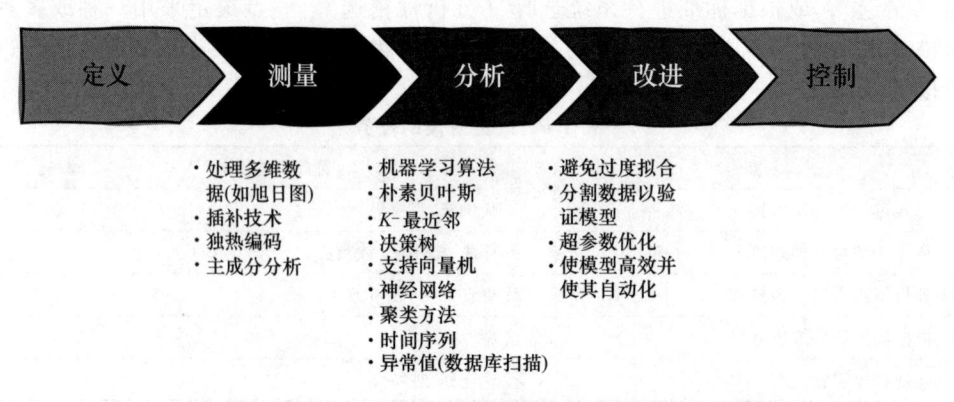

定义	测量	分析	改进	控制
·处理多维数据(如旭日图) ·插补技术 ·独热编码 ·主成分分析	·机器学习算法 ·朴素贝叶斯 ·K-最近邻 ·决策树 ·支持向量机 ·神经网络 ·聚类方法 ·时间序列 ·异常值(数据库扫描)	·避免过度拟合 ·分割数据以验证模型 ·超参数优化 ·使模型高效并使其自动化		

图 8.29 将 DMAIC 循环扩展到数据分析和机器学习过程

正如已经提到的，测量阶段的目标是确定要改进的过程的当前状态。在数字化时代，越来越多的过程数据已经可用，这意味着探索性数据分析将与确认性数据分析并重。第 5 章中介绍的许多内容，如清理、编码、构建或压缩数据，都必须融入经典的六西格玛方法中。例如，这包括旭日图等现代准备技术、先进的插补方法、独热编码知识或主成分分析的应用。

在分析阶段，目的是找到问题的相关原因，即找出因果关系。经典六西格玛方法中的算法一般仅限于回归和方差分析等简单方法。DoE（试验设计）方法在确认分析的意义上也得到了正确的重视。不过，这种方法当然也应辅以机器学习算法，因为机器学习算法的优势在于对大量但也不完整的数据进行建模。这包括机器学习算法，如朴素贝叶斯分类、K-最近邻分类法、分类树和回归树（CART）、支持向量机（SVM）、神经网络或聚类方法等。

顺便提一下，经验表明，反过来，拥有丰富实践经验的六西格玛专家也能让机器学习项目受益匪浅。毕竟，只有影响因素有足够的方差，机器学习模型才能学得很好。在生产过程中，设置通常很难改变，这意味着机器学习模型需要很长时间才能达到足够的预测精度。根据 DoE 原则有意识地生成学习数据，意味着机器学习模型可以在很短的时间内训练出来，因此可以快速引入，然后利用当前数据继续学习。

在改进阶段，找到的模型将得到验证，并从中得出解决方案。关于过拟合以及如何避免过拟合的知识是一个需要在经典的六西格玛方法中更多融入的主题。六西格玛+腰带必须能够分割数据集，并掌握超参数调整。六西格玛腰带通常也很少关注将模型作为软件解决方案的部署，以及在实际使用中作为可能解决方案的持续学习。因此，六西格玛腰带也需要具备部署模型的基础知识。

综上所述，可以说机器学习方法也可以为解决问题的项目做出重大贡献。它们帮助分析大型数据集，并提供复杂的模型来描述因果关系。

8.5.4 示例

一家家用电器制造商在市场上推出了一种新型烤箱，该烤箱可建议烘焙配料的最佳组合。由于个别客户对烘焙效果不满意而提出投诉，因此在质量工程师、开发人员和其他专家的参与下，启动了一个六西格玛改进项目。该项目旨在了解优化烘焙效果的因果关系。外观、气味、口感和质地（包括坚实度、柔软度、弹性和黏性）等质量特征在其中起着关键作用。

图 8.30 所示为烘焙结果的目标变量和影响因素的参数图。

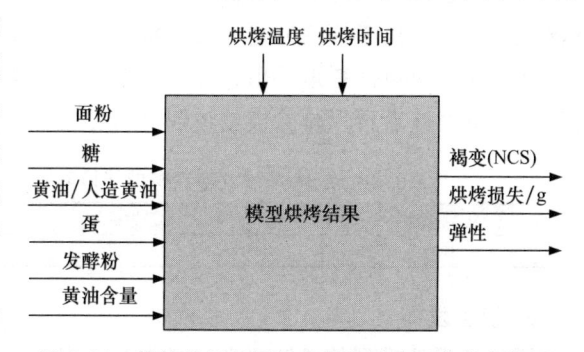

图 8.30 烘焙结果的目标变量和影响因素的参数图

1. 建模和解释

该项目表明,标准六西格玛工具箱中的传统建模方法无法提供预期的结果。由于影响变量之间的相关性,回归等方法没有提供任何有用的结果。

在机器学习领域很常见的回归树终于能够解决建模问题。下面以 Minitab® 统计软件中的质量特征弹性为例,说明结果。

Minitab® 在设计回归树时提供了一系列选项。例如,将内部节点仍可分割的最小元素数设置为 10。将表示可以划分为最终节点的最小案例数的值设置为 3。

选择十倍交叉验证作为验证方法。

根据所选的分析选项,确定具有 12 个节点的树以获得最佳决定系数。决定系数 R^2 高达 98.47%。图 8.31 所示为决定系数随端节点数量的变化。

为了清楚地显示树状图,选择了具有七个终端节点的 CART® 回归树(见图 8.32)。可以看出,决定系数达到了 97.55%,并且预测质量与具有 12 个终端节点的树仅略有偏差。

鸡蛋的用量对平均弹性的影响最大,因为该因素用于在节点 1 处进行划分。当鸡蛋量 ≤ 340 时,弹性为 4740。当鸡蛋量 > 340 时,弹性增加到 8125。

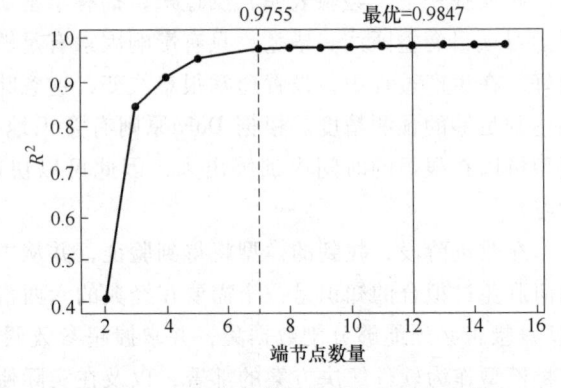

图 8.31 决定系数随端节点数量的变化

在鸡蛋量 ≤ 340 的分支中,根据面粉量对树进一步细分。在节点 2 处,表明面粉量和鸡蛋量这两个因素的组合对弹性平均值有重要影响,这表明这两个因素之间存在相互作用。当面粉量 ≤ 400 时,弹性为 7509,当面粉量 > 400 时,弹性下降至 2894。

2. 模型评估

模型的预测质量可以使用表 8.8 中列出的统计参数进行评估,分为训练数据集和测试数据集。用于评估模型的关键指标是 7.2.2 节中描述的决定系数。

从分析中可以清楚地看出,训练数据集和测试数据集之间的决定系数仅存在轻微偏差。这意味着可以排除模型过拟合的可能性,并假设模型具有普遍适用性。

表 8.8 模型评估的统计参数

统计参数	训练数据集	测试数据集
决定系数 R^2	0.9768	0.9755

3. 模型发布

要特别强调模型的可解释性。必须与专家共同解释该模型的因果关系。确定鸡

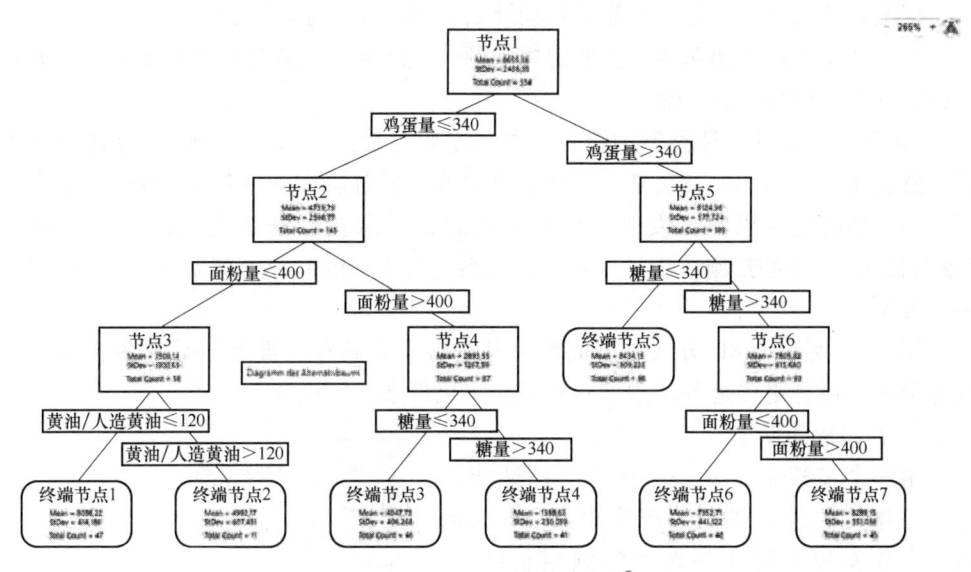

图 8.32 有七个终端节点的 CART® 回归树

蛋、糖和面粉的用量是影响蛋糕弹性的三个主要因素。这一点得到了专家的证实。例如，鸡蛋在加热时会从液态变为固态。当混合到面团中时，它们确保蛋糕面团牢固地粘在一起。因此，鸡蛋可以被视为一种黏合剂，类似于面粉中的麸质，鸡蛋可以帮助麸质起到支撑作用。树状图中鸡蛋和面粉之间的相互作用也可以通过这种因果关系来解释。糖主要用于使蛋糕变甜，但也具有填料的重要功能。糖具有一定的体积，在配方制作时需要考虑到这一点，以便蛋糕可以达到预期大小，并且面团的稠度适合烘烤（Meincupcake，2021）。

4. 模型应用

根据建模结果，质量工程师可以为用户提供有关配方的精确规格，以实现最佳的烘焙效果。

8.6 通过数字化处理错误的新选项

可持续消除内部和外部错误仍然是质量管理的核心任务。为了系统地实现这一目标，建立了 8D 方法论。8D 代表以团队为导向的方法，分八个步骤（纪律）解决问题。该方法最初由美国政府在二战期间开发，作为不合格材料的纠正措施，后来被福特汽车公司采用，并于 1987 年在该公司以"面向团队的问题解决"（TOPS）的名义进行了标准化和推广。

8D 方法基于三个原则。第一个原则是事实导向的原则，即解决问题时，决策和规划应基于真实数据；第二个原则是解决问题的根本原因，而不仅仅是掩盖其影响；最后一个原则强调了 8D 报告形式标准化报告制度的重要性。该报告用于跟踪进展情况，并且该报告还可以作为行动计划，显示尚未完成的行动。

该方法主要用于团队内部需要解决问题、该问题与高风险或高预期成本相关并且已识别出错误累积的情况。

8D方法区分了三种类型的措施。首先是临时措施（即时措施），旨在防止让客户感受到任何影响；其次是必须制定有效的长期解决措施（纠正措施），消除主要原因，使特定问题不再发生；最后不要忘记采取措施防止类似问题再次发生（预防措施）。这些措施改变了质量管理体系，使类似的问题（例如在其他产品上）不再发生。

图8.33所示为8D方法，下面将对其进行简要解释。重点不是对各个步骤的完整描述，而是更多地关注质量管理中数字化带来的新机遇。

D1：组建团队

第一个步骤是组建一个团队，团队成员应具备相关的过程知识和产品知识，有时间以及合作意愿来解决问题和实施纠正措施。必须为该团队指定一名官方赞助商和一名领队。

D2：描述问题

在这个阶段，需要尽可能准确地使用数字、数据和事实描述问题或观察到的症状，即内部或外部客户所遇到的问题是什么，何时何地以及如何发生的？

通过质量管理中的数字化，这个阶段有了全新的可能性。在质量4.0时代的愿景是通过进行相应的探索性数据分析，可以在按下按钮的同时获取这些信息（见5.3.1节）。这样一来，问题可以迅速限定范围，并准确

D1	组建团队
D2	描述问题
D3	采取即时措施
D4	确定并检查原因
D5	确定并审查纠正措施
D6	组织落实整改措施
D7	防止类似错误
D8	进行最终讨论——认可成功

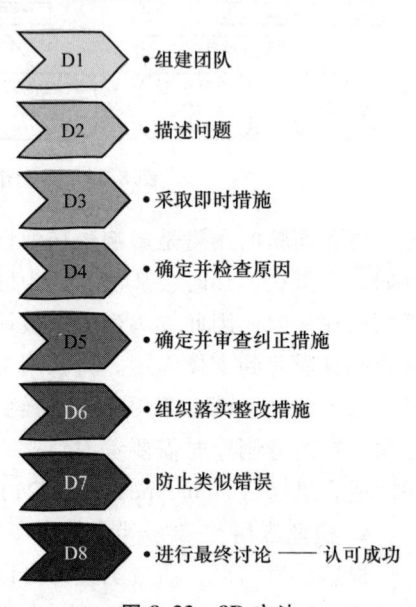

图8.33 8D方法

详细描述其症状。例如，可以立即确定是否曾经出现过类似的错误情况。在这一点上要特别指出，非常详细的症状描述可以显著加快原因分析，从而加快整个8D过程。

D3：采取即时措施

在这一步骤中，需要定义、测试和实施临时措施以限制损害，将问题的影响尽可能地远离内部或外部客户，直到有效的长期解决措施得以实施。

在这里，数据可用性也至关重要。例如，在该步骤中必须确定有多少产品已经交付并需要退货，并且必须确定哪些缺陷产品在流通中和库存中。通过数字质量管理意义上的实时跟踪，可以立即获得这些信息，并可以立即采取有针对性的措施保护客户利益。

D4：确定并检查原因

必须结合问题描述来确定并检查根本原因。所发现的根本原因必须得到明确证明，例如通过有针对性地再现错误或通过已证明的因果关系来证实。此外，必须确定并确认过程中应该识别并控制问题的位置（漏点）。

在这一阶段，良好的数字数据可用性也是至关重要的。第 7 章中描述的许多方法都可以使用，例如，可以使用回归和分类方法来统计评估根本原因。

D5：确定并审查纠正措施

在这一步骤中，必须针对根本原因和漏点选择最佳的长期解决措施。重要的是，确保预期的成功，并且不会造成不良的副作用。必须系统地分析可能的副作用，并通过适当的措施（例如 FMEA）予以排除。

在这一点上，定义有效的措施也很重要。如果可能的话，尽可能避免像员工培训这样的活动。高效的措施包括自动化解决方案、引入的机器学习模型，以及在本书 3.5 节中已经描述过的"增强型工人"关键词下描述的解决方案。

D6：组织落实整改措施

最后，需要制订并实施选定的长期解决措施的计划。需要监控长期解决措施的效果，并长期监测结果。例如，实时数据看板在这方面非常有帮助。

D7：防止类似错误

在每次解决问题时，也应该问自己："我们学到了什么？这些经验可以应用于解决类似的问题吗？"

D8：进行最终讨论——认可成功

团队过程应该有意识地结束，应该赞赏并适当地庆祝团队，认可每个团队成员的成就。之后，团队成员可以回到他们的正常工作岗位。

总之，我们要强调的是，8D 方法论中提到的原则和步骤在数字化质量管理中仍然非常重要，另外，通过质量管理的数字化，也开辟了新的可能性。然而，组织中也需要具备探索性数据分析、统计建模和解决方案概念（如自动化、RPA、机器学习和"增强型工人"）知识的人才。

经典的 8D 方法论需要进行扩展，并且需要针对 8D 进行适应性培训计划。为了明确强调这一点，我们将这一方法称为 8D+。

第 9 章 系统架构开发和信息技术基础设施

要为人工智能和机器学习领域的工业解决方案奠定技术基础，就必须开发和提供必要的基础设施。

本章介绍了数据工程师的世界，我们仔细考虑了要介绍的内容，因为这些主题有时对非专业人员来说非常难以理解。不过，我们知道，数据科学解决方案只有在团队中才能成功实施，而领域专家、数据工程师和数据分析师之间的良好沟通是成功的关键（见图 8.10）。领域专家需要对信息技术和数据工程有共同语言和基本理解。因此，本章面向领域专家、数据分析师和数据工程师。

本章的重点一方面是传达设计信息技术基础设施的行之有效的方法，另一方面是以易于理解的方式解释关键技术。在此，我们还想提请您参考 12.3 节，该节解释了数据工程领域的关键术语。

我们从云计算主题以及相关的服务模式和分发模型开始本章，然后重点关注数据科学解决方案的系统架构开发。在工业环境中，我们面对的是网络物理系统，其中软件组件通过互联网等数据基础设施连接到机械和电子组件。因此，我们想要研究如何掌握此类系统的复杂性的问题。我们将讨论架构原则、模式和驱动程序，并解释使用 UML 描述架构的现代方法。

在工业化解决方案方面，我们重点关注界面的技术设计，并解释处理大数据的最新方法。最后，我们展示了信息技术架构的迭代进一步开发和持续运营如何取得成功。我们将通过 7.1.4 节中的示例（冲压和折弯工具的优化），以一个连贯的实际示例对上述解释进行说明。

9.1 云计算

2020 年，超过三分之一的德国云计算用户已经在网上存储图片和其他文件，约四分之一的用户使用谷歌文档等云计算服务（Statista GmbH，2020）。这些数字表明，许多人已经熟悉并在日常生活中积极使用云服务。在商业环境中，某些领域的数字甚至更高。

如果仔细研究一下云计算，就会发现它基本上就是通过互联网提供简单的计算能力，即不是在本地的个人计算机、笔记本式计算机或服务器上，而是在云端。这包括数字操作所需的所有组件。云计算不仅适用于服务器、存储、数据库、网络组件，还适用于软件和分析功能，以及可根据实际需求灵活使用和扩展的现成智能解决方案。根据美国国家标准与技术研究院（National Institute of Standards and Technology，NIST）的说法，云计算由五个基本特征组成（Mell & Grace，2011）。

（1）按需自助服务　每个用户都可以根据需要自动获得计算能力或存储等服务，无须任何人工交互。

（2）广泛的网络访问　这些服务可通过网络获得，并可通过促进异构最终用户设备（例如移动电话、平板电脑、笔记本式计算机或工作站）使用的标准机制进行访问。

（3）资源池化　基于多租户模型，将提供商的算力集中在资源池，为多个消费者提供服务。必要的资源（如虚拟机）根据需要动态分配。通常用户无法控制或了解资源的位置，但可以在更高的抽象级别（例如国家、州或数据中心）确定位置。

（4）快速弹性　在某些情况下，计算能力可以弹性提供，以便能够根据需要快速向外或向内扩展。从用户的角度来看，这种自动扩展往往使可用容量看起来是无限的。

（5）可测量的服务　云系统可根据适合服务类型的可测量指标（如内存或带宽）自动控制和优化资源的使用。可对资源消耗进行监测和控制，为提供商和消费者创造透明度。

所有这一切都与服务器、个人计算机和笔记本式计算机形成鲜明对比，因为服务器、个人计算机和笔记本式计算机位于本地（预配置）并使用，即直接在工业厂房或办公楼内安装和使用。与云计算相反，这类数字基础设施无须连接互联网。然而，由于现代网络和我们总是在线的习惯，这些系统通常也会联网。因此，混合系统变得越来越普遍，以便将两个世界统一起来，或进行逐步过渡。不过，云系统和本地系统之间也存在一定的差异和优缺点（最重要的见表9.1）。

表9.1　本地系统和云系统的优缺点

本地系统优点	云系统优点	本地系统缺点	云系统缺点
多年来看，总体成本较低	最大的便利性，无须更新，无需硬件，可随时随地访问	需要前期投资	如果架构未优化，几年内总成本较高
易于集成、个性化和定制	无须软件或硬件更新	需要购买硬件和软件（操作系统或其他许可证）	可能需要预付款或额外的集成费用
成本可以资本化和摊销	快速分发和部署解决方案	实施周期较长	需要额外关注数据安全和存储位置
本地网络内的数据受到保护	云提供商负责硬件和软件，具有高水平的专业知识和认证，提供高安全标准	需要永久IT支持或运营	如果互联网中断，服务可能会中断

总之，在选择策略时，值得权衡的是所显示的优缺点对将要开发的系统的影响程度。尤其是云计算，目前正处于飞速发展阶段，这意味着总会有新的服务和机会通过预配置的解决方案覆盖特定的业务过程。因此，有必要对市场和可用服务进行监控。在重点讨论云计算的优势时，应特别提及以下评估方面。

1. 成本

无需对硬件和软件进行前期投资，也无须建设和运营本地数据中心。这也意味着不再需要服务器机架、电源和冷却系统，而这些在本地模式下需要额外运营和维护。

2. 速度

云计算可按需提供必要的计算能力。当负载发生变化时，增加或减少计算机数量不仅能提高速度，还能降低成本。

3. 生产率

本地数据中心通常伴随着大量的设备设置和管理工作，因为定期需要进行硬件和软件更新以及其他耗时的 IT 管理任务。在云计算中，许多此类任务不再需要执行，因此 IT 团队可以专注于更重要的企业目标。

4. 可靠性

云计算允许数据在云提供商网络上的多个冗余位置进行镜像备份，从而简化了数据备份、灾难恢复和业务连续性，并降低了相关成本。

5. 数据安全

云提供商提供大量策略和创新技术，增强其环境的整体安全性，并帮助保护客户存储的信息及其基础设施免受潜在威胁。

尽管云计算的优势可能更多，但还是有充分的理由有意识地选择在本地（即内部）部署运行组件。特别是在工业工厂或生产系统的控制和管理中，控制过程的低延迟时间、系统与现有互联网连接的独立性以及数据安全性都是重要的议题。

9.1.1 服务模式

为了将现有的本地服务和系统迁移到云计算中，有必要将这些应用逐步迁移到云中。基于不断进步的技术可能性，已经开发了三种基本服务模式，以便快速提供和释放计算资源（Mell & Grace，2011）。

1. 基础设施即服务（IaaS）

提供用于处理、存储和联网的计算机资源。用户可以在上面安装和运行任何软件，包括操作系统和其他软件。用户不管理和控制底层云中的基础设施，但可以控制操作系统、存储和提供的应用程序，并对选定的网络组件进行有限控制。通常，IaaS 使用虚拟计算机（虚拟机）工作，虚拟机提供与普通计算机相同的接口和选项，只是以虚拟化的形式提供。

2. 平台即服务（PaaS）

除计算机资源外，软件平台还可用于专有解决方案的进一步编程。通常是按使用付费。这些软件平台由云提供商维护，并为所有客户安装更新和支付许可证费用。不过，由用户负责具体实施。PaaS 的一个例子是谷歌应用引擎（Google App Engine），它使用户能够在云中运行自己的应用程序，而无须操作带有网络服务器和其他组件的虚拟服务器。

3. 软件即服务（SaaS）

通过 SaaS，用户可以直接使用现成的应用程序。如今，这些服务可通过网络浏览器访问，因为网络技术越来越能涵盖以前桌面应用程序的所有功能。因此，软件即服务就是我们今天所熟知的互联网服务，从多宝箱（Dropbox）和脸书（Facebook）到微软办公 365（Microsoft Office 365）。大多数 SaaS 都采用订阅模式，即在使用期间按月付费，这包括软件许可证和基础设施的所有费用。

图 9.1 所示为本地模式与三种云计算服务模式的比较。它清楚地表明，随着服务模式的扩展，越来越多的数字系统组件由云提供商管理。在典型的 IaaS 模式中，从操作系统开始的所有部分仍由客户掌握，而在 SaaS 模式中，提供商负责管理所有层面。客户只需使用软件，无须担心维护、备份或更新。

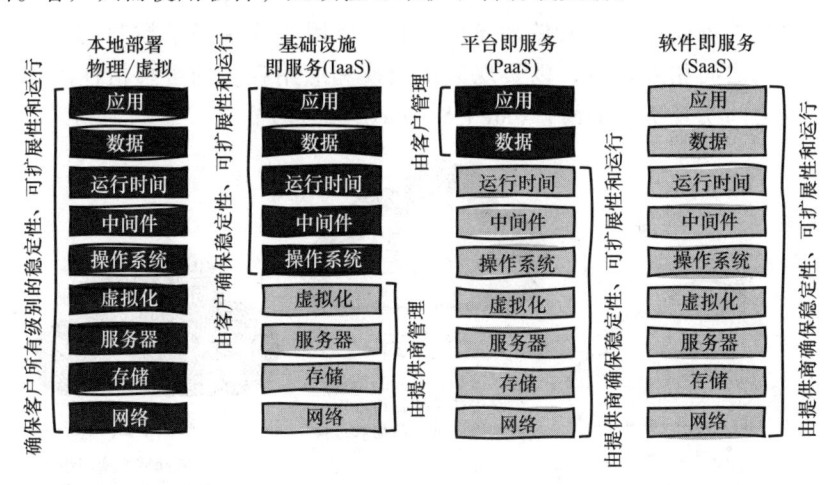

图 9.1　本地模式与三种云计算服务模式的比较

特别是基础设施（网络、存储介质和计算能力）的责任从客户转移到云提供商，所有服务模式都是如此，也导致了客户方人员的变化。虽然在本地，IT 部门仍然需要处理网络和服务器组件的采购和维护，但如今，高效且有效地使用云服务已成为 IT 专家的关键技能之一。对于 IaaS，云计算的开始方式与本地部署类似，因为服务器以与云中虚拟服务器相同的形式运行。相比之下，对于 SaaS，有无数的服务不再容易跟踪。这就是为什么 IT 部门也需要专门从事这一领域的原因，因为有许多服务适用于各种业务领域和过程。

9.1.2 分发模型和"私有云"

为了满足特定要求，通常是安全法规或非常特殊的设备可以建立自己的私有云。这种私有云被定义为不向公众提供的服务，而仅通过互联网或内部私有网络向特定用户提供的服务。私有云计算也称为内部云或企业云，它拥有公共云的许多优势，如自助服务、可扩展性和弹性。同时，在本地基础设施专用资源的帮助下，还可为公司提供额外的控制和定制选项。但一个缺点是，公司的 IT 部门要负责管理私有云。因此，私有云所需的人员、管理和维护成本至少与传统数据中心的运营成本相同，而且通常更高，因为私有云服务还需要相应的元层，以服务于云中的多客户端分布。这意味着，只有在特殊情况下，私有云计算才有意义，但许多云计算提供商已经为内部安装提供了解决方案。一方面，这可以实现私有云的运行；另一方面，为云设计的服务也可以在本地环境中运行。除了私有云，混合解决方案还提供了两个世界的结合。

私有云、混合云和公共云如图 9.2 所示，混合解决方案结合了私营和公共部分。这就意味着，生产顺利进行所需的服务等可直接在生产厂现场设置，并确保相应的安全。例如，数据整理、分析和规划都可以在公共云中进行，并具有其所有优势。这就意味着需要更少的人员来操作私有云，因为这仅限于被归类为关键的系统。各个单元之间相互连接，以实现数据交换和应用程序的可移植性（如在私有云和公共云之间实现负载平衡）（Mell & Grace，2011）。

混合云
公共云和私有云的结合，安全责任共担，可以更好地管理敏感数据和过程

公共云
由第三方提供商通过互联网向所有人提供，易于扩展

私有云
通过互联网或本地网络提供给选定的用户，安全性更高，需要员工操作和维护数据中心

图 9.2 私有云、混合云和公共云

9.2 有条不紊的架构开发

了解并选择运行环境和基础设施的正确标准（见 9.1 节）是为解决方案开发正确架构的第一步。然而，开发正确的 IT 架构需要系统化的方法，这样才能选择

正确系统的架构,而不是随意架构。正是在这一领域,许多公司不愿意做出决定,部分原因是在讨论过程中总会出现冲突和意见分歧。众多潜在的解决方案助长了这种情况,无论这些解决方案是现成的服务、用于实现特定要求的模板,还是大型云计算供应商提供的专有但集成度高的解决方案。因此,在设计 IT 架构之初就确定必要的需求和对系统有重大影响的需求就显得尤为重要。

作为整个架构开发的基础,有必要对架构和信息处理的相应层次达成共识。ISO/IEC 42010 规定了描述系统、软件和公司架构的要求,根据该标准,架构应作如下理解:

系统在其环境中的基本概念或属性,体现在其元素、关系及其设计和演变原则中(ISO/IEC, 2011)。

换言之,架构是功能与结构的映射。如果认真对待这句话,那么架构也是实现必要功能的最简单解决方案。没有对应需求的组件本身只是目的,在架构开发中必须避免的正是这种目的本身。

图 9.3 所示为工业 4.0 IT 系统的架构金字塔。最底层可以说是传感器和设备控制系统的基础,它们以数字形式呈现现实世界。上面的通信层提供设备控制系统和传感器之间的连接,从而使物理环境参数在数字世界中可用。再上一层是这些传感器和控制设备之间的接口层,从而在生产系统和用于数据存储、评估和监控的中央 IT 系统之间架起一座桥梁。这一层级通常也是本地系统与云计算或数据存储中心之间的接口。第四层正是这一领域的代表,数据库在这里以各种形式得到应用。机器学习或数据看板位于金字塔的顶端,因为这些解决方案都是基于下面存储层的数据。

图 9.3 工业 4.0 IT 系统的架构金字塔

特别是工业生产系统,有大量的传感器和设置参数,它们以不同的方式用于控制生产或评估产品质量。在7.1.4节的例子中,一个部件是通过一连串相互关联的冲压和折弯工序生产出来的,这个例子非常适合用来说明如何开发一个用于监控系统的综合系统架构。如前所述,生产过程使用机器学习算法进行分析,并通过设置参数对生产进行相应调整,以确保产品质量。从架构金字塔中可以看出,生产系统还必须映射通信及存储和持久性这两个层级。持久性是指系统长期保持其数据状态的能力。这意味着,机器学习算法一方面可以访问传感器数据和质量特征,另一方面机器学习算法本身也可以向系统发送控制指令。

基本上,在这种情况和类似情况下,总会出现如何开发正确架构的问题。遗憾的是,在这方面并没有通用的秘诀,但在开发此类架构方面积累的大量经验却很有帮助。此外,还有一些所谓的架构原则和架构模式,有助于开发优质高效的架构。

1. 架构原则

原则并不是具体的决定或解决方案,而是为了在处理问题时达成共识。其中许多指导原则源自面向对象编程的经验,旨在传达一种对设计决策的态度。这些原则至关重要,有助于提高架构的质量。原则比解决方案本身更持久,其普遍性确保了跨多个人的完整性。已经存在非常广泛的架构原则,这些原则非常通用,可以应用于许多解决方案。例如要求某种工作风格的原则,包括DRY(Don't repeat yourself,不要重复自己)或KISS(Keep it simple and stupid,保持简单和愚蠢)(Thomas Hunt,2019)。好的架构原则是可理解的、有建设性的、引领趋势的、表达清晰的且可测试的,这就是为什么通常建议采用经过验证的原则的原因。表9.2所示为SOLID设计原则,总结了面向对象的软件开发中广泛使用的设计原则子集。

表9.2 SOLID设计原则

原则	原则说明
S 单一责任原则	改变一个类别的原因不应该超过一个。换句话说,每个类别应该只有一个任务
O 开闭原则	软件模块应该对扩展开放,但对修改关闭
L 里氏替换原则	使用基类对象的模块,在不改变程序的情况下,也必须能正确使用派生类的对象
I 接口隔离原则	许多特定的接口比一个通用接口要好。不应强迫客户依赖他们不使用的接口
D 依赖倒置原则	1)高层模块不应依赖低层模块。两者都应依赖抽象 2)抽象不应依赖细节。细节应依赖抽象

2. 架构模式

与架构原则不同,架构模式包含针对常见任务的成熟解决方案和特定架构的模板。这些架构模式可以涉及不同的方面,取决于焦点是在运行时的行为上还是在结构上。

分层架构就是这些模式的一个例子,在这种架构中,各个层可以单独进行替换和测试。这对促进架构的进一步发展具有明显的优势。

特别是在云环境中，微服务已经得到了广泛应用，它们将各个服务彼此大部分解耦，从而使它们易于扩展和重用。它们遵循单一责任原则，即每个服务只承担一个单一任务。模式之间也可以相互组合。

同样，也存在反模式，即会产生不良设计的模式。诀窍在于识别这些反模式，这需要丰富的经验。反模式也有很大的优势，因为许多项目的经验表明，可能的解决方案都是糟糕的，因此错误不会重演。最著名的反模式之一就是意大利面条代码。如果出现这种反模式，代码中几乎没有模块化，甚至可能出现跳转到代码中其他行的标签，这使得跟踪和修改代码变得非常困难。测试这种解决方案几乎是不可能的，因为无法监控可能的组合和相关的程序序列（Gamma, Helm, Johnson, &Vlissides, 1994）。

9.2.1 架构驱动因素

所谓的架构驱动因素在架构开发中起着重要作用。这些要求对选择的架构有重大影响。一方面，它们可以是由用例衍生出的功能性要求，但大多数情况下，它们是性能、可用性或数据安全性等非功能性要求。因此，ISO 25010 中定义的软件质量特征为确定相关架构驱动因素提供了一个很好的基础（见 4.6.2 节）。另一方面从软件所有特征的总和中，确定并记录对决策影响最大的特征。架构驱动因素通常有以下来源：

1）业务目标、业务模式。
2）软件质量（如 ISO 25000）。
3）目标系统的硬件资源。
4）现有系统、产品或平台。
5）第三方软件或开源软件。
6）法律要求和标准。
7）组织结构，参见康威定律（Conway, 1968）。

与架构开发一样没有通用的方法，驱动因素的定义非常个性化，取决于系统或产品的框架条件。为了保持概览性，所选驱动因素的数量应在五个左右，这样便于在项目过程中记忆和传播。

表 9.3 所示的架构驱动因素是根据前述生产系统机器学习解决方案示例确定的。这里的架构驱动因素中没有明确的功能需求。可以看出，本项目非常注重技术解决方案的可用性和可重用性。

表 9.3 生产系统机器学习解决方案示例的架构驱动因素

驱动因素	理由
可操作性	传统系统的数字化尤其会导致不确定性,因此往往会遭到拒绝。为了使解决方案尽早被接受,易操作性和工作过程的明显改善至关重要

(续)

驱动因素	理由
可重用性	项目中使用的系统只是众多系统中的一个，是开发和测试的代表。在设计研究成果、算法和软件组件时，应考虑到它们也可用于其他系统或其他类型的系统
互操作性	解决方案与现有系统的交互非常重要。目前已经有许多记录质量特征的系统可以进行整合。此外，还应选择开放式架构，使系统日后能够在不同的云平台上运行。应尽可能少使用专有解决方案，而优先采用开放标准
适应性	特别是对于不同的系统，应该选择易于更改的设计。重点是无需任何编程知识即可实施

9.2.2 使用 Jupyter 项目进行初始数据分析

基于现有的系统和数据流，我们的示例从架构的最小变体开始。该架构如图 9.4 所示，涵盖了设置参数和质量特征的第一批基本数据流，可用于初始数据分析和人工智能建模。

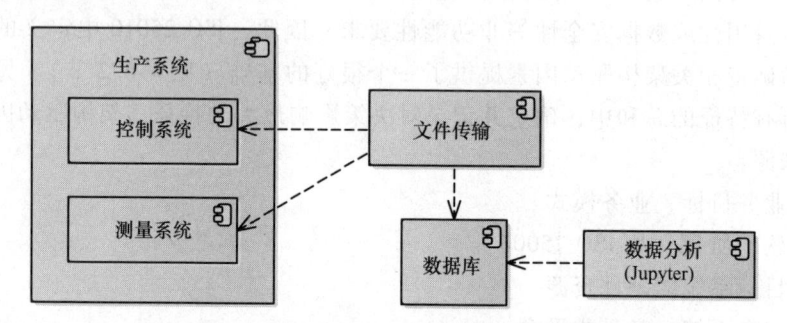

图 9.4 数据收集和分析的初始系统设计

这种架构保持简单。控制数据和其他测量值仅写入生产系统上的简单文件，这意味着不依赖于两个中央组件"文件传输"或"数据库"的可用性。即使这些中央组件之一发生故障且不可用，系统仍能继续正常运行。这些文件通过"文件传输"循环读入并存储在数据库中。这使得数据分析可以访问数据库中存储的数据，进行历史评估和深入分析。这种架构意味着数据往往已经是几分钟或几小时前的数据，足以分析各个数值之间的相互作用。不过，目前还无法对生产过程施加积极影响。

尽管与架构的开发和智能系统的架构没有直接关系，这里也应该提到一个在机器学习算法的开发或大量数据的分析中特别广泛的软件作为例子：Jupyter 项目。该软件是一个非营利性开源项目，用于支持交互式数据科学和科学计算。虽然 Jupyter 项目支持所有编程语言，但它通常与 Python 编程语言一起使用；甚至名称也来自 Julia、Python 和 R 这三种主要编程语言。目前，Jupyter 项目和 Python 的组合已成为数据分析和机器学习解决方案开发的事实标准，因为所有主要的云提供商，例如亚马逊 AWS、谷歌云平台、IBM Watson Cloud 和微软 Azure（此列表并不详尽），直接在其环境中提供 Jupyter 项目或基于它的解决方案。此外，Jupyter 项目还有一些衍生产品，可以直接作为 SaaS 解决方案使用。谷歌在这方面处于领先地位，谷歌 Colab 和 Kaggle 作为数据科学家的交流平台，而 JetBrains 的 Datalore 则是另一个此类改编产品。其背后的主要商业模式不是软件本身，而是出售用于数据分析和机器学习操作的计算能力。

  Jupyter 项目近年来有了长足的发展。最初被称为 Jupyter Notebook 的界面正逐渐被新版本 JupyterLab 取代，后者代表了下一代用户界面。JupyterLab 的一大创新是增加了标签，允许同时打开多个文档。不过，Visual Studio Code 等其他开发环境已经为 Jupyter Notebook 文档提供了本机支持，无需额外环境即可编辑文档。所有 Jupyter 解决方案的核心都是提供一个基于网络的交互式环境，在这个环境中可以创建 Jupyter Notebook 文档。JupyterLab 用户界面如图 9.5 所示，这些笔记本由一系列输入和输出单元组成，每个单元都可以包含代码、文本或绘图（输出或图表）。Jupyter 的一大优势是将描述元素与程序代码直接结合，并能直接保存程序部分的输出和结果。

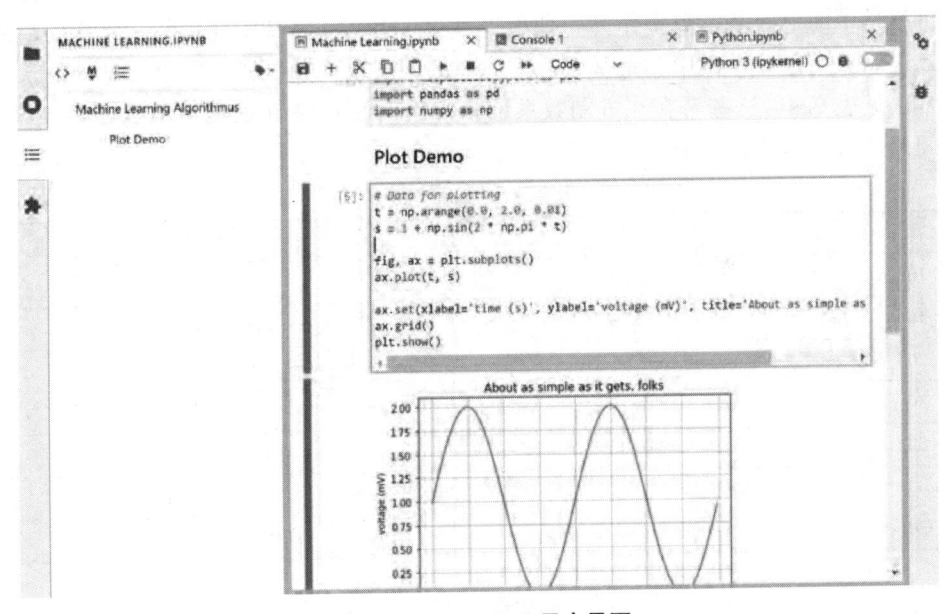

图 9.5 JupyterLab 用户界面

  数据科学家特别青睐 Python 的原因可能在于 Python 编程语言易于学习、编程范围广泛（从简单的脚本到面向对象的编程），以及 Python 是一种解释器这一事实。解释器的优势在于，程序代码可在程序运行时直接处理。这意味着对代码的修改可以立即进行，无须使用编译器将程序代码翻译成机器语言。这使得 Python 成为分析大量数据等探索性任务的理想选择。Python 提供了广泛面向数据科学的库，并在不断得到进一步开发（Python Software Foundation，2021）。

Jupyter 的一个特殊优点是，整个分析阶段可以一次又一次地重复，分析结果可以使用图表来理解，因此可以与所有相关人员进行讨论。

9.2.3 粗略计算

另一个有助于更好地评估和开发正确架构的标准是，对预期数据量和必要带宽的了解。在设计房屋架构时，建筑师还必须根据住户或用户的数量考虑房间的数量或出入口的宽度。软件架构也是如此。根据预期的数据量，有不同的技术来处理和存储这些数据。预期数据量有可能非常大，以至于无法永久存储所有信息，这意味着需要使用直接处理运行时数据的解决方案或临时存储这些数据的选项。

第一步的计算不一定要精确，更多的是要对预期的数据量有一个了解，从而做出正确的决定，或者认识到有必要进行进一步的、更详细的计算。这基本上是一种粗略计算，因此这种方法也被称为"信封背面计算"。这是因为计算开始时准备工作很少，而且往往基于许多假设。

为了能够高效地进行这些粗略计算，尤其是在 IT 和软件环境中，有必要将计算机科学中的一些基本数字作为一种小抄（Wakabayashi，2019）。所有计算机都使用二进制数字系统，其中 2 是基数。因此 2 的幂次在计算机科学中很常见，最常见的幂次见表 9.4。这些幂在二进制数系统和常用大小规格（如兆字节和千兆字节）之间进行转换时非常重要。

表 9.4 2 的幂次表

幂	值/近似值	字节
10	1024/1 千	1KB（千字节）
16	65536/65 千	64KB（千字节）
20	1048576/1 百万	1MB（兆字节）
30	1073741824/10 亿	1GB（千兆字节）
32	4294967296/40 亿	4GB（千兆字节）
40	1099511627776/1 万亿	1TB（万亿字节）
50	1125899906842624/1 千万亿	1PB（千万亿字节）

计算数据量的另一个因素是典型数据库使用的内存量。在 ASCII（American Standard Code for Information Interchange，美国信息交换标准代码）等简单字符集中，文本中的一个字符需要 1B。然而，这种字符集只能表示 256 个不同的字符，因为这是一个字节可能出现的不同状态的最大数量。如今，Unicode 字符集的使用越来越广泛，它还可以存储特殊字符或特定语言的字符，如德语元音符号。如果使用这种字符集保存文本，那么无论这些字符是否也出现在 ASCII 字符集中，整个文本的每个字符都需要 2~4B 的内存。表 9.5 说明了这种差异。根据所选字符集的不

同，内存消耗量是 ASCII 字符集的 2~4 倍。

表 9.5 存储常用数据类型的字节

数据类型	字节/B
0~255 的整数值(tinyint)	1
-2^{31}~2^{31} 的整数值(int)	4
浮点数(float)	4~8
日期	3
日期和时间	8
ASCII 字符集中的字符	1
Unicode 字符集中的字符	2~4

除内存消耗外，表 9.6 所示的延迟和吞吐量对设计也有决定性影响。在评估不同的架构变体时，这些数字可以确定是否所有内容都可以在云中处理，或者是否需要本地计算节点或缓存。特别是，从主存储器读取与从硬盘读取数据的速度相差很大，达到了 120 倍。这种情况可以在设计中抵消，例如使用缓冲存储解决方案。

表 9.6 粗略计算的常见延迟和吞吐量

延迟和吞吐量
数据通过 1Gbit/s 网络发送,速度为 100MB/s
从固态硬盘(SSD)随机/顺序读取,速度约为 1GB/s
从主存储器顺序读取数据,速度约为 4GB/s
从硬盘驱动器(HDD)顺序读取,速度为 30MB/s
Zip 压缩速度约为 250MB/s
数据中心内的往返次数为 2000 次/s
全球往返次数为 6~7 次/s
从主存储器顺序读取 1MB 的延迟为 250μs
从 SSD 顺序读取 1MB 的延迟为从内存读取时间的 4 倍(1ms)
从 HDD 顺序读取 1MB 的延迟为从 SSD 读取时间的 30 倍(30ms)

利用这些数值，现在可以对前面描述的具有八个设置参数和四个质量指标的生产系统的存储要求进行粗略估算。假设系统中的八个设置参数平均每天更改三次，则每次更改都必须保存。对于每个值，都需要提供更改时间、设置参数的标识符（100 个字符的文本）和新值。由此得出以下公式，用于粗略计算一年的预期数据量。

$$(8B+8B+400B)\times(8 \text{个设置参数})\times 3\times 365 \approx 3.6MB \qquad (9.1)$$

这一结果充分说明，设置参数的存储可以忽略不计。即使将解决方案推广到 100 个生产系统，预计每年的数据量也最多不超过 360MB。

质量指标的结果则有所不同。生产系统全天候每分钟生产100个零件，收集并存储每个生产组件的四个质量指标。

$$(8B+8B+400B)\times(4 个质量指标)\times100\times1440\times365\approx87GB \qquad (9.2)$$

如果考虑一年的生产周期，使用现代服务器和存储选项仍然可以轻松处理大约87GB的数据。然而，如果机器学习模型需要在所有100个生产系统中进行训练，这就不再那么容易了。如果100个系统的观察期长达数年，存储需求甚至会进一步增加到每年9TB左右，这仍然可以利用云计算的可能性轻松存储，但已经需要新的技术和工具来进行分析和整体处理。

9.2.4 系统设计

一旦开发和定义了包括架构驱动因素和近似关键数据在内的需求，下一步就是解决方案的设计。使用图像而不是文本来描述软件的某些方面是有意义的，就像建筑结构一样。一般来说，一张图像是不够的，它会过于复杂和混乱。因此，有必要使用不同的视图，每个视图侧重于解决方案的特定方面。为了与经典建筑进行比较，在这一领域也创建了不同的视图。例如，墙壁和门的布置有一个视图，暖气和水管的安装有另一个视图，电气安装也有一个视图。每一个视图都服务于建筑规划的一个特定方面，只有结合在一起才能全面完整地描述建筑。

1. 4+1视图

在软件开发中，也需要不同的视图，以便能够从不同目标群体的角度，以适当的详细程度呈现相关方面。Philippe Kruchten（Kruchten，1995）开发了一种包含4+1视图的架构模型，该模型目前被广泛使用（见图9.6）：

1) 逻辑视图：涉及以元素形式（如类）设计的内容及其结构和行为。
2) 开发视图：显示系统的执行元素（程序代码、文件等）及其管理方式。
3) 过程视图：涉及系统的运行情况，说明了组件之间的通信关系以及运行时间。
4) 物理视图：描述了可执行元素在目标平台上的分布及其相互通信。
5) 应用场景：展示了架构中几个关键用例，作为测试和确保正确架构的起点。

2. 统一建模语言（UML）

统一建模语言是一种统一的标准化建模语言，用于描述和表示这些视图。如今，UML已成为软件和系统开发领域的主流符号，通过不同的图表（有时是多种图表）涵盖了4+1视图的各个方面。目前UML的主要版本是UML2，自2005年以来就已存在，但在细节方面还在不断修订和扩展。

UML具有许多优势，特别是在智能产品和智能生产领域，因为标准符号使系统设计具有普遍有效性，并易于其他各方理解。此外，系统建模语言（SysML）是基于UML2的扩展，用于系统工程。SysML本身由UML图表的子集组成，并由一些特定的系统工程图表加以扩展。正是UML和SysML的这种结合，实现了智能产

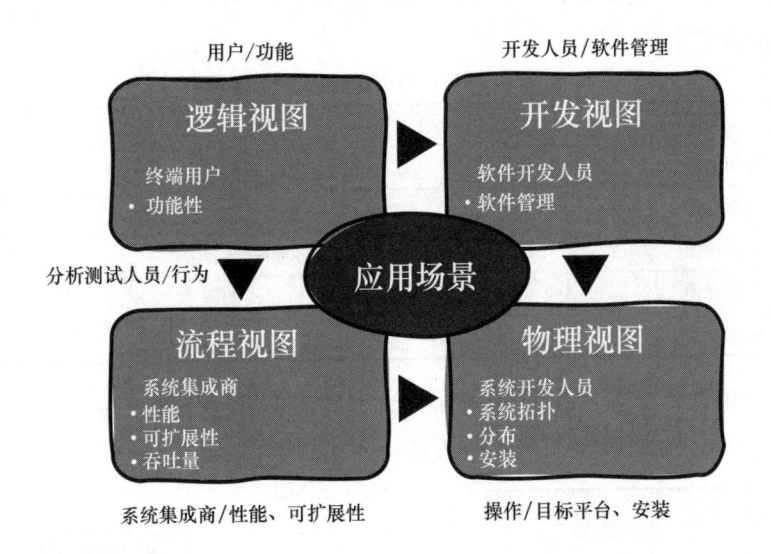

图 9.6　4+1 视图和目标群体 (Kruchten, 1995)

品和智能生产的整体视图，从而避免了项目沟通交流中的误解。

在 UML 中，图表分为结构图和行为图。UML 总共定义了 14 种图的类型（见图 9.7）。

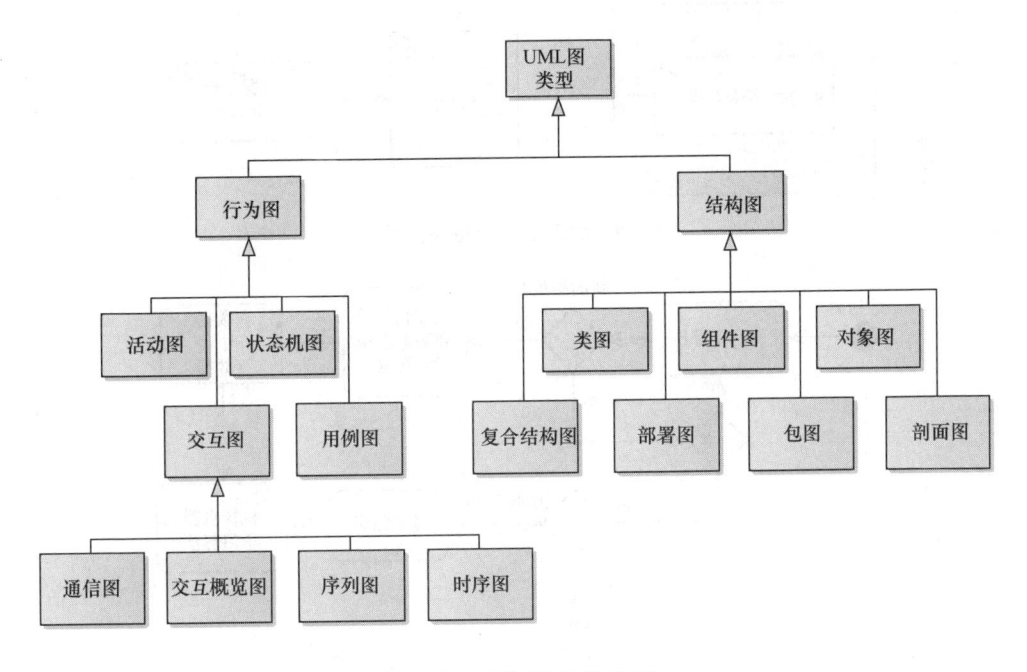

图 9.7　14 种 UML 图类型

表 9.7 显示了 Kruchten 认为哪些 UML 图类型适合哪些视图。分配基于图的属性和各自视图的目标。

表 9.7　UML 图类型分配 4+1 视图

4+1 视图	UML 图类型
应用场景	用例图
逻辑视图	类图、通信图、序列图
开发视图	组件图、包图
过程视图	活动图
物理视图	部署图

图 9.8 和图 9.9 是 UML 结构组和行为组的代表图，分别代表了生产系统的组件图和活动图。图 9.10 是另一个行为图，即序列图。

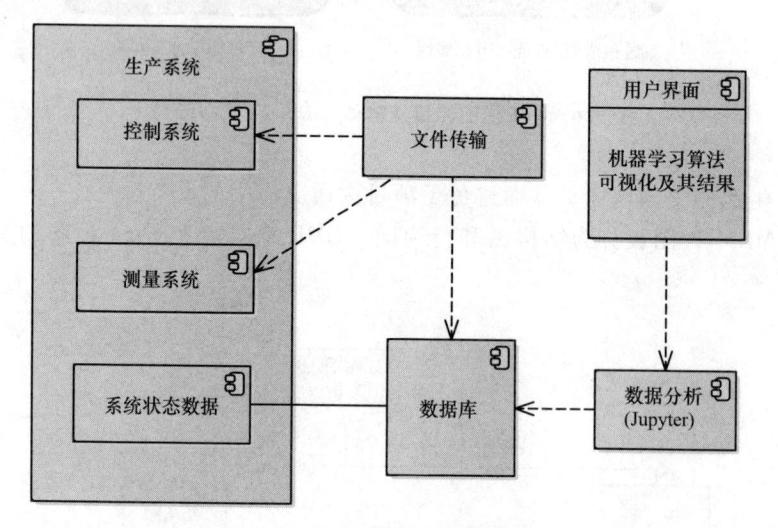

图 9.8　生产系统的组件图示例

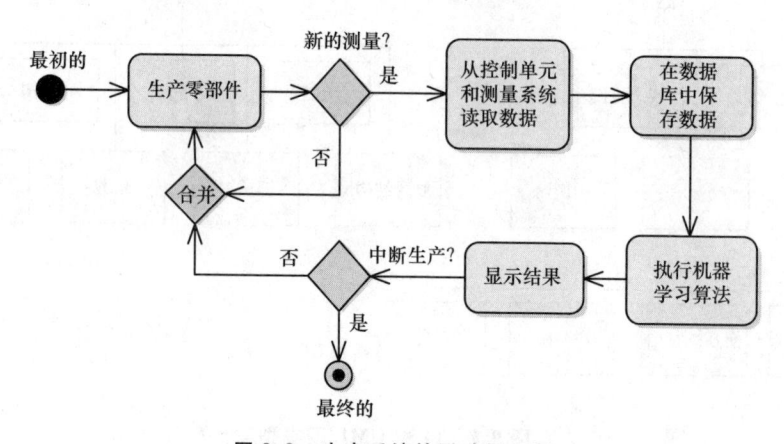

图 9.9　生产系统的活动图示例

图 9.8 所示的组件图已经是初始系统设计的扩展。这代表了解决方案的各个组件，其中生产系统本身是一个具有多个子组件的组件组，直接依赖于数据库。在此设计中，目标是使用机器学习算法分析数据库中存储的数据，并将结果显示在用户界面中。由于 UML 组件图代表了系统结构，因此没有关于系统内部过程的进一步信息。这方面的信息通过活动图来表示，活动图描述了系统执行的各个工作步骤或实现目标结果所需的各个工作步骤。

图 9.9 中的活动图显示了数据收集和数据准备过程以及算法执行时的路径。活动图具有通用性，通常描述用例的顺序。活动图并不具体描述系统各个组件的行为，但可以描述条件和并发系统以及由此产生的依赖关系。

在 UML 中，各个组件之间的交互通过序列图可视化（见图 9.10）。在 UML 中，序列图也可以从基本架构中分离出来，但就整体架构的可追溯性和一致性角度来看，这并不可取。

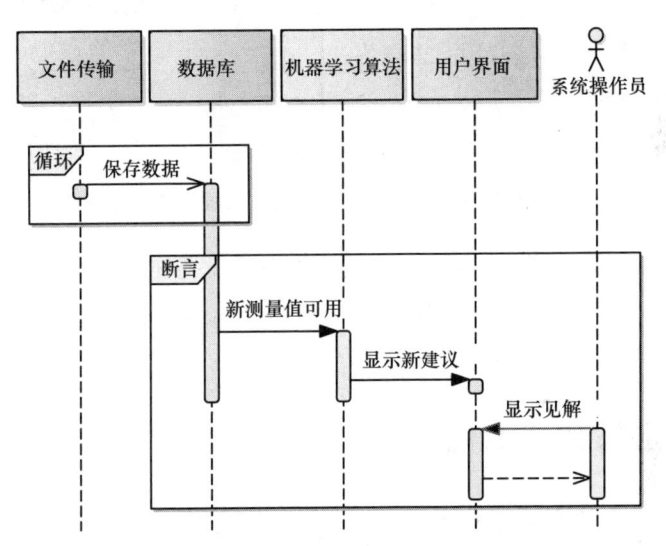

图 9.10 可视化机器学习算法结果的序列图示例

大多数 UML 工具支持在不同的图中重复使用前面提到的 UML 符号元素，如执行器、类、组件等，以确保这种可追溯性。可用的工具种类繁多，有些工具是免费提供的，通常作为开源软件提供；其他工具则是大型软件解决方案的一部分，不仅用于创建 UML 图表，还为模型驱动的系统开发提供最佳支持。Sparx-Systems 公司的 Enterprise Architect 是一款非常著名的软件。除 UML 外，Enterprise Architect 还支持当前的 SysML 符号，例如业务过程建模符号 BPMN 2.0。特别是对于工业 4.0 解决方案，Enterprise Architect 可通过免费提供的扩展工具 RAMI 4.0 工具箱（Binder，2020）进行补充，以纳入与工业 4.0 参考架构模型有关的工业 4.0 的各个方面（见 4.7 节）。

在这个序列图中，机器学习算法节点尤其引人注目。这个元素没有出现在组件图（见图 9.8）中，因为在架构开发时还没有认识到它的必要性。现在再仔细观察序列图中各组件之间的交互，就会发现架构中需要有一个元素，用于获取通过数据分析和训练创建的模型，并利用相应的输入数据创建预测。图 9.11 所示为生产系统组件图扩展到包括机器学习的运行环境。

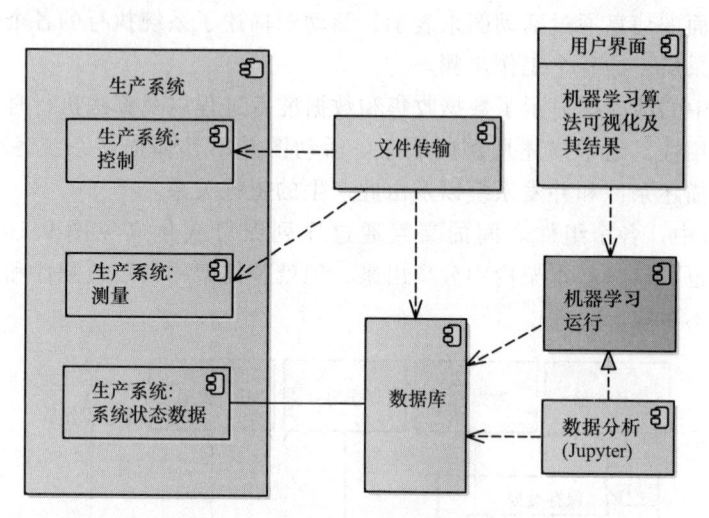

图 9.11　生产系统组件图扩展到包括机器学习的运行环境

在有条不紊的架构开发过程中，这些循环总是必要的。开发工作始于用例和初始设计。随着使用面向行为的视图对设计进行完善，设计会变得越来越详细，并能识别和确定新的方面。

9.3　解决方案的产业化

图 9.11 所示的在生产系统上实现机器学习算法的 IT 架构仅代表最终解决方案的起点，所使用的生产系统只是一个原型，最终的解决方案必须扩展到更多的系统。机器学习模型成功验证后，还必须以自动化、高效的方式提供给生产工厂，以实现持续和可持续的改进计划。

9.3.1　机器学习库

实施机器学习解决方案需要选择大量库。正是由于数量众多、特点不同、优缺点各异，因此需要仔细研究可用的库，并根据架构驱动因素（见 9.2.1 节）和预期数据量（见 9.2.3 节）做出有据可查、易于理解的选择或决策。所有这些库都有一个共同的功能，即可以根据数据训练不同的机器学习模型（如第 7 章所述），然后将其应用于新数据。这些库中的大多数都是免费和开源的，这意味着每个人都可以访问这些软件的程序代码。这样做的原因是，这些软件源于科学工作，其优点是开源软件通常质量较高，因为任何人都有机会分析错误并提出修正建议。下面简要介绍一下最重要的几个库。

1. Scikit-learn

Scikit-learn 是一个用于机器学习的 Python 库，支持监督和无监督学习。它提供用于模型拟合、数据预处理、模型选择和评估的各种工具以及许多其他实用工具，因此深受机器学习领域新手的欢迎（scikit-learn developers，2021）。该库是数据科学领域公认的标准（Rowe & Johnson，2021）。

2. Statsmodels

Statsmodels 是一个 Python 模块，提供了用于估计多种不同统计模型、执行统计测试和分析统计数据的函数。每个估算器都有大量的结果统计列表。这些结果将根据现有的统计软件包进行测试，以确保其正确性（Perktold、Seabold、Taylor，2021）。

3. TensorFlow & Keras

TensorFlow 是谷歌开发的、供内部使用的端到端机器学习平台，于 2015 年发布。它拥有一个由工具、库和社区资源组成的全面、灵活的生态系统，使研究人员能够推进机器学习的最新技术，并使开发人员能够轻松构建和部署基于机器学习的应用程序（Google，2021）。在 TensorFlow 中，数学运算以图的形式可视化。该图表示 TensorFlow 执行的所有操作的顺序流。还可以使用 Keras API 创建模型。Keras 是一个专门研究深度学习的库，基于 TensorFlow。Keras 本身也可以在 TensorFlow 生态系统之外使用，并且还可以与其他机器学习库协同工作。

4. Torch 和 PyTorch

Torch 自称是最简单的机器学习框架。它是一个古老的机器学习库，首次发布于 2002 年，用 Lua 编写。PyTorch 基于此实现，但使用 Python 编程语言，是为了在新的 Python 机器学习环境中站稳脚跟。与 TensorFlow 一样，Torch 和 PyTorch 也在很大程度上依赖于对神经网络的支持。

5. SparkML

Spark 不仅仅是一个机器学习库，而且是一个用于分析大量数据的完整可扩展平台。Spark 支持不同的数据存储，但在大多数情况下，它与 Hadoop（见 9.3.5 节）一起使用。Spark 还支持许多其他库，包括用于 SQL（结构化查询语言）查询的库、用于机器学习任务的 SparkML 或用于处理数据流的 Spark Streaming。这些库可以无缝组合在同一个应用程序中，为大型数据集、数据分析和机器学习创建一个非常灵活的系统。

9.3.2 用于机器学习的无代码工具

使用 9.3.1 节所述的机器学习库无疑是实现机器学习解决方案的最高效、最全面的方法。唯一的缺点是需要编程知识，这意味着普通大众，特别是机器学习项目所需的领域专家无法积极参与。因此，Rapid Miner、Orange、KNIME 或 IBM Watson Studio 等用于机器学习和数据挖掘的无代码工具近年来得到了越来越多的使用，至少在进行初步数据分析或对用例想法进行概念验证时是如此。因此，它们已成为架构考虑因素中不可或缺的一部分。

1. KNIME

KNIME（Konstanz Information Miner 的缩写）是一款用于交互式数据分析的开源软件，并提供多种机器学习和数据挖掘方法。图形用户界面可以简单快速地组装数据预处理、可视化和建模功能。新的机器学习方法由一个庞大的社区不断实施，并通过扩展包（如 PowerBI、Keras、TensorFlow 或 Python 的集成）提供。

机器学习解决方案是通过创建适当的工作流来实施的。为此，通过拖放将所谓的节点存储库（节点库）中的节点添加到工作区（KNIME 工作流编辑器）中。接着将节点的输入和输出相互连接。然后必须执行工作流，以便能够查看各节点的结果（Abhishek & Arvind, 2007; KNIME AG, 2021）。

图 9.12 所示为 KNIME 工作流示例，该过程使用"Excel 阅读器"节点读取数据，并计算相应的统计关键数据，创建箱线图，检查数据集的线性相关性。

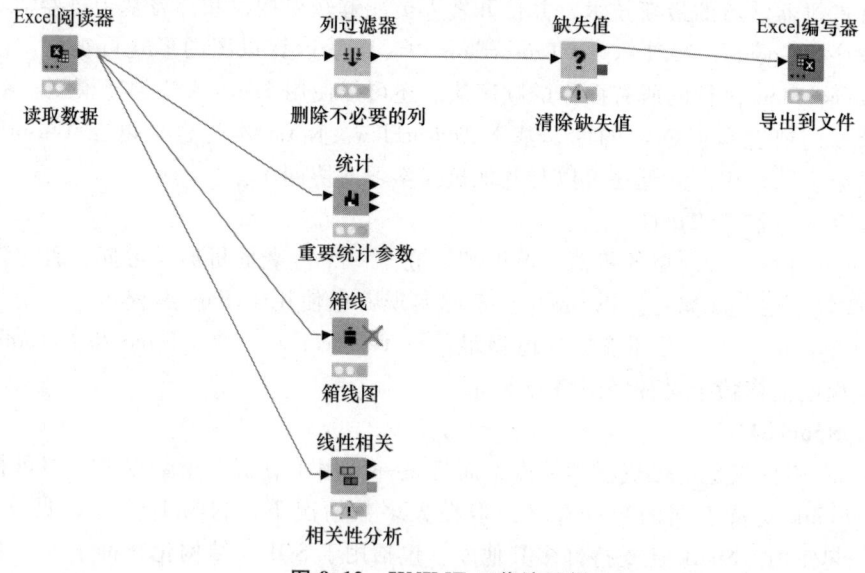

图 9.12　KNIME 工作流示例

图 9.13 所示为 KNIME 相关矩阵示例。暗色区域显示了特征之间的负相关或正相关。

在图 9.12 所示的工作流的其他节点中，使用列过滤器从数据记录中删除不相关的列。缺失值节点允许填充或删除缺失的数据点（NotePit, 2021）。

2. RapidMiner

RapidMiner 包括有监督和无监督的机器学习方法，例如回归、聚类方法、时间

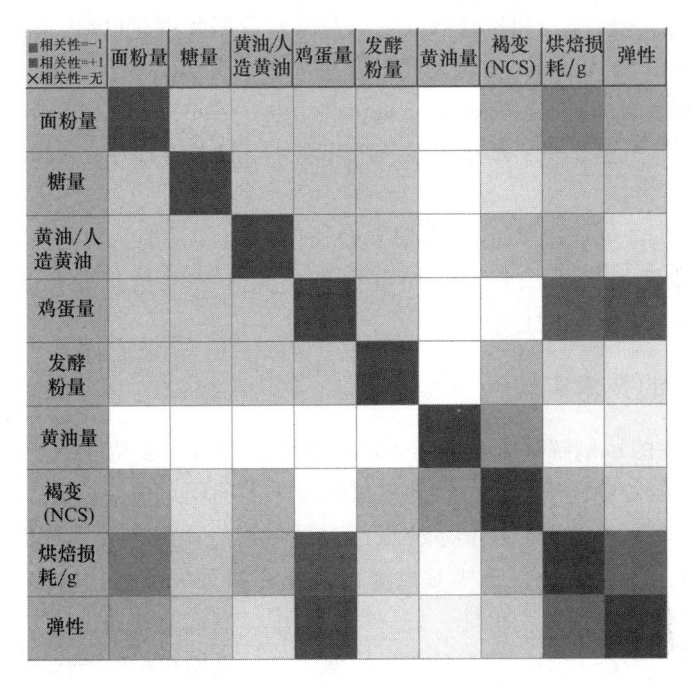

图 9.13 KNIME 相关矩阵示例

注：彩图见书后插页。

序列分析、文本分析和深度学习。与 KNIME 一样，相应的工作流是通过用户界面创建的，并可访问现有模板（例如用于预测性维护的模板）。此外，RapidMiner 还集成了 Python 和 R，以方便代码的部署以及数据分析师和程序员之间的协作。

RapidMiner 是用 Java 编写的，因此可以在所有常见的操作系统上使用。免费版本仅限于 10000 个数据集和一个逻辑处理器，这使得与以前的版本相比，使用起来非常耗时。此外，很多功能都被移到了"扩展"中，不再是开源版本的一部分（RapidMiner，2021）。

3. Orange

与 RapidMiner 或 KNIME 一样，Orange 是一种用于数据可视化、机器学习和数据挖掘的开源工具，由卢布尔雅那大学开发。

Orange 还拥有数据准备和可视化方法以及机器学习算法，这些都以组件（小工具）的形式存在一个库中。通过将相应的部件串联起来，就可以对工作流进行可视化编程。Orange 的用户界面非常直观，且易于学习。不过，与 KNIME 或 RapidMiner（Demsar, et al. 2013；Biolab，2021）相比，可用功能的数量较少。

4. IBM Watson Studio

Watson Studio 是 IBM 的数据科学软件平台。该平台由一个工作区组成，其中包括多个协作工具。

可以在 Watson Studio 中创建机器学习项目，数据科学团队可以在其中协作完成各种任务。这包括准备和整合数据，以及分析数据和创建模型。在 Watson Studio 中，可以使用 SPSS Modeler 作为无代码解决方案，并以各种编程语言（R/Python/Scala）提供各种分析模型。Watson Studio 将 Jupyter Notebook、PyTorch、TensorFlow 和 scikit-learn 等关键开源工具集成在一个环境中。这些开源库在 9.3.1 节中有更详细的介绍。

Watson Studio 可通过 Watson 数据平台访问本地或云端的数据集。该平台还拥有一个大型社区和嵌入式资源，如数据科学界和公共数据集最新发展的文章（Noyes，2016；IBM，2021）。

9.3.3 接口的技术实现

9.2.4 节中的示例解决方案适用于初步建模。然而，成功取决于数据传输和数据库。正是这种依赖性给解决方案的稳健性带来了问题。如果数据库不可用，系统就无法向数据库写入数据。除非系统自己对数据进行缓冲，否则数据会立即丢失。此外，即使是缓冲区也会在某些时候溢出，并开始丢失数据。因此，在系统设计中，必须尽可能地解耦各个组件。另一种是使用标准化的数据传输方法。这样就可以使用标准化的解决方案，而不必在发生变化时反复创建新的解决方案。

1. REST

REST 是分布式系统的一项基本技术，是分布式系统软件架构的一种范例，尤其适用于网络服务。由于云计算的普及，或为以后将解决方案转移到云计算做准备，除非有非常充分的理由，否则现在的每个解决方案都应考虑这一范例。微服务通常使用 REST 作为通信接口，由每个服务提供。这使得大量服务可以相互联网。与 SOAP（simple object access protocol，简单对象访问协议）等前辈相比，REST 的优势在于它本身就是万维网的抽象，也就是说，它基于互联网的广泛成功，并与之完全兼容。REST 得到广泛应用的其他原因还包括它的简单性和越来越多的异构语言和环境。因此，REST 就像是原本各不相同的 IT 环境中的最小公分母。尽管 REST 兼容不同的协议，但它主要与 HTTP 一起使用。只有几个简单的命令可以检索或更改数据。图 9.14 所示为使用 REST 进行通信的概况以及对服务器发出的可能命令。

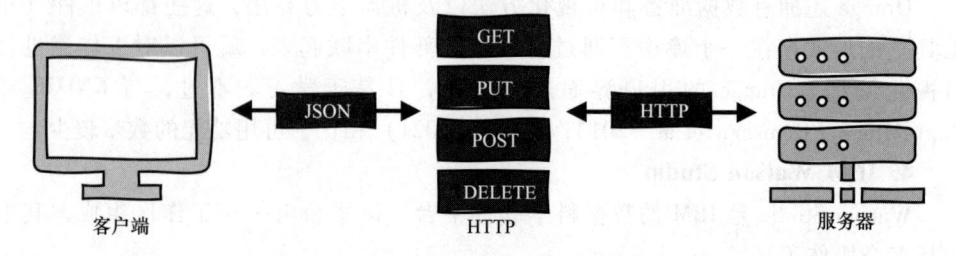

图 9.14 使用 REST 进行通信的概况以及对服务器发出的可能命令

1）GET：从服务请求数据。服务的状态没有改变。在我们的示例中，可以使用 GET 检索所有质量指标。

2）PUT：根据输入参数存储新数据或更改现有数据。例如，PUT 用于保存对设置参数的更改。

3）POST：创建新数据或将附加数据附加到现有数据。当并非所有数据都可以通过 PUT 创建并且需要多次运行时，通常会使用此方法。

4）DELETE：从服务中删除相应的数据。DELETE 在监控或质量系统中并不常用，因为它通常涉及添加数据。

REST 本身是一种无状态范例。这意味着服务器和客户端之间的通信状态（状态）不会由服务器保存（例如，在线商店中购物车的内容）。因此，客户端有责任确保向服务器提供所有必要的信息。一项服务、一个解决方案或整个系统中的一个组件可以提供一个 REST 接口，而无须在开发时就知道该接口的未来用途。这既是好事也是坏事，因为一方面可以设计出可改变和可扩展的解决方案，但另一方面，各个服务必须处理这些未知因素。这包括检查输入参数的数据类型和数值范围，以免错误的数值导致系统或服务崩溃。

2. JSON

RESTful 服务可以根据系统的必要要求接受或传递不同格式的数据，例如 HTML、JSON 或 XML。JSON（JavaScript object notation，JS 对象标记）已成为一种非常常见的数据格式，尤其是与 REST 相关时。尽管 JSON 的名称中包含 JavaScript（一种编程语言），但其格式本身与编程语言无关。JSON 不仅可以用于传输，还可以用于存储结构化数据，并且已经有一些专门针对这种数据格式的数据库解决方案（见 9.3.4 节）。通过在 JSON 中使用大括号，JSON 文档比具有相同内容的 XML 文档要简洁得多。数据可以根据需要嵌套在 JSON 中，并且 JSON 还支持数据列表或数组。这些嵌套和列表也可以组合起来。清单 9.1 显示了一个典型的 JSON 文档，它表示我们示例中的八个设置参数，每当设置参数发生更改时都会发送该文档。在此示例中，还发送了先前的值来检查一致性，这显示了 JSON 中可能的嵌套。

清单 9.1 JSON 文档形式的质量指标

{

"生产时间"："2021-07-22T02:28:01.511Z",

"设置参数 1"：{

"旧值"：-3,

"新值"：-0.8

},

"设置参数 2"：{

"旧值"：95.9,

"新值"：92.4

```
     },
     "设置参数 3"：{
     ...
     }
```

该示例显示了使用 http-PUT-命令从客户端发送到服务器的文档。另一个能很好地说明 REST 和 JSON 交互作用的用例是中央服务器的客户端检索数据。下面的调用使用 cURL 命令通过服务器检索设置参数 2 的所有存储值。URL 指示应检索哪些数据。它是在设计或开发过程中定义的，是服务的一部分。cURL 是一种传输数据的命令行工具，非常适合基于 REST 的服务的测试和自动集成测试（cURL，2021）。

curl -v http://rest-api-service/api/einstellparameter/2

由于该调用基于 http 标准，而 GET 是加载 URL 时的标准 HTTP 命令，因此该调用甚至可以在浏览器中直接执行，并将 JSON 文档显示为结果。该调用的结果如清单 9.2 所示。

清单 9.2 历史设置参数作为列表（数组）中的 JSON 文档

```
[
 {"生产时间"："2021-01-08T05:28:01.511Z"，"值"：-3}，
 {"生产时间"："2021-01-12T22:28:01.511Z"，"价值"：0.47}，
 {"生产时间"："2021-02-13T10:28:01.511Z"，"价值"：-0.5}，
 {"生产时间"："2021-02-22T08:28:01.511Z"，"价值"：-0.91}，
 {"生产时间"："2021-03-01T09:28:01.511Z"，"价值"：2.41}，
 ...
]
```

与之前的 JSON 文档不同，这里使用的是列表或表格，总是以相同的格式列出所有历史值。这允许其他服务将此文档传输到具有两列的表中，例如随着时间的推移将其显示在图表中。REST 和 JSON 本身的使用不会导致结构发生变化，因为图 9.4 中的初始解决方案已经基于无状态通信，无论它是 REST、SOAP 还是其他网络协议。

3. 消息队列

消息队列是一种解决方案，数据通常以消息的形式存储在参与节点的内存中，从而支持高可用性。消息队列负责缓冲和分发异步请求，其基本架构非常简单。有一些输入服务负责创建消息，并将其发送到队列，这些服务被称为生产者或发布者。其他服务，通常是服务器等中央组件，连接到队列并订阅所需的消息，因此被称为消费者或订阅者（Xu，2020）。此类消息队列的基本功能如图 9.15 所示。

通过使用消息队列以及异步处理这一事实，生产者可以发送数据，而无须等待

图 9.15　简单、通用的消息队列的基本功能（Xu，2020）

远程站点（通常是服务器）的长时间处理。反过来，服务器可根据工作量处理传入的数据，多个收件人可接收同一信息，而无须在客户端和服务器之间建立复杂的网络。这些多收件人信息队列的另一个优点是可以实现负载平衡。如果负载较高，只需进一步增加服务器的数量即可。

在上述生产系统的例子中，也会遇到这种挑战。一方面，在随后扩展到许多系统时，会出现负载分配的任务；另一方面，不可能保持所有组件始终运行。这意味着在当前的系统设计中，数据将不可避免地丢失，因为系统必须得到维护并保持更新。为了应对这一挑战，这些消息队列是处理、缓存数据并将数据转发给感兴趣的消费者的绝佳手段。

4. MQTT

MQTT（message queuing telemetry transport），即消息队列遥测传输，是物联网环境中一种广泛使用的消息队列。MQTT 由一个接收和分发消息的中心元件组成。系统的这一部分称为代理。不同的技术和编程语言有不同的库，用于集成 MQTT 客户端和服务器（MQTT.org，2021）。除了信息队列的基本概念外，MQTT 还提供了一些附加功能。其中包括 MQTT 中的服务质量等级，可用于定义每条信息的交付质量，并由客户端库和代理确保其合规性。在 MQTT 中，可以指定三种不同的服务质量等级，见表 9.8。

表 9.8　MQTT 服务质量等级

Qos 0	最多一次	收件人不确认已收到消息,不会保存消息,也没有任何送达保证。通常也被称为"即发即忘"
Qos 1	至少一次	此服务级别保证至少向收件人发送一次信息。发件人会存储信息,直到收到收件人的所谓 PUBACK 数据包。不过,信息也有可能被发送或递送多次
Qos 2	正好一次	该级别保证每个信息只被预期收件人接收一次。这种保证是通过发送方和接收方之间的四次握手来实现的

这些服务质量水平有助于构建强大的系统。使用消息队列的一个缺点是解决方案较为复杂。由于代理本身不收集数据，就像我们示例中的文件传输服务的情况一样，生产系统必须能够通过控制和测量系统将数据本身发送到中央代理。一种可能的变通方法是在控制器或测量系统中添加一个消息队列库。这样，这些组件就能直接向中央代理传送设置参数或质量指标。

5. 物联网网关

遗憾的是，这种扩展通常是不可能的，因为系统是购买的，没有专业技术，或者收益往往与成本不成比例。为了应对这些挑战，越来越多的提供商开始在数据生成点直接安装小型服务器，以便将数据直接转换为现代格式。目前，所有主要的云提供商都在提供这些所谓的物联网网关，重点是访问数据并将其连接到云。这些网关已包含从文件中读取的数据或与工业控制系统通信所需的库。

6. OPC UA

在工业物联网环境中，还有另一种数据交换标准，即 OPC UA（open platform communications unified architecture，开放平台通信统一架构）。该标准用于机器和系统之间的数据交换，并应用 SOAP 的基本原理，但重点关注机器数据（测量值、设置参数等）的交换。OPC UA 经常与 MQTT 进行比较，因为 OPC 现在还集成了发布和订阅的概念，类似消息队列。然而，这些技术不能直接相互比较，因为它们服务于不同的任务。MQTT 非常适合将系统或传感器连接到云端，OPC UA 更多地用于设备联网或本地监控。

7. Crosser

基于队列思想和处理数据流的需要，最近开发出了以数据管道为重点的低代码解决方案。在这种方法中，数据管道，即提取、转换和存储数据的必要步骤，是利用现有的程序元素来解决的。这些都不需要编程，只需配置即可。此类解决方案的示例包括开源软件 Apache Nifi 或 Crosser 公司的商业解决方案。

Crosser 平台由 Crosser Cloud（Crosser 云）和 Crosser Node（Crosser 节点）组成。Crosser Cloud 是 Crosser 的控制中心，在这里设计、测试、分发和监控数据管道。Crosser Node 是一个运行环境，安装在产生数据的地方，即边缘。边缘可以是网关、工业计算机或生产中的机器。数据管道在数据流中实施。Crosser 不会改变现有系统，而是在 Docker 容器、Windows 服务或云中添加一个单独的服务。而数据流则是在模块的帮助下实现的。此外，Crosser 还提供用于连接不同机器协议、许多常用数据库和云提供商的模块。

除了 OPC UA 接口之外，Crosser 还支持 Modbus（一种在工业系统中广泛使用的客户端/服务器通信协议），以及建立与可编程逻辑控制器（例如 S7 PLC）直接连接的选项。此外，还提供了控制器局域网（CAN 总线）接口，用于交换传感器，特别是在移动环境中。为了扩展流，可以使用 C#或 Python 中的编程元素。

图 9.16 所示为 Python 中使用机器学习算法的 Crosser Flow（Crosser 流），直接基于来自 OPC UA 服务器的数据，对数据进行适当处理和格式化，并在最后一步执行机器学习算法。

基于消息队列的新可能性，我们可以改进示例中的 IT 架构。图 9.17 所示为包括消息队列的生产系统组件图，图中的新设计显示了架构的扩展，包括用于数据处理的 Crosser 和通过 MQTT 使用消息队列。使用 Crosser 的优点是，可以通过网络界面配置自助服务中的数据处理。然后将这些配置分发给服务，服务只需安装在系统的计算机上，就可以直接连接到 MQTT。

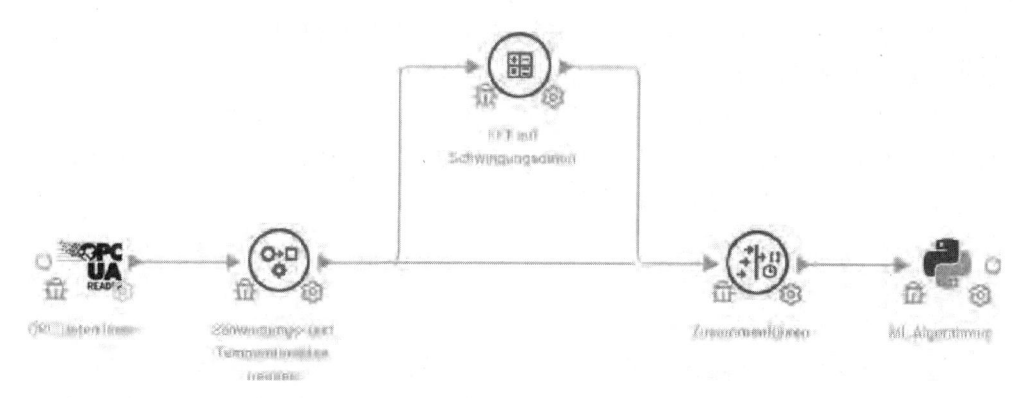

图 9.16　Python 中使用机器学习算法的 Crosser Flow（Crosser Technologies，2021）

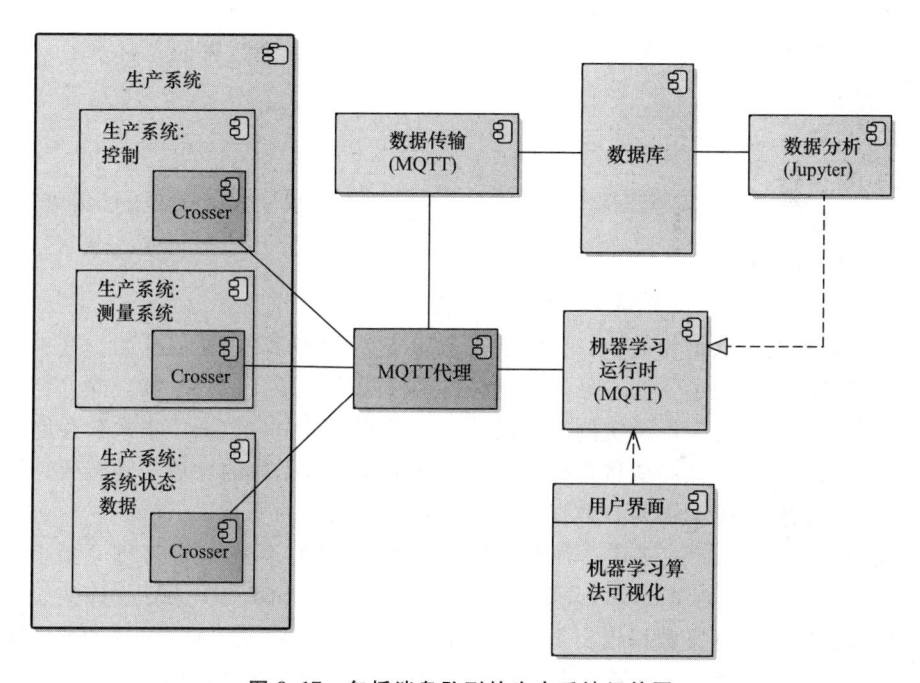

图 9.17　包括消息队列的生产系统组件图

该解决方案的显著特点是，机器学习算法的运行环境不再从数据库读取数据并依赖于数据库，而是通过消息队列访问数据。这样做的好处是，一方面可以更快地获取生产系统中的数据，及时对系统进行重新调整；另一方面，即使数据库发生故障，运行也能继续。此外，MQTT 代理还可以连接到云，以便在云计算环境中执行计算密集型任务，从而在短时间内实现必要的扩展。

另外，图 9.17 所示的解决方案已经为提高系统的自动化水平做好了准备。通过使用消息队列，将来还可以直接从机器学习算法的结果向系统控制发送消息，例如更改设置参数的消息。

通过这些扩展，该解决方案已经非常解耦，并且还可以很好地处理各个系统组件的故障。特别是，当其他组件不可用时，MQTT 代理作为中心元素缓存消息。如果代理本身不可用，消息将缓存在 MQTT 客户端库中，因此不会丢失任何信息，也更容易更改系统。此外，MQTT 代理可以在混合网络（即部分在本地，部分在云端）中充当这两个世界之间的缓冲器。

9.3.4　大数据和 NoSQL

如今，在设计数据驱动系统时，无法回避大数据这一术语。遗憾的是，人们在使用这个术语时往往缺乏背景知识，因此往往使用不当。原因之一是大数据一词的定义很模糊。我们的理解是，大数据指的是数据量（或对数据的处理）过于庞大或过于复杂，传统的数据处理软件无法处理。

"大"是指如果以下特征中的一个或多个超出了可处理数据的正常水平，则称为大数据：

1）尺寸。
2）数据量。
3）速度。
4）数据源的数量。
5）数据的真实性（质量、可信度、准确性）。

处理如此大量数据的需要，导致了许多新技术的发展。从通信开始，这一点已经通过消息队列得到了强调。另一点是在持久性层面选择合适的数据存储。到目前为止，在我们讨论的生产系统的系统设计中，只使用了一个数据库来永久存储结构化信息，例如设置参数和质量指标，但没有详细说明数据库的性质。随着云计算的普及和处理大量数据的需要，数据库世界也发生了相应的变化。

大约 10~15 年前，只有一种数据存储策略，即关系数据库管理系统（RDBMS），突出的代表是 Microsoft SQL Server、Oracle 或 MySQL。关系数据库按表、行和列的形式组织，并且数据仅根据预定义的模式存储，该模式确定关系的列的数量和类型。这种关系数据库至今仍然有效，并为在严格的一致性和事务保证下存储和查询结构化数据提供了强大的机制。经过数十年的发展，关系数据库的可靠性和稳定性已达到无与伦比的水平。

然而，近年来，某些应用领域的数据量已大到传统数据库解决方案无法存储或处理的程度。NoSQL 数据库一词概括了一类新的数据存储系统，它们可以处理海量数据，通过在一定程度上免除查询功能和一致性保证，提供水平可扩展性和比关系数据库更高的可用性。NoSQL 数据库不是关系数据库的替代品，而是针对有特殊要求的应用。NoSQL 一词代表"不仅是 SQL"，这意味着 SQL 作为一种通用查询语言还没有被完全废除。NoSQL 数据库可根据两个分类标准进行分类，一方面是根据数据模型，另一方面是根据 CAP 定理类别（见图 9.18）。

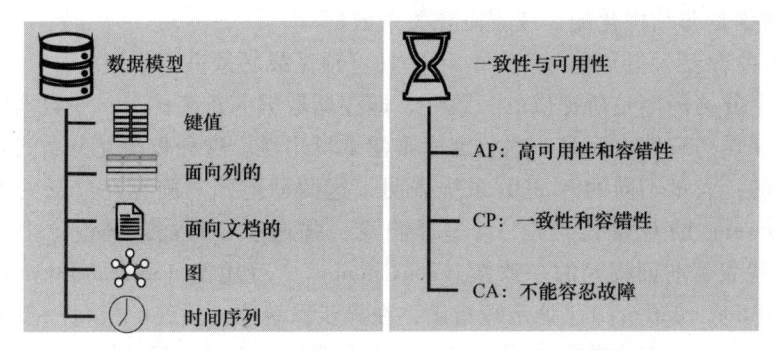

图 9.18　NoSQL 数据模型和一致性与可用性权衡概述

根据数据模型，NoSQL 数据库可分为以下几类：

（1）键值数据库　键值数据库仅存储具有唯一键的键值对。由于结构简单，因此只支持 GET、PUT 和 DELETE 操作。这类数据库通常也被称为无模式数据库，因为存储数据的结构是在应用程序中、而不是在数据库中实现的。

（2）面向列的数据库　这类数据库通常被更具体地称为宽列存储，与关系数据库最为相似。当需要存储列数多、数据密度低的表格时，就会使用这种数据库。但从技术上讲，宽列存储更接近于分布式多级排序列表；第一级键标识行。宽列存储的出现是为了存储庞大的关系型数据集，这需要进行水平扩展。与关系数据库不同，面向列的数据库只能进行垂直扩展（有关水平和垂直扩展的详细信息，请参见表 9.9）。

（3）面向文档的数据库　面向文档的数据库的结构类似于键值数据库，但其值仅限于半结构化格式，例如 JSON 文档。与键值数据库相比，这种限制为访问数据带来了更大的灵活性。不仅可以像键值数据库那样通过 ID 检索文档，还可以检索文档的部分内容，例如从测量系统数据中检索特定质量指标。还可以对数据进行汇总或进行全文搜索。

（4）图数据库　图数据库用于需要存储网络信息的情况，可通过图的节点和边进行语义查询。图将内存中的数据元素与节点和边的集合连接起来，边代表节点之间的关系。

（5）时间序列数据库　时间序列数据库是另一种为管理时间序列而优化的数据库系统。时间序列数据是由物联网环境中的传感器或智能解决方案的测量值生成的。时间序列数据库不能只明确归属于 NoSQL 数据库，因为也有基于关系数据库的优化解决方案。不过，时间序列数据通常数量庞大，NoSQL 数据库可与之配合使用。

原则上，仅仅因为一项新技术可行就盲目依赖它是没有意义的。如果要设计一个新系统，以下标准可以帮助选择数据库（Xu，2020）：

1）该解决方案需要低延迟。

2）数据是非结构化的，或不需要关系数据。

3）需要存储大量数据（数 TB/年）且可预见或必须进行扩展。

另一个分类标准是所提供的一致性，即存储数据的正确性。一些数据库的构建是为了确保强一致性，而另一些数据库则注重可用性。这种权衡是分布式数据库系统所固有的，大量不同的 NoSQL 系统表明，这两种范式之间存在广泛的差异。布鲁尔（Brewer）的 CAP 定理是一个基本概念，强调了分布式系统设计中的重要权衡。CAP 代表着前面提到的一致性（consistency）、可用性（availability）和分区容错性（partition tolerance）。该定理指出，在异步系统中，最终响应每一条消息并且能够容忍故障的分布式数据读写系统是无法实现的。它最多只能同时保证上述三个特性中的两个（Brewer，2000）。这就产生三种不同的组合选项，每种组合都能满足特定的要求（见图 9.18）。

在众多差异化功能和存储越来越多数据的要求的推动下，大量多功能但也高度专业化的数据库系统应运而生。下面介绍一些广泛使用的解决方案，作为不同数据模型的代表。

1. Redis

Redis 键值数据库是一种所谓的内存数据库。内存数据库将数据直接存储在主内存中，因此性能更高。Redis 经常被用作缓存，即大量数据应用程序的高效临时存储设备。

2. MongoDB

MongoDB 是使用最广泛的分布式面向文档的数据库之一，它以类似 JSON 的文档格式存储数据，与其他面向文档的数据库不同，它更注重一致性和容错性。

3. Neo4j

Neo4j 是一种基于云的可扩展图形数据库，它可用于存储各个数据集之间的关系并将其图形化，这使得识别模式等成为可能。使用的语言是 Cypher Queries，它针对关系数据的分析和处理进行了优化。

4. Apache Cassandra

Apache Cassandra 是面向列的数据库的代表，可用于存储和处理大型数据集。

5. TimescaleDB

TimescaleDB 是一个针对时间序列优化的数据库，它基于免费的关系数据库 PostgreSQL。由于关系型子结构，TimescaleDB 还可以像关系型数据库一样与完整的 SQL 一起使用，并且可以进行复杂的查询。

许多数据库系统，包括甲骨文公司流行的关系数据库或微软公司的 SQL 服务器，现在都支持一些 NoSQL 方法，如面向文档的数据库或图形数据库。然而，扩展领域的专业解决方案具有优势，因为这些系统在开发过程中已经优先考虑了这种范例。

借助新数据存储的可能性，我们生产系统示例中的解决方案可以进一步优化。

即使关系数据库仅能满足一个系统的数据量要求，NoSQL 数据库也能提供一些优势。例如，可以在不改变底层架构的情况下存储 JSON 数据等文档。此外，还可以优化记录质量指标时产生的时间序列的处理。

图 9.19 所示为使用两种不同 NoSQL 数据库的生产系统组件图。高频出现的质量指标在时间序列数据库中实现。低频数据，例如系统的设置参数和状态数据，则存储在以文档为导向的数据库中。状态数据不直接通过 MQTT 传输，而是由操作员手动记录。为此，可通过网络应用程序输入数据。数据通过提供 REST 接口的服务存储在数据库中。这样，以后就可以在不更改网络应用程序的情况下调整数据库。

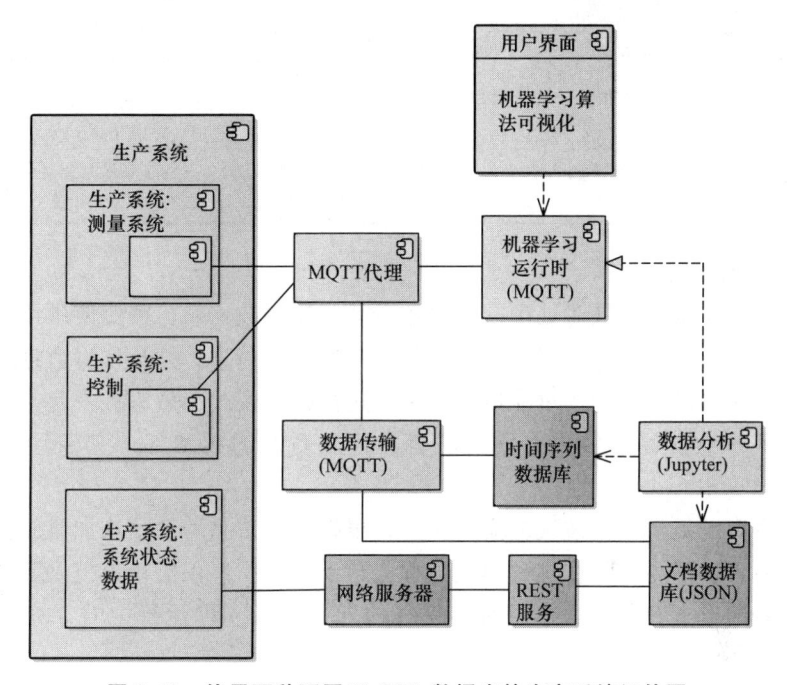

图 9.19 使用两种不同 NoSQL 数据库的生产系统组件图

数据库中存储的所有数据，无论是关系数据库还是 NoSQL 数据库，都是以结构化形式存储的。然而，要做到这一点，需要对数据结构有精确的了解。如果要存储大量不遵循预定义结构的数据，就需要为此建立数据湖，以原始格式存储所有可能的数据。这可以是原始数据对象的二进制表示，也可以是原始文件本身。这种数据湖稍后可用于分析，从而创建新的机器学习用例。

即使数据湖中的数据是原始数据，也仍然需要对其进行管理。这只有在数据质量适当、过时数据也被删除的情况下才有意义。否则，数据湖就有可能退化为数据沼泽，其中存储的数据也就无法再以有意义的方式加以利用。

9.3.5 扩展的其他方面

消息队列和 NoSQL 数据库等新技术使系统扩展变得更容易。如果在设计解决方案时已经使用了微服务和使用 REST 的定义接口等模式，那么解决方案也可以轻松扩展，因为这些服务具有无状态性质，可以根据需要进行复制。

基本上，可以区分垂直扩展和水平扩展（见表 9.9），由于理论上无限的可扩展性，水平扩展在大数据时代尤为重要。

表 9.9 扩展的维度

垂直扩展——向上扩展	水平扩展——向外扩展
为现有服务器增加更多性能（更快、更强大的处理器、更多主内存、更多硬盘等）	增加更多服务器，通常功率较小，但数量至关重要
扩展简单，无须改变解决方案	解决方案必须适应扩展（如必须进行负载平衡）
硬限制：在某些情况下，性能的提升可能会达到极限	水平扩展基本上没有极限，解决方案（至少理论上）可以无限扩展
不可靠：即使是最强大的服务器出现故障，解决方案也不再可用	隐式可靠性，因为如果一台或多台服务器发生故障，运行部分将接管任务

1. 负载均衡器

为了能够在水平扩展时处理众多服务器并实现负载均衡，需要使用负载均衡器作为附加技术。负载均衡器根据定义的规则分发传入消息，并且仅将消息发送到可用服务器。这提供了隐含的可靠性。特别是这种架构模式与微服务一起，为使用云服务提供了一个很好的模板。负载均衡器代表系统的本地部分和云计算之间的接口。

云提供商还提供其他解决方案，例如，根据传入信息的数量增加微服务实例的数量，然后再次减少它们。这种模式被称为自动扩展，不仅能快速提供资源，还能优化云计算的成本，因为通常只有使用过的计算能力（即运行中的计算能力）才需要付费。

图 9.20 所示为带有负载均衡器的生产系统组件图，该负载均衡器充当云计算和系统本地部分之间的接口。负载均衡器不知道数据的内容，它只负责转发消息，并在必要时将结果发送回客户端。机器学习算法结果的用户界面和生产设施位于云端之外，云端的接口仅包含负载均衡器和机器学习算法的运行环境。

2. 使用 Hadoop 和 MapReduce 的大数据解决方案

在大数据和高效处理海量数据方面，一个非常有用的解决方案是 Hadoop，它是阿帕奇软件基金会旗下的免费软件。Hadoop 基于谷歌开发的 MapReduce 算法，可以处理 PB 级的数据（见表 9.4）。Hadoop 基于 Hadoop 分布式文件系统，简称 HDFS。

由于 Hadoop 的架构，该系统只能在由多台计算机（即所谓的节点）组成的网络上执行。文件被分解成固定长度的数据块，并冗余地分布到各参与节点。主节点处理传入的数据请求，组织工作节点中的文件存储，并存储所有元数据。HDFS 支

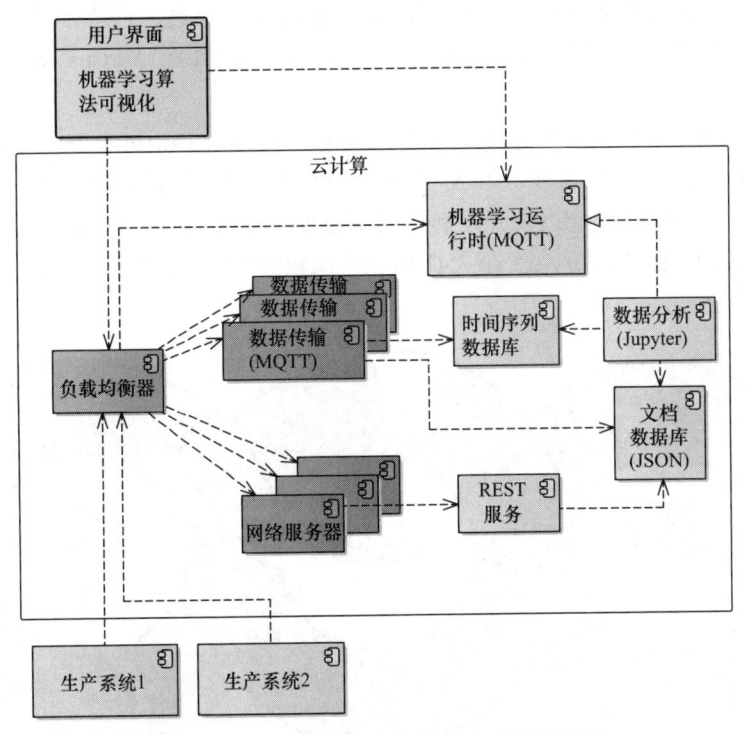

图 9.20 带有负载均衡器的生产系统组件图

持拥有数亿个文件的系统。

Hadoop 和基于它的数据库（例如 HBase 或 Hive）代表了前面 9.3.4 节中描述的 NoSQL 数据库的替代方案，而且其架构始终具有高度可扩展性。在任何真正有大数据需求的环境中，Hadoop 和 NoSQL 都应该一起使用。NoSQL 部分侧重于交互式数据，Hadoop 集群可用于使用 SparkML 等进行大规模分析（见 9.3.1 节）。NoSQL 可以管理传感器数据和主数据，Hadoop 和基于它的解决方案可以分析这些数据并从中生成机器学习模型（Rehberger，2015）。然而，只有当数据量无法通过 NoSQL 等解决方案处理，或者云提供商尚未将这些服务作为 SaaS 解决方案提供时，这样做才有意义。

9.4 迭代式开发与运营

机器学习解决方案的架构开发、实施和成功引入之后会发生什么？从模型维护的角度来看，8.3.5 节已经表明，机器学习模型会老化（模型漂移、数据漂移），需要反复调整。此外，还可能出现新的机器学习用例，需要对底层 IT 架构进行调整。

为了在数字化的动态环境中掌握这些变化过程，需要采取一种新的方法。最近，MLOps 方法已经成为关注焦点。它由一系列旨在快速、可靠和高效地部署和维护生产中的机器学习模型的实践组成（Breuel，2021）。MLOps 概述如图 9.21 所示。

MLOps 缩写可以追溯到软件中已经建立的开发方法 DevOps。DevOps 不仅代表不同方法的集合，还代表软件开发（Dev）和 IT 运营（Ops）之间最佳协作的文化。目标是提高软件质量以及开发和交付的速度（Wikipedia，2021）。DevOps 被理解为一种敏捷且持续的方法，在"计划""构建"和"运营"的意义上取代了传统的顺序方法。

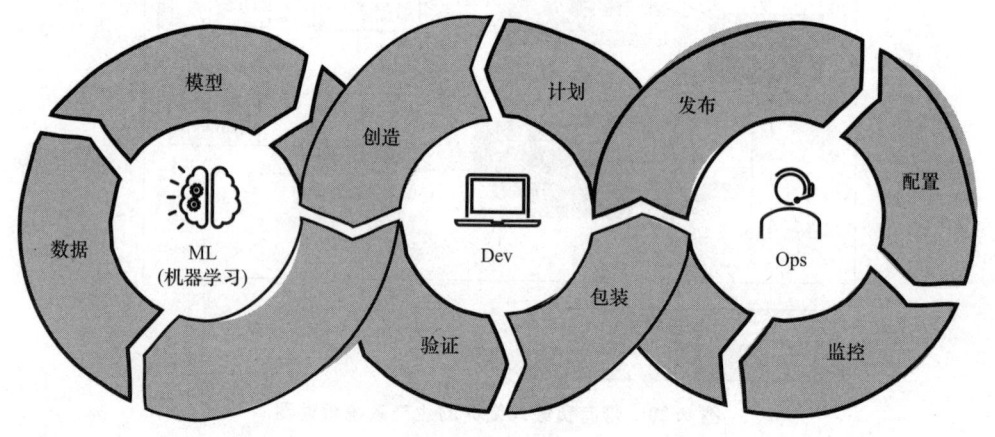

MLOps=ML+DevOps

图 9.21 MLOps 概述

当机器学习算法准备就绪可以实施时，首先要将其移交给软件开发部门，然后再移交给运营部门。不过，这不是在不同部门按顺序进行的，而是作为一个高度整合的跨职能团队进行的。该团队的目标是优化并加快将机器学习模型投入生产所涉及的工作步骤。

这为进一步迭代开发机器学习算法和必要的 IT 架构奠定了基础。由于这些解决方案高度相互依存，因此数据科学部分不能脱离 IT 架构和软件开发而孤立存在。遗憾的是，在很多情况下并非如此。例如，要么只关注数据收集（IT 架构），要么只关注机器学习算法。机器学习算法反过来又会产生对额外数据的需求，或者现有数据只能通过分析来识别有前景的新用例。因此，将这些要素相互关联对于成功至关重要。

第10章 学习数字化技能

在继前几章讨论了统计和机器学习的主题后，我们又全面了解了系统架构开发和信息技术基础设施，现在我们要探讨的是质量管理数字化时代的人力因素。正如本书中多次提到的，未来我们将离不开人力，但我们必须调整我们的认知、理解和行动，以适应新的数字化框架条件。数字化无疑是对相关人员的一大挑战，因为他们面临的要求是他们没有受过培训而必须重新学习的或额外学习的相应数字化技能。这一领域的高活力意味着知识的半衰期大大缩短，人员的进一步发展成为一个持续的过程。

维基百科将"数字化能力"一词定义为一个人在数字化社会中找到出路，学习、工作，以及参与日常数字化所需的能力（Wikipedia, Digitale Kompetenz, 2021）。企业背景下的数字化能力指的是有效应对数字化带来的挑战的能力。质量管理中的数字化能力包括员工利用数字化带来的机遇更好地实现质量管理目标的能力。

当我们想到能力建设的概念时，不可避免地会立即想到培训和学习等术语。这就是为什么我们要在本章开头讨论能力建设的重要性，然后介绍一个规划培训措施和评估培训计划效果的程序模型。由于数字化转型的成功需要大量的培训计划，而仅仅罗列这些计划并不能带来多少附加值，因此我们想以两个实用的培训概念为例。然后，我们将探讨组织中可持续学习的必要基石，阐明管理者的作用，最后重点关注大声工作法和"反向辅导"等创新学习方法。

10.1 能力建设的相关性

当我们踏上以前未知的新道路时，变革的成功在很大程度上取决于能力的同步发展：毕竟我们的目标是预防性地、系统性地避免人员负担过重。作者认为，在数字化变革中，"工业原住民"显然面临着更大的风险。因此，重要的是在对员工的要求提高的同时，也要培养相应的技能（见图10.1）。

我们从基本的动机理论和各种研究中得知，提高要求也能提高动机，从而提高绩效。这种效应也被称为耶克斯-多德森定律（Wikipedia, Yerkes-Dodson-Gesetz, 2021）。然而，我们的热情并不是线性持续增长的，如果要求过高，热情就会再次下降。因此，在数字化变革的背景下，必须对人们提出挑战，但又不能让他们过度疲惫。在这种情况下，我们有可能进入一种个人的"流动状态"，在这种状态下，我们完全专注于一项仿佛自动运行的活动（见图10.2）（Csikszentmihalyi, 2014）。

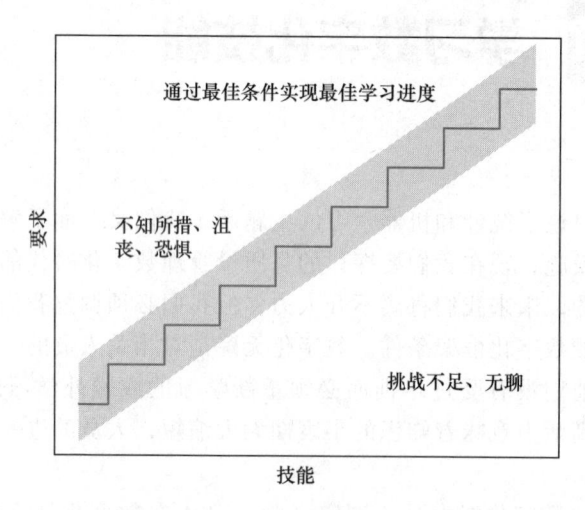

图 10.1 技能和要求

压力区模型强调了这一理论：变化总是引诱我们离开当前的舒适区（见图10.3）。然而，只有在学习区或成长区才能通过变革实现个人成长。如果在培训和教育方面投入过少，人们就会害怕跟不上进步的步伐，从而进入恐慌区。在这种情况下，数字化转型也极有可能失败。

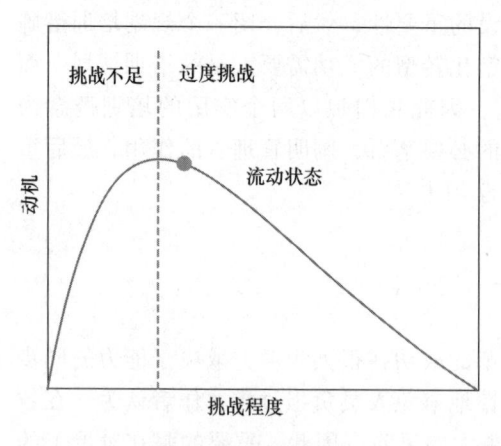

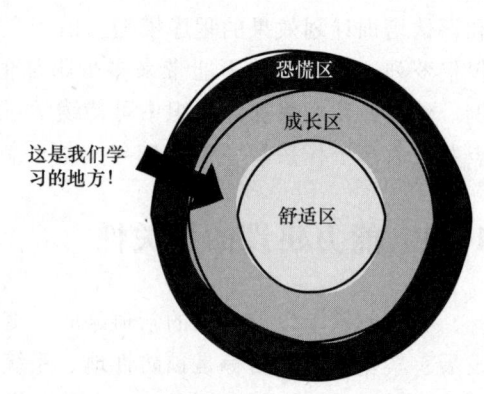

图 10.2 流动状态　　　　　　　　　图 10.3 压力区模型

既然我们谈论的是个人在动力、成长、挑战过度或挑战不足方面的感受，那么能力培养显然不能按照"一刀切"的原则在公司所有员工中进行，而必须因人而异。毕竟，让一个人处于舒适区的事情，可能会让另一个人陷入恐慌区。例如，管理人员与机器操作员或工艺技术人员需要不同类型的培训。

在我们认识到能力建设的必要性之后，下一节将讨论规划和评估进一步培训措施的相关性。

10.2 培训计划与评估

在许多公司中，进一步培训措施的规划和实施是按照既定标准进行的，但这些措施往往不是"以客户为导向"的，因此只能使受训人员部分满意。所开展的培训课程的有效性，通常没有完全实施。有一些简单的方法可以将这些方面纳入培训的标准化实施中。

柯克帕特里克模型是评估培训措施结果的最著名模型之一（Kirkpatrick，1994）。其背后的理念是，将有效性降低到四个不同的级别（水平）。该模型是由唐纳德·柯克帕特里克博士（1924—2014）在20世纪50年代开发的。它不仅可以用作评估工具，也可作为计划工具。

10.2.1 培训计划

在使用柯克帕特里克模型进行培训计划时（见图10.4），我们首先要确定培训所要支持的业务目标（第4层）。培训所要取得的成功，最好是根据具体的关键数据来确定的，如降低成本、增加销售或提高产品和过程质量。

图10.4 利用柯克帕特里克模型进行培训计划和评估

然后，在第3层，我们必须澄清一个基本问题：我们对培训后的毕业生有什么具体期望。在以后的工作中应该引入、实施或应用什么。

这就引出了第2层的问题，即学员在培训计划期间应学习哪些内容。学员应从培训中获得哪些技能、知识和见解？这些学习目标可以根据布鲁姆分类法（见图10.5）进行定义和评估。

第1级：记忆是指学习者能够从长期记忆中再现以前所学的内容。例如，学习材料是死记硬背的。

第2级：可以解释记忆的概念。对学习内容的理解体现在：所学的内容也能在不同于学习内容的语境中呈现。

第3级：能够将所学内容迁移到尚未处理过的新情境中，体现了对所学内容的应用能力。

第4级：分析能力包括将所学的模型和理论分解为各个组成部分的能力。为

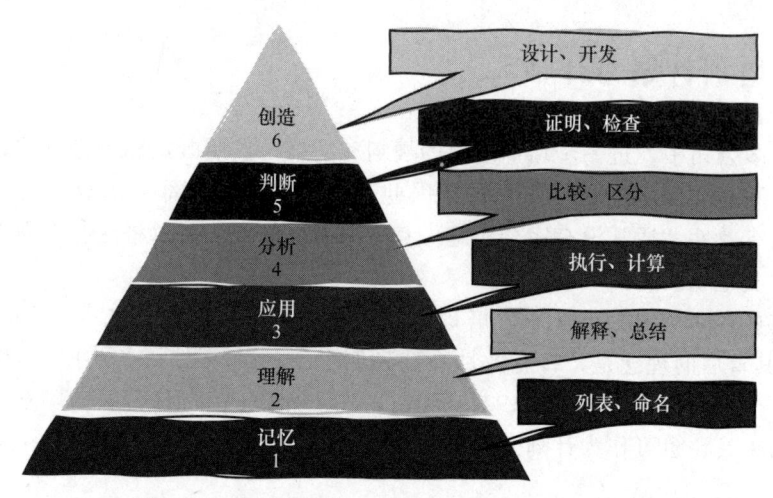

图 10.5　学习金字塔（Anderson&Krathwohl，2001）

此，需要发现复杂的事实、组织原则或内部结构。

第 5 级：判断能力是以标准为导向，对陈述或情况进行评估或审查的能力。

第 6 级：最高级别的学习是创造或发展能力。这代表了一种创造性的成就，意味着能够将所学的知识与尚未经历过或见过的不同部分组合在一起。

在设定具体的学习目标之后，我们在第 1 级提出的最后一个问题是要如何开展和组织培训，以确保学员对培训感到满意。这包括培训地点、持续时间和授课能力等方面的问题。

10.2.2　培训评估

根据图 10.4，学习成功的评估从第 1 级开始，即受训人员的直接反应（满意度），继续实施所学内容，最后以业务的成功结束（第 4 级）。柯克帕特里克将这种方法描述为一种可持续或以效果为导向的方法，可确保培训真正实现符合组织目标的绩效提升。

对受训人员的第 1 级评估旨在及时确定通过培训达到的个人感受。典型的问题包括学员是否享受培训，以及他们是否认为培训内容对他们的工作有用。这相当于在培训结束时进行满意度分析的常见做法。这种简单的评估方法是合理的，但单凭满意度无法明确得出结论，即学员是否真的学到了东西。例如，满意度可能仅与培训地点的质量或培训期间不必在工作场所出现这一事实有关。

接下来第 2 级的问题是：受训人员在培训中学到了哪些新技能？学到了什么，没有学到什么？这个级别的评估比第 1 级要具有挑战性和耗时。可以用于此目的的典型方法包括正式测试、自我评估或团队评估。理想情况下，在培训前后进行测试，以便定量评估学员的进步。

在第 3 级上，评估受训人员经过培训后在工作中的行为变化。所学到的知识是否也能运用到日常实践中？这是评估培训有效性的最有价值的方式。然而，由于实际上无法将行为变化准确地归因于单个培训事件，因此这个级别的评估是很困难的。在培训后 3~6 个月开始评估这个级别，通过观察或访谈多次进行，以便正确评估显著变化、变化的效果以及这种变化的持久性。

最后，对最终结果进行评估，即培训的收益以及为组织创造的价值。因为毕业人员现在能够在实践中有效地应用所学。

正如我们所看到的，规划和评估培训措施的结构化方法对于确保培训参与者的满意度并同时使组织受益至关重要。

在接下来的部分，我们将集中讨论在质量管理数字化项目的成功中起着决定性作用的受过培训的人员，这些人员一方面包括过程负责人，另一方面包括组织的管理者。

10.3 数字化时代的过程负责人

正如在 3.2.4 节中提到的，过程负责人在组织和实施质量管理体系的设计中扮演着关键角色。他负责确保过程得以实施、培训、更新、测量和改进。他还确保为他的过程实现跨部门的整体优化。这个角色是至关重要的，否则就会存在将整个质量管理体系都委托给质量管理负责人的风险，但后者在资源上无法胜任，也不应该胜任，因为他缺乏过程知识。

在数字化时代，过程负责人需要具备哪些额外技能？我们可以从中得出什么结论，以便对过程负责人进行必要的进一步培训？

技能 1：数据治理——确保过程中的数据质量

过程负责人的关键职责之一是确保过程中必要的数据质量。他们必须有责任确保正确、及时地衡量过程质量，因此应将现有数据视为"宝藏"。即使这些信息当前看起来还不可用（即还不能称之为用例），也应将优化数据质量视为对未来的投资，因此应该得到推广。

技能 2：利用数据支持解决内部和外部质量问题

过程负责人的另一项关键任务是系统地、可持续地消除与其过程相关的内部或外部投诉。除了石川图、5W 提问法、Poka Yoke 等经典的问题解决技术之外，建立在良好处理数据的基本能力之上的统计和基于数据的工具也变得越来越重要。例如，这包括使用图形表示（直方图、箱线图、时间序列、相关图）或统计显著性检验进行探索性数据分析的能力。通常，经典的 8D 方法（八个领域的问题解决）通过使用统计方法进行补充，因此我们将数字化质量管理中的这种方法称为 8D+（见 8.6 节）。

技能 3：订购和使用现代数据看板

在 3.5.3 节中，我们已经讨论了实时分析和数据看板的好处。与过程相关的数据看板的核心任务是为过程负责人提供信息，使他们能够识别过程中的问题及其原因。因此，过程负责人需要实时掌握现代数据看板的基本知识，以便能够评估其过程的效益。在大多数情况下，引入此类解决方案意味着在过程绩效透明度方面向前迈进了一大步。

技能4：以数据为基础的系统化过程改进

正如8.5节所述，六西格玛是一种利用统计手段改进过程的方法。过程改进项目的工作分解结构遵循定义、测量、分析、改进和控制（DMAIC）方法。六西格玛的基本方法——在数字化时代得到了现代机器学习和数据挖掘方法的补充——仍然是提高技术过程质量的正确方法，因此我们认为它必须继续成为过程负责人的核心能力之一。

技能5：在自己的过程中识别并实施数字化用例（ML、AI）

正如本节开头所述，过程负责人应推动过程的数字化改进。为此，他们必须至少积累足够的关于工作过解决方案、机器人过程自动化（RPA）意义上的过程自动化、数据科学、机器学习和人工智能的基础知识，以便他们能够从根本上评估其过程的可能性并支持实施他们的领域知识。如果我们回顾一下第8章中实现ML/AI用例的过程模型（见图8.9），那么首先要对过程有充分的了解，以便找到正确的用例并确定其优先级。这需要过程负责人的知识。即使必须检查和计算用例想法的经济可行性，过程负责人也必须做出决定性的贡献。

在导出用例的详细需求时，如果没有过程负责人的配合，那么我们就无法找到任何有用的答案。例如，它涉及定义我们可以允许我们的系统有多少误报或漏报分类，或者对于所需的解决方案来说，什么程度的自主权才是现实的。

总而言之：过程负责人要确保定义正确的用例，并将这些用例转化为数据工程师和数据科学家所使用的正确模型。

图10.6举例说明了数字质量管理中过程负责人全面、逐步的资质概念。

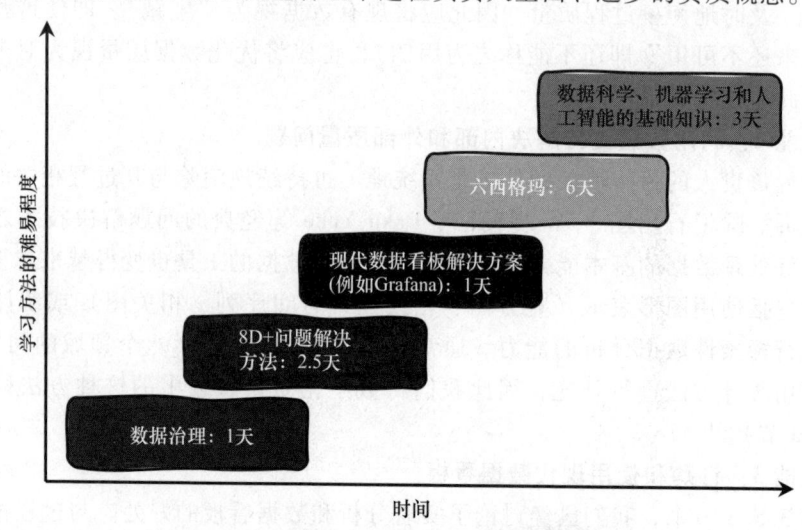

图10.6 过程负责人全面、逐步的资质概念

过程负责人是过程导向型组织能否持续成功的关键人物。在质量4.0时代，他们面临着新的挑战，考验着他们的学习能力、敏捷性和持续变革的意愿。

10.4 培训管理人员成为数字化大使

要成功驾驭数字化变革，除了过程负责人之外，管理人员也起着决定性的作用。他们在各自组织中充当变革的推动者和催化剂，积极支持数字化转型，这对成功至关重要。为此，他们需要了解数字化转型的文化和技术基础、识别机遇、质疑现状并提出创新想法。一种可行的方法是专门针对管理人员设计和实施数字化变革领域的适当培训。

下面以奥钢联高性能金属数字解决方案有限公司的数字大使培训项目为例进行说明。该培训项目的目标群体是公司的关键决策者，他们对数字化话题有高度亲和力。一方面，他们将获得必要的基本技能，了解技术和文化方面的数字化可能性；另一方面，他们将扩展高性能金属公司的数字化组织。

该计划分为八个培训模块，其中四个模块包含组织或文化内容，另外四个模块为技术模块，总共十天的培训时间。

组织和文化模块讲授数字化时代领导力的重要方面。例如，这包括一个被称为"超感知"的方面：这一术语代表了对自身环境的超强感知能力，从而能够识别相关的数字化趋势并抓住机遇。这些培训模块的另一个方面是学习如何应对复杂性，并理解这需要一种与以往不同的思维和行动方式。管理人员需要在充分评估风险的基础上做出勇敢的决定，并明白这并不意味着绝对完美，而是要从所做的决策中吸取经验教训。因此，不应该把因获得新信息而纠正甚至完全修改决策视为管理者的弱点。

该课程的技术重点是提供有关自动化、机器人技术和信息技术安全的最新见解，以及这些技术在集团内部当前和未来的应用潜力。课程的技术部分采用循序渐进的结构。它从机器人技术和网络安全开始，在此基础上涵盖了从用于数据生成的物联网到用于数据利用的看板和机器学习等主题。

该课程不仅重视理论教学内容，还非常重视在课程结束时取得可展示的成果。因此，培训学员要在自己的公司领域内寻找数字化机会，为培训做好准备。核心培训计划从上述4+4模块开始。然后，以实际项目的形式对开始时确定的数字化想法进行研究。在颁发课程结业证书之前，将介绍在数字化领域取得的成功（见图10.7）。

该计划的好处是多方面的。通过培训，管理人员对其职业环境中的数字化机遇和可用概念有了基本的了解。他们学会了一种共同语言和对各种数字化主题的集体理解，最重要的是，学会了在变革管理、变革领导力和文化变革方面所需的必要框架条件，这些都是长期成功实施数字化计划所必需的。管理人员还将了解推动数字化转型所需的条件，以及未来将面临的挑战和变革过程。最后，他们还能获得数字化方法方面的专业知识和技能。这使他们能够深入了解自己所在领域的数字化成熟度和发展机遇。

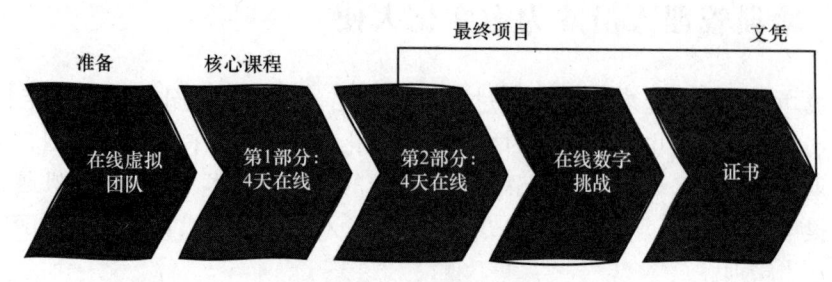

图 10.7 培训计划概览

此外，完成课程后，学员将成为社区的一员，并拥有一个专家网络，可以很容易地利用这个网络来解决自己的问题。课程本身就要求进行活跃、热烈的交流。

10.5 组织中的可持续学习

由于学习能力与数字化的关系非常重要，我们想在这一点上更深入地探讨学习方法论的主题，并以学习定律（Mandler, 2007）开始这次旅行：学习率大于或等于变化率。曼德勒解释说，这意味着只有那些学习率大于或等于与其相关的环境变化率的公司才能生存，而相关环境的特点是不断增加的不连续性、不稳定性、复杂性和动态性。

因此，以下指导原则适用：与质量相关的组织学习是组织变革的先决条件，而组织变革则是确保公司生存的先决条件。

组织学习可以定义为一个组织改变其价值和知识基础的能力，从而创造出新的解决问题和行动的技能。组织层面的学习需要一定的系统方法，包括四个组成部分。它们可以相互依存、相互影响，可以说是环环相扣（见图 10.8）。

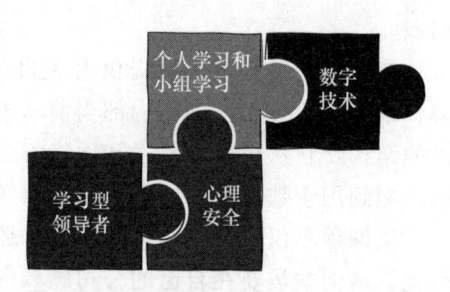

图 10.8 组织中可持续学习的构建模块

10.5.1 心理安全

无论公司面临什么挑战，团队几乎肯定会比一个人更快、更好、更轻松地解决它。然而，要使团队良好运作，必须满足一系列重要因素。

例如，谷歌公司将这一主题作为一项名为"亚里士多德计划"的研究的一部分,并找出哪些因素激励团队取得最佳绩效（Duhigg, 2016）。谷歌将"心理安全"确定为最重要的成功因素。员工必须感到安全,才能承担一定的风险,而不必担心负面影响。这也包括讨论和尝试新想法的机会。谷歌表示,如果员工因为可能被同事视为无能而不敢提问,那么团队将无法再识别和研究新想法。人们还需要感到安全,才能公开承认自己的错误。因为做出错误决定而受到排斥的团队成员要么试图停止做出决定,要么试图掩盖错误。心理安全主要通过适当的领导行为来建立和制度化。

10.5.2 学习型领导者

学习型组织已经理解了彼得·森格斯（Peter Senges）的 *5 Disziplinen einer Lernenden Organisation*（《学习型组织的五项修炼》）的内容,并将其扎根于自己的公司（Senges, 2019）。因此,学习型组织的管理者要求员工实现个人成长,并给予将个人利益与组织利益相结合的空间。它们让专业人员和管理人员在行动时不断反思自己的想法。

森格斯认为,共同愿景提升了创造力、实验意愿和勇气。因此,共同愿景鼓励新的行动和思维方式,是有意义的,不能灌输,而必须以身作则地展示。学习型组织知道,共同的愿景、共同的未来形象能够从本质上激励人们。愿景和目标还指导着数字世界中日益必要的自组织的行动。

因此,学习型组织提倡"学习型领导者",他们通过领导行为创造适当的学习空间。这种领导行为具有以下特征：
1) 清晰易懂地传达组织的愿景和宗旨。
2) 创造心理安全感。
3) 将员工视为具有个人需求的个体并对其做出回应。
4) 营造有效的学习环境和宽容的文化氛围。
5) 不必在持续的变革中感到不安全,并且能够很好地控制过程。
6) 保持自我反思和终身学习的心态,并能积极发挥示范作用。

10.5.3 个人学习和小组学习

学习型组织积极提供个人学习和小组学习的结构。这是因为,随着数字化的发展,学习渠道也在不断变化。员工为此使用"油管""播客"或社交媒体等新渠道。它们的共同点是能够在短时间内以压缩的形式传递信息。因此,个人学习越来越多地从组织（研讨会、培训班）转移到私营部门。

目前,我们正象征性地将我们的经验和知识以大量非结构化信息的形式埋藏在经验教训数据库（技术）中。它们在那里闲置,未来不再使用,而当前需要的信息也无法再次检索。

团队的绩效必须始终超过其个体成员的绩效。只有工作伙伴相互支持,相互之间保持良好的对话,团队才能成功运作。团队学习的特点是每个团队成员的基本态度:"我尽我所能,以便我的队友也能做到最好。"

10.5.4 数字技术

许多经理和高管目前面临的挑战是,他们的员工不再在现场工作,而是在远程和分布式团队中工作。即使整个团队都在现场工作,当今的协作也需要技术和协作工具来保持工作效率,并使人们能够相互联系、分享知识和高效沟通——所有这些都是为了共同学习。因此,必须在虚拟协作的背景下建立新技术,以实现和支持数字化团队学习。特别是新型冠状病毒大流行造成的封锁,使 Microsoft Teams、Mural、Conceptboard 等协作工具得到了相应的发展。

与任何业务方法一样,虚拟协作也有其优点和缺点。因此,建立或管理数字化互联团队,通常需要管理者及其员工的远见卓识和持续投入,才能取得成功。

那么,引入虚拟交流和合作方式就提供了巨大机会。基于计算机的团队合作也不是一件可有可无的事情。当我们认为合理且有用时,我们可以积极决定以数字方式开展小组工作。以下几点基本适用:

1)数字通信和工作过程有可能将有才能的人聚集在一起,从而提高生产力、效率和参与度。

2)虚拟协作的方式有很多,无论团队的目标是快速、安全地相互访问还是获取业务数据。

3)灵活的文件共享工具、工作流管理平台和专门的团队渠道可以通过连接客户、合作伙伴和同事,轻松在线解决问题。

4)虚拟聊天和视频工具可以改善(或取代)缓慢的传统通信系统,促进及时互动,使员工更加专注。

5)多功能、可视化的数据看板可促进对话和数据的无缝交流,从而改进构思、任务规划和问题解决。

虚拟协作可以减少许多手动操作,使团队成员能够更成功地完成业务任务。与纯粹依赖本地员工相比,数字连接可以在不同地点寻找最优秀的人才并与之合作。

确保员工之间保持联系但又不至于过度接触,虚拟协作是一项值得的投资。首先也是最重要的是了解技术支持的通信可以非常有效地用于哪些目的。

1)创造性地、不受地点限制地共同开发创新解决方案。

2)以不影响同事注意力或工作过程的方式回答同事的问题或要求。

3)尽快向某人(或所有人)提供时间紧迫的数据或文档。

4)与团队同事发起简短、自发或最后一刻的头脑风暴会议。

事实证明,虚拟协作比保守的方法同样有效,甚至更加有效,尤其是在以下方面:

1)打破工作场所的孤岛。

2）营造充满活力的营商环境。

3）通过实时通信保持团队之间的联系，即使成员之间的社交和/或实际距离较远。

4）创建并共享工作文件和其他文档。

5）消除低效的面对面会议。

然而，虚拟协作面临的最大挑战之一是需要在家办公时保持井井有条，并实施相关过程，使员工在每次连线工作时都能采取行动，从而对结果产生积极影响。有鉴于此，以下弱点和风险值得一提。

1）虚拟协作难以建立和维持团队成员之间的社会关系。

2）如果不采取预防和纠正措施，虚拟交流很容易导致对话受阻或误解。

3）团队成员很难自发地参与数字讨论或发挥带头作用。

4）专业和纪律性领导对部门经理及其员工都提出了全新的挑战，而相互信任问题则起着至关重要的作用。

5）由于数字通信的不断增加，我们没有机会记录对话伙伴的手势和面部表情，解释它们并将其纳入我们的交流方式。

6）在工作生活中，如果不与他人进行个人接触，就有可能被社会孤立。

尽管存在这些挑战，但通过正确的实践，虚拟团队仍然可以比同地办公的团队表现得更好。由于进行虚拟协作的员工在工作中受到的干扰更少，因此他们的工作效率更高，并且能够更好地按时完成任务。目前还无法完全评估虚拟协作对员工、管理者和公司的长期影响。因此，重要的是要根据具体情况进行权衡，并密切关注进一步的事态发展。

10.6 大声工作法

通过单一的学习形式将上述可持续学习的所有四个组成部分制度化的一种方法是大声工作法。在这里，学习是通过在小组中彼此建立联系并相互学习来进行的。

因为大声工作法（working out loud，WOL）是一种协作心态，也是一种基于这种心态的自学方法。其背后的理念是你不仅要做好自己的工作，还要让其他人参与进来。这样大家才能共同学习和进步。社交网络和协作环境是积极参与的工具。简而言之，大声工作法包含一系列实用技术，用于建立有针对性的关系，以及获取和利用急需的网络技能，也就是不断地学习。

大声工作法基本上适合所有希望要以更开放、自组织和网络化的方式工作和生活的人。在实践中，决定性因素是你追求什么具体目标。大声工作法从以下三个问题入手。

1）我究竟要实现什么目标（例如，提高过程质量）。

2）谁可以与我的目标联系起来，与我一起研究这个课题。

3）我能为对方提供什么作为回报来加深我们之间的关系。

大声工作法的五个原则如下：

1）人际关系。
2）慷慨。
3）看得见的工作。
4）有目的的行为（有目的的发现）。
5）成长型思维（成长心态）。

该方法在自组织的"大声工作圈"中付诸实践，完全基于参与者的内在动力。每周有 3~5 人通过面谈或虚拟方式进行小组聚会，每次最多 2h，为期 12 周。每位参与者在小组其他成员的帮助下，努力实现自己设定的目标。在整个计划期间，参与者通过各种个人或小组练习（圈子指南），来调整他们的习惯以适应这些原则。

许多公司已经在无意识地使用大声工作法的实践和技术，但却没有意识到这一点。数字化需要新的工作模式、结构和正确的思维方式。没有网络和协作，就不会有创新，持续改进通常也仅限于部门或专业领域。如果没有有意识的知识转移，这些孤岛将继续存在。自由和网络化的思维是文化变革的基石。今天，我们必须（能够）以数字化、自组织、协作和网络化的方式工作。员工需要网络技能，大声工作法提供了学习和利用这些技能的工具。博世等大公司已经大规模引入了大声工作圈。

组织需要网络化结构，灵活与协作是全面数字化的基础。大部分知识都蕴藏在员工的头脑中——他们必须有机会联网并分享自己的知识。他们需要交流、互助和灵感的空间。这是创建适当网络的唯一途径。大声工作可以成为激活公司在数字化变革中迫切需要的专家（企业员工）的一种方法。因为这种方法有助于将专家及其知识网络化，同时还能促进数字化协作。这样，大声工作就能从内到外支持公司的数字化（Stepper，2020）。

10.7 反向辅导

传统的"自上而下的学习"（按资历原则学习）仍然根植于我们日常管理的公司思维中，相应地也存在于学习惯例中。当应用于知识转移时，这意味着老员工总是教年轻的同事一些东西——即自上而下。然而，在数字化时代，这种理解被有意地颠倒过来了。与经典的自上而下的方法相反，知识是专门从年轻员工传授给年长同事的。在大型国际企业中，反向辅导，也叫反向指导，已经成为常态。

年轻员工在他们擅长的学科领域为年长员工和管理者提供指导。通过这种交流，年轻员工可以了解他们的日常工作，并从多年的管理经验中受益。这不仅打破了传统的等级制度，还优化了知识的转移并促进了不同年龄段之间的相互理解。这创造了双向的视角转变，从而导致基于相互尊重和认可的各种学习路径的相互给予和接受。这需要公司层面的数字化适应能力，并以积极的方式影响公司文化。

通过这种导师计划，培训经理的数字原住民在公司中获得了更多的知名度，他们可以通过这种方式扩展他们的网络。他们还可以对管理类工作有一个早期印象，并根据这些了解决定自己的职业道路。年轻员工还了解了"模拟工作"是如何运作的。反过来，这增进了对年长一代的理解和尊重，后者即使没有现代技术工具也能出色地完成他们的日常工作。

在反向辅导中，年长的管理者和员工不必担心在辅导中提出对数字原住民来说完全平庸的问题而在团队面前出丑，因为反向辅导是在建立信任的两人组环境中进行的。它可以针对年长员工和管理者在数字化技能方面的个别需求进行专门定制。对技术和变革的恐惧在这种导师制中逐渐消失。与年轻同事的交流还有助于获得新的视角，并消除对年轻一代的偏见。如果受训者通过辅导了解了年轻一代的思维方式，那么最终甚至可以影响到自己的管理能力：通过新获得的知识，可以更有针对性地满足数字原住民的需求。

然而，反向辅导也需要一定的前提条件。这种形式主要依赖于自愿和谨慎。参与者之间的好感和开放性带来了良好的信任基础，并在适当的框架内导致了参与者之间的持续知识传输过程，因此反向辅导的整个计划不应该存在竞争关系或等级依赖关系。对于整个计划，应该有一个内部或外部顾问，参与者可以在遇到问题时向其寻求帮助，因为有关反向辅导背景的指导非常重要，可以使这种新的人事发展方法结构化。

在本章中，我们已经深入探讨了与数字化相关的能力发展主题，下一章我们将检验与数字化项目成功相关的能力建设的有效性。

第11章 掌控数字化变革

迄今为止，本书所描述的内容以及由此带来的可能性和机遇，可能会让人觉得眼花缭乱。我们的理性和直觉都告诉我们，从长远来看，我们无法逃避即将到来的变革，并且，形象地说，我们必须跳上这班行进中的列车，否则我们就会被现有的业务模式甩在后面，无法取得成功，也将失去机会。这列火车的速度已经代表了变革所带来的压力：

1）当数字化的驱动力纯粹是一种内在动力时，压力最小。在这种情况下，公司的战略调整具有前瞻性和及时性，因此在技术上总是领先一步。

2）当由于市场份额即将丧失或销售额已经明显下降，我们感觉到竞争已经通过更快地实施数字化获得了优势时，前进的速度就会加快。

3）当客户明确要求我们提供我们目前可用资源无法提供的产品或服务时，就存在违约的危险。

开始得越晚，压力就越大。这增加了做出毫无准备的临时决策的风险，并且缺少可持续、成功变革的基本先决条件，即我们为什么以及如何开始这一变革的意义和目的。显然，只有当所有涉及方（利益相关者）能够/愿意认同变革时，数字化转型才能成功作为确保公司未来的一种手段。同样重要的是要确保公司内部的技术资源可用且免费，并且公司也能够正确地"消化"所选择的数字化项目。因此，选择一个结构化的数字化转型实施方法至关重要。我们希望在接下来的部分中介绍以下支持工具：

1）数字化扫描，可以快速、简便地评估公司目前在九个行动领域的成熟度。

2）"领导力指南针"，作为在复杂的数字化转型环境中对成功做出决定性贡献的管理人员的定位工具。

3）"管道模型"陪伴受影响的员工，在早期阶段识别成功变革的障碍，从而为即将到来的变革做最好的准备，减轻他们对超负荷的恐惧，并创造对新机遇的热情。

4）基于约翰·科特变革管理八阶模型理论的数字化变革实施路线图。

最后提到的所有工具的有效使用与前一章中描述的数字技能的发展直接相关，这会影响组织中的所有员工。

11.1 使用数字化扫描

如2.9节所述，数字化扫描是在圣加仑大学数字化成熟度模型的基础上进行调整后用于质量管理的,目的是让公司有机会根据质量管理的良好实践对自身的数字化成熟度水平进行专业评估。因此,该工具为公司提供了对自身数字化能力进行定量和定性评估的机会。

该模型故意不提供也不可能提供的是引入数字化的标准路径。圣加仑模型的开发者是这样说的:

"不存在必然遵循相同模式的理想数字化转型路径。不存在'正确'的目标状态。"(Back Berghaus,2016)

自我评估已经是一个非常强大的工具,可以从良好实践中获得启发,在对现状进行有理有据的分析的基础上制定适当的目标和战略,还可以在变革过程中监测进展情况并展示成功经验。

此外,自我评估还能让公司不同领域的员工广泛参与进来,从而为计划中的数字化改进活动招募同伴。另一个不可低估的方面是,自我评估需要组织的内部客户和供应商之间进行深入的专题讨论,从而就数字化主题达成共识和使用共同语言。

在实践中,有两种自我评估方式,它们所需的工作量各不相同(见图11.1)。

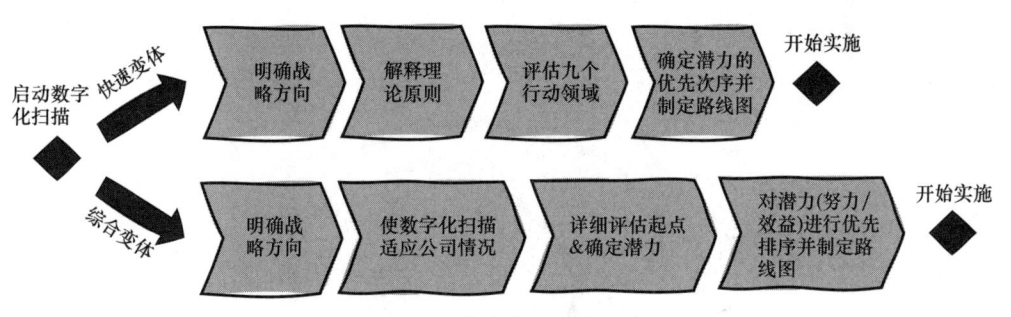

图 11.1 数字化扫描的变体

"快速变体"的目标是在大约4h内,完成指定团队的自我评估。为此,首先要共同制定质量管理方面最重要的目标(见第2.7节)。需要回答的问题是,在未来3~5年内,公司希望在质量管理方面取得什么样的成果。这是一个重要的出发点,因为我们要刻意避免数字化本身成为企业的目的。评估阶段从数字化质量管理的九大标准或行动领域开始。评估的出发点是通过几张幻灯片对各个行动领域进行说明,然后对相关的出发点进行解释,最后由每位参与者在主要标准层面进行个人评估,并在0~100%之间打分。数字化扫描中所使用的基本评级量表如图11.2所示:

然后,总体结果会以清晰的"蜘蛛网"形式显示出来,自己的评估和确定的目标都可以显示在其中。(见图11.3)。

现在可以一起讨论粗略的个体偏差。如果团队意见一致,则以团队的平均分作为评分。评估阶段结束后,收集优势和改进潜力。这些潜力将根据其对实现质量管理目标的贡献进行评估,并按优先顺序排列。

初学者	在个别领域没有或少有应用，员工没有或少有经验	0%~25%
实施者	多领域定期实施，众多员工经验	26%~50%
创新者	在所有领域持续实施，几乎所有员工都有丰富经验，确定并实施改进	51%~75%
卓越执行者	所有领域的优化和标准化实施，所有相关员工的丰富经验，识别、实施和检查改进的有效性	76%~100%

图 11.2　数字化扫描中所使用的基本评级量表

图 11.3　数字化扫描的总体结果

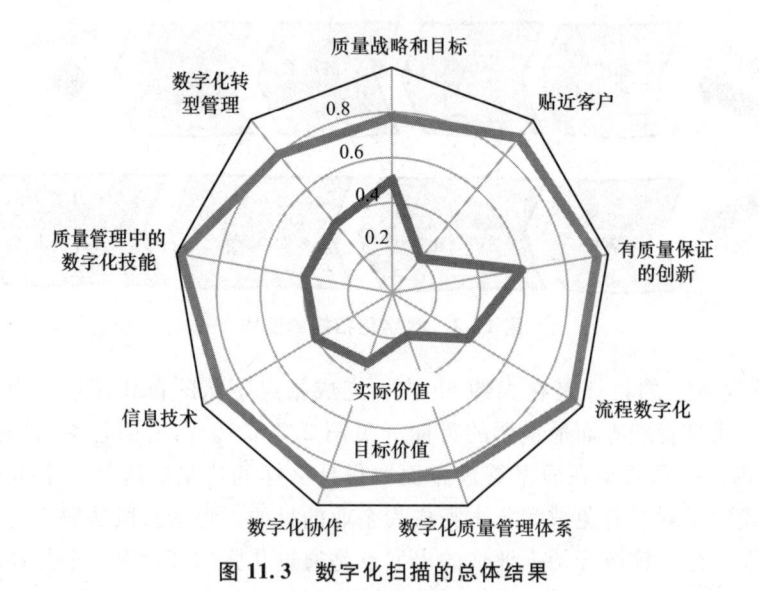

评估的较长版本是，首先根据各自公司的具体情况调整各个出发点。必须事先明确以下问题：

1）各个出发点是否与我们相关？

2）如何重新改写，以便用我们的语言表述？

3）这一主要标准是否缺少重要的出发点？

因此，首先要制订针对公司的自我评估版本。然后，通常在为期一天的研讨会上进行评估，评估采用从 1（完全不符合）到 10（完全符合）的序列量表，在出发点水平上进行评估。所有出发点的平均分即为行动领域的百分比值。

然后，数字化扫描会根据对实现质量管理战略目标的贡献来确定出发点的数字化扫描优先次序，但通常也会根据更详细的成本效益分析来确定优先次序。图 11.4 举例说明了可以使用成本效益分析法分析的数字化扫描的出发点定位。

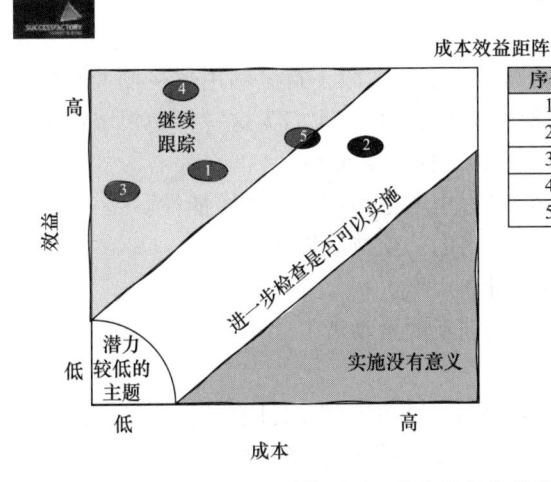

序号	出发点
1	用于识别质量问题的数字反馈选项
2	信息物理系统的敏捷开发
3	将数字化融入质量原则
4	客户调查以改善数字服务
5	确定流程的最终成熟度水平

图 11.4　数字化扫描的出发点定位

建议在开始时选择较短的版本，以便亲自体验和评估这一新工具。最迟可在第二次自我评估时使用更全面的版本。无论做出何种决定，自我评估后的持续实施都很重要。确定的改进领域的优先次序必须能为组织所理解，并且一定要转化为结构化的路线图。必须制订里程碑、行动计划和衡量标准，并定期审查进展情况。因此，良好的项目和计划管理是确保顺利成功的必要条件。

如果"数字化扫描"没有达到预期效果，或者质量管理转型的准备和实施工作没有按计划取得成功，那么可能是由以下因素造成的：

1）管理层"任由"事情发生，但在评估过程中却缺席。
2）"数字化扫描"是作为一次性活动策划和实施的。
3）质量 4.0 被称为质量经理或质量部门的项目。
4）存在一种误解，认为仅靠自我评估就可以解决问题。
5）公司的关键人员没有参与评估（例如劳资委员会）。
6）由于强制性义务、缺乏兴趣或负担过重，参与者缺乏动力。
7）自我评估结果与正在进行的数字化项目和计划缺乏协调。

在"数字化扫描"的帮助下，我们能够在即将到来的数字化转型的意义上评估我们公司的必要能力、战略方向和现有基础设施，并共同制订适当的措施。在下一节中，我们将重点关注"数字化扫描"的各个出发点。

11.2 数字质量管理的出发点

以下九个行动领域（另见 2.9.2 节）描述了质量管理中应考虑的各个领域，以确保数字化转型的成功。一方面，这种方法能让人意识到项目的复杂性；另一方面，也为全面评估组织现状奠定了基础。

1. 质量战略和质量目标

我们从质量管理战略入手。该战略是否已经着眼于持续利用数字技术的新可能性？在此基础上，应该衍生出质量原则和质量目标。我们为这一行动领域定义了以下出发点，评分从 1（完全未实现）到 10（完全实现）：

1) 在质量战略、质量方针和质量目标中考虑到数字化的可能性。
2) 质量管理的数字化转型被视为公司的一项持续性战略任务。
3) 在质量管理中持续实施数字项目和用例。
4) 我们被公众视为质量管理数字化创新的推动者。

2. 贴近客户

然后，我们审视公司对客户需求的关注，并询问我们目前是否有能力根据客户不断变化的数字化行为，始终如一地调整我们的价值主张和产品，以确保持续的客户满意度。我们是否已经利用数字客户反馈机会进行学习？标准化"数字化扫描"的评估陈述如下：

1) 我们确保在所有数字和非数字渠道上提供令人振奋的客户体验。
2) 我们系统地评估新技术和客户行为的变化，以发现数字创新的机会。
3) 与客户的合作也通过数字渠道进行。我们系统地确定了相关的客户接触点。
4) 我们对客户进行系统的调查，以改进现有的数字产品。
5) 我们利用数字反馈选项及时识别或预测质量问题，并启动纠正措施。
6) 对客户满意度数据的分析和相关改进措施的选择都是实时自动进行的（我们使用机器学习和人工智能技术）。

3. 有质量保证的创新

在第三个行动领域，我们通过以下声明对创新能力进行审查：我们利用数字可能性（如来自现场的信息）和敏捷方法，特别是以可靠和稳健的方式开发软件密集型创新。这方面的标准是：

1) 我们通过数字化创新对产品和服务进行补充，明显提高客户满意度。
2) 我们在开发过程中尽可能充分利用与产品相关的数字数据（如来自现场的数据），以提高产品和制造过程的稳健性和可靠性（质量）。
3) 我们在开发过程中利用机器学习、人工智能和数字孪生的可能性来确保质量。

4）我们与客户密切合作，开发数字创新产品。

5）我们的组织有良好的程序和过程，确保我们的产品以敏捷和有质量保证的方式进行开发。

6）在开发过程中，使用系统和软件工程方法来开发软件密集型系统（包括工业4.0解决方案）。

4. 过程数字化

我们的过程正在有针对性地朝着数字化成熟度的方向发展，以提高其有效性和效率。我们利用人工智能、机器学习、机器人过程自动化、过程挖掘等提供的机会，实施过程改进，并从错误中吸取教训。过程数字化的评估陈述如下：

1）我们定期确定过程的数字化成熟度级别，并为过程的进一步发展制定明确的目标。我们使用自动化（如机器人过程自动化）来优化过程并确保执行质量。

2）我们利用各种机会，通过提供实时数据看板和进行相应的数据分析，提高员工的决策质量。

3）我们在8D或六西格玛问题解决方案中使用现代数据挖掘和机器学习方法。

4）我们积极利用在数据科学（描述性和预测性统计）领域的专业知识，不断改进我们的过程。

5）我们在质量控制中利用人工智能手段（如利用神经网络进行图像识别）来改善漏洞和伪误差。

6）我们有一套既定成熟的方法来寻找和系统地实施数据驱动的用例，以改进过程。

5. 数字化质量管理体系

质量管理体系以过程为导向建立，并利用数字技术有效实施、维护和持续改进。该体系是最新的，是充满"活力"的。这一焦点的出发点是：

1）我们以始终如一的面向过程的方式构建了质量管理体系，对其进行统一描述（例如根据BPMN2.0），并进行数字化映射（作为后续自动化的基础）。该体系具有交互性和用户友好性。

2）质量管理体系由合适的质量管理体系软件支持。

3）质量管理体系使用最新的数字可能性来实时提供数字工作指南。充分利用图像和视频。

4）我们的员工都配备了最佳的数字工具，以便能够尽可能无差错地执行质量关键型工作（"增强型员工"）。

5）我们利用过程挖掘的可能性，实时绘制并更好地控制我们的过程。

6. 数字化协作

在自我评估的这个领域，我们关注（跨学科）协作。新的数字技术是否能以最佳方式支持这种协作？为此，我们将重点关注以下几点：

1）新技术和协作工具被用于高效协作和知识共享。

2）现代信息技术解决方案，包括适合在智能手机上使用的日历、文件、任务和团队聊天工具，都被用来改善协作。

3）虚拟协作的可能性得到了充分利用。

4）采用"大声工作"等现代方法，以开放、自组织和网络化的方式开展工作和学习。

5）有专家担任数字主题的联系人。这里还采用了"反向辅导"等创新方法。

6）采用现代数字化学习方法对员工进行质量专题培训。

7. 信息技术

重点是现有的信息技术基础设施，特别关注机器学习、人工智能和数据科学。理想情况下，现有设施能够应对质量管理方面的新挑战，并能够实施数字/数据驱动的用例，特别是通过纵向和横向联网。我们为这一行动领域确定了以下出发点：

1）我们的信息技术架构使质量数据的横向和纵向联网成为可能，以便基于此改进产品和过程。

2）我们设计并提供必要的信息技术基础设施，以优化机器学习和人工智能解决方案的实施。

3）我们采用结构化方法开发信息技术架构——架构驱动程序作为基础。

4）我们使用合适的视图和图表（如 UML）来描述我们的信息技术架构。

5）我们定期更新信息技术架构，以满足新的要求。

8. 质量管理中的数字化技能

公司对质量管理数字化转型所需的技能进行了系统规划和实现。这里可以采用以下标准：

1）数字化专业技能（软件开发、系统工程等）的发展是员工发展的重点，也是质量管理的驱动力。

2）管理人员有充分的机会掌握数字化领域的相关技能。

3）相应的培训计划得到了系统的规划和评估。

4）在招聘新员工时，尤其是在质量管理方面，数字化技能是一个重要的选择标准。

5）数据科学领域的专业知识得到了积极运用，例如在产品和过程的质量优化方面。

9. 数字化转型管理

质量管理的数字化转型是一个由最高管理层规划和管理的过程，并以清晰的路线图为指导。其出发点是：

1）有一种结构清晰的方法来实施数字化变革。

2）为受影响的员工提供充分的支持。这意味着在早期阶段就发现了成功变革的障碍。

3）让受影响的员工为变革做好最充分的准备，消除他们的恐惧心理，激发他们对新机遇的热情。

4）制定数字化变革的实施路线图（例如，以约翰·科特的变革管理八阶段模型理论为基础）。

5）确定质量管理数字化转型的目标，在公司内部进行宣传，并定期检查以确保目标的实现。

6）管理人员要做好准备并接受培训，以应对数字化变革带来的复杂性和不确定性。

此时此刻，我们可能会想，这是一个广泛且具有挑战性的任务，这样的想法绝对是正确的。由于数字化转型是一种颠覆性变革，涉及取代现有技术、产品或服务的一系列成功创新，或完全将其从市场中淘汰，因此进行详细评估的努力绝对是合理的，也是值得推荐的。

当我们听到"变革"这个词时，很多人都会警钟长鸣，因为任何革新都会给我们带来一系列挑战，需要我们以新的方式去应对。因此，在接下来的章节中，我们将全面讨论这些挑战。

11.3 不确定时代的领导——领导力指南针

在一个不稳定、不确定、复杂和模糊的世界中生活，乌卡时代（VUCA）对我们许多人来说已经是一个常见的术语，但在大多数情况下也就仅此而已。我们是一个我们很难理解的、正在以惊人速度变化的环境的一部分，这往往使得我们很难立即获得清晰的视角。这些特征越强，尤其是对于管理者来说，以开放和沟通的方式面对这些问题并积极应对变革就变得越重要。以前的观点现在可能开始动摇，应该受到质疑。未来，我们将不再能够事先通过详细的规则和预防措施来确定所有可能发生的情况，而是必须在总体原则的基础上变得更加灵活；在这些"防护栏"内，我们将允许创造性、自组织甚至失败，以便能够学习。这意味着，今后我们将不再能够控制一切，信任将比以往任何时候都更加成为专业合作的绝对必要基础——即团队内部的高度网络化。快速学习是所有工作的核心，通过在小型、最好是封装的测试环境中进行试验和试错来实现。跨学科和认知多样性——换句话说，允许以各种方式思考和看待问题——进一步促进了学习。也应积极看待不同意见之间的激烈竞争，不应将其与冲突混为一谈。这是一个从已经犯下的错误中吸取教训的机会，必须有意识地消除对未来错误的恐惧。因为我们会犯错，也必须犯错，否则就无法驾驭复杂的事物。在任何情况下，耐心和探索新道路的勇气对于成功都至关重要，同样重要的是，不仅要有反馈能力，还要有积极接受反馈的能力。学习时间间隔短，就需要采用迭代方法，经常有机会纠正我们走过的道路和做出的决定。敏捷方法将更多的准备工作与更大的灵活性结合起来，即纳入多种不同的选择，减少计划的僵化性。对于管理层来说，这意味着辅导作为自助支持变得越来越重要。对于员工本身来说，这意味着他们今后将能够承担更多的责任（"授权"），如果我们放宽视野，基于伙伴关系的跨公司边界合作也将变得非常重要。环境越复杂，简单的原则和不太详细的规则就越显重要。

事实上，所谓的"数字原住民"——在数字世界中长大的一代人，也被称为"千禧一代"或"Y一代"——对他们的公司和上级有新的期望，因此他们经常需要与所谓的"数字移民"或"行业原住民"不同的管理风格。

据说数字原住民主要将"开放""速度和敏捷""个人发展""自我效能""全球互动"及"工作与生活平衡"等价值观放在首位。被称为数字移民的人（主要是1970年以前出生的人）的价值观是"品质""安全""隐私"和"人际关系"。人们可以对这种笼统的说法在细节上提出批评，但决定性的因素是，某种总体趋势正在形成，这意味着管理者今后必须适应具有不同价值观的人。

为了在这一瞬息万变的环境中保持全局观念并指明方向，领导力指南针会有所帮助。该工具旨在提高人们对领导力价值的认识，并积极支持领导力领域的变革进程。领导力指南针旨在：

1）作为管理人员及其管理工作的个人管理工具。
2）管理者与员工沟通的工具。
3）明确管理人员对公司和环境的贡献。
4）促进管理者的个人发展。

领导力指南针由每位管理者单独创建，成为其基本态度的一部分，从而（希望）成为其日常行动的基础。

每个领导力指南针的基础都是公司或管理者所在部门的战略方向。对于管理者来说，通过优化团队和每个人的价值贡献来实现既定战略（可以说是指南针指向北的方向）是很重要的。然而，影响指针的因素多种多样，往往会妨碍管理者确保可持续的平衡。在公司的各个领域，影响力量不仅大小不同，而且杠杆力臂也不同，因此在指南针上产生的力矩也不同（见图11.5）。

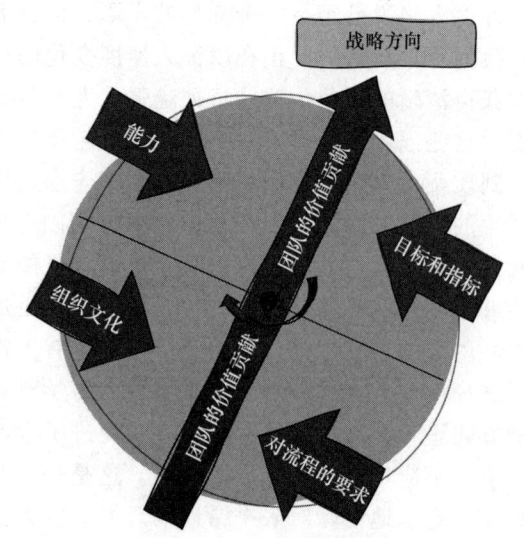

图 11.5 领导力指南针

因此，管理者面临着以下经常性挑战：
1）为了实现公司的发展方向，我所在部门的战略目标必须是什么样的？
2）为了实现部门目标，我们需要做出哪些价值贡献？
3）如何衡量我们的成果是否卓越，并得出合适的运营目标和关键指标？

4）对过程有什么要求？

5）必须如何构建组织文化和协作关系，才能有意义地实现目标？

6）我所在的部门需要哪些知识和技能才能充分实现指定目标？

在第一步中，管理者涉及的是战略目标。这涉及回答有关未来的问题，如长期目标或自身目标与上级单位目标之间的相互作用。

一旦战略目标的问题得到澄清，就可以得出相关管理者所负责的部门的必要价值贡献。这就需要回答该部门负责哪些过程、客户是谁、客户对公司有哪些要求以及客户从价值贡献中获得哪些利益。

第三步，以目标和关键指标的形式更详细地描述期望的成果。这首先提出了一个问题，即什么是卓越成果的特征，以及如何衡量过程所取得的成果。

第四步描述对过程的要求，在这一步中，管理者首先要确定自己的目标。在这方面需要回答的问题包括：

1）必须实现哪些目标才能让我自己对过程感到满意？

2）作为一名管理者，我应该扮演什么榜样角色？

3）我能做些什么来识别和利用改进的潜力？

随后，确定与组织、团队文化和协作相关的优先事项和必要措施。目的是明确职能部门如何适应未来的任务和过程，团队中需要哪些角色才能以最佳方式实现目标，以及如何改进协作。

归根结底，问题在于管理者未来需要培养哪些必要的个人能力。同样，管理者也要从自身做起，考虑自己未来希望培养哪些领导能力。下一步是明确应如何组织员工能力发展。在这种情况下，还应系统地确定部门中现有的关键职位，以及如何通过适当的技能发展为这些职位制订长期战略继任计划。

只有上述最后两点是狭义领导力的直接方面，但这正是领导力指南针的优势所在：即领导力是实现组织目标的一项综合任务，而不应被孤立地视为对个人的一系列指示。领导力指南针的内容是高度个性化的；作为发起人、作者和所有者的各位管理者描述了他们认为其职责范围内的结果应该是什么样子，应该如何实现，以及在其职责范围内需要改变或深化哪些内容。这使管理者更加清晰地认识自己在这方面的总体任务，从而增强了承担责任的决心和勇气。

领导力指南针是一种导航工具，形象地说，无论是风平浪静还是惊涛骇浪，它都能提供方向和动力。

领导力指南针应始终保持最新状态，只有这样，它才能向管理者显示他们是否在正确的方向上，或者是否有必要根据相应的迹象做出改变，以保持目标。这样，领导力指南针就能创造透明度，并能与邻近区域、上下级关系以及自己团队内部的相互期望进行比较。

在数字化变革方面，伴随的管理培训已被证明是成功的，每位毕业生在培训过程中创建自己的领导力指南针，并在360°反馈过程中与其直线经理、员工和同事进行讨论。特别重要的是，要为领导力指南针的制定过程提供必要的时间，而不是"急于求成"。在此过程中，指导、与同事的信任对话，以及个人辅导都非常重要，因为个人的观点会得到外部意见的补充，从而变得可持续。

既然领导力指南针代表了个人的变革路线图，那么下一步就是有效地实施所需的变革。

11.4 利用管道模型支持变革管理

在本章中我们已经了解到，数字化变革是不可阻挡的，我们应该尽早而不是过晚地加入到这一浪潮中来，但要有条不紊，以确保企业的长期成功。"数字化扫描"可以在这方面帮助我们作为定位和使用管理指南针。这清楚地表明，除了掌握新技术之外，在变化的框架条件下对员工的管理也将对数字化转型的成功做出决定性的贡献。

有了这些知识，我们现在就可以考虑采用哪些方法来促进和加快数字化变革。我们都熟悉过去那些精心策划、用心良苦的变革努力，但后来不是半途而废，就是一无所获。通常情况下，变革的发起者会对失败感到惊讶，因为他们为计划中的变革做了充分准备，但最终却没有得到员工的认可。那么，如何才能在组织中可持续地实施变革呢？

为了增加变革过程的成功机会，作者认为管道模型非常有帮助（见图 11.6）。该模型由心理学家大卫·彼得森和玛丽·迪·希克斯于 1996 年开发，他们选择了管道这一隐喻，并恰当地将其命名为"发展管道"（Peterson&Hicks，1996）。该模型的主要目的是作为一种辅导工具，它可以支持人们的个人发展。

变革管道模型描述了变革计划的五个方面，其中每个方面都可能分别阻碍计划的全面实现。这些方面的表现形式类似于管道中的元素，只有当它们百分之百地实现时，管道的直径才是完整的；如果没有实现，直径就会根据实现的程度而缩小。这一管道图示清楚地表明，直径最小的方面是限制总吞吐量的瓶颈或节流阀。直径越小，项目的整体影响力就会越弱，而这一影响力再也无法通过后续方面得到增强，只能进一步减弱。因此，一旦失去，就再也无法挽回；具有最小直径的方面限制了流量，即实际可以实现的变化程度。在图 11.6 中，您可以看到，"效果"是这里的限制因素。

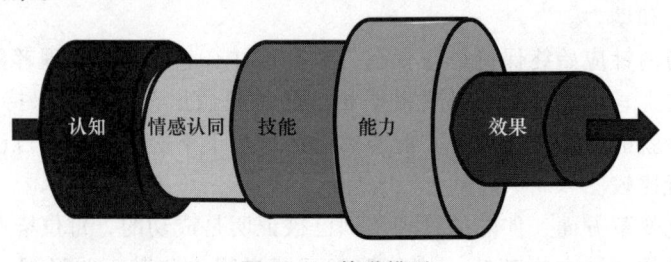

图 11.6　管道模型

上述变革过程的五个方面如下：

1) 意识到变革是完全正确的、合乎逻辑的、重要的，因此也是可以理解的。这一方面描述的是对变革的认知结果，在这一过程中，对赞成和反对变革的论据进行了权衡。

2) 简单地说，情感认同即我们对项目的直觉（"想要"），是衡量变革在多大程度上符合每个人的动机、价值观和信仰的标准。这也决定了受影响者准备投入到变革项目中的时间和精力。

3) 实施变革的技能和能力。

4) 变革的可能性，即改变的能力。这尤其涉及组织框架条件，如决策权、战略指导方针或资源。这就意味着，管理者尤其需要以其态度和决策充当推动者。

5) 效果，即在多大程度上可以感受到和体验到变革的积极影响。

在此，我们想特别强调变革模型的两个方面。一方面，该模型明确而有力地强调了影响力的重要性，即快速成功的效果。这对应于敏捷方法，对于成功掌握数字化转型的复杂性至关重要。尤其是当涉及数字化变革和新可能性的喜悦时，重要的是不要忘记，最终影响才是最重要的，而且需要快速成功来判断您是否走在正确的道路上。这不是简单地引入数字技术，而是主要通过使用数字技术提高组织的质量能力，并从中产生可识别的效益。

另一方面，值得一提的是，理性同意和情感同意是有区别的。这允许对计划的变更有更差异化的看法。数字化变革可能被评估为明智且合乎逻辑的，但并未得到情感上的认同（"我理解必要性，但我不想参与"）。在这种情况下，提供进一步的事实是没有意义的。数字化变革的论据为了带来变革，应该质疑计划中的变革与哪些动机相冲突、违反了哪些价值观以及由此产生了哪些恐惧。然后怀疑论者应该参与进来，与他们愿意追随的员工一起确定一条路径。

正如本节开头所述，每个方面都可能严重阻碍整个变革项目，使其无法完全成功实施。此外，还有一些反馈可以产生积极或消极的强化作用：各个环节相互"沟通"，从而相互影响。例如，能力不足（"我感到不知所措"）可能会导致情感认可度下降。交流或不交流成功经验和成果，如实现最初的中期目标，也会对理性和情感认可产生积极或消极的影响。

如何将这一模型用于数字变革？一方面，可将其作为变革项目筹备的规划工具；另一方面，可将其作为实施过程中的持续监测工具。

例如，在对计划变革的利益相关者进行分析时，始终要把重点放在事先确定的利益群体上。在数字化进程的开始阶段，还应对各个环节的"直径"进行评估，以便了解哪些环节需要特别关注，并能够量化失败的风险。这种评估可以由变革的发起人直接进行，但也建议采用以下方法：发起人向一位值得信赖的人介绍项目的情况，并请他评估在哪个方面的直径最小，损失的可能性最大。这既是自我评估，也是外部评估，管理者可以从中获得更多的启示。

在变革过程中，该模型可作为根本原因分析工具持续使用，以考虑到反馈带来的动态变化。理想的情况是，与受影响的人员一起使用该模型，并与他们公开讨论各方面的问题。

在前面的章节中，我们了解到一些非常有用的工具，可以有效地支持数字化变革。例如，数字化扫描有助于对组织现状进行持续评估，领导力指南针可帮助管理者对其行动进行战略调整，而管道模型则全面展示了在进行变革时需要考虑的五个方面。

11.5 数字化转型的实施路线图

最后，为了确保数字化变革的开发和实施有一个连贯的概念，我们现在需要的是一个按逻辑步骤进行的变革过程或数字化路线图。这样做的目的是：

1）关注组织、员工、客户和其他利益相关者的利益，并对其进行相应的优先排序。

2）确定各项措施，并按照目标导向的顺序排列优先次序，这些措施不会相互矛盾，而是相互补充、相互促进（一致性）。

3）考虑所有可能的影响和副作用，并尽可能将其降到最低。

数字化转型背景下的变革是整个组织面临的一个复杂的变革过程。好在成功所需的方式方法是可以学习的，就像一门手艺。我们可以学习各种程序，其中许多程序在有关变革管理的标准著作中都有描述，这些程序总是能提高变革项目的成功率。哈佛商学院领导管理学教授约翰·保罗·科特在这一领域享有盛誉。他将变革模式定义为八个步骤（见图11.7），基本上也非常适合数字化变革（Kotter & Rathgeber, 2006）。

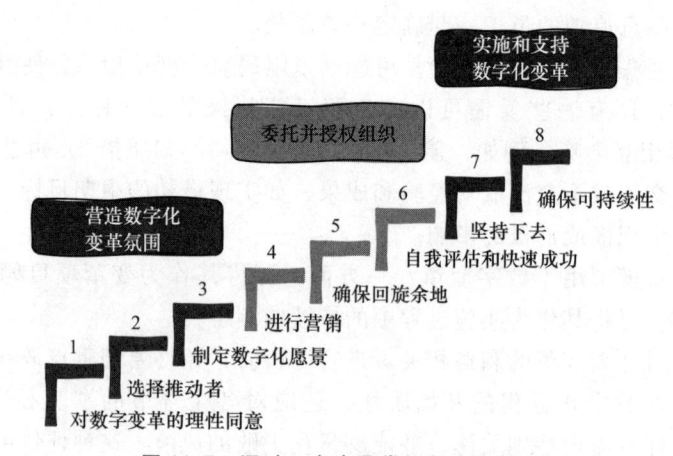

图 11.7　通过八个步骤掌握数字化变革

第一步是唤醒变革的必要性，从而唤醒数字化转型的紧迫性。这相当于上述管道模型中的理性同意。目的是解释为什么必须进行数字化变革，以及变革会带来哪些益处。

第二步是选择组织中的推动者和有影响力的人,以推动数字化变革向前发展。这凸显了数字化的重要性。

第三步是为数字化制定一个清晰的目标形象,包括一个强有力的愿景(要实现的最终状态)和战略(要采取的路径)。愿景必须侧重于为客户、公司、社会等的利益。这样,愿景就具有了意义并提供了方向。我们开发的"数字化扫描"在这方面可以提供帮助,因为它不仅可以用来了解现状,还可以了解目标形象。在制定战略时,应重视让尽可能多的员工参与进来,以确保变革符合公司文化和核心价值观,从而获得更多的情感认同。

一旦确定了愿景和战略,第四步就是沟通和推广。沟通的方式对相关人员最初的接受程度有着决定性的影响。还必须安排适当的时间进行解释和后续讨论。

第五步是消除现有障碍,创造必要的回旋余地。这与管道模型中的"可以和可能"("can and may")相对应。

第六步是确保短期成功。管道模型也涉及这一方面,必须将其视为数字化转型取得成功的核心工具。定期进行的自我评估也能使进展透明化。

科特教授表示,最后一个阶段:"实施和支持数字化变革"总结了该模型的第七步("坚持下去")和第八步("确保可持续性",创建新文化)。需要注意的是,变革需要时间,因为新的行为方式首先必须付诸实践,而人们往往会一次又一次地回到旧的模式中去,因此出现倒退也是意料之中的事。在这种情况下,定期使用数字化扫描进行自我评估也会非常有帮助。

在整个变革过程中,至关重要的是,最重要的利益相关者,即公司领导、高层管理者、经理和受人尊敬的公司增效者,要始终表明他们真的想要变革。他们在困难的转型环境中的表现对此起着决定性作用。在此背景下,他们也有责任反复、严肃地谈论变革的意义和目的,事先建立信任,认真对待人们的担忧和顾虑并将其纳入考虑范围,最后不失时机地强调变革带来的好处。

现在,我们最后来看看我们的拉什家族。安德烈娅必须完成大学的一项研讨任务,她得到了父亲的支持。

"亲爱的爸爸!?""是的,安德烈娅,听起来好像你需要或想要从我这里得到什么东西,"约翰内斯回答。"您当然是对的,您太了解我了。我希望我现在没有打扰到您,我也不想占用您周末的空闲时间,但我有一个非常大的请求要告诉您:在一次大学研讨会上,我们的任务是写一篇关于数字化主题的结业论文,我想到了您,因为您公司最近一直在积极应对这些新挑战。我想讨论的主题是如何在公司中成功、可持续地引入数字化用例——如果能用您公司的真实案例来说明适用的方法,那就太好了。可以这么说,您是否有兴趣并愿意作为我的陪练,向我伸出援助之手?如果是的话那就太好了。"约翰内斯一听能以"老家伙"的身份帮助自己的小女儿,立刻热情高涨,于是没多想就同意了安德烈娅的建议。随后,两人通过电子邮件交流了很多想法和信息，还通过电话进行了多次交谈，并在截止日期前不久共同完成了论文。

在他们的论文中，两人颇具争议地讨论了数字化项目可能带来的个人机遇和风险。他们的联合分析表明，数字用例创意必须基于深入的过程知识并在所有员工的参与下找到，然后根据定义的过程实施。想法的实现必须始终基于经济考虑而系统地进行，但也应该提出一些关键问题，例如：这一理想的解决方案是否符合现有的公司文化？该解决方案会被组织接受吗？它会对员工会产生什么影响？这些文化方面的问题非常重要，因为只有所有相关方（利益相关者）能够并且愿意认同即将到来的变革，才能确保可持续的成功。

在约翰内斯的要求下，他的女儿还获得了公司的正式授权，将成功引进智能图像处理系统以支持视觉质量保证，作为具体数字用例的一个实际示例。

在论文摘要的最后部分，安德烈娅写道："总而言之，当今公司运营环境的变化将比过去更加频繁和全面。此外，所谓的'数字原住民'——即在数字世界中成长起来的一代人——对他们的公司和上司有着新的期望，因此他们往往需要一种不同于所谓的'数字移民'或'行业原住民'的领导力，因为后者只是在工作生涯中才遇到数字化问题。因此，确保公司长期成功的一个决定性因素将是公司适应不断变化的框架条件、及时发现由此带来的机遇并灵活应对的能力。"

提交研讨论文的最后期限过去几周后，约翰内斯收到了女儿发来的短信，并附上了一张评估结果的照片。该作品被评为"非常好"。约翰内斯读到这条短信时眼眶湿润了，他为女儿感到无比自豪，同时也为自己感到有些骄傲，因为他也能为这项工作做出一点贡献——而他只是在几个月前才开始深入研究这个话题。一开始是因为公司内部的压力越来越大，后来则是因为这个话题引起了他个人的兴趣。因此，他与女儿安德烈娅进行了更长时间的交谈，阅读了有关数字化主题的专业书籍，更加积极地参与公司内部讨论和项目，并认识到了自己的某种才能。

"安德烈娅，我热烈祝贺你的工作！"他在给她回电话时说道。"是我们的工作，亲爱的爸爸。我们的工作！非常感谢您的支持！"安德烈娅回答道，"作为小小的谢意，我希望您下周六能成为我的晚宴嘉宾。我的菜单建议是：酸豆和干番茄炖鳕鱼，煎鮟鱇鱼排配墨鱼意面和西红柿奶油奶酪，最后还有您最喜欢的甜点：凝乳杏子饺子配杏子烤肉和酸奶冰淇淋。"

第12章 词汇表

如果有四个互不相识的人在一个空荡荡的房间里相遇,并且都说着同样的语言,那么过不了多久,他们就会开始某种对话。"你是怎么来到这里的?"或者"我叫梅耶尔,我来自柏林"可能是这些人彼此交流的第一句话。如果四个人中有一个人不会说其他三个人的语言,其他三个人仍然会互相交谈,而第四个人则会简单地"了解"。如果两个人说同一种语言,他们会相互交流,但仅限于他们自己的语言。上述情况可以转换到我们在公司的共同生活中,我们只需将语言换成我们在日常工作中喜欢使用的专业术语即可。让我们来到公司里:质量经理、数据分析师、数据工程师和维修主管在咖啡机旁相遇。

"你好彼得,"数据分析师赫维格向质量经理打招呼,"好久不见,你现在工作怎么样?""嗯,其实挺好的,"彼得回答道,"但在我完成最后一次 MSA 后,尽管结果良好,但还是向客户交付了一个有缺陷的测量部件,于是我再次查看了 FMEA,注意到我们的 SPC 显示 C_{PK} 值显著恶化。从那以后,最近我发现晚上很难入睡。"

"嗯,亲爱的彼得,我不太理解你的专业术语,但如果你将人工智能和机器学习的可能性纳入你的工作过程中,那么你就能更早地以更好的质量获得这个结果。但前提是你也使用过 CRISP-DM,并为其开发了正确的算法。因为那样的话,你就可以启动一个用例,能够利用预测分析来预测数据的发展。"

赫维格的最后一句话还没说完,一直在旁听的数据工程师沃尔特就开口了。"很抱歉打扰你们。我觉得你们的对话很有意思,想补充一下,希望对你们有所帮助:你们应该考虑最新的大数据解决方案,否则你们的部署将不够稳健。如果你们需要,我可以为你们提供 MLOps 支持。"

听完最后一句话,维修主管摇摇头离开了现场,他今晚恐怕也无法休息,至少会被一个可怕的梦所困扰……

但事实就是这样:我们发现理解彼此的语言非常困难,专业术语和缩略语是我们日常的特点,而且并没有随着英语的普及而变得容易理解。因此,通过以下词汇表,我们希望为所有三个领域创建一个小词典,以便质量经理能理解数据分析师的术语含义,反之亦然;数据分析师也能理解数据工程师的术语含义,就像数据工程师也能理解质量领域的缩写一样。

12.1 质量经理的语言

C_{PK} 过程能力指数 C_{PK}(C 表示能力;P 表示过程;K 是日语 katajori,

	表示偏差）表示某一质量特性在多大程度上符合公差要求。数值越大越好。
CTQ	质量关键点（critical to quality）。满足顾客要求或过程要求的产品或服务的关键品质参数。从客户的角度来看尤为重要，因此至关重要。
FMEA	故障模式与影响分析。该方法可以预防性地（即在产品或过程实现之前）确定与产品（产品-FMEA）或过程（过程-FMEA）相关的所有可能故障，计算风险优先级编号并启动预防措施。
LIPOK	LIPOK（供应商、输入、过程、输出、客户）是一种简单的技术，用于界定过程并定义过程开始（输入）和结束（输出）的接口。LIPOK通过定义客户期望和输出，有助于描述过程的有效性。
MSA	测量系统分析（measurement systems analysis）。检查用于测量关键质量特性的测量系统是否能提供所需的精确度和可靠性。
OCAP	失控行动计划（out of control action plans）。规定在超出公差或干预限制时应采取的措施。这可能包括通过某些升级机制立即停止生产线。
PLP	生产控制计划。是对产品和过程进行的所有相关质量检查的集合，包括相关的SPC策略和OCAP计划。
QRK	质量控制图。将SPC的抽样结果输入控制图中，并在其中显示干预限值。如果超出行动限制，则需要采取行动。
SPC	统计过程控制（statistical process control）。一种质量管理技术，定期从过程中抽取样本，以确定过程的平均值和分散行为是否发生变化。如果发生变化，则重新调整过程。

12.2 数据分析师（数据科学家）的语言

算法	算法是可用于解决特定问题的指令序列。机器学习通过使用适当的算法来工作。
业务（使用）案例	业务（使用）案例（business (use) case）通过描述收益（利益相关者希望实现的目标）来描述机器学习等应用理念。业务案例包括盈利分析。
CRISP-DM	数据挖掘跨行业标准过程（cross industry process for data mining）是描述如何从数据中学习的标准过程。
描述性分析	描述性分析试图"描述"过去的销售发展情况。
诊断性分析	诊断性分析试图"诊断"销售积极或消极发展的原因。
特征	特征是数据集中用于训练的变量或效应（列）。
IPA	智能过程自动化（intelligent process automation）是RPA+AI

	的同义词。机器学习组件或人工智能增强了自动化步骤的可能性。其中一种可能性是识别客户电子邮件中的任务并自动处理这些任务。
分类	分类是监督学习中的机器学习任务，其中目标变量仅具有有限的类别。
人工智能	人工智能是在感知—思考—行动链的意义上，借助计算机系统模拟人类智能。这包括学习（即收集数据）、创建使用这些数据的规则、使用这些数据并持续学习。
机器学习	机器学习（machine learning）描述了从经验中人工生成知识的过程。人工智能的感知—思考—行动链中的思考部分是基于数据学习的。机器学习是从数据中学习的过程，无须明确编程。
模型	从数据中学习到的规则/模式（通常是数学函数）被称为模型。
预测性分析	预测性分析试图"预测"未来几个月或几年的销售情况。
规定性分析	规定性分析试图"规定"如何确保销售继续积极而非消极地发展，即提出具体的行动建议。
过程自动化	在过程自动化中，过程步骤本身实现了自动化，通常使用新软件，通过接口与其他系统交换数据。在这里，"系统"本身发生了变化（如通过新软件）。
RDA	机器人桌面自动化（robotic desktop automation）是 RPA 的一部分，但自动化程度较低。RDA 也被称为有人值守的 RPA、个人机器人或软件助手。自动化在用户计算机上运行并由用户自己触发。
回归	回归是监督学习中的一种机器学习任务，其中的目标变量可以具有无限多种取值。
RPA	机器人流程自动化侧重于流程步骤本身的自动化，但不改变系统。软件机器人（bots）自动执行工作步骤。自动化在后台进行，由新邮件等事件触发。
训练数据	用来学习算法的数据集称为训练数据。
监督学习（supervised learning）	使用目标变量进行学习。数据带有标签（目标变量的取值，如好/坏），这些标签由"监督者"设定。
用例	用例（use case）描述了机器学习等技术的应用场景，通过说明参与者想要完成的任务，从而定义期望的解决方案（如自动化步骤）。
工作流自动化	工作流自动化侧重于实现过程步骤之间连接的自动化。

12.3 数据工程师的语言

ACID	ACID 是描述数据库系统中事务属性的缩写,包含原子性(atomicity)、一致性(consistency)、隔离性(isolation)和持久性(durability)。所有关系数据库都保证这些属性,但由于多种原因,这不再符合大数据的要求,因此必须找到新的解决方案。这导致了缓存和 NoSQL 等解决方案的出现,它们不再保证 ACID 的所有属性。
阿帕奇软件基金会(Apache Software Foundation)	阿帕奇软件基金会是一个由企业解决方案的开发人员和用户组成的志愿者组织,它支持创新软件项目,这些项目是当今计算机行业中一些最引人注目、应用最广泛的应用程序的支柱。阿帕奇软件基金会旨在通过开放源代码为大众提供这些解决方案。
API	应用程序接口(application programming interface)是为应用程序编程而定义的接口。通过 API,应用程序可以与其他应用程序进行连接,从而与系统组件进行交互。
大数据(big data)	大数据是指来自各种来源的海量非结构化数据。当数据量大到个人计算机或服务器的计算能力无法处理时,就会形成大数据。
商业智能	商业智能使用历史数据来描述事物的发展过程。重点是回答"发生了什么"和"如何发生"的问题。
CAP 定理	CAP 定理指出,在分布式系统中不可能同时保证一致性、可用性和容错性这三个属性。
云计算	云计算是指通过互联网提供计算能力,而不是像个人计算机、笔记本式计算机或服务器那样在本地提供计算能力。这包括所有用于数字操作所需的组件,如服务器、存储、数据库、网络组件,也包括软件、分析功能和预先设计的智能解决方案。
编译器(compiler)	编译器是一种将程序代码翻译成计算机可执行代码的软件。由于不同 CPU 架构的指令集有所不同,因此在编译程序代码时必须指定目标架构。编译的结果只能在选定架构的 CPU 上运行(如:C++)。
容器(container)	容器虚拟化技术通过共享基本操作系统的内核,为多个实例提供运行环境。与虚拟机相比,容器仅限于基本操作系统,但由于集成度更高,因此资源效率更高。

Crosser	Crosser 是一款分析、自动化和集成软件。Crosser 平台可为工业物联网和智能工作流实时处理流数据、事件数据或批量数据。
CRUD	CRUD 是数据库基本功能的缩写，分别代表创建（create）、读取（read）、更新（update）和删除（delete）。
网络物理系统	网络物理系统指的是由软件组件与机械和电子部件组成的集成系统，这些部件通过数据基础设施（如互联网）进行通信。
数据湖（data lake）	数据湖存储大量不遵循预定义结构的数据。数据湖以原始格式（如图像、JSON、XML、二进制数据等）存储数据。
DevOps	DevOps 描述了软件开发与 IT 运营之间的协作方法。DevOps 是一种哲学，它试图通过将文化与工具相结合来提高合作以及软件质量、开发速度和交付效率。
Docker	Docker 是一种广泛使用的解决方案，用于使用容器隔离应用程序。
边缘计算（edge computing）	与云计算相比，边缘计算是指在网络中生成数据和制定规则的位置进行分散式数据处理。这可以减少延迟时间并分散负载，但会增加维护和更新成本。
Hadoop	Hadoop 是阿帕奇软件基金会旗下的免费软件，基于 MapReduce 算法。Hadoop 可以处理 PB 级的数据。
基础设施即服务（infrastructure as a service，IaaS）	IaaS 是一种云计算服务模型，由云服务供应商提供基础设施（如网络、数据存储和计算能力）。这些基础设施通常在虚拟计算机或服务器运行，完全由用户自行管理。
解释器（interpreter）	与编译器不同，解释器直接执行程序代码。程序代码在执行过程中被翻译成，机器代码解释器本身必须支持所使用的 CPU 架构。这样做的优点是可以很容易地分发程序，缺点是效率比编译器低（如 Python）。
JSON	JSON（JavaScript object notation）是一种紧凑的数据格式，用于应用程序之间的数据交换，并且独立于编程语言。
分类数据	分类数据是由文本组成的数据。分类数据可分为两种类型：有序数据（如客户满意度评分从 1 到 5）和无序数据（无等级关系）。
运行时环境	简单来说，运行时环境类似于一个小型操作系统，为程序的运行提供所有必要的功能。
低代码/无代码（low-code/no-code）	低代码（或无代码）是指只需很少的程序代码或不使用程序代码就能完成复杂任务的软件。这更符合自助服务的理念。
MapReduce	MapReduce 是谷歌公司开发的一种用于在计算机集群上对大

	量数据进行并发计算的编程模型。
消息队列（message queue）	消息队列是一种解决方案，其中数据通常以消息的形式存储在相关节点的内存中，从而支持高可用性。
微服务（microservices）	微服务是一种架构模式，在很大程度上将各个服务相互独立解耦，从而实现高扩展性和重用性。微服务之间通过独立的接口和协议（如 REST 和 JSON）进行通信。
MLOps	MLOps 基于 DevOps，并将这种方法扩展到机器学习环境的主题。因此，MLOps 是数据科学家、IT 专家及软件开发人员在创建、进一步开发和交付机器学习解决方案时进行协作和交流的一种新方法。
Modbus	Modbus 是一种客户端/服务器通信协议，广泛应用于工业系统。Modbus 可用于将计算机连接到测量和控制系统。Modbus 支持串行和以太网通信。
MQTT	消息队列遥测传输（message queuing telemetry transport）是一种用于交换遥测数据的开放协议。它按照发布/订阅原则工作。这意味着每个客户端都可以发送消息。MQTT 的核心是代理，它接收来自发布者的消息，并将其分发给订阅者。
Nexus	在 Nexus 中，Scrum 团队由 3~9 个小组组成，共同开发产品。Nexus 的核心是最大限度地减少开销。
NoSQL	NoSQL 的意思是"不仅仅是 SQL"，是现代数据库系统的总称。与关系型数据库相比，它可以处理大数据，提供水平扩展性和更高的可用性。
数值数据	数值数据是由数字组成的数据。这里可以区分连续数据（无限值）和离散数据（有限数）。
本地部署（on-premise）	与云计算相反，本地部署描述的是一种分发策略，其中从网络到应用程序的所有组件都在本地网络（即现场）中运行。
OPC UA	OPC 统一架构（OPC unified architecture）是一种独立于平台的标准，用于在机器和系统之间交换数据。OPC UA 不仅可以传输机器数据（测量值、设置参数等），还可以使用元数据来描述对象。
平台即服务（PaaS）	PaaS 是一种云计算服务模式，在这种模式中，除基础设施，云服务供应商还提供软件系统、操作系统或特定执行层等编程服务。该模式通常用于通过编程接口扩展现有的 SaaS。
Jupyter 项目	Jupyter 项目是一个非营利性开源项目，旨在支持交互式数据科学和科学计算。最初称为 Jupyter Notebook 的界面正逐渐被新版本的 JupyterLab 所取代。

Python	Python 是一种解释型高级编程语言，旨在通过大量使用缩进来提高代码的可读性。Python 支持面向对象、面向方面和函数式编程，也被广泛用作脚本语言。
R	R 是一种用于统计计算和图形生成的免费编程语言和软件环境。R 常被统计学家和数据科学家用于开发统计软件和进行数据分析。
RDBMS	关系数据库管理系统，即关系数据库。关系数据库以表格的形式存储数据，并主要使用 SQL 数据库语言来查询和操作数据。
REST	表述性状态传输（representational state transfer）是分布式系统软件架构中的一种无状态范式，尤其适用于网络服务，用于将数据从一个服务传输到另一个服务（或客户端）。
软件即服务（SaaS）	SaaS 是一种云计算服务模式，其中的所有部分都由云服务供应商提供。用户在使用这些服务时无须担心基础设施、扩展或更新等问题。整个应用程序由云供应商提供，但用户不能对应用程序进行任何更改。
SQL	结构化查询语言（structured query language）是一种数据库语言，用于查询、编辑和定义关系数据库中的数据结构。一些 NoSQL 解决方案也提供适配器，使其与 SQL 兼容。
虚拟机（virtual machine，VM）	虚拟机是在软件技术封装下创建的虚拟计算机（PC 或服务器）。由于这种封装扩展了真实计算机的容量，因此一台真实计算机可以托管并运行多台虚拟计算机。

参 考 文 献

Abhishek, T.; Arvind, K.: (2007) *Workflow based framework for life science informatics.* Computational Biology and Chemistry, Volume, 31, S. 305-319.

American Society for Quality: (2021) *Quality 4.0.* Von Quality Resources: https://asq.org/quality-resources/quality-4.0.

American Society for Quality: (2021) *Quality Glossary.* Von Quality Ressources: https://asq.org/quality-resources/quality-glossary/q

Anderson, C.: (2008) *The long tail: Why the future of business is selling less of more.*

Anderson, D. J.: (2010) *KANBAN-Successful Evolutionory Change for Your Technology Business.* Washington: Blue Hole Press.

Anderson, L. W.; Krathwohl, D.: (2001) *A Taxonomy for Teaching, Learning, and Assessment: a revision of Bloom's taxonomy of educational objectives.*

Aprilliant, A.: (2020) *Introduction to Plotnine as the Alternative of Data Visualization Package in Python.* Von towardsdatascience: https://towardsdatascience.com/introduction-to-plotnine-as-the-alternative-of-data-visualization-package-in-python-46011ebef7fe

Atari Inc.: (2016) *Breakout Atari 2600 Version.* Von https://en.wikipedia.org/wiki/File:Breakout2600.svg#/media/File:Breakout2600.svg

Back, A.; Berghaus, S.: (2016) *Universität St. Gallen, Wirtschaftsinformatik.* Von https://iwi.unisg.ch/wpcontent/uploads/digitalmaturitymodel_download_v2.0-1.pdf

Beck, K.; Andres, C.: (2004) *Extreme Programming Explained: Embrace Change*, 2. Ausg. Amsterdam: Addison-Wesley Longman.

Beck, K.; Beedle, M.; van Bennekum, A. et al.: (2001) *Agile Manifesto.* Von Manifest für Agile Softwareentwicklung: https://agilemanifesto.org/iso/de/manifesto.html

Behnke, J.; Behnke, N.: (2006) *Grundlagen der statistischen Datenanalyse.*

Berghaus, S.; Back, A.: (2016) *Gestaltungsbereiche der Digitalen Transformation von Unternehmen: Entwicklung eines Reifegradmodells.* Die Unternehmung, 70. Jg, 2/2016.

Binder, C.: (2020) *Introduction to the „RAMI 4.0 Toolbox".* Von RAMI Toolbox: https://ramitoolbox.org/documentation/

Biolab: (2021) *Orange Documentation.* Von Biolab: http://docs.biolab.si/orange/2#python-scripting

BITKOM, VDMA; ZVEI: (2021) *Referenzarchitekturmodell Industrie 4.0.* Von DKE Deutsche Kommission Elektrotechnik Elektronik Informationstechnik in DIN und VDE: https://www.dke.de/de/arbeitsfelder/industry/rami40

Breuel, C.: (2021) *ML Ops: Machine Learning as an Engineering Discipline.* Von towards data science: https://towardsdatascience.com/ml-ops-machine-learning-as-an-engineering-discipline-b86ca4874a3f

Brewer, E. A.: (2000) *Principles of Distributed Computing.* Towards robust distributed systems. Portland, Oregon.

Breyfogle Ⅲ, F.: (1999) *Implementing Six Sigma-Smarter Solutions Using Statistical Methods*. New Jersey: John Wiley & Sons Inc.

Brooks, F. P.: (1975) *The Mythical Man-Month*. Addison Wesley Longman Publishing Co.

CFB Bots: (2018) *The Difference between Robotic Process Automation and Artificial Intelligence*. Von medium: https://cfb-bots.medium com/the-difference-between-robotic-process-automation-and-artificialintelligence-4a71b4834788.

Chapman (NCR), P.; Cllnton (SPSS), J.; Kerber (NCR), R. et al.: (1999) *CRISP DM 1.0 Step-by-step data mining guide*. CRISP-DM consortium.

Christensen, C. M.: (2016) *The Innovators Dilemma*. Harvard Business Review Press.

Conway, M. E.: (1968) *How Do Committees Invent?* Datamation, 14, 28-31.

Cronos: (2021) *Process Mining*. Von https://www.cronos.de/process-mining

Crosser Technologles: (2021) *Platform Overvlew*. Von crosser: https://crosser.io/

Crosswalk Management Consultants; Institut für Wirtschaftsinformation St. Gallen: (2017) *Digital Maturity & Transformation* Report 2017.

Csikszentmihalyi, M.: (2014) *Flow im Beruf*.

Curl: (2021) *curl*. Von https://curl.se/

Dataman: (2019) *Explain Your Model with the SHAP Values*. Von Towards Data Science: https://towardsdatascience.com/explain-your-model-with-the-shap-values-bc36aac4de3d

Demsar, J.; Curk, T.; Erjavec, A. et al.: (2013) *Orange: Data Mining Toolbox in Python*, Journal of Machine Learning Research 14 (Aug). Journal of Machine Learning Research.

Deutsche Gesellschaft für Qualität: (1995) *DGQ*, Band Nr. 14-18.

DGIO: (2007) *IQ-Definition*.

Diehl, A.: (2019) *Business Model Canvas-Geschäftsmodelle visualisteren, strukturieren und diskutieren*. Von https://digitaleneuordnung.de/blog/business-model-canvas-erklaerung/

DigitalWikl: (2021) *NPS-Net Promotor Score*. Von http://www.digitalwikl.de/nps-net-promoter-score/

Dral, E.; Samuylova, E.: (2021) *To retrain, or not to retrain? Let's get analytical about ML model updates*. Von Evidently AI: https://evidentlyai.com/blog/retrain-or-not-retrain

Duden redaktion: (2020) *Duden: die deutsche Rechtschreibung*.

Duhlgg, C.: (2016) *What Google Learned From Its Quest to Build the Perface Team*. The New York Times Magazine.

Forsberg, K.; Mooz, H.: (1996) *The Relationship of System Engineering to the Project Cycle*. Center for Systems Management, Cupertino.

Gamma, E.; Helm, R.; Johnson, R. E.: (1994) *Design Patterns. Elements of Reusable Object-Oriented Software*.

Gamweger, J.; Jöbstl, O.; Strohrmann, M.: (2009) *Design for Six Sigma, Kundenorientiert Produkte und Prozesse fehlerfrei entwickeln*. München: Hanser Verlag.

Gilbert, S.; Lynch, N.: (2002) *Brewer's conjecture and the feasibility of consistent, available, partition-tolerant web services*. ACM SIGACT News, 33 (2), 51-59. Github Project Jupyter: https://github.com/jupyter/design/wikl/Jupyter-Logo

Gloger, B.; Häusling, A.: (2011) *Erfolgreich mit Scrum-Einflussfaktor Personalmanagement*. München: Carl Hanser Verlag.

Haberfellner, R.; Vössner, S.; Fricke, E. et al.: (2020) *Systems Engineering*.

Harry, M.; Schroeder, R.: (2000) *Six Sigma-Prozesse optimieren, Null-Fehler-Qualitat schaffen, Rendite radikal steigern*. Frankfurt: Campus Verlag.

Haufe Akademle: (23.08.2021) *Question Zero Template*. Von Haufe Akademie: https://eacademy.haufe-de/app/kurse/design-thinking/dt-question-zero-template

Heldel, R; Hoffmeister, M.; Hankel, M. et al.: (2017) *Industrie 4.0, Basiswissen RAMI4.0*.

Herrera, S.: (2018) *Digitale Plattformen-Digitale Geschäftsmodelle Schritt für Schritt aufbauen [Tell 2]*. Von https://www.handelskraft.de/digitale-plattformen-gestalt-und-aufbau-digitaler-geschaeftsmodelle-tell-2/2018/10/

IBM: (2021) *Watson Studio in Cloud Pak for Data as a Service*. Von IBM: https://dataplatform.cloud.ibmcom/docs/content/wsj/landings/wsl.html

IEC: (1990) *International Electrotechnical Vocabulary*. Chapter 191: Dependabllity And Quallty Of Service.

Infos Unter: (2021) *Fake News in den sozialen Medien*. Von https://infos-unter.com/fakten/fake-news/social-media/

ISO: (2015) *ISO 9000: 2015 Qualitätsmanagementsysteme-Grundlagen und Begriffe*.

ISO: (2015) *ISO 9001: 2015 Qualitätsmanagementsysteme-Anforderungen*.

ISO: (2016) *ISO 8000-61: 2016 Data quality-Part 61*.

ISO/IEC: (2011) *Systems and software engineering-Architecture description*. Von iso-architecture.org: http://www.iso-architecture.org/42010/

Jantzer, M.; Nentwig, G.; Deininger, C. et al.: (2019) *Die Kunst, eine Produktentwicklung zu führen*. Springer.

Jhons Hopkins Univerlsty: (2021) *COVID-19 Dashboard by the Center for Systems Science and Engineering (CSSE) at Johns Hopkins University (JHU)*. Von https://gisanddata.maps.arcgis.com/apps/opsdashboard/index-html#/bda7594740fd40299423467b48e9ecf6

Josef Ressel Center for Dependable System-of-Systems Engineering: (2021) Von RAMI TOOLBOX: https://rami-toolbox.org/

King, T.; Schwarzenbach, J.: (2020) *Managing Data Quality-A practical guide*.

Kirkpatrick, D.: (1994) *Revisiting Kirkpatrick's four-level-model*. Training & Development.

KNIME AG: (2021) *KNIME Community*. Von KNIME: https://www.knime.com/community

Kofler, T.: (2021) *Wikipedia: die digitale Transformation*. Von https://de.wikipedia.org/wiki/Digitale_Transformation

Kotter, J. P.: (1996) *Leading Change*. Harvard Business School Press.

Kotter, J.; Rathgeber, H.: (2006) *Das Pinguin-Prinzipc Wie Veränderung zum Erfolg führt*.

Kotter, J.: (2009) *Das Prinzip Dringlichkeit. Schnell und konsequent handeln im Management*. Frankfurt: Campus.

Kruchten, P. B.: (1995) *The 4+1 View Model of architecture*. IEEE Software, 12 (6), 42-50.

Küchenhoff, H.; Kauermann, G.: (2011) *Stichproben: Methoden und praktische Umsetzung*. Heidelberg: Springer Verlag.

Küpper: D.; Knizek, C.; Ryeson, D. et al.: (2020) *Quality 4. 0 takes more than technology*.

Leopold, K.; Kaltenecker, S.: (2012) *Kanban in der IT-Eine Kultur der kontinuierlichen Verbesserung schaffen*. München: Carl Hanser Verlag.

Malik: F.: (2010) *Richtig denken-wirksam managen-Mit klarer Sprache besser führen*. Frankfurt/New Youk: Campus Verlag.

Mandler, G.: (2007) *A History of modern experimental psychology: From James and Wundt to cognitive science*. MIT Press.

Martin, R. C.; Martin, M.: (2006) *Agile Prindples, Patterns and Practices in C#*. Boston: Pearson.

Mathieu, J. E.; Goodwin, G. F.; Heffner, T. S. et al.: (2000) *The Influence of Shared Mental Models on Team Process and Performance*. Journal of Applled Psychology, 85 (2), S. 273-283.

Matiisen, T.: (2015) *Demystifying deep reinforement learning*. Von Computational Neuroscience Lab: https://neuro.cs.ut.ee/demystifying-deep-reinforcement-learning/

Meincupcake: (2021) *Wie Kuchen backen? -Welche Zutat welchen Zweck erfüllt, erfahrt Ihr hier*! Abgerufen am 23.07.2021 von Meincupcake: https://blog.meincupcake.de/wie-kuchen-backen-welche-zutat-welchen-zweck-erfuellt-erfahrt-ihr-hier/

Mell, P.; Grace, T.: (2011) *The NIST Definition of Cloud Computing*. Von Natlonal Institure of Standards and Technology (NIST): https://nvlpubs.nist.gov/nistpubs/Legacy/SP/nistspecialpublication 800-145.pdf

Miller, G. A.: (1956) *The magical number seven, plus or minus two: Some limits on our capacity for processing information*. Psychological Review, 63, 81-97.

Molnar, C.: (2021) *Interpretable Machine Learning*. Von A Guide for Making Black Box Models Explainable: https://christophm.github.io/interpretable-ml-book/index.html

MOTT.org: (2021) *MOTT Software*. Von MOTT: https://mqtt.org/software/

msg systems ag: (2021) *Design Thinking Methoden Katalog*. Von https://www.designthinking-methods.com/

Mutaree-The Change Company: (2018) *Mutaree Studie 2018: "Change-Fitness 2018", Ambidextrie: mit beiden Händen Organisationen verändern*. Von https://mutaree.com/content/change-fitness-studie

Netigate: (2021): *Beispiele und Tipps für mobile Befragungen*. Von https://www.netigate.net/de/marktforschung/

Nielsen, M.: (2019) *Neural Networks and Deep Learning*, Chapter 6. Von Https://neuralnet.worksanddeep learning.com/chap6.html

NotePit: (2021) *NotePit Missing Value Node*. Von NotePit: https://nodepit.com/node/org.knime.base.node.preproc.pmml.missingval.compute.MissingValueHandlerNodeFactory

Noyes, K.: (2016) *IBM targets data scientists with a new development platform based on Apache Spark*. Von https://www.computerworld.com/article/3079986/ibm-targets-data-scientists-with-a-new-development-platform-based-on-apache-spark.html

Osterwalder, A.; Pigneur, Y.: (2010) *Business Model Generation*: *A Handbook for Visionaries*, *Game Changers*, *and Challengers* (*Strategyzer*).

Perk told, J.; Seabold, S.; Taylor, J.: (2021) *Statistical models*, *hypothesis tests*, *and data exploration.* Von statsmodels: https://www.statsmodels.org/stable/index.html

Peterson, D.; Hicks, M.: (1996) *Development First*.

Plattform Industrle 4.0: (2019) *Technologieszenario*, "Künstliche Intelligenz in der Industie 4.0". Berlin: Python Software Foundation: (2021) *Python Package Index*. Von Pypi: https://pypi.org/

O. wiki modell a achen Gmbh: (2021): *Q. wiki.* Von https://www.modell-aachen.de/de/qwiki

RapidMinder: (2021): *RapidMiner License Limits.* Von RapidMiner: https://does.rapidminer.com/latest/studio/installation/license-limits.html

RapidMiner: (2021) *RapidMiner Studio.* Von RapidMiner: https://rapidminer.com/products/studio/?product_marketing_c "studio&source_marketing" ppc&campaign_marketing_c "branded&gclid" CjOKC Qjw-NaJBhDsARIsAAja6dNOTbiIAUkDG6dyT_sVdIEgcjfDe5rmB0h8UXFpu6SfEfPEwkNniScaAoVBEALW_wcB

Rasch, D.; Schott, D.: (2015) *Mathematische Statistik*, *Für Mathematiker*, *Natur-und Ingenieurwissenschaftler.* Weinhelm: Wiley-VCH.

Ray, S.; Villa, A.; Rashid, N. et al.: (2021) *Magic Quadrant for Robotic Process Automation.* Von Gartner: https://www.gartner.com/doc/reprints? id-1-26Q65VFT&ct-210706&st-sb&mkt_tok = OTK1LVhMVC04ODYAAAF-_EQy-NSV6SeQkPAjfyua7MF5W_Mvy0CIhPRjbGj5ObLydSA7kHK1-B2UMUopMn5nvchfqPCCgz0_YS1wNm9kKQe9kIhn1ybmPMgGxzMg8lzcz

Rehberger, G.: (2015) *Big-Data-Technologien Hadoop und NoSQL.* Von IT-ZOOM: https://www.it-zoom.de/it-mittelstand/e/big-data-technologien-hadoop-und-nosql-10805/

Rinne, H.: (2008) *Taschenbuch der Statistik.* Frankfurt: Harri Verlag.

Rowe, W.; Johnson, J.: (2021) *Top Machine Learning Frameworks To Use in 2021.* Von bmc blogs: https://www.bmc.com/blogs/machine-learning-ai-frameworks/

Royce, W. W.: (1970) *Managing the Development of Large Software Systems.* (T. I. Engineers, Hrsg.) Von https://www.cs.umd.edu/class/spring2003/cmsc838p/Process/waterfall.pdf

Schiltz, S.: (2021) *Die Möglichkeiten und Stärken von BPMN.* Von https://www.digicomp.ch/blog/2017/05/26/bpmn-business-process-model-and-notation-moglichkeiten-und-starken

Schwarzenbach, J.: (2020) *ISO 8000-61-the data quality management standard.* Von https://www.dpad vantage.co.uk/2020/02/05/iso-8000-61-the-data-quality-management-standard/

Schwebe, F.: (2016) *Was hinter der Referenzarchitektur RAMI 4.0 steckt.* Von computer & Automation: https://www.computer-automation.de/steuerungsebene/steuern-regeln/was-hinter-der-referenzarchitektur-raml-4-0-steckt.129204.2.html

scikit-learn developers: (2021) *Machine Learning in Python.* Von scikit-learn: https://scikit-learn-org/stable/index.html

Seemann, M.: (2020) *Kulturelle Bildung Online.* Von https://www.kubi-online.de/artikel/geschichtedigitalisierung-fuenf-phasen-narratologischen-rampe-digitalisierung

Senges, P.: (2019) *5 Disziplinen einer lernenden Organisation.*

Signavio: (2021): *Business Process Model and Notaion* (*BPMN*) *-eine Einführung.* Von https://

www. signavio. com/de/bpmn-einfuehrung/

Simon, H. A.: (1959) *Theories of Decision-Making in Economics and Behavioral Science*. The American Economics Review, Band 49, Nr. 3, S. 258ff.

SMTD: (2021) *How to measure data quality*. Von https://showmethedata.blog/how-to-measure-data-quality-13-metrics

Snowden, D.; Boone, M. E.: (2007) *A Leader's Framework for Decision Making*.

Spingal, J.: (2021) *Wikipedia, Multi Chip Modul*. Von https://upload.wikimedia.org/wikipedia/commons/1/13/Dec_alpha_small. JPG

Stadt Konstanz: (2021): *Offene Daten Kostanz*. Von https://offenedaten-konstanz.de/dataset/dauerzhlstellen-radverkehr/resource/c7da262a-7f4e-41a4-9a57-1d41222d77a4#//

Staffbase: (2021) *Die Welt verändert sich. Die Kommunikation auch*. Von https://staffbase.com/de/

Stange-Benz, L.: (2018) *Peer-to-Peer als Geschäftsmodell-55 Geschäftsmodelle erklärt*. Von https://blog.start-up-berater.de/peer-to-peer-als-geschaeftsmodell-55-geschaeftsmodelle-erklaert/

Statista GmbH: (2020) *Statista Global Consumer Survey 2020*. Von Statista: https://de.statista.com/global-consumer-survey/surverys

Stepper, J.: (2020) *Working Out Loud*.

Strohrmann, M.: (2021) *Design For Six Sigma Online*. Von https://www.elt.hs-karlsruhe.de/dfss/statistics/statistics/statistics-einleitung.html

Strohrmann, M.: (2021) *Systemtheorie Online*. Von https://www.elt.hs-karlsruhe.de/mesysto/quicklink/startseite.html

Sutton, B.: (2017) *Scikit-learn vs. StatsModels: Which, why, and how?* Von The Data Incubator: https://www.thedataincubator.com/blog/2017/11/08/scikit-learn-vs-statsmodels/

Tech A gillst: (2021) *Tech Agilist*. Von White Elephant Sizing-Agile Estimation Method: https://www.techagilist.com/Agile/scrum/white-elephant-sizing-agile-estimation/

TensorFlow: (2021) *Warum TensorFlow*. Von https://www.tensorflow.org/

Thomas, D.; Hunt, A.: (2019) *The Pragmatic Programmer: journey to mastery*, 20th Anniversary Edition.

Toyota Motor Corporation: (2021) *Production System*. Von Toyota Motor Corporation Global Website: https://global.toyota/en/company/vision-and-philosophy/production-system/

Tüfekci, P.: (2014) *Prediction of full load electrical power output of a base load operated combined cycle power plant using machine learning method*. International Journal of Electrical Power & Energy Systems, S. 126-140.

Tuli p: (2021) *Augmented Worker: How Digital Technology Can Power Your Workforce*. Von https://tulip.co/ebooks/augmented-worker/

Userlike: (2021) *6 Prowen Methods for Mensuring Customer Satisfaction*. Von https://userlike.com/en/blog/6-proven-methods-for-measuring-your-customer-satisfaction

VDMA Forum Industrle 4.0 und PTW Institut für Produktion smanagement: (2019): *Industrie 4.0 trifft Lean*.

Verma, K.: (2020) *Hyper Automation: SAP Intelligent Business Process Management*. Von SAP Community：https：//blogs.sap.com/2020/05/26/hyper-automation-sap-cloud-platform/

Victor, N.；Lehmacher, W.；van Eimeren, W.：（1980）*Explorative Datenanalyse*. Heidelberg：Springer Verlag.

Wakabayashl, M.：(2019) *Updated easy to remember system design numbers for back-of-the-envelope calculations*. Von GitHub：https：//gist.github.com/mwakaba2/8ad25dda8c71fe529855994c70743733

Wappis, J.；Jung, B.：（2016）*Null-Fehler-Management*. München：Hanser Verlag.

Wikipedia：（2021）*Design Thinking*. Von https：//de.wikipedia.org/wiki/Design_Thinking

Wikipedia：（2021）*DevOps*. Von https：//de.wikipedia.org/wiki/DevOps

Wikipedia：（2021）*Digitale Daten*. Von https：//de.wikipedia.org/wiki/Digitale_Daten

Wikipedia：（2021）*Digitale Kompetenz*. Von https：//de.wikipedia.org/wiki/Digitale_Kompetenz

Wikipedia：（2021）*Digitale Transformation*. Von https：//de.wikipedia.org/wiki/Digitale_Transformation

Wikipedia：（2021）*Digitalisierung*. Von https：//de.wikipedia.org/wiki/Digitalisierung

Wikipedia：（2021）*Gasturbine GTD-4/6.3/10RM*. Von https：//commons.wikimedia.org/wiki/File:%D0%93%D0%A2%D0%94-4%D0%A0%D0%9C_%D1%86%D0%B5%D1%85.jpg

Wikipedia：（2021）*Kanban（Softwareentwicklung）*. Von https：//de.wikipedia.org/wiki/Kanban_%28Softwareentwicklung%29 abgerufen

Wikipedia：（2021）*Kano-Modell*. Von https：//de.wikipedia.org/wiki/Kano-Modell

Wikipedia：（2021）*Peitscheneffekt（Supply-Chain-Management）*. Von https：//de.wikipedia.org/wiki/Peitscheneffekt_（Supply-China-Management）

Wikipedia：（2021）：*Persona*. Von https：//de.wikipedia.org/wiki/Persona_%28Mensch-Computer-Interaktion%29

Wikipedia：（2021）*Process-Mining*. Von https：//de.wikipedia.org/wiki/Process-Mining

Wikipedia：（11.07.2021）*Qualitätsmanagement*. Von https：//de.wikipedin.org/wiki/Qualit%C3%A4tsmanagement#Historische_Entwicklung

Wikipedia：（2021）*Wizard-of-Oz-Experiment*. Von https：//de.wikipedia.org/wiki/Wizard-of-Oz-Experiment

Wikipedia：（2021）*Yerkes-Dodson-Gesetz*. Von https：//de.wikipedia.org/wiki/Yerkes-Dodson-Gesetz

Wolf, M.：（2014）*High-Performance Embedded Computing*. Von Dependable System：https：//www.sciencedirect.com/topics/computer-science/dependable-system

Xu, A.：（2020）*System Design Interview-An Insider's Guide*.

作者简介

格诺·弗赖辛格（Gernot Freisinger）**工程师，理学硕士**
成功工厂（Successfactory）管理教练顾问和培训师
　　1983年出生于沃茨贝格，毕业于格拉茨高等技术学院电气工程专业，随后在格拉特科恩的蒂森克虏伯电梯公司担任开发工程师。2008—2021年在ELSTA Mosdorfer公司担任项目和产品管理。作为格拉茨应用科学大学创新管理硕士学位的毕业生，他自2013年以来一直在产品开发、质量管理和数据分析领域担任顾问和培训师。他的工作范围包括确定客户需求、开发高质量系统和引进开发方法。他的工作重点是识别和实施数据驱动的用例和优化任务。

奥利弗·约布斯特尔（Oliver Jöbstl）**博士，工学硕士**
成功工厂管理咨询公司总经理
　　1969年出生于莱奥本，毕业于莱奥本大学材料科学专业，并在经济和商业管理学院完成了质量管理和工厂经济学领域的博士学位。他是莱奥本成功工厂管理培训公司（Successfactory Management Coaching gmbH）的联合创始人，自2000年以来一直在质量管理、领导力、统计建模、机器学习和人工智能的工业应用等领域为工业企业提供咨询服务。

贝恩德·科格勒（Bernd Kögler），**工学硕士及工商管理硕士**
盼克高性能系统工厂经理
　　1972年出生于维也纳，在维也纳科技大学学习机械工程，随后在哈莱恩的罗伯特·博世有限公司（Robert Bosch A.G.）担任开发工程师。自2005年起就职于盼克散热器有限公司（Pankl Racing Systems A.G.）。目前担任变速器生产工厂经理和连杆系列生产技术经理。2015—2017年，在维也纳理工大学和布拉迪斯拉发理工大学攻读汽车行业兼职工商管理硕士。

于尔根·利普（Jürgen Lipp）
成功工厂管理培训顾问和培训师
　　1979年出生于格拉茨，从凯恩多夫信息技术高等学院毕业后开始从事软件开发工作。在担任过多个职位后，他于2010—2015年在Atronic公司（现为IGT国际游戏科技公司）负责系统软件开发。2013—2015年，他在格拉茨应用科学大学和汉堡的oose创新信息技术公司（oose Innovative Informatik）修读了非全日制软件工程领导力在职硕士学位。在恩智浦半导体公司（NXP Semiconductors）、pmOne公司和ADB Safegate公司担任工程经理之后，他于2020年开始在成功工厂管理咨询公司担任顾问和培训师，向大中型企业传授他在软件和人工智能项目方面的经验。

曼弗雷德·施特罗曼（Manfred Strohmann）**博士，教授**
卡尔斯鲁厄应用科学大学电气工程和信息技术学院电气工程和系统理论基础教授
　　他与当地工业合作伙伴合作，在工业产品中实施六西格玛设计和机器学习的统计方法。在大学里，他还致力于工程科学的教学。2016年，他因此荣获卡尔斯鲁厄应用科学大学教学奖。作为课程主任和副院长,他努力将自己开发的概念融入教学以及学习和考试规则中。

共同作者们

迈克尔·埃德（Michael Eder）博士

奥钢联高性能金属部门全球首席数字官/奥钢联高性能金属数字解决方案有限公司董事总经理

1977年出生于林茨,在林茨攻读经济学,并在因斯布鲁克获得博士学位。1998—2004年在奥钢联工业生产设备公司担任技术组组长,2007—2016年在麦肯锡公司担任管理顾问。自2016年起担任全球首席数字官,负责奥钢联高性能金属部门的数字化转型。自2021年起,担任奥钢联高性能金属数字解决方案有限公司董事总经理,该公司是一家专门从事人工智能、工业物联网、机器人、传感器领域可扩展数字解决方案的衍生公司。他是热情洋溢的变革管理者、认证敏捷教练和Scrum大师。

约翰内斯·安德烈亚斯·艾希勒（Johannes Andreas Eichler）博士,工商管理硕士

奥钢联高性能金属数字解决方案有限公司产品和服务管理主管

2012年在格拉茨工业大学获得远程信息处理硕士学位,并于2016年在格拉茨医科大学获得医学博士学位后,他致力于可吸收金属植入物的开发工作。2018年,他开始在维也纳奥钢联高性能金属有限公司担任数字化经理,同时在美国加利福尼亚州路德大学完成了行政工商管理硕士学位的学习。自2021年以来,他一直负责奥钢联高性能金属数字解决方案有限公司的产品和服务管理。

弗里德里克·柯尼希（Friederike König）博士

管理顾问/培训师/教练

1968年出生于阿姆施泰滕,在格拉茨工业大学学习技术化学和机械工程。2002年起担任麦格纳公司质量工程师,后来担任高级过程经理。2011—2016年担任麦格纳变革管理和组织发展高级经理。在传统和敏捷的环境中持续获得领导力和团队发展方面的额外资质。自2016年起,担任项目/过程/变更管理的独立顾问/培训师/教练。

比约恩·路德维希（Bjorn Ludwig）博士,教授

成功工厂领导力公司董事总经理

比约恩·路德维希是一名工艺工程师,在克劳斯塔尔理工大学技术力学研究所获得技术评估博士学位,并在那里完成了系统工程领域的学习。他曾在德国航天中心、克劳斯塔尔工业大学和不来梅大学等研究机构、IT行业和蒂罗尔未来中心工作过。这位过程和系统思想家在技术、科学、商业和社会之间的界面中生活、思考、教学和工作。他擅长系统领导力和整体未来导向。自2013年以来,他一直为世界各地的经理人提供领导力方面的咨询、培训和指导,并自2020年起担任成功工厂领导力公司的总经理。

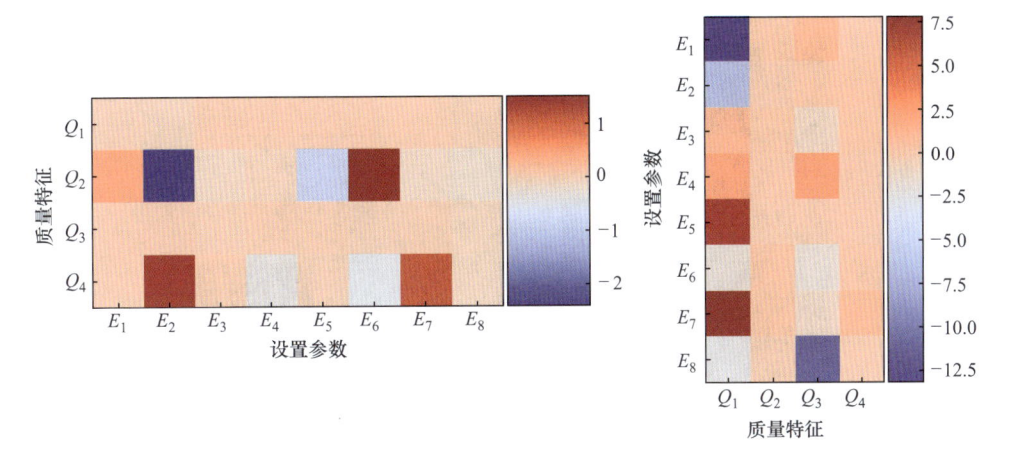

图 7.11

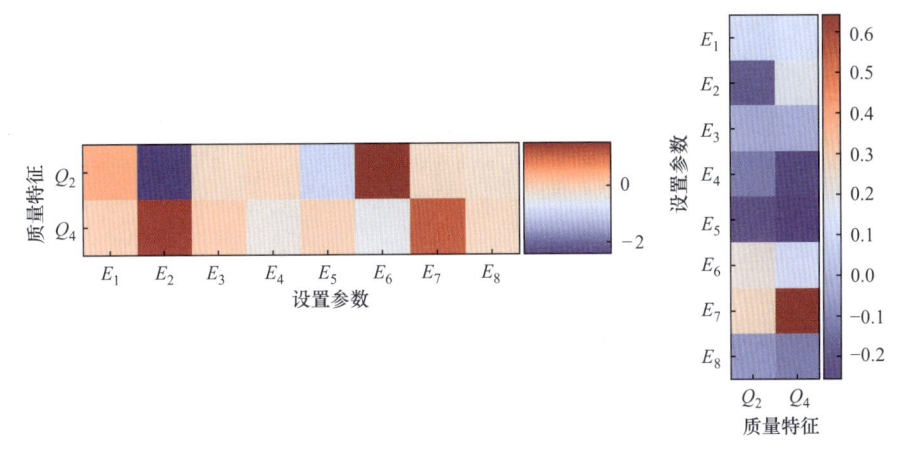

图 7.14

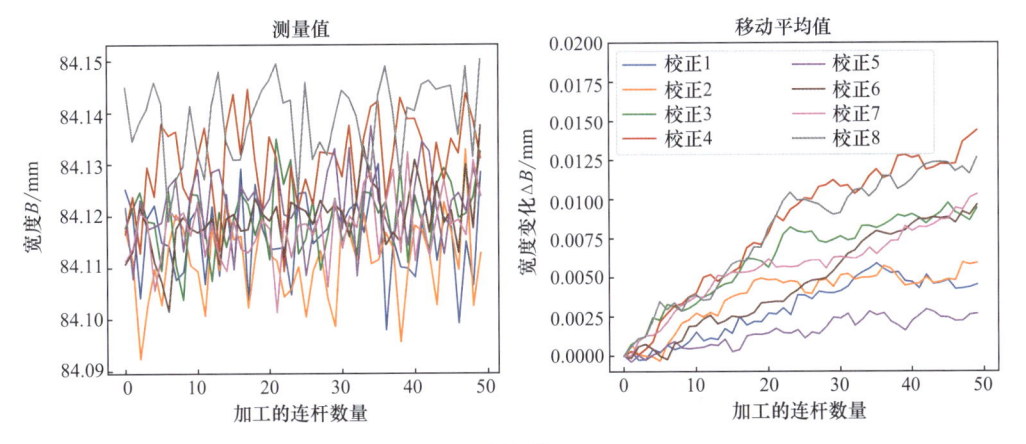

图 7.69

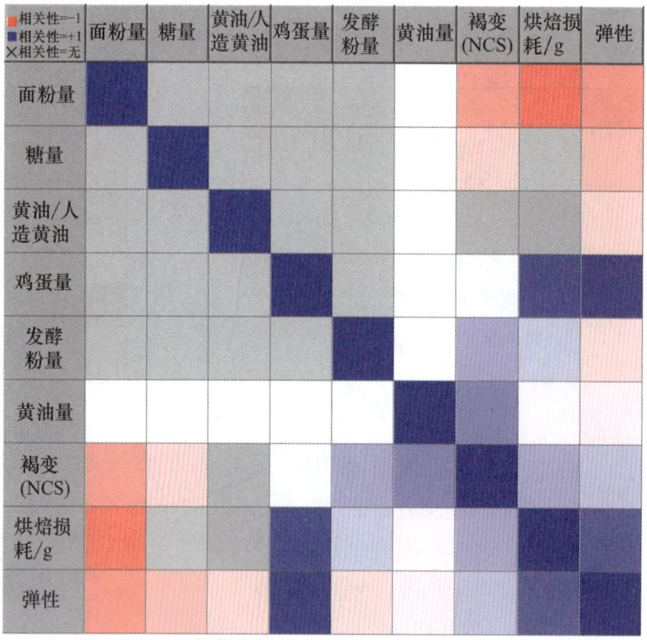

图 9.13